普通高校"十三五"规划教材·质量管理系列

国际认证认可

质量管理与认证实践

刘建辉
袁 勋 ◎ 主 编
旷 乐

清华大学出版社
北京

内 容 简 介

本书在国际认证认可知识的背景下,全面介绍了与各类组织质量管理紧密相关的认证认可、质量管理体系认证、产品认证、服务认证的相关知识。全书分3篇,共8章,既自成体系,各篇章又可单独作为教材使用。

上篇全面、概要地介绍了认证认可行业相关基础知识,包括第一章认证认可基础知识,第二章认证类别及标准规范,第三章中国认证认可法规和监管体系。中篇是本书重点,详细介绍了质量管理与认证实践方面的知识,其中第四章可作为质量管理体系标准知识培训教材,第五章可用于贯标认证培训教材,第六章可用于内审员培训教材。下篇第七章和第八章可分别用于CCC认证、服务认证培训教材。

本书可作为高等院校质量管理相关专业、工商管理相关专业的教材,也可作为各类组织经营管理者、质量管理者、培训机构、质量从业人员的参考书。

图书在版编目(CIP)数据

国际认证认可:质量管理与认证实践/刘建辉,袁勋,旷乐主编.—北京:清华大学出版社,2018(2024.1重印)
(普通高校"十三五"规划教材·质量管理系列)
ISBN 978-7-302-51389-6

Ⅰ.①国… Ⅱ.①刘…②袁…③旷… Ⅲ.①质量管理体系—国际标准—高等学校—教材
Ⅳ.①F273.2-65

中国版本图书馆CIP数据核字(2018)第233853号

责任编辑:高晓蔚
封面设计:汉风唐韵
责任校对:宋玉莲
责任印制:刘海龙

出版发行:清华大学出版社
  网 址:https://www.tup.com.cn, https://www.wqxuetang.com
  地 址:北京清华大学学研大厦A座   邮 编:100084
  社 总 机:010-83470000   邮 购:010-62786544
  投稿与读者服务:010-62776969,c-service@tup.tsinghua.edu.cn
  质量反馈:010-62772015,zhiliang@tup.tsinghua.edu.cn
印 装 者:涿州市般润文化传播有限公司
经 销:全国新华书店
开 本:185mm×260mm 印 张:20.25   字 数:480千字
版 次:2018年10月第1版   印 次:2024年1月第4次印刷
定 价:55.00元

产品编号:079672-02

编　委　会

I

序

国外认证认可制度开始建立到现在已有 100 多年了。当今世界,标准、计量、合格评定(认证认可和检验检测)已是国际公认的国家质量基础(NQI)。认证认可既是一个国家的质量技术基础之一,也是国际上共同采用的技术性措施,其直接的意义是能够提升组织的管理与服务水平,保障产品的质量和安全。认证认可的社会基础性和广泛性,使其在促进市场经济体制有效运行、营造良好的市场经济秩序、便利贸易、增强政府对社会管理的效能、促进政府职能转换等方面都发挥着极其重要的作用。世界各国普遍运用认证认可手段来保证产品、服务质量,促进商品和服务贸易发展。

我国从 20 世纪 80 年代初开始建立认证认可制度,经过 30 多年的发展,中国特色认证认可工作体系逐步完善。认证认可作为国家质量技术基础、市场经济运行基础性制度安排、国际通行技术性贸易措施、行政管理改革创新工具,其"传递信任,服务发展"的地位和作用在国家发展大局中日益凸显,已被国家定位为现代高技术服务业。

21 世纪已是质量世纪。党的十九大明确提出我国经济发展要从速度型向质量效益型转变,质量工作已得到了越来越高的重视,"质量第一""质量强国"更是首次写入党代会报告。从宏观上来说,抓质量离不开质量技术基础建设,目前我国正在大力加强包括认证认可在内的国家质量基础建设。2017 年 9 月 5 日,中共中央、国务院印发《关于开展质量提升行动的指导意见》,明确提出完善国家合格评定体系,夯实国家质量基础设施。从各组织的微观层面来说,随着外界环境的快速变化和市场竞争的加剧,任何组织的管理越来越依赖系统的方法,通过构造有机的协调一致的管理体系,对关键活动进行持续的管理、控制和改进,以达成组织的目的,实现经营管理目标。质量管理也成为一门由专业技术和经营管理复合的边缘性科学。当前,组织的质量管理正向两极化方向发展:一是向解决具体而又复杂的"大质量"问题的微观方向延伸,由传统的质量工程科学向更加严密的六西格玛技术发展;二是向构造应对竞争环境、面向未来的"大质量"系统的宏观方向延伸,由基础的 ISO 9001 等合格评定体系向追求卓越的卓越绩效模式发展。而这两个方向的最新发展,成了当今质量管理的两个最前沿领域和高端的质量方法。我国政府对于组织的质量管理体系工作高度重视,2017 年 9 月 6 日,李克强总理主持召开国务院常务会专题研究推进质量认证体系建设,决定由国务院印发关于加强质量认证体系建设,促进全面质量管理的意见。而事实上,随着中国改革开放和市场经济的深入发展,越来越多的组织强烈地意识到认证已经成为企业提高产品质量、增强市场竞争力的有效途径。以 ISO 9001 及其衍生标准、规范建立质量管理体系,事实上已构成了我国各行各业质量管理的主流模式,认证已成为各类组织质量管理最为重要的管理基础工作之一。

综上所述,无论是从国际、国内,还是宏观、微观层面分析,在我国当前贯彻实施"质量强国"战略的历史条件下,作为国家质量技术基础重要组成的认证认可,必将受到越来越多的重视,发挥越来越大的作用。正是基于时代和社会发展的需要,高校教育适应经济建设的需要、适应我国大多数行业和组织的质量管理模式的需要,我校在全国高校质量管理工程专业中率先开设了"国际认证认可——质量管理与认证实践"课程,并组织认证界、质量界的相关专家编写了本教材。

　　本书全面介绍了国际、国内认证认可知识、ISO 9000 基础和术语、ISO 9001 质量管理体系标准及质量管理体系建立、实施到认证全过程的基础和实战知识、产品认证和服务认证知识。这些知识的掌握,对于质量管理相关专业学生适应社会和各类组织广泛的质量管理工作的需要,为把我国建设成为"质量强国""认证强国"作出贡献具有十分重要的意义。

西南财经大学天府学院校长　蒲果泉

2018 年 5 月

前 言

早在 2014 年 5 月，习总书记就提出了"三个转变"，其中之一是中国速度向中国质量转变。党的十九大报告中明确："我国经济已由高速增长阶段转向高质量发展阶段，必须坚持质量第一、效率优先。"从宏观上来说，高质量发展涵盖经济增长质量、环境质量、教育质量、发展质量等方面，而微观质量主要涉及具体的组织、产品、服务和行业的发展质量。宏观质量与微观质量二者既有区别，又有联系。宏观质量引领微观质量发展，微观质量支撑宏观质量，全国的微观质量状况确定宏观质量水平。

无论是从宏观还是微观角度，夯实质量基础，提升产品和服务质量，都离不开标准、计量和合格评定。标准、计量、合格评定(认证认可和检验检测)是国际公认的国家质量基础(NQI)。以 ISO 9000 族及 ISO 国际标准化组织相关标准为基础的质量认证是认证认可的组成部分。在市场经济条件下，质量认证是加强质量管理、提高市场效率的基础性制度。

当初，ISO 9000 系列标准的开始推行和 ISO 9001 质量管理体系认证工作在我国开展之时，恰逢我国处于由计划经济向市场经济转轨的社会经济改革阶段。对改革开放初期缺乏先进管理经验和技术经验的我国大多数组织来说，ISO 9000 系列标准所提供的这种成熟的概念和实践集合，无疑为我们简明有序地建立一个符合国际水平基本要求的质量管理体系、获得质量信任提供了捷径。因此 ISO 9000 系列标准在我国企业得以广泛应用。以 ISO 9001 及其衍生标准、规范建立质量管理体系，事实上构成了我国各行各业质量管理的主流模式。

对于每一位正在或将要从事质量管理的工作者而言，既要清楚国家宏观层面的发展指导，更要立足于微观层面的工作。从宏观上看，目前我们党和国家高度重视包括质量认证工作在内的国家质量基础设施建设，认证认可事业方兴未艾。从微观上来说，不同的组织甚至行业，因为组织特点不同，提供的产品和服务不同，质量管理的内容也有很大差异。对于大多数组织而言，需要依据 ISO 9001 标准建立质量管理体系并通过认证，以提升管理水平和有利于市场竞争；对一些组织来说，其产品必须通过中国 CCC 强制性产品认证；而随着中国经济发展转型，服务业在国民经济中的比重越来越高，国家推行服务产品认证以提升服务质量。而无论是管理体系认证、CCC 认证，还是服务认证，都是质量管理工作的重要方面。认证已成为各类组织质量管理最为重要的管理基础工作之一。

本书正是适应国家宏观发展和组织微观管理的需要，以国际认证认可知识为背景，介绍我国认证认可制度的建立、发展和体系，我国质量管理体系认证、产品认证、服务认证及相关的质量管理标准等基础知识和质量管理体系建立、实施、保持和认证等相关知识。这些知识是将来和现在从事质量管理的工作者需要掌握的。

本书是为高等院校质量管理相关专业学生及有志成为质量管理领域领导者、管理者等相关人士而编著的，内容丰富(包括各类教辅资料)；所介绍的知识广泛适用于不同的组织，也适应学校教学和广大学生将来就业使用知识的需要。本书既自成体系,各篇章又可单独作为教材使用。其中上篇全面、概要地介绍了认证认可行业相关基础知识,包括第一章认证认可基础知识,第二章认证类别及标准规范,第三章中国认证认可法规和监管体系;中篇是本书的重点,详细介绍了质量管理与认证实践方面的知识,其中第四章可以作为质量管理体系标准知识培训教材,第五章可用于贯标认证培训教材,第六章可用于内审员培训教材;下篇第七章和第八章可分别用于 CCC 认证、服务认证培训教材。

　　本书既可作为普通高等院校质量管理类专业的核心课程教材,也可以作为管理类、经济类及工业工程类专业的公共课、专业基础课、选修课教材;既可以作为高等院校质量管理、生产管理、物流管理等专业师生的参考教材,也可作为各类组织开展各级质量培训的教材、各级主管的案头工作手册或质量管理方向硕士研究生的参考教材。

　　我们在编写此书的过程中,引用了国内外一些专家学者的著作、理论、方法、学术观点及互联网上的相关资料,恕未逐一注明出处,在此向原作者表示真诚的歉意和衷心的感谢! 同时错误或疏漏之处也在所难免,恳请有关专家学者和读者批评指正,以便我们进一步修改完善。

　　需要说明的是,认证认可是政策性、法规性、时效性很强的行业,相关的法规、规章、规则等随时会修订,广大学员在学会基本的方法后,可以随时到中国国家认证认可监督管理会网站(www.cnca.gov.cn)上查询相关最新要求。

编　者

2018 年 5 月

目 录

下篇 中国强制性产品认证(CCC)与服务认证

上 篇

国际与中国认证认可体系

本篇主要介绍国际认证认可相关知识、概念,包括国际合格评定与认证认可的产生和发展,认证认可的基本类型,认证认可的本质,认证与认可的关系,认证认可活动的特征、功能和作用、原则和特点等;我国合格评定与认证认可的发展背景、状况及认证认可体系,我国开展的认证类别及相关标准规范和规则,行政及监管体系等知识。本篇是有关认证认可的基础知识。

第一章

认证认可基础知识

第一节 认证认可的起源和发展

一、国际认证认可的产生和发展

自 1903 年英国首先以国家标准为依据对铁轨进行合格认证并授予"BS 标志"（又称"风筝标志"）以来，国际认证认可已发展了 100 多年，已形成了比较完善的国际合格评定规则。标准、计量、合格评定（包括认证认可和检验检测）是国际公认的国家质量技术基础（NQI）（本书重点介绍的是合格评定中的认证认可部分知识）。全世界几乎所有国家都建立了认证认可制度。我国从 20 世纪 80 年代初开始建立认证认可制度以来，经过 30 多年的发展，中国特色认证认可工作体系逐步完善，认证认可在国家发展大局中的地位作用进一步提升。认证认可写入国家"十二五"规划纲要和 60 部专项规划，明确列为高技术服务业、生产性服务业、科技服务业等现代服务业的重要门类。认证认可作为国家质量技术基础、市场经济运行基础性制度安排、国际通行技术性贸易措施、行政管理改革创新工具的地位日益重要，"传递信任，服务发展"的作用日益显现。

（一）国际认证认可的起源和发展

认证认可是随着工业化生产的发展，在工业化国家率先开展起来的一种对产品质量的评价、监督活动。

19 世纪下半叶，标志着当代工业革命的蒸汽机、柴油机、汽油机和电的发明，并伴随着工业标准化的诞生，形成了当代工业化大生产，当代市场经济逐渐发育和日臻完善。但随之带来的锅炉爆炸和电器失火等大量恶性灾难的发生，使民众意识到，由第一方（产品和服务提供方）的自我评价和第二方（产品和服务接收方）的验收评价，由于自身的弱点和缺憾均变得不可靠。民众强烈呼吁，由独立于产销双方之外，不受产销双方经济利益所支配的第三方，用公正、科学的方法对市场上流通的商品，特别是涉及安全、健康的商品质量进行评价、监督以正确指导公众购买，保证公众基本利益。解决这一难题有两条路，一是等待政府立法、定规矩、建机构再开始行动；二是由民间热心人士集资并组建机构，先干起来，政府立法之后再规范。多数工业化国家选择的是第二条路，这也就是我们常说的，第三方认证首先是民间为适应市场需求而自发产生的。例如，美国保险商实验室（Underwriters Laboratories，UL）和德国技术监督协会（Technische Uberwachungs Vereine，TUV）就是在此种形势下诞生的。

1903 年英国首先以国家标准为依据对铁轨进行合格认证并授予"BS 标志"（又称"风筝标志"），开创了国家认证制的先河，并开始了在政府主导下开展认证工作的规范性活动。1922

年按英国商标法注册,成为受法律保护的认证标志。这就是近代最早的产品认证制度。由于政府通过立法而开展认证,因而形成了强制性认证。

1975 年英国标准协会(British Standards Institution,BSI)公布 BS5750 质量保证国家标准后,第二年 BSI 就举办了第三方进行的组织质量体系评定、注册业务,受到各方欢迎,开辟了质量体系认证的先河。

1979 年,世界贸易组织(World Trade Organization,WTO)的前身——关税与贸易总协定缔约方在达成的《技术性贸易壁垒协定》(agreement on technical barriers to trade,简称 TBT协议)中,规定了技术法规、标准和认证制度,并规定出于安全、健康或环保的原因,世贸组织成员国政府有权针对产品制定强制性的技术法规或者推荐性的标准,以及确定是否符合这些技术法规和标准的检验、认证程序,开始产生了国际的认证认可规则。

与此同时,从质量体系认证的实践中,英国感到这种质量认证模式适应面广,灵活性大,会给生产者和顾客双方带来效益,有向国际社会推广的价值,于是 BSI 于 1979 年向国际标准化组织(International Organization for Standardization,ISO)建议,希望 ISO 制定有关质量保证技术和实施的国际标准。ISO 采纳了 BSI 的建议,于 1979 年批准成立了第 176 个技术委员会,就是通常所说的 ISO/TC 176,负责制定有关质量管理和质量保证的国际标准。ISO 于1987 年发布了世界上第一个质量管理和质量保证系列国际标准——ISO 9000 系列标准。该标准的诞生是世界范围质量管理和质量保证工作的一个新纪元。ISO 9000 系列标准不仅一举解决了企业如何建立质量管理体系国际通用的语言问题,更主要的是解决了在合同环境下,如何评定企业的质量管理体系并取得客户的信任的问题,给评审、审核、注册和认证质量管理体系带来了极大的可能性,对推动世界各国工业企业的质量管理和供需双方的质量保证,促进国际贸易交往起到了很好的作用。同时,自从 1987 年 ISO 9000 系列标准问世以来,为了加强品质管理,适应品质竞争的需要,企业家们纷纷采用 ISO 9000 系列标准在企业内部建立品质管理体系,申请品质体系认证,很快形成了一个世界性的认证潮流。

在 ISO 9000 族质量管理体系标准成功实施的基础上,ISO 国际标准化组织又于 1996 年正式颁布了 ISO 14000 环境管理体系标准,并随之掀起了全球范围的 ISO 14000 环境管理体系认证浪潮。

认证工作经历了长期发展之后,由于认证市场的广阔,从事认证的各类民间机构纷纷诞生,这里面确实有一批能站在第三方立场,以科学、公正的手段和方法为客户提供有效服务,赢得了声誉,但是也存在着一批以盈利为目的的假冒伪劣机构,不仅败坏了认证的声誉,同时也为客户带来了不应有的损失。这种良莠不分的局面使客户无所适从,迫切希望政府出面给予正确管理和规范。

1982 年,英国政府发表《质量白皮书》。该白皮书探讨了英国产品在国际市场声誉下降、市场份额越来越小的原因之后,提出了许多具体的解决问题的措施,其中之一就是建立国家认可制,对英国从事认证的机构进行国家认可。认可的准则采用 ISO/IEC 指南以及英国的补充要求。1985 年,在英国贸工部的授权下,由英国标准化协会(BSI)等 16 个来自政府部门、工业联合会、商会等组织的单位组成了英国认证机构国家认可组织,与此相对应的还将它对校准实验室认可组织和对检测试验室认可组织合并成为英国测试实验室国家认可组织,形成了国家认可机构和认可体制。1995 年 5 月,为进一步适应国际要求,将上述的相关机构合并,成立了英国认可组织(United Kingdom Accreditation Service,UKAS)。

在英国的带领下,特别是欧共体一体化的要求,使得欧共体等国纷纷建立起本国的国家认可机构,推行国家认可制。美国、日本、加拿大、澳大利亚、新西兰、巴西、印度以及东盟国家也相继效仿,纷纷通过政府法令、谅解备忘录等形式由政府主管部门授权成立国家认可机构。

随着世界经济一体化进程的加快,经济发展,商品流通,资讯传播不可能在一个国家孤立进行,商品跨国界自由流动成为发展趋势。认证认可的国际化成为需要,广大产品和服务提供者普遍要求"一证在手、走向全球",即一次检验、一次检查、一次认证、一个标志就能使商品和服务得到全世界的用户和消费者的信任。国家认可制度的建立为走向国与国之间相互承认,走向国际相互承认打下了基础。在此之前,相互承认只停留在检验机构相互承认检验结果,检查机构相互承认检查报告,认证机构相互承认认证结果,但由于这些机构众多,谈起来非常困难,特别是最终达到国家之间的互相承认对方的一揽子认证制度更不容易。有了国家认可制度,且一个国家只有一个认可机构,大家都按 ISO/IEC 准则行事,有共同语言和同行评议基础,而且易于解决一揽子问题。通过认证认可手段,有效减少国际贸易壁垒。从 20 世纪 90 年代初,认证认可领域的区域和国际间合作组织相继建立起来,已经实现了在管理体系认证、实验室检测等领域的国际间的互认,并且还在向产品认证等领域扩展。国际互认制度的产生使"一证在手、走遍全球"成为可能。

在认证认可的基础上,产生了国际互认,反过来,国际和区域的互认,又促进了认证认可的发展。在世界贸易组织(WTO)规则下的合格评定程序,更进一步推动了国际互认的发展。目前认证认可的国际互认体系已覆盖全球经济总量的 95％以上,对全球贸易健康发展发挥着不可替代的作用。认证认可已发展成了国际通行的质量管理手段和贸易便利化工具,已经成为了市场经济重要的基础性制度,日益受到世界各国的广泛重视。全世界几乎所有国家都建立了认证认可制度。通过发挥认证认可的独特作用,开展国际互认,可以提升各国在经贸领域的互信水平,减少国际贸易壁垒,促进各国质量提升和经济贸易可持续发展。

(二)认证认可的本质

认证的本质,是通过具有独立性、专业性、权威性的第三方机构所进行的符合性评定和公示性证明活动,保障认证对象符合标准和技术规范的要求,解决交易双方的信息不对称问题,并以此建立需求方对认证对象的信任。

认可的本质,是通过具有权威性、独立性和专业性的第三方机构按照国际标准等认可规范所进行的技术评价,证明认可的对象具有承担相应合格评定活动的能力,值得信赖,以供寻求认证、检验和检测的相关方选择认证机构、检查机构和实验室等合格评定机构,为这些合格评定机构的评定结果在国内外得到接受和承认、国际互认奠定基础。

认证认可与其他形式的合格评定活动(第一方声明和第二方合格评定)的最大区别,就在于它是由独立、权威和具有较强专业背景的机构所进行的合格评定,并通过书面形式对评定结果加以公示性证明。它的产生,主要是基于两种需求。一种是对独立性、专业性和权威性的符合性评定的需求,以保障标准和技术规范的要求能够得到切实满足。这种需求既可能来自企业或行业协会,也可能来自标准化组织或政府机构。另一种是对合格评定结果的具有公信力的公示性证明的需求,以有效解决市场交易中的信息不对称问题。虽然早在认证认可产生以前,第一方和第二方的合格评定已经存在,但由于以下两点原因,它们都很难满足以上的两点需求。第一,由于受自身专业能力和公信力的限制,第一方的合格评定难以确保标准和技术规范的要求切实得到满足,其评价结果也往往难以得到需求方的充分信任,因而也很难达到消除信息不对称的目的。第二,虽然第二方的合格评定结果不存在信任问题,但受自身能力的限制,第二方的合格评定也很难达到确保标准和技术规范的要求切实得到满足的目的。

认证认可活动之所以能够很好地满足上述两点需求,是因为,第一,由于认证认可活动是由具有较强专业背景的机构进行的合格评定,因而能够很好地保障标准和技术规范的要求切实得到满足。第二,由于认证认可由具有独立性和权威性的机构进行合格评定,其公示性证明具有较强的公信力,因而能够更好地获得需求方的认可和信任,从而能够更好地解决信息不对称的问题。第三,认证认可所出示的证书或符合性标志,是合格评定的社会化、规范化形式,是由具有权威性、专业性和公信力的机构为申请认证认可的组织的产品、服务、体系、能力满足相关标准和技术规范而提供的一种信任保证,因而对消费者和相关利益方具有明示作用,从而使其对加施认证认可标志的产品和服务建立信心,对产品和服务的提供者建立信任。

国际互认的本质是部分管辖权的转移。国际互认是指两个或多个国家或得到授权的机构之间达成的,同意将交易发生地之东道国的部分管辖权转移给产品、人员、服务或公司母国的一种制度安排。它表明一种产品或服务可以在某一方国内合法销售或提供,则可以在其他方国内自由销售或提供,而不需要遵循其他方国内的规则,这就大大方便了国际贸易的开展。

简单地概括认证认可的本质就是"传递信任、服务发展"。

(三) 认证认可的功能和作用

认证认可是国际通行、社会通用的质量管理手段和贸易便利化工具,是市场经济条件下加强质量管理、提高市场效率的基础性制度。其本质属性是"传递信任、服务发展",向消费者、企业、政府、社会、国际传递信任,可以形象地称为质量管理的"体检证"、市场经济的"信用证"、国际贸易的"通行证"。我国经济转入高质量发展阶段后,市场化、国际化程度越来越高,认证认可所具有的市场化、国际化等突出特点,使得其作用越来越彰显。

1. 认证认可的功能

认证认可的本质决定了其功能和作用,功能和作用又体现了其本质。由认证认可的本质属性所决定,认证认可的基本功能有:

(1) 确认标准和技术规范的要求切实得到满足。

随着工业革命的发展,生产社会化程度越来越高,一些工业化国家为了保护人身安全,开始制定法律、标准或技术法规,规定某些产品必须通过检测以确认符合一定的质量安全要求。但是,随之而来的因产品质量问题而引起的锅炉爆炸、电器失火等恶性灾难事故的大量发生,使民众意识到由第一方进行的自我评定和由第二方进行的验收评价,由于自身能力和利益的限制,很难达到要求,因而,需要由不受供需双方经济利益所支配的、具有较强专业背景的独立的第三方,用公正、科学的方法对市场上流通的商品(特别是涉及人身安全与健康的商品)进行评价、监督,以正确指导民众的购买行为,保证民众的基本利益。在这样的背景下,现代最早的认证活动应运而生。关于体系认证、机构认可等,也只有由利益独立、具有较强专业背景的机构进行合格评定,才能确保法律、标准或技术规范的要求切实得到满足。而根据《中华人民共和国认证认可条例》对认证认可的界定,认证认可事关市场交易中产品标准和服务标准的选择和监管,是市场经济良好运行的保障,直接关系到人们生产生活的安全。

(2) 以公示评定结果的方式,传递有关法规、标准和技术规范符合性的信息。

由于广泛存在信息不对称的问题,需要一种信号的传递机制,减轻信息不对称的程度。所谓信息不对称,是指在市场交易中,对于产品(服务)质量、企业(组织)管理水平、机构和人员能力等,供方掌握的信息远远大于需方。如果这种信息不对称严重到一定程度,不仅会发生逆向选择,制约市场机制优胜劣汰作用的发挥,甚至交易本身也很难实现。由于技术、管理过程的复杂性及交易范围的广泛性,第一方和第二方的合格评定结果很难取得需方及社会公众的普遍信赖,从而难以达到有效解决信息不对称问题的目的。而由于认证认可由利益独立的、具有较强专业背景的或经过法律或政府授权的机构进行评定和证明,因此其评定结果更加客观、公证,而且通过一种颁发认证证书的方式,公开向需求方以及社会公众传递认证对象是否符合有关法规、标准和技术规范规定的信息,更容易获得需求方及社会公众的信赖。

2. 认证认可的作用

基于以上基本功能,认证认可在国民经济和社会发展中的作用可以归纳为以下5个方面。

(1) 促进市场经济体制有效运行。

市场经济的本质是交易的双方能够自由缔结契约,市场经济有效运作的基本前提是交易双方都具有比较充分完备的信息,否则不仅交易难以进行,也难以通过竞争性选择实现优胜劣汰。交易中的信息不对称可能导致各种不公平交易和坑蒙拐骗,严重影响交易的秩序,影响市场配置资源的效率。信息不对称问题早在现代市场经济形成之前就已存在,但只有到了工业革命以后才变得十分普遍和复杂。认证认可制度,正是适应解决交易中的信息不对称问题、降低交易费用、增进市场机制作用要求的一种制度安排。有效的认证认可活动,能促进信息不对称问题的解决,保障有效的市场竞争,推动现代市场体制的完善。因此,认证认可是市场经济体制的一项基础性制度安排,是市场经济体制运行有效性的重要保障。

(2) 促进提升组织的产品和服务的质量安全和管理水平。

作为一种由具有较强专业能力的机构依据相关法规、标准或技术规范所进行的符合性评定活动,认证认可为组织提高管理水平,改善产品、服务质量提供了一条重要途径。对企业来说,能够促使找出差距,持续改进其产品、服务和管理,促使企业产品、服务和管理更加符合标准和技术规范的要求,从而推动相关标准和技术规范的贯彻实施,从根本上保证产品的质量安全,提高管理水平,改善经营管理和加强风险防范,提高竞争力,促进企业融入国际市场。一些非企业组织,比如政府机构、政党社团组织等,为了提高其管理的规范化水平,并借助于外部力量保持其管理的持续规范,不仅引入质量管理的理念,也引入第三方认证。

(3) 便利和促进市场交易,降低交易成本。

有效的认证认可制度,有助于需求方和社会公众建立对产品和服务的质量安全、管理水平、机构和人员能力的了解和信任,从而有利于企业开拓市场、扩大销路,这在国际贸易中显得尤为重要。有效的国际互认制度能够帮助企业消除产品销售过程中遇到的贸易壁垒,并使企业的产品能够在较短的时间内获得国际市场的认可,从而为扩大国际贸易创造条件。与此同时,认证认可制度的有效实施和发挥作用,也能够在很大程度上降低企业乃至整个社会的交易成本,包括重复检查考核、宣传费用、谈判费用、合同费用等,不仅有利于提升企业的竞争力,也有利于节约社会资源,提升国民经济整体的竞争力。

(4) 提高政府管理经济社会的能力和效率。

在现代市场经济条件下,从维护公共利益和安全、保护生态环境、促进社会和谐、引导和促进经济健康发展的要求出发,需要政府制定关于产品质量安全、环保等强制性标准,并保障企业切实贯彻。当然,这种强制性要求是政府的作用,不是认证的作用。政府强制性要求的实现,可以采取强制性认证的方式(这是借用认证的手段,实现政府管理的目的),也可以采取"批准""许可"等方式,依靠行政手段达到目的。但是,在规范和法制的市场经济条件下,政府仅依靠行政的手段对企业进行管制,一是将面临很大的责任风险,二是将投入大量的行政资源并耗费大量的行政成本。因此,从更加有利于有效实现经济社会管理目标的要求出发,政府应当积极地实现职能转换。从这个意义上说,发展认证认可是转变政府职能、提高行政效率的一条重要途径。需要说明的是,认证本身并不是行政"批准"或"许可"行为,但它为批准或许可行为提供科学依据。政府通过对认证结果的采信,可以实现职能转换、提高行政管理效率、降低行政管理成本。

(5) 维护公共利益和安全,保护生态环境,促进社会和谐稳定和可持续发展。

认证认可有助于保护消费者权益。通过认证认可,揭示产品和服务质量和安全等方面的信息,有助于消费者甄别和选择更为合适的产品,尤其是当产品或者服务出现质量问题时,有利于消费者选择更多的维权方式。质量管理体系认证,有利于组织持续稳定地提供满足顾客和法律法规要求的产品的能力和增强顾客满意的能力,从而促使组织不断扩大经营业绩,保持稳定发展;环境管理体系认证、职业健康安全管理体系认证及企业社会责任认证等,有利于促进企业更好地履行劳动保护、环境保护等方面的社会责任,保护员工健康和安全利益,促进节能降耗减排,保护生态环境,维护人与自然、经济与社会的和谐,促进经济社会的可持续发展。另外,通过认证认可的实施,相关利益方对认证标志的信任和依赖逐步强化,有助于促进社会诚信文化的形成。

为适应国家"质量强国"发展战略,进一步发挥认证认可的功能和作用,国家认监委采取了多项措施。

二、合格评定的产生和发展

合格评定是在认证认可的基础上产生和发展起来的,目前在世贸组织的规则下,已形成系统的合格评定国际规则。合格评定与标准、计量是国际公认的国家质量基础(NQI)。合格评定包括认证认可和检验检测两大领域,本书重点介绍的是认证认可领域。

(一)《TBT 协定》规定

1994 年,世贸组织新的《TBT 协定》将认证制度的概念扩展为合格评定制度。世界贸易组织《技术性贸易壁垒协定》(WTO/TBT)对标准化主要有以下规定:

(1) 技术法规、标准和合格评定程序,不得给国际贸易造成不必要的障碍;

(2) 在制定和实施技术法规、标准、合格评定程序方面的待遇,要遵循非歧视原则;

(3) 制定技术法规是为了实现五个方面的目标,即维护国家安全、防止欺诈行为、保护人身健康与安全、保护动物植物的生命与健康、保护环境;

(4) 制定技术法规、标准和合格评定程序时,要以国际标准或其相应的部分为基础;

(5) 应尽可能按照产品的性能要求,而不是按设计或描述特性,制定技术法规或产品标准;

(6) 鼓励合格评定结果的相互承认;

(7) 增强透明度,做好有关技术法规、标准、合格评定程序情况的通报和咨询工作;

(8) 设立咨询点,回答其他成员所有合理的咨询。

综上,TBT 就是技术性贸易壁垒协定,WTO/TBT 协定,主要对三件事做了规定。一个是技术法规,一个是标准,一个是合格评定程序,明确提出了关于减少贸易壁垒的战略,包括采用国际标准、统一合格评定程序、促进相互承认等措施。为了适应这种要求,合格评定认可日益国际化,并逐渐形成了一套成熟的国际和区域的认可互认组织体系。

（二）世贸组织原则下的合格评定

在世贸组织的原则下，经过多年的发展，全球性合格评定已经成为国际贸易中普遍使用且具有重要影响力的一项国际规则。TBT 体系的表现形式极具广泛性，涉及法律、法令、规定、要求、程序等各个方面，主要包括：

1. 技术标准与技术法规

在合格评定活动中，技术法规是在内容上规定产品或服务特性或提供产品和服务的方法，包括相关的行政管理规定。技术标准规定了提供产品或服务有关的工艺或（和）方法的规则指南或特性。

2. 合格评定程序

合格评定程序一般由认证、认可和相互承认组成，影响较大的是第三方认证。

3. 包装和标签要求

近十几年来发达国家相继采取措施，大力发展绿色包装，采取的措施主要有：以立法的形式规定禁止使用某些包装材料，建立存储返还制度，税收优惠或处罚，即对生产和使用包装材料的厂家，根据其生产包装的原材料或使用的包装中是否全部或部分使用可以再循环的包装材料而给予免税、低税优惠或征收较高的税赋，以鼓励使用可再生的资源。

4. 产品检疫、检验制度

基于保护环境和生态资源，确保人类和动植物的健康，许多国家，特别是发达国家制定了严格的产品检疫、检验制度。2000 年 1 月 12 日，欧委会发表了《食品安全白皮书》，推出了内含 80 多项具体措施的保证食品安全计划；2000 年 7 月 1 日开始，欧盟对进口的茶叶实行新的农药最高允许残留标准。美国食品和药物管理局（U. S. Food and Drug Administration, FDA）依据《食品、药品、化妆品法》《公共卫生服务法》《茶叶进口法》等对各种进口物品的认证、包装、标志及检测、检验方法都作了详细的规定。日本依据《食品卫生法》《植物防疫法》《家畜传染预防法》对入境的农产品、畜产品及食品实行近乎苛刻的检疫、防疫制度。由于各国环境和技术标准的指标水平和检验方法不同，以及对检验指标设计的任意性，而使环境和技术标准可能成为贸易技术壁垒。

此外，还有信息技术壁垒和绿色技术壁垒等。

这些国际规则对推动世界各国的合格评定和认证认可工作起到了十分重要的作用，世界各国的合格评定，认证认可也得到了空前的发展。仅以 ISO 9001 认证为例，目前全世界已有 100 多个国家和地区正在积极推行 ISO 9001 国际标准，开展认证认可工作，有力促进了国际贸易和交往。目前，国际合格评定体系已经形成。

（三）合格评定国际体系

合格评定经过长期的发展，现已经形成了国际体系。整个体系中包括从贸易组织、政府及区域组织、认可机构、认证公司、检验公司、检测实验室、咨询公司、执法机构到认证组织（即商品或服务的供应方）等的完备体系。这些组织在整个认证和合格评定流程中扮演不同的角色并发挥着各自不可替代的作用。

1. 世贸组织（WTO）与认证认可活动

WTO 框架下《TBT 协定》给出了各成员建立认证认可制度应遵循的原则和开展认证认可活动的规则，从贸易壁垒的角度，最大限度地降低了非关税壁垒；从非关税措施的角度，提出了约束和实施的条件，为国际贸易按市场经济规律自由、便利地发展创造了条件和环境。

2．政府及区域组织

政府及区域组织（如欧盟）的主要职责是制定有关法律、法规和政策，以监督市场的运行，不与企业直接发生关系。政府与认可机构的关系仅限于授权关系或者协议关系，即政府将有关认证、检测和人员注册等管理事项通过书面文件或者协议的形式授权给认可机构，由认可机构具体负责实施。如美国职业安全与健康管理局（Occupational Safety and Health Administration，OSHA）、中国国家质量监督检验检疫总局（General Administration of Quality Supervision，Inspection and Quarantine of the People's Republic of China，AQSIQ）。政府的监督管理职能体现在：一是对认可机构的管理，根据授权协议，如果认可机构违反了授权，政府将视情况作出处理决定，轻者予以警告，重者予以取消认可资格。二是对认证机构、检测机构和人员注册机构的管理。对认证机构、检测机构和人员注册机构的行为，政府有权随时抽查。发现违法行为后，轻者予以警告、教育，重者予以取消资格。三是通过投诉机制实施管理。对于认可机构、认证机构、检测机构和人员注册机构的不当行为，任何单位和个人都可以向政府投诉。政府将根据投诉，及时予以调查取证并采取相应的措施。

3．认可机构

认可是由权威机构（指法律或政府机构依法授权的机构）对有能力执行特定任务的机构或个人给予正式承认的程序。认可机构一般为政府机构本身或政府指定代表政府的机构。为保证认可结果的一致性和认可制度实施的国家权威性，认可机构不宜引入竞争机制，因而认可机构具有唯一性。所以，几乎所有的国家都通过法律或政府的行政干预确保认可制度实施的严肃性和唯一性。如中国的国家认可机构为中国合格评定国家认可委员会、德国认可委员会（German Accreditation Council，DAR）、美国注册机构认可委员会（Registrar Accreditation Board，RAB）、加拿大标准委员会（Standards Council of Canada，SCC）、英国 UKAS 等。认可的对象是实施认证、检验和检查的机构或人员。

4．认证公司

认证公司是经认可机构授权和认可从事认证业务的有经营行为的民间机构，其相当于考试的考官或者说一场球赛的裁判。大多数授权范围相同的认证机构之间都存在着竞争关系，由此可以避免垄断所带来的诸如腐败、效率低下等弊端并促使国际贸易正常有序的发展。如德国莱茵公司我国的北京世标认证中心有限公司等。在中国，依据《中华人民共和国认证认可条例》的规定，认证公司的成立需经行政审批。

5．检验机构和测试实验室

检验机构和测试实验室的检测资格和测试能力需经认可机构的认可，授权业务范围小于认证公司，仅提供产品检测服务。

6．产品或服务的提供方

产品或服务的提供方，包括需要产品认证和体系认证的组织、需要认可其能力的检验机构和测试实验室。

对于组织的产品（或服务）属法规强制性认证范围的产品，组织都必须取得认证资格，并在出厂合格的产品上或其包装上使用认证机构发给的特定的认证标志，否则，不准生产、销售或进口和使用；目前，我国纳入强制性产品认证目录内的产品达 20 大类 158 种产品。

对于由于消费者对产品质量和安全的要求而自觉采购有认证标志的产品或者是第二方（产品或服务的接受方）的要求或者是企业自身对产品质量和管理的追求，而导致企业自愿性认证，包括各种管理体系认证和自愿性产品质量认证等。

7. 监督及执法机构

对于认可机构、认证机构、检测机构和人员注册机构而言，其生存的根本就在于良好的信誉、优质的服务。在国外，一般来说，这些机构都不敢出具虚假的证明文件，包括标志和报告。因为一旦出具这样的证明文件，被政府发现后，将面临被警告或者取消资格的风险。

在我国，地方质检部门（包括质量技术监督部门和出入境检验检疫部门）在国家认监委的授权范围内依法对认证活动实施监督管理，查处违法违规行为。监管领域包括生产、流通和经营性使用环节。监管对象包括认证企业、认证产品、认证机构和认证市场等。我国已建立了较完善的认证认可监管法律法规体系。

可以说，认证认可起源于市场交易的需求，发展于市场经济环境，并随着全球经济一体化进程的不断深化，逐渐成为一种行之有效的、国际通行的制度体系和管理手段，在世界各国得到了广泛应用。

（四）国家质量技术基础

联合国贸易发展组织、联合国工业发展组织、世界贸易组织和国际标准化组织在总结质量领域 100 多年实践经验基础上，提出计量、标准、合格评定（检验检测、认证认可），共同构成国家质量基础（National Quality Infrastructure，NQI），认为其是提升一个国家发展质量的基石，而且在不断强化这个概念。其中，计量解决准确测量的问题，和原材料、工艺装备一起被列为现代工业生产的三大支柱，经济交往中超过 80％的贸易必须经过计量实现，计量测试技术的突破也是科技进步的先导，是制造业工艺创新、产品过程和成品质量监测的基础，同时也为环境监测、医疗卫生等提供基础保障；标准是经济和社会活动的技术依据，是引领质量提升、推动新兴产业发展的基础支撑，也是优化社会治理和公共服务的重要工具，并与科技创新融为一体，成为参与国际竞争与合作的战略手段；认证认可和检验检测是对标准执行的评定，传递质量信任，是规范市场秩序、维护消费者利益、促进质量提升的重要技术基础，是发达国家普遍应用的技术性贸易措施，其本身又是新兴的高技术服务产业。

NQI 中计量是标准、检验检测、认证认可的基准，标准规范是计量、检验检测、认证认可的依据，检验检测和认证认可则是推动计量溯源水平提升、应用标准实施符合性评价的手段；这四要素共同形成了完整的国家质量技术链条，相互作用，相互促进，共同支撑国家质量发展。现代生产条件下，抓质量必须从质量技术基础抓起。国家质量技术基础在国外也翻译为国家质量基础设施，就和交通、通信、水利、医疗卫生等基础设施一样，甚至是基础的基础。质量技术基础上去了，质量就上去了。

NQI 作为一个完整的技术链条，在产业转型、科技创新、对外贸易、生态文明建设、社会治理等方面发挥着重要基础作用，是提高供给体系质量，推动经济发展质量变革、效率变革、动力变革的重要支撑。《中共中央国务院关于开展质量提升行动的指导意见》（中发〔2017〕24 号）对夯实国家质量基础设施提出明确要求。目前我国正在大力加强质量技术基础建设。

国家质量技术基础不仅为质量提供支撑，也是保障国民经济有序运行、社会可持续发展、促进科技创新的基础。

三、相关的国际组织

国际合格评定活动是按相关的规则、标准和程序开展的，这些规则的产生、发展和推行离不开相关的国际组织，下面简要介绍有关的主要组织。

(一)世界贸易组织

世界贸易组织(WTO)成立于1995年1月1日,总部设在日内瓦,现有成员149个。

WTO的基本原则是通过实施市场开放、非歧视和公平贸易等原则,来实现世界贸易自由化的目标。WTO的前身是1947年订立的关税及贸易总协定,1995年1月1日,它正式取代关贸总协定临时机构。

WTO作为正式的国际贸易组织在法律上与联合国等国际组织处于平等地位,在调解成员争端方面具有更高的权威性。与关贸总协定相比,世贸组织涵盖货物贸易、服务贸易以及知识产权贸易,而关贸总协定只适用于商品货物贸易。它的职责范围除了关贸总协定原有的组织实施多边贸易协议以及提供多边贸易谈判场所和作为一个论坛之外,还负责定期审议其成员的贸易政策和统一处理成员之间产生的贸易争端,并负责加强同国际货币基金组织和世界银行的合作,以实现全球经济决策的一致性。WTO协议的范围包括从农业到纺织品与服装,从服务业到政府采购,从原产地规则到知识产权等多项内容。

WTO的宗旨是:促进经济和贸易发展,以提高生活水平、保证充分就业、保障实际收入和有效需求的增长;根据可持续发展的目标合理利用世界资源、扩大货物和服务的生产;达成互惠互利的协议,大幅度削减和取消关税及其他贸易壁垒并消除国际贸易中的歧视待遇。

WTO的目标是建立一个完整的,包括货物、服务、与贸易有关的投资及知识产权等内容的,更具活力、更持久的多边贸易体系,使之可以包括关贸总协定贸易自由化的成果和乌拉圭回合多边贸易谈判的所有成果。

部长级会议是世贸组织的最高决策权力机构,由所有成员国主管外经贸的部长、副部长级官员或其全权代表组成,一般两年举行一次会议,讨论和决定涉及世贸组织职能的所有重要问题,并采取行动。

鉴于认证认可活动对贸易发展,加速商品流通,保证正常交易秩序,维护消费者、用户和国家利益的重大影响,WTO将认证认可等合格评定活动纳入其多边贸易体系之中。为了推动国际贸易的自由化和便利化,使认证认可等合格评定活动对国际贸易的障碍降到最低,WTO专门制定了《技术性贸易壁垒协议》(WTO/TBT),协议要求各缔约方开展的认证认可等合格评定活动应遵循走向国际的原则。

自2001年12月11日开始,中国正式加入WTO,标志着中国的产业对外开放进入了一个全新的阶段。

(二)国际标准化组织

1946年10月,25个国家标准化机构的代表在伦敦召开大会,决定成立新的国际标准化机构,定名为International Organization for Standardization,简称ISO,中文名为国际标准化组织。

ISO是一个国际标准化组织,截至2013年5月,ISO共有163个成员国,其成员来自世界上各个国家的国家标准化团体。中国是ISO的正式成员国,代表中国参加ISO的国家机构是中国国家技术监督局。

ISO的宗旨是在世界范围内促进标准化工作的发展,以利于国际物资交流和互助,并扩大知识、科学、技术和经济方面的合作。其主要任务是:制定国际标准,协调世界范围内的标准化工作,与其他国际性组织合作研究有关标准化问题。

ISO 制定的国际标准的内容涉及广泛,已经发布了 17 000 多个国际标准,其中最为著名,应用最广的标准就是 ISO 质量体系标准,包括 ISO 9000、ISO 9001、ISO 9004 及其配套标准和规范,简称 ISO 9000 系列标准。ISO 9001《质量管理体系要求》标准为各类组织建立标准化的质量管理体系并寻求第三方认证提供了依据,并在世界上 100 多个国家获得使用。

(三)国际电工委员会

国际电工委员会(International Electro Technical Committee,IEC)成立于 1906 年,是世界上最早的国际标准化组织,是制定和发布国际电工电子标准的非政府性国际机构。

ISO 与国际电工委员会(IEC)有密切的联系,中国参加 IEC 的国家机构也是国家质量监督检验检疫总局。ISO 和 IEC 作为一个整体担负着制定全球协商一致的国际标准的任务。ISO 和 IEC 都是非政府机构,它们制定的标准实质上是自愿性的,这就意味着这些标准必须是优秀的标准,它们会给各类组织带来收益,所以它们自觉使用这些标准。ISO 和 IEC 不是联合国机构,但它们与联合国的许多专门机构保持技术联络关系。ISO 和 IEC 有约 1000 个专业技术委员会和分委员会,各会员国以国家为单位参加这些技术委员会和分委员会的活动。ISO 和 IEC 还有约 3000 个工作组,ISO、IEC 每年制定和修订 1000 个国际标准。

拓展阅读

(四)国际认可论坛

国际认可论坛(International Accreditation Forum,IAF)由美国国家标准学会(American National Standards Institute,ANSI)和美国注册机构认可委员会(RAB)联合发起。IAF 于 1993 年 8 月筹备,1994 年 1 月正式开展工作,1995 年 6 月正式签署国际认可论坛谅解备忘录。

宗旨:实现对被认可证书的普遍接受,建立并保持对各互认成员国认可制度的信任,确保认可准则实施的一致性,最终实现一次认可,全球承认。

国际认可论坛(IAF)是由有关国家认可机构参加的多边合作组织,签署 IAF 互认协议的认可机构所在的国家或经济体占有了全球经济总量的绝大部分。中国合格评定国家认可委员会(China National Accreditation Service for Conformity Assessment,CNAS)是其成员单位之一,中国也是 17 个发起国之一。IAF 成员增至 106 个,其中,认可机构成员 81 个,协会成员 19 个,区域认可合作组织成员 6 个。IAF 互认协议覆盖范围不断扩大。目前,IAF 互认协议签约方拥有 67 个认可机构和 4 个区域认可合作组织。中国合格评定国家认可中心主任肖建华担任 IAF 主席。

其主要目标是协调各国认证制度,通过统一规范各成员国的审核员资格要求、培训准则及管理体系认证机构的评定和认可程序,使其在技术运作上保持一致,从而确保有效的国际互认。

拓展阅读

以认可项目等效性为基础,国际认可论坛多边承认协议签约的认可机构批准的认可,使组织持有在世界的某一地区已被认可的认证证书能在世界的任何地区被承认。

根据 IAF 国际互认制度的规定,认可机构加入 IAF 国际互认协议,须接受 IAF 或其承认的区域性认可互认组织的国际同行评审,达到相关国际标准的要求并实现与其他认可机构的等效性,从而使 IAF 互认成员认可机构认可的认证机构具有同等的可信性。IAF 通过国际互认的评审和监督制度,对互认范围的管理体系认证形成国际约束。因此,被 IAF 多边承认协仅签约认可机构认可的认证机构在管理体系、产品、服务、人员和其他类似的符合性评审项目所颁发的认证证书在国际贸易等领域均能得到世界各国承认与信任。

（五）国际实验室认可合作组织

成立时间：国际实验室认可合作组织（International Laboratory Accreditation Cooperation，ILAC）的前身是国际实验室认可大会，始创于1977年。1996年，世界上44个实验室认可机构在荷兰的阿姆斯特丹签署"谅解备忘录"，宣告了国际实验室认可合作组织的成立。

拓展阅读

宗旨：宣传和推广国际实验室认可活动，讨论、协调和制定共同的程序和有关技术性文件，交流实验室认可活动的进展情况；促进各国间相互承认从而走向国际互认。

（六）亚欧会议

1996年3月1—2日，首届亚欧首脑会议在泰国曼谷举行。来自亚、欧两大洲的25国和欧盟委员会的领导人参加会议。会议确定每两年召开一次首脑会议，目前成员已达到39个。

拓展阅读

亚欧会议（Asia-Europe Meeting，ASEM）的目标是在亚欧两大洲之间建立旨在促进增长的新型、全面的伙伴关系，加强相互间的对话、了解与合作，为经济和社会发展创造有利的条件，维护世界和平与稳定。

（七）太平洋认可合作组织

拓展阅读

太平洋认可合作组织（Pacific Accreditation Cooperation，PAC）是亚太经合组织（Asia-Pacific Economic Cooperation，APEC）成员经济体认可机构以及有关方面机构组成的区域性多边合作组织，其宗旨是通过签订多边承认协议，使有关获得认可的管理体系认证、产品认证、服务认证、人员认证或类似的合格评定结果在全球范围内得到承认，以促进国际贸易的开展。

（八）国际人员认证（注册）协会

国际人员认证（注册）协会（International Personnel Certification Association，IPC）的前身为国际审核员与培训注册协会，成立于1995年7月，由各国的人员认证机构、培训课程批准机构组成。2005年因业务内容的扩展和国际标准的变化，更名为国际人员认证协会（简称IPC）。

拓展阅读

IPC的宗旨是通过在世界范围内统一认证人员的培训及认证（注册）制度、统一审核员培训课程的批准，以保证人员认证工作的水平，促进相互承认人员认证的结果，促进管理体系、产品等认证结果的国际互认。

四、认证认可行业的发展特点

认证认可行业近年来保持着较快的发展速度，现已经渗透到社会发展的各个领域。从消费品到工业品，从原材料到成品，从传统产业到新兴行业，从个人到企业、政府，无所不在，无处不用，并且实现了跨领域、跨界线和跨国界发展。全球和国内认证行业的发展主要有以下特点。

（1）认证认可的作用在强化。

在国际认证认可发展了100多年后，继续保持快速增长态势，显示出认证认可制度的强大生命力,更显示出对这一制度的需求。在消费品、汽车、政府及公共机构、石化服务、低碳经济、新兴产业等领域,认证认可技术及其应用飞速发展,涉及认证认可的技术壁垒不断强化,对于国际贸易的影响越来越大。为了实现"一个标准,一张证书,走遍全球"的目标,各国政府都在推动合格评定结果的国际互认。在涉及安全、卫生、健康、环境等领域,为保护国家安全、人身健康安全、动植物生命健康和环境保护等目的,各国政府均依法对特定产品实施强制性认证,以保证其符合国家强制标准、技术法规的要求。特别是对于发展中国家而言,鉴于其政府面临资源有限的问题,政府部门更加关注如何最大效能地发挥政府职能。在上述各领域,认证认可都为政府部门提供了强化前市场监管的有效工具。

(2) 认证认可的政府监管色彩在强化。

各国政府对认证认可的行政监督普遍加强,国家认可体系走向统一,监督管理制度趋于完善。如我国的"五位一体"的监管体系、"网格化"检查、"双随机、一公开"监管等,这反映出各国对认证认可行业的管理日益重视。

(3) 国际认证市场的整合格局在强化。

认证检测机构兼并整合步伐加快,对认证市场的争夺更加激烈。认证市场的主体日益多元化,认证活动日益全球化,对认证认可行业的监督管理提出了更加严峻的挑战。

(4) 行业组织参与认证认可活动的作用在强化。

一些发达国家的行业协会充当行业代言人,利用资源垄断优势,争夺在认证认可领域的主导权和影响力,将认证认可作为维护其行业利益的手段。

(5) 业务发展多样化。

业务发展的多样化,一方面是市场发展的要求,另一方面也是认证认可自身发展的需要。从分析测试服务向全方位解决方案发展;从终端产品认证,向生产供应链其他环节渗透。更多进入技术研发领域,服务于新材料、新产品和新工艺的开发。随着新法规、新标准的不断出现,服务领域不断扩大,如新能源、生物技术、医疗健康、节能环保和低碳产品等。移动互联网时代的到来,可为网络发展商、银行客户提供质量认证、质量采信和信誉评估。

(6) 相互渗透发展。

全球化促使认证服务的国际合作不断加强。目前,外资认证组织主要集中于出口产品的认证,未来将转向出口和内需的平衡发展。固有认证组织主要集中于国内销售产品的认证,未来将向出口产品的认证方向拓展,而民营认证组织则全面出击,四处开花。在业务发展上,国际认证组织将会加快与国家重点实验室开展各种战略合作。

五、中国认证认可的产生和发展

改革开放以来,我国认证认可工作经历了一个从无到有、不断加强和完善、逐渐发展壮大的过程。在我国,认证认可在从源头确保产品质量、指导消费、保护环境、促进外贸等方面发挥了巨大作用,对国民经济和社会发展的影响力不断增强。

(一)中国认证认可建立过程

1978 年 9 月我国加入 ISO,开始了解国际通行的认证认可制度。

1981 年 4 月,建立了第一个产品认证机构中国电子元器件认证委员会,开始认证试点工作。

1983 年启动实验室认可制度。

1984 年成立了中国电工产品认证委员会,并公布了认证章程。我国 1984 年成立的中国电工产品认证委员会（China Commission for Conformity Certification of Electrical Equipment，CCEE），于 1985 年 9 月成为国际电工产品安全认证体系（Worldwide System for Conformity Testing and Certification of Electrical Equipment，IECEE）管理委员会成员。中国电工产品认证委员会从电线电缆行业开始进行产品合格认证，逐步开展其他电工产品认证工作。CCEE 使用"长城"认证标志。"长城"标志认证是我国产品认证的开始。

1990 年 5 月 1 日起，凡属《实施安全质量许可制度的进口商品目录》内的进口商品，必须获得国家商检局签发的"进口商品安全质量许可证书"，并具有国家商检局批准使用的安全标志（China Commodity Inspection Bureau，CCIB）方准进口。

1990 年，蛇口有一家玻璃厂，产品出口澳大利亚时，客户需要认证证书。工厂负责人求助于深圳质量技术监督局，整个局闻所未闻。于是，他们专门跑到香港品质协会查阅认证相关资料，之后组织局里学习，并请有关香港人员来讲，培训规模大概几百人，但简单培训仍不解渴。当时已经有 ISO 9001～9004 标准，但香港人员只讲 ISO 9001。于是，他们又专门跑到 ISO 英国总部去，请 TC 176 技术委员会的专家讲了 9 天。参观和培训的费用他们总共向政府申请了 40 万～50 万元（约 10 万美元）。这次讲授的是 ISO 9004，学习之后这才真正领会 ISO 9000 的精神。

1991 年，中国第一张 ISO 9001 认证证书在深圳诞生。随着我国改革开放，加入世界贸易组织，与国际接轨，我国企业逐步走向市场，ISO 9001 进入中国被誉为"走向国际市场的通行证"。

1991 年 5 月 7 日国务院第 83 号令，正式颁布了《中华人民共和国产品质量认证管理条例》，全面规定了认证的宗旨、性质、组织管理、认证条件和程序、认证机构、罚则等，表明我国的质量认证工作由试点进入了全面推行的新阶段。

1993 年 2 月，《中华人民共和国产品质量法》颁布，明确质量认证制度为国家的基本质量监督制度。中国认证认可制度逐步进入法治化轨道。

1994 年启动认证机构认可制度。

1995 年启动认证评审员注册制度。此后，中国各类产品认证、体系认证和服务认证以及中国的认可工作随着中国市场经济发展和中国不断融入国际经济体系之中而不断完善发展。

2001 年 8 月 29 日，经国务院批准，中国国家认证认可监督管理委员会（中华人民共和国国家认证认可监督管理局）正式成立，统一管理中国的认证认可工作，是中国认证认可体制改革的一次重大突破，标志着中国认证认可事业进入了一个全新的发展时期。

2002 年 5 月 1 日，我国强制性产品认证制度开始正式实施。新的国家强制性产品认证标志名称为"中国强制性产品认证"（China Compulsory Certification，CCC），也称"CCC"标志、"(3C)"标志等。国家质检总局和国家认监委公布了第一批实施强制性产品认证的认证产品目录，共 19 大类 132 种。强制性产品认证的认证产品目录已经过数次调整，目前执行的有效版本是国家认监委于 2014 年发布的《强制性产品认证目录描述与界定表》，共 20 大类 158 种产品。

2003 年 5 月 1 日起，原有的"长城"标志和"CCIB"标志停止使用，所有列入强制性产品认证目录的产品，统一为新的"CCC"认证。

2003 年 11 月 1 日起施行《中华人民共和国认证认可条例》。

2006 年 3 月 31 日正式成立中国合格评定国家认可委员会（CNAS），是在原中国认证机构国家认可委员会和原中国实验室国家认可委员会基础上整合而成的。

CNAS 是 IAF 和 ILAC 的成员,代表中国参与有关认可工作。CNAS 的成立,标志着我国集中统一的国家认可体系最终确立。

目前,中国的认可机构认可的认证机构、检验实验室和审核员的能力是和国际上保持一致的,它们出具的认证结果在协议签署成员国之间是有效并得到承认的,中国的质量认证认可体系已是国际认证认可体系的重要的组成部分。

(二)中国认证认可的发展背景

1. 中国的入世承诺

我国认证认可制度的建立和发展,离不开改革开放,加入世贸组织这个大的历史背景。我国履行入世承诺,建立符合世贸规则的合格评定制度。中国加入世界贸易组织的主要承诺中涉及技术性贸易壁垒方面的主要内容是:

承诺公布作为技术法规、标准和合格评定程序依据的所有正式的或非正式的标准;公布并使其他世贸组织成员、个人和企业可获得有关各合格评定机构和部门相应职责的全部信息;使所有技术法规、标准和合格评定程序符合《技术性贸易壁垒协议》。

拓展阅读

对进口产品和国内产品适用相同的技术法规、标准和合格评定程序;所有认证、安全许可、质量认可机构和部门,合格评定机构和部门获得既对进口产品又对国产品进行此类活动的授权;对机构和部门的选择由申请人决定;对于进口产品和国产品,所有机构和部门颁发相同的标志,收取相同的费用,提供相同的处理时间和申诉程序。

(1)技术法规与标准

根据世贸组织《技术性贸易壁垒协议》规定,成员国应尽量采用国际标准,但发展中国家成员可享有一定的灵活性。我国承诺进一步提高使用国际标准作为技术法规基础的比例,在 5 年内再增加 10%,但保留了作为发展中国家成员的权利,可以根据自主计划逐步增加采用国际标准的比例,加速对现有的自愿性国家、地方和行业标准的修订工作,以便使之与国际标准相协调。

(2)合格评定程序

我国将根据《技术性贸易壁垒协议》第 5 条第 4 款,使用国际标准化机构发布的相关指南或建议,作为新的合格评定程序的基础,并对进口产品和国产品适用相同的合格评定程序。根据国民待遇原则,我国承诺在加入后 18 个月内,使国内所有合格评定机构既可以对国内产品又可以向进口产品提供合格评定的服务,解决我国原商品检验和认证体系对国内产品和进口产品实行不同待遇的问题。

对进口产品实施合格评定程序的目的是确定其是否符合中国加入世贸组织议定书和世贸组织《技术性贸易壁垒协议》规定相一致的技术法规和标准。只有在合同各方授权的情况下,合格评定机构方可对进口产品是否符合该合同商业条款进行合格评定,该检验不应影响此类产品通关或进口许可证的发放。

(3)合格评定机构的资格

满足中国要求的外国或合资的合格评定机构的资格将获得认可,认可要求将是透明的,并将向其提供国民待遇。

2. 统一的认证认可监督管理体系建立

自 2001 年 12 月 11 日开始,中国正式加入 WTO,标志着中国的产业对外开放进入了一个全新的阶段。同年 8 月,我国在合并原国家质量技术监督局和国家出入境检验检疫局组建质

拓展阅读

检总局（正部级）的同时，成立由国务院授权、质检总局归口管理的国家认证认可监督管理委员会（简称国家认监委，副部级，对外称国家认证认可监督管理局），由国家认监委对全国的认证认可工作进行统一的管理、监督和综合协调。2002 年 2 月，经国务院领导批准，下发了《国务院办公厅关于加强认证认可工作的通知》（国办发〔2002〕11 号），进一步明确了认证认可工作的指导思想和基本原则。

国家认证认可监督管理委员会的成立，顺应了国民经济发展和我国加入世界贸易组织、履行入世承诺的需要，为更好地发挥认证认可工作在经济建设中的重要作用，促进我国认证认可事业的健康有序发展提供了组织上的保证。国家认监委的成立结束了多年来我国认证认可工作多头管理、政出多门、市场混乱的局面，是我国认证认可体制改革的一次重大突破，标志着我国认证认可事业进入了一个全新的发展时期。国家认监委成立以后，我国逐渐建立起了比较完备的制度体系和法规体系，已经有多部法律法规写入认证认可工作，先后出台了《中华人民共和国认证认可条例》和《强制性产品认证管理规定》等部门规章及相关规范性文件（具体见本书第三章），在统一管理、严格监管等方面显示了中国特色的制度优势。

3. 国家质量认证培训中心成立

1993 年，由中国外经贸部与国家质量技术监督局联合组建成立了"国家质量认证培训中心"（2000 年更名为北京国培认证培训中心，2006 年起更为现名：国培认证培训（北京）中心）。国家质量认证培训中心成立后，于 1993 年举办了我国首期质量管理体系国家注册审核员培训班，被誉为培养认证人才的"黄埔军校"。从那时开始，我国审核员队伍得到了快速发展，为我国认证认可工作的开展提供了人力资源支持。截至 2015 年底，我国已有强制性产品认证工厂检察员 3981 人，自愿性产品认证工厂检察员 6407 人；有质量、环境、职业健康安全、食品安全等体系认证审核员 81 419 人。

4. 入世承诺的履行和国际经济一体化发展

改革开放和社会主义市场经济体制的建立及加入世界贸易组织，国际经济一体化，我国国民经济高速发展，人民生活水平提高，人们对产品质量也有了更高要求，加上我国对外出口产品的刚性需求，刺激我国认证认可市场高速发展，成为仅次于美国、欧元区的第三大认证检测市场，给我国认证认可的快速健康发展创造了历史性的机遇和环境。

5. 党和国家高度重视认证认可等国家质量基础建设

党中央、国务院一直对认证认可工作高度重视，特别是党的十八大以来，对国家质量技术基础的重视和要求前所未有。党的十八大明确提出要把推动发展的立足点转到质量和效益上。2012 年中央经济工作会议明确提出要以质量和效益为中心。2013 年，习近平总书记提出共建"丝绸之路经济带"和"21 世纪海上丝绸之路"的倡议，得到国际社会高度关注和有关国家积极响应。2015 年，国家发改委、外交部、商务部联合发布《推动共建丝绸之路经济带和 21 世纪海上丝绸之路的愿景与行动》，提出：沿线国家宜加强技术标准体系的对接，以及检验检疫、认证认可、标准计量、统计信息等方面的双多边合作，提高贸易自由化便利水平。2015 年国务院专门就"夯实质量发展基础"进行部署，要求制定和实施与国际先进水平接轨的质量、安全、卫生、环保及节能标准；加强计量科技基础及前沿技术研究，建立一批高准确度、高稳定性的计量标准，提升国家计量溯源能力；完善检验检测技术保障体系，建设一批高水平的质量控制和技术评价实验室，完善认证认可管理模式，提高强制性产品认证的有效性，推动自愿性产品认证健康发展，提升管理体系认证水平，推进国际互认。2016 年中央经济工作会议将提升供给质量作为重点工作进行了部署,提出要树立质量第一的强烈意识,开展质量提升行动,提高质量标准,加强全面质量管理。

党和国家的重要会议、文件都把强调发展质量和效益放到了很重要的位置。习近平总书记上任以来,关于质量的论述一共有 100 多处。国务院召开了中国质量(北京)大会,批准设立质量奖,推动对省级人民政府的质量考核,出台了一系列的重大措施。习近平总书记在党的十九大报告中 16 处提到质量,明确提出"瞄准国际标准提高水平、扩大优质增量供给","质量第一、质量强国"更是首次写入党代会报告。2017 年 9 月 6 日,国务院总理李克强主持召开国务院常务会议,确定推进质量认证体系建设的措施,加强事中事后监管提升中国制造品质。会议认为,按照推进供给侧结构性改革的要求,推行和强化质量认证这一市场经济基础性制度,有利于加强质量监管,营造公平竞争的市场环境,促进中国制造提质升级、迈向中高端。会议确定,一要大力推广质量管理先进标准和方法,以航空、铁路、汽车、信息等产业为重点,利用信息化、智能化手段,加快完善和提升适合行业特点的质量管理体系。2018 年全面完成质量管理体系认证升级,并逐步扩大认证覆盖面,引导各类企业尤其是服务型、中小微企业获得质量认证。二要引导和强制相结合。对涉及安全、健康、环保等的产品实施强制性认证。采取激励措施,鼓励企业参与自愿性认证,推进企业承诺制,以接受社会监督。大力开展绿色有机、机器人、物联网等高端产品和健康、教育、电商等领域服务认证,打造质量品牌。三要探索创新质量标准管理方式,对新技术、新产品、新业态实施审慎监管。四要强化监管,严格资质认定标准,加快推动检验检测认证机构与政府部门脱钩,培育发展检验检测认证服务业。清理整合现有认证事项,取消不合理收费。建立质量认证全过程追溯机制,严厉打击假认证、买证卖证等行为。五要深化质量认证国际合作互认,加快建设质量强国。可以说,这次常务会议对于当前我国认证认可重点工作进行了详细的部署。

2018 年 1 月 17 日《国务院关于加强质量认证体系建设促进全面质量管理的意见》(国发〔2018〕3 号)(以下简称《意见》)发布。

拓展阅读

《意见》的出台,充分体现了党中央、国务院对认证认可工作的高度重视,为全面加强质量认证体系建设,促进中国制造向中国创造转变、中国速度向中国质量转变、制造大国向制造强国转变,推动经济社会高质量发展,提供了重要的制度保障和政策支持。

《意见》共分 8 个部分 27 条,提出了加强质量认证体系建设的总体要求、目标任务和保障措施。

《意见》提出,要按照实施质量强国战略和质量提升行动总体部署,运用国际先进质量管理标准和方法,构建统一管理、共同实施、权威公信、通用互认的质量认证体系。力争通过 3～5 年的努力,使我国质量认证制度趋于完备,各类企业尤其是中小微企业的质量管理能力明显增强,主要产品、服务尤其是消费品、食品农产品的质量水平明显提升,形成一批具有国际竞争力的质量品牌。

《意见》明确了六个方面重点任务。一是大力推广质量管理先进标准和方法。二是广泛开展质量体系升级行动。三是深化质量认证制度改革创新。四是加强认证活动事中事后监管。五是培育发展检验检测认证服务业。六是深化质量认证国际合作互认。

此外,《意见》还从加强组织领导、综合保障、宣传引导、督促落实等方面,提出了保障措施,强调各地方、各部门要将质量认证工作作为实施质量强国战略、开展质量提升行动的重要举措,确保各项决策部署落实。

《意见》出台后,国家认监委将按照国务院部署要求,会同各部门各方面,重点从四个方面抓好落实:一是抓好质量认证体系建设的顶层设计,着力提高认证供给能力和水平,规范认证行为,提升认证公信力;二是要发挥好政府引导作用,推动各地方、各部门将质量认证体系建设摆上重要议事日程,制定方案措施,完善政策保障,健全激励机制,强化督促落实;三是要发挥好市场主导作用,认证机构、企业等市场主体要切实强化主体责任,规范认证秩序,形成良性发展局面;四是发挥好社会共治作用,加强宣传引导,提高质量认证的社会认知度,让全社会享受到更多质量认证带来的高质量发展成果。质量认证工作需要社会各方凝聚共识、协同推进,希望媒体朋友们多关心、多支持、多宣传。

为落实《中共中央国务院关于开展质量提升行动的指导意见》,国家质检总局确定 2018 年为"质量提升行动年"。国家认监委提出"质量提升行动年,认证认可在行动"的工作主题。把提升认证认可的供给质量作为主线,结合"质量提升行动年",计划开展五个方面的质量提升行动。

(1)面向广大企业,开展百万企业认证升级行动。国务院《意见》明确提出,希望更多的企业特别是中小微企业大力开展国际通行的质量认证工作做法,助推企业质量提升。

(2)面向消费大众,开展高端认证质量惠民行动。针对消费者比较关注的一些消费品,比如马桶盖、电饭锅、空气净化器,开展了高端品质的认证,称之为"优品认证"。开展"三同"产品认证。所谓"三同"就是国内销售产品与出口产品在同一生产线上生产,满足同样的标准要求,生产出同样质量的食品。开展服务认证等,真正解决十九大报告所谈到的满足人民对美好生活"高品质"的需要。

(3)面向各区域各行业,开展认证服务地方行业行动。用认证手段助推行业和地方经济发展。比如浙江地区开展的"浙江制造"就是用认证的手段来推动。越来越多行业的主管部门,以前的一些行政许可项目,现在也转入用国际通行的第三方评价手段,包括铁路产品等。鼓励国务院各部门、各级地方政府出台质量认证促进政策,积极探索推动认证认可在政府监管、社会治理、污染防治、精准扶贫等领域的应用,健全政府、行业、社会多层次采信机制,拓展质量认证覆盖面。

(4)面向国际社会,开展"中国认证,全球认可"行动。深化"一带一路"认证认可合作机制;加大支持我国企业"走出去"力度;积极参与和主动引领认证认可国际标准、规则制定,向国际社会提供认证认可"中国方案",推动绿色、有机等国内认证制度获得国际互认。

(5)面向问题集中领域,开展"认证乱象"专项整治行动。针对认证检测市场存在的不规范问题进行集中整治。严格强制性认证监管,加大对无证出厂、销售、进口等违法行为打击力度。

(三)我国认证认可的发展

正是在上述的发展背景下,尽管相比国外开始认证已有 100 多年历史,我国认证认可工作虽然起步晚,但起点较高,发展速度迅猛,认可的规模效应和国际化发展水平不断提升。我国的认证认可制度从 20 世纪 80 年代初开始,从产品认证制度的建立就着眼于与国际接轨,并按认证认可国际准则的要求开展评定活动,取得了丰硕的发展成果,具有显著的特点。

认证认可在国家发展大局中的地位作用显著提升。"十二五"时期、认证认可被写入国家"十二五"规划纲要和 60 部专项规划,明确列为高技术服务业、生产性服务业、科技服务业等现代服务业的重要门类,认证机构审批、检验检测机构资质管理改革纳入中央全面深化改革的重点任务,认证认可作为国家质量技术基础、市场经济运行基础性制度安排、国际通行技术性贸易措施、行政管理改革创新工具的地位日益重要，"传递信任，服务发展"的作用日益显现。2017 年 9 月 5 日，中共中央、国务院印发《关于开展质量提升行动的指导意见》，完善国家合格评定体系，夯实国家质量基础设施。

中国特色认证认可法律法规体系进一步完善，至 2015 年底，一是构建了以 20 部法律、17 部法规、15 部行政规章为主体的认证认可法律法规体系；建立了包括 11 项基本认可制度、23 个专项认可制度和 32 个分项认可制度在内的认可体系，认可的机构总量和证书总量在世界上都处于领先位置。

我国的认证认可工作早已深入到国民经济的 39 个大类行业之中，截至 2017 年 12 月 30 日，中国合格评定国家认可委员会认可各类认证机构、实验室及检验机构三大门类共计十四个领域的 9419 家机构，其中，累计认可各类认证机构 164 家，认证机构领域总计 620 个，涉及业务范围类型 10 883 个；累计认可实验室 8764 家，其中检测实验室 7328 家、校准实验室 1000 家、医学实验室 281 家、生物安全实验室 77 家、标准物质生产者 17 家、能力验证提供者 61 家；累计认可检验机构 491 家。"十二五"末，全国累计颁发有效认证证书 147.9 万张，认可证书 7592 张，连续多年世界第一；行业服务产值超过 1700 亿元，年均增长 21%。至 2016 年底，我国累计颁发有效认证证书 176.8 万余张，比 2015 年末增长 20%，获证组织 59.7 万余家，营业总收入突破 2000 亿元，成为全球增长最快的检验检测认证市场，成为名副其实的认证大国。联合国工业发展组织调查中国企业 ISO 9001 体系认证有效性达到 98%，采购商满意率达到 96%，3C 认证产品抽查合格率稳定在 90% 以上。

强制性产品认证制度覆盖 20 大类 158 种产品。这 20 大类分别是电线电缆、电路开关、低压电器、小功率电机、电动工具、电焊机、家用设备、音视频设备、信息技术、照明电器、机动车辆、机动轮胎、安全玻璃、农机产品、电信终端、消防、安全技术防范、无线局域、装饰装修、玩具等。这些产品都与人们生活息息相关，通过强制性产品认证，达到了保证产品安全、防止人身伤害的目的。

拓展阅读

根据国家认监委 2014 年颁布的《自愿性认证业务分类目录》，我国的认证认可已广泛涉及国民经济的各个领域，其中自愿性产品认证，按照国家标准 GB/T 7635.1《全国主要产品分类与代码第一部分可运输产品》划分为 33 个认证领域；服务认证，按照国家标准 GB/T 7635.2《全国主要产品分类与代码第二部分不可运输产品》划分为 26 个认证领域；管理体系认证，按照目前实施的管理体系认证项目归类划为 37 个领域。

拓展阅读

服务供给侧结构性改革，着力提升质量供给水平。积极发挥认证认可"传递信任，服务发展"作用，主动服务供给侧结构性改革，提升供给质量，提振消费信心，2016 年在汽车等行业率先推行绿色产品认证，并在供应链下游企业已采信绿色轮胎认证结果，推动绿色发展和消费升级；实施出口食品企业内外销"同线同标同质"（指出口企业在同一条生成线上，按照相同的标准生产出口和内销产品，从而使供应国内、国际市场产品达到相同的质量水准，又称"三同"工程）工程。有效引导了消费回流，带动了国内产业升级。"三同"工程被列入《消费品标准和质量提升规划》；支持战略性新兴产业发展，在智能制造、轨道交通、卫星通信、新能源等领域完善检验检测认证体系，建立机器人、城市轨道交通产品等一批新型认证制度；支持中国（杭州）跨境电商综合试验区、上海跨境电商公共服务平台、全国供销社农产品及农资电子商务平台建设等；经国务院批准，成功申办 2019 年 IEC 第 83 届大会，提升了我国在国际合格评定领域影响力。

认证认可已形成多元共治格局。全国认证认可部际联席会议成员共有 32 个单位,共同联合发布《认证认可检验检测发展"十三五"规划》。认监委与中医药管理局、供销合作总社和铁路总公司分别签署战略合作协议,与发展改革委、财政部、工业和信息化部、公安部、住建部、环保部、农业部、交通运输部、中国人民银行、知识产权局、中央军委联合参谋部等共同推进绿色产品、机器人、卫星导航产品、轨道交通产品等检验检测认证体系和采信机制建设,推动认证认可服务行业管理和产业发展。各级地方政府将认证认可作为落实质量工作考核、推动质量兴省(市)的重要手段,从多方面加大工作力度。云南省出台加强认证认可工作的政策文件,明确一系列支持政策;各级地方政府积极创建区域质量认证和检验检测认证示范区或联系点,加大认证认可工作的实施力度。国家认监委紧扣国家战略重点、社会关注热点,与相关部委、地方政府、新闻媒体共同举办以"认证认可助力中国高铁走出去""认证认可服务供给侧改革"等为主题的世界认可日、全国检验检测机构开放日等宣传活动,产生广泛社会影响。

在推动认证认可国际互认方面,我国也已取得显著成果。2015 年 6 月 9 日,国家质检总局、国家认监委发布《共同推动认证认可服务"一带一路"建设的愿景与行动》。目前已与全球30 余个国家和地区签署了 100 多份合作协议,同时还与上海合作组织、东盟、海湾合作组织等建立了认证认可多边合作机制。2017 年 5 月 3 日,中国与丹麦关于认证认可领域和有机产品的合作谅解备忘录在北京签署,这是认证认可服务"一带一路"建设取得的又一成果。中国推进"一带一路"认证认可国际合作互认,在促进贸易便利化、助推"中国制造"走出去、深化合作交流、提升"中国制造"品质、树立"中国品牌"形象、对接沿线国家需求、服务经贸、便利往来等方面发挥了巨大作用。中国还是认证认可国际合作与互认的积极参与者和倡导者,目前中国已成 IAF、ILAC 以及亚太区域全部认可多边互认协议的签署方,并积极参与相关活动,我国加入了所有国际和区域多边互认体系,我国代表成为发展中国家中首位当选的国际认可论坛主席,担任国际标准化组织、国际电工委员会、国际人员认证协会等一系列国际组织重要职务,推动多边互认机制的建立和发展。中国认可机构参与的国际互认体系,覆盖了国际范围和亚太区域现有的全部认可多边互认协议范围,签约认可机构所在国家或经济体占有全球经济总量的绝大部分。国际互认使我国的产品和服务出口可实现"一证在手、走遍全球",实现快速通关,便利交易。中国认可结果在国内外得到广泛采信,认可的作用和影响不断提升。

党的十九大提出,我国经济发展要从高速度向高质量发展转变,我国正处在加快经济发展方式转变和经济结构战略性调整的重要历史阶段,面临着质量安全问题突出、资源环境压力加大、市场调节机制不健全、社会诚信度不高等一系列紧迫问题。随着国家发展方式的转变,新的认证需求不断产生,新的认证领域不断拓展,认证认可在提升质量安全、推动节能减排、促进消费贸易、提高公共管理服务水平等方面的作用越来越显现。认证认可行业正面临新一轮大发展的黄金时期。

为了推进贸易便利化,国家认监委试点强制性产品认证制度改革。

(四) 中国认证认可与国际对比

国家认监委在制定《认证认可检验检测发展"十三五"规划》过程中,开展了认证认可强国评价指标研究,首次构建了包括 6 个维度 16 个评价指标的体系框架,并与有关国家开展了比对研究。初步研究结果表明,在可进行国际比较的 12 项指标中,中国有 5 项指标位居国际先进行列,有 5 项指标处于中游水平,有 2 项指标相对落后。

服务发展方面,认证认可广泛渗透到经济社会各个领域,与国家发展战略结合日益紧密,"社会治理"等指标得分比较领先,但"质量安全保障"等指标还有待提升。

产业实力方面,认证认可检验检测成为新兴的现代服务业,"产业规模"等指标得分领先,但"质量效益"等指标与先进国家相比存在较大差距。

创新驱动方面,中国与发达国家的差距逐步缩小,"专业主导"等能力有所提升,但"技术创新"尤其是原创能力还比较落后。

在国际影响方面,"机构任职"指标得分快速提升,"国际互认"水平处于中等,"服务输出"能力与发达国家相比还存在差距。在基础能力方面,"机构设立""人才培养"等指标总体处于中等水平,基础建设能力有待进一步提高。

(五) 进一步加强国际合作

认证认可是国际通行的管理手段和贸易便利化工具,有两个显著的国际化特征:一是国际上已建立了全方位的认证认可活动应遵循的标准和准则,并由国际标准化组织(ISO)、国际电工委员会(IEC)等国际组织对外发布,非常权威,包括认证认可制度应如何建立,认证认可机构应如何运作等;二是国际上在诸多领域成立了认证认可国际合作组织,它们的宗旨就是建立国际统一的认证认可制度,在国际组织成员间实现一个标准、一次认证、一次认可、全球通行,如国际电工委员会电工产品认证体系(IECEE)、国际认可合作组织(IAF)等。因此,按照国际规则开展的认证认可活动,特别是成为国际组织成员,认证认可证书很容易在各个国家得到承认,从而成为国际贸易的"通行证"。

为进一步加强国际合作,2015年4月,国家认监委以国认合〔2015〕75号发布了《国家认监委关于促进认证认可行业国际合作的指导意见》(以下简称为《意见》)。《意见》明确积极推动认证认可行业发展,强化认证认可服务经贸发展、促进"一带一路"建设的作用,实现认证认可强国战略目标。

(六) 中国认证认可行业定位

国务院国发〔2014〕49号《关于加快科技服务业发展的若干意见》中,明确提出重点发展研究开发、技术转移、检验检测认证、创业孵化、知识产权、科技咨询、科技金融、科学技术普及等专业科技服务和综合科技服务,提升科技服务业对科技创新和产业发展的支撑能力。加快发展第三方检验检测认证服务,鼓励不同所有制检验检测认证机构平等参与市场竞争。加强计量、检测技术、检测装备研发等基础能力建设,发展面向设计开发、生产制造、售后服务全过程的观测、分析、测试、检验、标准化、认证等服务。支持具备条件的检验检测认证机构与行政部门脱钩、改制转型,加快推进跨部门、跨行业、跨层级整合与并购重组,培育一批技术能力强、服务水平高、规模效益好的检验检测认证集团。完善检验检测认证机构规划布局,加强国家质检中心和检测实验室建设。构建产业计量测试服务体系,加强国家产业计量测试中心建设,建立计量科技创新联盟。构建统一的检验检测认证监管制度,完善检验检测认证机构资质认定办法,开展检验检测认证结果和技术能力国际互认。加强技术标准研制与应用,支持标准研发、信息咨询等服务发展,构建技术标准全程服务体系。国家已经明确将检验检测认证定位为现代高技术服务业,部分认证机构也取得了高新技术企业证书,体现了国家及各行各业对检验检测机构的重视和支持。

总之,检验检测认证行业中的认证认可工作,是与国际质量管理、认证高度接轨,遵循ISO国际规则运行的工作,也是质量管理的重要基础工作之一,已经得到了国家的高度重视,具有广阔的发展前景。对于立志于将来从事质量管理、认证认可的质量管理专业的学员来说,将来有可能成为认可机构、认证机构、实验室、检验检测机构工作人员中的一员,也可能成为各类组织贯标认证工作管理人员中的一员。对于我们来说,认真全面地了解国际认证认可相关规则及中国认证认可相关法律法规,学习相关的认证标准,掌握基本的认证认可相关的概念、方法、技巧,对于我们将来在工作岗位中的生存和发展将是非常有益的。

六、认证认可助推政府职能转变

认证认可是国际通行的提升产品、服务质量和管理水平,促进经济社会可持续发展的重要手段。认证认可能为政府行政管理和宏观调控提供科学依据,促进政府决策管理科学化,增进政府行政透明度和公信力,激发市场活力,使政府产业政策形成导向效应。认证认可在政府部门的应用加快、加深,体现在多个方面。

一是结合行政审批制度改革,对原先行政许可审批管理项目实行认证认可管理,变政府集"审批、评价、监督"于一身的直接管理为政府以"制定政策、采信第三方结果、后续监管"为主的间接管理,变事前审批为事中事后监督,合理配置了行政程序和行政资源,提高了效能。

如公安部利用认证认可结果,减少行政审批,强化行政监管,提高了产品质量。目前实行强制性认证的产品过去大部分实行的是生产许可证制度,由公安机关直接操作,不但消耗了大量的警力,而且直接承担发证责任。现在改由认证机构作为第三方实施,公安机关只承担相应监管职能,减少了行政审批,降低了行政成本,提高了工作效率。认证结果的采信克服了生产许可证等一些行政审批项目"重证前审批,轻证后监督"的弊端,严格的质量保障措施使认证产品质量能够在较高水平上保持认证前与认证后的一致性。

二是在重大产业政策中将认证认可作为实施途径和措施,在政府采购、政府工程招投标等领域采信认证认可结果,优先采购使用获证企业产品,运用认证认可手段引导产业转型升级,实现政府制定的政策目标。

三是政府部门向社会力量购买检验、检测、认证等服务,在行政事务中采信第三方结果,为政府监管提供了客观、专业的评价依据,以及信息服务、决策咨询等技术支撑。

四是在政府机构内部建立质量管理体系并通过认证,规范各项工作流程,从而提高了工作效率,增强了公信力和执行力。

七、认证认可就在大众身边

随着认证认可活动的广泛开展,目前认证认可活动已深入国民经济的各个领域,认证认可就在大众身边。当前,包括人们的衣、食、住、行、玩、学、用在内的方方面面,认证认可都可以帮助消费者解决其与产品和服务提供的信息不对称问题。

(一)吃

在商场、超市的柜台上,随处都能见到"有机产品""绿色产品""无公害产品""危害分析和关键控制点(hazard analysis and critical control point,HACCP)认证""ISO 22000 认证"等认证标志和字样。尽管名称不尽相同,认证方式和手段有所区别,但这些认证的目标就是:通过认证组织对相关标准、技术规范的贯彻实施,堵住农药残留超标的有毒、有害食品流向人们的餐桌,坚决捍卫人们的食品安全!认证认可在人们看不见的食物链环节,发挥着作用,推广可持续发展的农业技术,维持生态系统的良性循环。

严防严控严管确保婴幼儿口粮安全。

(二)住

随着人们生活水平的提高,居住条件有了明显改善。但是不合格的涂料等装饰装修材料,往往都含有苯、甲醛、重金属、有机挥发物等有害物质,污染了室内空气,能导致慢性中毒、白血病等严重后果! 这时候,CCC认证就会借你一双慧眼,选用加贴了CCC认证标志的装饰装修材料,人们就可以安心地居住了。

(三) 行

当人们搭上火车、汽车饱览祖国的名山大川时,人们可知道,这搭载人们的火车、汽车的安全玻璃,都需获得CCC认证,以此来确保人们旅途的安全。飞驰而过的摩托车、小汽车,都需经过严格的测试才能通过CCC认证。为了进一步保障人们的安全,汽车安全座椅、机动车喇叭、汽车油箱等零部件也被列入了CCC认证的目录,这样,人们的出行安全就更有保证了。

(四) 玩

工作之余,当人们想要放松身心时,人们或许会收看丰富精彩的电视节目,聆听变化多端的电声音乐,用家庭影院观看精彩影片或是与亲朋好友相聚,在卡拉OK厅一展歌喉,而人们所用到的这些设备,还有你喜欢的塑胶玩具、电子玩具,同样离不开CCC认证,有了认证做参谋,人们就可以选购到放心的产品。认证仿佛一种承诺,让人们玩得更加尽兴。

(五) 学

现代化的电子设备对保证你高超的学习效率可谓至关重要。必不可少的传真机、电脑、复印机、打印机都需要CCC认证。用于沟通联络的手机,机身背后都有一枚小小的CCC认证标志。CCC认证对这些产品的安全性能、电磁兼容性能等方面都作了详细规定,既确保了设备的正常使用寿命,帮助人们提高了学习效率,又保护了人们的健康和安全。而学校内必不可少的火灾报警设备、喷水灭火设备也是CCC认证的一员,保障校园更安全。

(六) 用

清晨,当第一缕阳光照射进来,认证就已经像人们隐身的好朋友一样,让人们生活得更省心。微波炉、电饭煲、电水壶这些厨房的好帮手,样样离不开认证。吸尘器、洗衣机、电吹风、空调器,也都是CCC认证产品。不仅如此,为了建设资源节约型社会,人们或许会选用节能、节水产品,而这些产品也将要推行认证,以确保资源的节约和环境的保护。

综上,认证认可与我们每个人都是息息相关的。

第二节　认证认可的概念和知识

一、基本概念

认证认可都是属于合格评定活动,要正确理解认证认可的概念,应首先理解合格评定的概念。本节首先介绍与国际认证认可相关的包括合格评定在内的相关基础概念。

(一) 合格评定

1. 定义

合格评定是指与产品、过程、体系、人员或机构有关的规定要求得到满足的证实。

注1:合格评定的专业领域包括检测、检查和认证,以及对合格评定机构的认可活动。

注2:合格评定对象包括接受合格评定的特定材料、产品、安装、过程、体系、人员或机构。其中产品包括服务。

2．理解

（1）按照合格评定的定义，广义的合格评定包括认证、检测、检查和认可等活动；狭义的合格评定通常指认证、检测和检查等活动。其中，认证、检测和检查的对象是产品、过程、体系、人员等，而认可的对象则是从事认证、检测和检查活动的机构。

（2）合格评定活动包括：企业的自我声明，第二方或第三方的检验、检查、验证等评价活动或认证、注册活动以及它们的组合；也包括为规范给企业提供评价服务的机构行为而实施的认可活动。

（二）合格评定机构

1．定义

合格评定机构是指从事合格评定服务的机构。

注：认可机构不是合格评定机构。

2．理解

从事认证、检测和检查活动的机构通常称为认证机构；实验室和检查机构，统称为合格评定机构。

（三）认可

1．定义

认可是指正式表明合格评定机构具备实施特定合格评定工作的能力的第三方证明。

2．理解

（1）认可是对进入认证领域的各类机构和从业人员的能力和资格予以评审和正式的承认。认可既为规范各类认证活动和净化认证市场起了很好的作用，也为国与国之间的相互承认，以至走向国际承认创造了条件。

（2）认可制度通常指实施认可的规则、程序和对认可的管理。认可制度有时也称为"认可体系"。

（3）在市场经济情况下，认可工作处于合格评定活动的最高端。

（4）认可分类

认可是对合格评定机构满足所规定要求的一种证实，这种证实大大增强了政府、监管者、公众、用户和消费者对合格评定机构的信任，以及对经过认可的合格评定机构所评定的产品、过程、体系、人员的信任。这种证实在市场，特别是国际贸易以及政府监管中起到了相当重要的作用。

一般情况下，按照认可对象的分类，认可分为认证机构认可、实验室及相关机构认可和检查机构认可等。以下分别介绍认证机构认可、实验室及相关机构认可和检查机构认可。

① 认证机构认可

认证机构认可是指认可机构依据法律法规，基于 GB/T 27011 的要求，并以国家标准 GB/T 27021《合格评定管理体系审核认证机构的要求》（等同采用国际标准 ISO/IEC 17021）为准则，对管理体系认证机构进行评审，证实其是否具备开展管理体系认证活动的能力；以国家标准 GB/T 27065《产品认证机构通用要求》（等同采用国际标准 ISO/IEC 指南 65）为准则，对产品认证机构进行评审，证实其是否具备开展产品认证活动的能力；以国家标准 GB/T 27024《合格评定人员认证机构通用要求》（等同采用国际标准 ISO/IEC 17024）为准则，对人员认证机构进行评审,证实其是否具备开展人员认证活动的能力。

认可机构对于满足要求的认证机构予以正式承认,并颁发认可证书,以证明该认证机构具备实施特定认证活动的技术和管理能力。

② 实验室及相关机构认可

实验室及相关机构认可是指认可机构依据法律法规,基于 GB/T 27011 的要求,并以国家标准 GB/T 27025《检测和校准实验室能力的通用要求》(等同采用国际标准 ISO/IEC 17025)为准则,对检测或校准实验室进行评审,证实其是否具备开展检测或校准活动的能力;以国家标准 GB/T 22576《医学实验室质量和能力的专用要求》(等同采用国际标准 ISO 15189)为准则,对医学实验室进行评审,证实其是否具备开展医学检测活动的能力;以国家标准 GB 19489《实验室生物安全通用要求》为准则,对病原微生物实验室进行评审,证实该实验室的生物安全防护水平达到了相应等级;以国际实验室认可合作组织(ILAC)的文件 ILAC G13《能力验证计划提供者的能力要求指南》为准则,对能力验证计划提供者进行评审,证实其是否具备提供能力验证的能力;以国家标准 GB/T 15000.7(等同采用 ISO 指南 34《标准物质/标准样品生产者能力的通用要求》)为准则,对标准物质生产者进行评审,证实其是否具备标准物质生产能力。认可机构对于满足要求的合格评定机构予以正式承认,并颁发认可证书,以证明该机构具备实施特定合格评定活动的技术和管理能力。

③ 检查机构认可

检查机构认可是指认可机构依据法律法规,基于 GB/T 27011 的要求,并以国家标准 GB/T 18346《检查机构能力的通用要求》(等同采用国际标准 ISO/IEC 17020)为准则,对检查机构进行评审,证实其是否具备开展检查活动的能力。认可机构对于满足要求的检查机构予以正式承认,并颁发认可证书,以证明该检查机构具备实施特定检查活动的技术和管理能力。

(四) 认可机构

1. 定义

认可机构是指实施认可的权威机构。

注:认可机构的权力通常源自政府。

2. 理解

(1) 从事认可活动的机构称为认可机构,认可机构的权威来自政府的授权和认证机构自身的技术能力。认可活动属于合格评定活动,但认可机构不属于合格评定机构。认可机构开展认可活动的依据是国家法规、国际标准和惯例。

(2) 国际区域认可组织,例如欧洲技术认可组织(European Organization for Technical Approvals,EOTA)、太平洋认可合作组织(PAC),以及国际认可组织——国际认可论坛(IAF)相继成立,为建立国际认可互认制度奠定了坚实的基础。

(3) 认可机构与合格评定机构的职责及关系

在认可环节,认可机构是认可活动的执行主体,承担认可活动符合规定要求(包括法律法规、标准或规范以及相关方要求等)的责任。认可机构有责任确保其各项认可活动的公正性和能力符合规定要求,并对所发布认可结果的真实性、准确性和有效性负责。获得认可的合格评定机构是被认可的合格评定活动的执行主体,承担合格评定活动符合认可要求的责任。获得认可的合格评定机构有责任确保其被认可的各项合格评定活动的公正性和能力符合认可要求。

在认证、检测和检查等合格评定环节,合格评定机构是合格评定活动的执行主体,是合格评定活动符合规定要求(包括法律法规、标准或规范以及相关方要求等)的责任者。合格评定机构有责任确保其各项合格评定活动的公正性和能力符合规定要求,并对所发布的认证、检测或检查的证书或报告的真实性、准确性和有效性负责。合格评定对象的提供者(如提供受评定的产品的组织)与执行者(如拥有受评定的管理体系的组织)以及合格评定对象本身(如受评定的人员)是合格评定对象的执行主体,承担确保其经合格评定的产品、过程、体系或其本身符合合格评定要求的责任。

(五)认证

1. 定义

认证是指认证机构证明产品、服务、管理体系符合相关技术规范、相关技术规范的强制性要求或者标准的合格评定活动。

2. 理解

(1) 其中的证明是指根据审核后作出的决定而出具的说明,从而证实规定要求已得到满足;其中规定要求是指由法规、标准和技术规范予以明确表达的需求和期望。法规、标准和技术规范是认证的依据,标准指对标准化领域中需要协调统一的技术事项所制定的标准,包括技术标准,产品标准,工艺标准,检测试验标准,原材料、半成品、外购件标准,安全卫生环保标准等;相关技术规范是指和认证认可有关的、经公认机构批准的、规定非强制执行的、供通用或重复使用的产品或相关工艺和生产方法的规则、方针或特性的文件。

(2) 认证的定义包括三个相互联系又缺一不可的方面:第一,认证是依据一定的法规、标准和技术规范对产品、服务、体系等进行的合格评定活动;第二,认证是一种由独立于供方和买方的、具有权威性和公信力的第三方所进行的合格评定活动;第三,认证需要通过出具书面证明对评定结果加以确认。因此,认证活动必须公开、公正、公平,才能有效。因此,认证是指由独立于供方和需方的、具有权威性和公信力的第三方依据法规、标准和技术规范对产品、体系、过程进行合格评定,并通过出具书面证明对评定结果加以确认的活动和程序。

(3) 认证是市场经济条件下加强质量管理、提高市场效率的基础性制度。

(4) 认证制度通常指实施认证的规则、程序和对认证的管理。

(六)认证要求

作为获得或保持认证的条件,客户所要满足的规定要求,包括产品和服务要求。

注:认证要求包括为满足 GB/T 27065—2015 标准由认证机构提出的对客户的要求(通常通过认证协议),也包括认证方案提出的对客户的要求。GB/T 27065—2015 标准所指的"认证要求"不包括认证时认证机构提出的要求。

例如,以下为认证要求,但不是产品和服务要求

(1) 认证协议的要求;

(2) 缴付费用;

(3) 提供获证产品(服务)变更的信息;

(4) 为监督活动提供获取获证产品(服务)的途径。

(七)检测

检测是指按照程序确定合格评定对象的一个或多个特性的活动。

（八）检查

检查是指审查产品设计、产品、过程或安装并确定其与特定要求的符合性，或根据专业判断确定其与通用要求的符合性的活动。

（九）合格评定制度

1. 定义

合格评定制度是指实施合格评定的规则、程序和对实施合格评定的管理。

注：合格评定制度可以在国际、区域、国家或国家之下的层面上运行。

2. 理解

合格评定制度有时也称为"合格评定体系"，认可制度有时也称为"认可体系"。

（十）合格评定方案

合格评定方案是指与适用相同规定要求、具体规则与程序的特定合格评定对象相关的合格评定制度。

注：合格评定方案可以在国际、区城、国家或国家之下的层面上运作。

二、认证认可的基本类型

（一）认证的基本类型

按照认证对象划分，认证通常可分为产品认证、体系认证和服务认证。从法规性质上看，可分为自愿性认证和强制性认证。

（二）认可的基本类型

认可可以按照认可对象划分为认证机构认可、实验室认可、检查机构认可等。认证机构的认可是正式表明认证机构具备实施特定合格评定工作能力的第三方证明。实验室认可是正式表明检测或者校准实验室具备实施特定检测和校准工作能力的第三方证明。检查机构认可是正式表明检查机构具备实施特定检查工作能力的第三方证明。

本书主要根据学员学习的需要，在第三章中详细介绍我国目前广泛开展的产品认证和体系认证知识和方法。

三、认证与认可的关系

在合格评定领域，认证和认可是两个不同层面的活动，无论是实施主体、面向对象，还是活动内容都有不同，不能互相替代。

首先，认可与认证的实施主体不同。认可是由权威机构（认可机构）实施，在我国认可机构是由政府授权的，在法律上具有权力和权利的机构，为体现其权威性一个国家通常只设立一套国家认可体系。在《中华人民共和国认证认可条例》中规定：除国务院认证认可监督管理部门确定的认可机构外，其他任何单位不得直接或变相从事认可活动。认证是由第三方（认证机构）实施，认可机构为认证机构开展认证活动的技术能力和公正性提供证明，是认证机构在社会上取得信任的重要基础。

其次，认可与认证的行为对象不同。认可的对象是认证机构、检查机构和实验室，认证的对象是产品、服务、管理体系。

再次，认可与认证的活动内容不同。认可的内容是对认证机构、检查机构和实验室的管理能力、技术能力、人员能力和运作实施能力进行评价。认证的内容是证明产品、服务、管理体系等符合相关技术规范、相关技术规范的强制性要求或者标准。

最后,机构性质不同。认证机构属于社会中介组织的性质,其建立是投资人的经济行为。市场经济情况下,在为社会提供合格评定服务的活动中,认证机构之间存在竞争关系。认证机构需要依靠本身的专业技术能力取得信任,而认可机构具有政府授权的特点。在我国,认可机构还承担政府安排的对认证机构的专项检查工作任务;在对认证活动和认证机构的国家监管体系中发挥"认可约束"的作用。在国际上,认可机构普遍与政府具有紧密的联系。认可机构的信用首先来源于政府的授权与管理。不同国家/经济体的认可机构之间在为合格评定机构提供能力评价服务方面并不构成竞争关系。

四、认证认可与标准、检测的关系

认证认可的依据是标准,包括管理体系标准、产品标准及相关规范等;没有标准就谈不上认证;反过来,认证又促进了标准的贯彻实施,促进标准的完善。认证是贯彻实施的有效工具,对标准的推广起着举足轻重的作用。认证提供了一个社会各方参与标准化的平台,政府、科研院所、企业、消费者、认证机构等各方参与认证认可制度建设及标准化活动。认证有助于推动国家标准体系与国际标准体系深度结合,消除技术壁垒,促进多边贸易发展。

标准是对重复性事务和概念所做的统一规定。它以科学、技术和实践经验的综合成果为基础,经有关各方面协商一致,由主管机构批准,以特定形式发布,作为共同遵守的准则和依据。

标准化是指为了在一定的范围内获得最佳秩序,对实际潜在的问题制定共同的和重复使用的规则的活动。"通过制定、发布和实施标准,达到统一"是标准化的实质;"获得最佳秩序和社会效益"是标准化的目的。

标准是经济建设和社会发展的技术基础,服务于社会发展的各个层面。认证认可作为现代市场经济的一项基础性制度安排,和标准密不可分。认证认可与标准存在于相同的社会经济环境中,形成共同的技术平台,它们之间相互沟通、相互渗透、相互促进,共同发展。

标准作为技术支撑,是认证认可的主要依据,是认证认可工作科学性、权威性、规范性和有效性的根本技术保证,认证认可只有以标准为依据和基础,才能最大程度取得权威性和公信力,才能保证在市场交换中合理配置资源,形成良好的市场规则和秩序,提高市场交易效率。因此,没有有效的标准,就难以有有效的认证。

认证认可推动标准的应用,是应用标准最具有效率的手段之一,是标准得以全面、深入、高效实施的最重要方式。不同领域、不同形式、不同强制力的标准需要不同的实施方式和模式,其中通过市场友好、灵活多样的认证活动来实施标准,被国际经验和我国实践一再证实是比较有效率的方式。可以说,没有有效的认证,很多标准将难以深入市场和社会的方方面面,难以发挥其服务于社会、服务于市场、服务于消费者的功效。

认证对标准的完善发挥重要的反馈作用,标准的适用性在认证中得以检验,认证认可活动中的反馈信息推动标准改进和不断完善,促进标准的不断发展。在标准的实施中通过认证认可来检验标准的适用性,认证认可的信息通过反馈,进入标准的研制环节,促进标准更加广泛反映政府、市场、社会的需求深度和多样化个性化需求。同时,在标准研制、实施和更新等各个环节,认证认可机构和人员,通过各种形式,提供专业知识和实践经验,有效促进标准的发展。

国外认证机构的发展经验表明,检验对于认证起着越来越重要的支撑作用,为认证对产品和服务是否符合标准和规范提供检测技术和检测结果支撑。

五、认证认可的行业属性和特点

(一)认证认可的行业属性

我国已将认证认可定位为现代高技术服务业,一些认证机构也被认定为高新技术企业。认证认可是一种符合性评定活动,对有关产品、过程、体系及其相关机构的符合性作出判断。认证认可是一种鉴证性活动。认证活动不仅需要依据一定的标准和程序作出符合性判断,还需要通过出具书面证明对评定结果加以确认。认证认可是一种第三方活动,介于供需双方之间。因此,认证活动的行业属性可以概括为一种基于符合性评定,并出具证明的行业,属于鉴证类的现代服务业。

(二)认证认可的行业特点

认证认可的行业特点如下。

(1)技术和知识密集。实施认证认可程序的各个环节都体现了其技术和知识密集型特点,认证认可标准和规则的制定,对产品的检查、检测,对组织管理体系的审核、培训等都要求较高的技术和知识水平,具有很强的专业性,需要大量的专业人士和人力资本。

(2)独立性、公正性、权威性要求高。认证认可是第三方提供的有关产品、服务、管理体系的相关信息,是在独立的第三方立场上作出的评价,只有拥有公正性和权威性才有生命力,行业才能生存,对公信力有较高要求。

(3)外部性强。所谓强外部性是指认证活动的质量不仅对认证机构和获证企业双方利益有重要影响,也对社会公众的利益有着重要影响。其活动具有显著的公益性。

(4)规模经济效益明显。在一个正常的市场竞争环境下,品牌的好坏对于一个认证机构的长期发展至关重要。品牌越好,生意越多,价格越高,越有条件保障质量,从而越有条件提升品牌。而品牌属于无形资产,规模的扩大并不会显著增加认证机构的品牌成本。

六、认证认可活动的特征

从全球的角度考察国际贸易和认证认可活动,我们可以发现它们之间互动关系的存在,特别是它们有着共同的国际性、规则性和实践性。

(1)国际性。贸易的国际化,使得认证认可国际化是必由之路,它的发展史明确无误地证明了这点。"一证在手、走遍全球作贸易",领到"国际贸易通行证",正是广大企业和广大认证认可业内人士努力追求的目标。一次检验、一次检查、一次认证、一个标志就能使商品和劳务得到全世界用户和消费者的信赖是认证认可等评价活动的最高理想。

(2)规则性。市场经济环境下的国际贸易需要有序的竞争机制来增强活力,更需要以在大多数国家或地区相互间的经济贸易活动中,自愿遵守的各种约定俗成的国际行为准则作为活动的指南,有的还通过国际条约和协定等形式上升为强制性的国际规范,这其中包括了认证认可等影响国际贸易的各种活动的国际准则。以国际惯例为前提是认证认可活动走向有序、规范和法制化的根本保证。

(3)实践性。国际贸易的对象包括了货物、服务和技术,在长期的商品交换实践中逐步形成了国际贸易的惯例和规则,以及针对每一贸易环节的规范作法,反过来又得到贸易实践的检验。同样,认证认可的服务对象是产(商)品和企业,目的是保证将符合标准和规定要求的物品和服务以贸易为载体交换到用户和消费者手中。因此,就贸易而言,认证认可的每一个环节都有强烈的针对性、实践性。实践是促进认证认可不断完善和发展的唯一源泉。

认证认可是一把双刃剑。遵循市场规律、符合国际惯例、规范化运作的认证认可是促进贸易发展的手段和途径;否则,认证认可将有可能成为贸易保护主义者的武器,成为给贸易发展带来负面影响的工具,甚至由于重复检验认证增加企业不合理的负担,增加交易成本,成为技术性贸易壁垒。

七、认证认可遵循的基本原则

(一)公正性原则

认证与认可应由具有明确法人地位的第三方认证机构来承担,并接受相应的监督管理,依靠其公正、科学、有效的认证服务取得权威和信誉。

(1)认证机构应由处于第三方公正地位的法人客体承担。这是由于认证机构和人员均有经认可的能力,与买卖(即供需)双方既没有行政上的隶属关系,又没有经济上的直接利害关系,而且熟悉和掌握认证主要依据——标准,能够为申请认证的认证组织提供公正、科学和有效的服务。

(2)认证过程中咨询人员与检查评审人员应分开。如果由认证检查评审人员同时进行咨询和评审,咨询人员又是审核人员,就势必会降低认证工作自身的质量,影响公正性与科学性。

(二)透明度原则

认证的规则、程序、依据、内容与方法均应公开,既能让认证申请人获知有关认证的上述信息,避免形成技术壁垒,阻碍贸易,又能避免认证机构之间的不正当竞争。

依据世界贸易组织《贸易技术壁垒协定》(WTO/TBT)的规定:"应要求向其他缔约方提供技术法规细节或副本""在技术法规出版和生效之间留出合理的时间,以便使产品出口缔约的生产者特别是发展中国家的生产者有时间改变其产品或生产方式以满足进口缔约方要求"。

每个缔约方应保证设立一个咨询处,该咨询处应能回答其他缔约方和其他缔约方境内有关方面的合理询问,并能提供下述有关文件:

(1)在境内实行的任何合格评定程序或提出的合格评定程序;

(2)在其境内采用的或提出的任何合格评定程序;

(3)索取文件副本时,出售价格应与出售给本国或任何缔约方的价格相同等。

WTO/TBT 提出的上述透明度和无歧视原则适用于任何认证机构,也只有这样,才能由认证申请方真正自由选择认证机构,认证机构之间也可以进行公开、公平、公正的认证服务质量竞争。

显然,不公开认证的规则、程序、依据、内容与要求,或利用行政权力,进行部门或地方保护主义的认证,都是违背透明度原则的。

(三)积极采用国际标准原则

认证与认可是以技术法规和标准为主要依据的质量活动,为了破除贸易中的因质量认证而产生的技术壁垒,WTO/TBT 明确规定除了"国家安全,防止欺骗、保护人身健康和安全,保护动物植物生长和保护环境"之外,"当需要制定技术法规并且已有相应国际标准或者其相应部分即将制定出来时,缔约方公司应以这些国际标准或其相应部分作为技术依据,除非由于气候、地理因素或基本技术问题等原因不适用"。

ISO/IEC 为了指导各国开展认证与认可工作，联合发布了一系列指南（即国际标准），这些指南一般均应当成为各国制定质量认证技术法规或标准时的基础。

（四）自愿申请、严格监督原则

除了强制性的安全认证及特殊领域的质量管理体系认证之外，产品合格认证、质量管理体系注册/认证和实验室认可过程中，都应坚持自愿申请。不许以行政等其他方式强迫申请认证，但颁发认证证书和标志后应加强监督，这就是自愿申请、严格监督原则。

应该让各类组织真正理解认证是其自身的客观要求，是加强管理，提高效率和效益卓有成效的手段，从而使它们主动、积极地开展认证工作，实现认证的目的。

一旦组织通过认证，获取认证证书或认证标志之后，各有关部门及认证机构对这个组织及其产品的监督检查则是严格、有序的。如果该组织不能继续保持认证合格水平，就会被收回证书或停止使用认证标志，并公告于众。也只有这样，才能使质量认证活动持久不衰地开展下去，取得各方的信赖。

（五）不断促进管理体系有效运行原则

管理体系认证的根本目的，在于促进认证组织强化技术和管理基础，建立和完善适用的管理体系，使其有效运行，以不断提高产品质量，增强市场竞争能力，获得长期的成功和发展。这就是不断促进管理体系有效运行原则。

世界各国采用广泛的产品质量认证模式是型式试验＋质量体系审核＋定期产品质量监督检验和质量管理体系复审（即第五种模式），其主要目的是促进企业建立和完善确保产品质量稳定的质量管理体系。质量管理体系注册/认证本身就是要求申请注册/认证组织建立一个完善有效的质量管理体系，而实验室认可则要求检验实验室或校准实验室建立一个确保其产品检测或校准数据准确可靠的质量管理体系。

因此，各项认证的共同原则，也是最根本的原则，是要求不断地促进管理体系有效运行。这就要求各认证组织建立既要符合认证标准，更重要的是符合组织实际情况的、适用的管理体系，而不是照搬照抄别人的管理体系。这就要求认证组织要深入认真地学习并结合组织实际理解标准的理念、内涵、思维和要求，并把这些理念、内涵、思维和要求贯彻在日常的业务管理工作中，以标准为框架系统地整合各相关管理要素，从而实现系统管理，达到提高管理水平和效率的目的。

（六）消除贸易技术壁垒原则

认证认可活动的开展不能产生贸易技术壁垒，阻碍国内外贸易，相反地应消除贸易技术壁垒，促进市场公平、公开和公正的竞争，这就是消除贸易技术壁垒原则。

现代世界经济是国际一体化的经济，过去那种地方和民族的自给自足、闭关自守状态，已被各国、各民族之间的互相往来、互相依赖、互为市场所代替，任何一个国家的经济建设都不可能脱离国际经济而单独生存和发展。如果由于开展认证活动，造成各国或各地区之间技术壁垒的筑起和扩大，就势必阻碍国际贸易的顺利发展，也就阻碍了各国经济建设。因此，国际标准化组织和各国认证管理部门都一致把消除贸易技术壁垒原则作为认证必须遵循的基本原则之一。

上述 6 项基本原则反映了现代认证认可活动中的客观规律和客观要求，它们不是孤立的，而是互相关联和相互影响的，任何国家开展认证认可工作，都应认真严格遵循，不能违反或部分遵守。

即测即练

【复习与练习】

一、填空题

1. 国际认证认可的起源可以追溯到（　　）年。

2. 我国从（　　）年开始建立认证认可制度。

3. 认证认可的作用是（　　）。

4. 产品质量由第一方（　　）的自我评价和第二方（　　）的进行验收评价，由于（　　）均变得不可靠。

5. 第三方认证首先是（　　）为适应市场需求而自发产生的。

6. （　　）因而形成了强制性认证。

7. WTO/TBT 规定，世贸组织成员国政府有权（　　），以及确定是否符合这些技术法规和标准的检验、认证程序。

8. ISO 9000 系列标准最早发布于（　　）年。

9. 世界上认证机构国家认可组织最早的是（　　）。

10. （　　）的国际互认制度的产生使"一证在手、走遍全球"成为可能。

二、问答题

1. 近代最早的产品认证制度是如何产生的？

2. ISO 9000 系列标准发布的作用是什么？

3. 简述世界上认证机构国家认可组织产生的背景。

4. ISO 的宗旨和任务是什么？

5. 我国认证认可国际合作的目标和原则是什么？

第二章

认证类别及标准规范

第一节 我国认证类别

一、按认证对象划分的认证基本类别

依据《中华人民共和国认证认可条例》，按认证对象不同，我国认证分为"管理体系、服务、产品"三种认证类别。

产品认证是指依据产品标准和相应技术要求，经认证机构确认并通过颁发认证证书和认证标志来证明某一产品符合相应标准和相应技术要求的活动。产品认证的对象是特定产品。认证的依据或者说获准认证的条件是产品质量要符合指定的标准的要求，证明获准认证的方式是通过颁发产品认证证书和认证标志，其认证标志可用于获准认证的产品上。

体系认证的对象是企业的质量管理体系、环境管理体系及职业健康安全管理体系等。体系认证是由认证机构依据公开发布的管理体系标准和补充文件，对组织的管理体系进行评定。认证的根据或者说获准认证的条件，是组织的管理体系应符合申请的管理标准。经评定合格的组织，由认证机构对其颁发体系认证证书，予以注册公布并进行定期监督，从而证明组织在特定的范围内具有必要的管理能力的合格评定活动。获准认证的证明方式是通过颁发具有认证标记的体系认证证书，但证书和标记不能直接标记在产品上。

体系认证根据所依据的标准不同分为质量管理体系（quality management system，QMS）认证、环境管理体系（environmental management system，EMS）认证、职业健康安全管理体系（OHSMS）认证等。体系认证通常是自愿的，企业自主决定是否申请认证及申请认证的形式和选择认证机构等。

服务认证是认证机构按照一定程序规则证明服务符合相关的服务质量标准要求的合格评定活动，是市场经济条件下为适应宏观管理需要专为服务行业设立的一项认证制度。

二、按法规性质划分的认证基本类别

从法规性质上看，可分为自愿性认证和强制性认证。

自愿性认证是指企业为了提高自己的管理水平，并表明自己的产品、过程或服务符合相关标准、规范等要求而申请的认证。

强制性认证，是政府主管部门为保护广大消费者人身安全和健康、保护环境、保护国家安全，而对相关产品强制实施的评价其是否符合国家规定的技术要求（标准和/或技术规范）的产品认证制度。强制性认证的要求通常是作为法律、规则或监管政策的一部分发布，由政府机构强制实施。这类标准可能是出于安全、健康和环保的考虑而设立的，它们通常对产品、服务、

系统或制造工艺的设计、性能指标或其他特性作出具体规定。在许多国家,强制性认证的要求是由政府机构独自制定的。

三、中国强制性产品认证(CCC)

国家质监总局于 2001 年 12 月 3 日公布了《强制性产品认证管理规定》,后于 2009 年进行了修订并于 2009 年 9 月 1 日起施行。

依据《强制性产品认证管理规定》,中国强制性产品认证标志基本图案中"CCC"为"中国强制性认证"的英文名称"China Compulsory Certification"的英文缩写。通常称为"3C"认证。

截至 2015 年 12 月底,我国强制性产品认证证书达到 468 331 张,获证组织达到 64 093 家。

四、中国自愿性认证业务分类

根据《中华人民共和国认证认可条例》确定的原则,"认证类别"分为产品、服务和管理体系三个大类;按照专业划分"认证领域",认证机构业务范围审批至领域;按照认证方案划分"认证项目",认证项目按照认证规则备案方式进行管理。自愿性认证主要分为以下三类:

(1) 自愿性产品认证,主要包括国家标准 GB/T 7635.1《全国主要产品分类与代码第一部分可运输产品》部分,如"一般食品农产品",其他为"一般工业产品"。

(2) 服务认证,按照国家标准 GB/T 7635.2《全国主要产品分类与代码第二部分不可运输产品》划分为认证领域。

(3) 管理体系认证,按照目前实施的管理体系认证项目归类划为认证领域。

五、自愿性产品认证

除了国家强制性要求之外的产品认证均为自愿性产品认证,认证的目的是证明特定产品特性符合特定要求,证实认证企业的产品满足规定的标准和技术规范要求以及顾客需求。认证的对象涉及特定产品的型号规格,并以某一具体型号规格划分为最小认证单元。

自愿性产品认证分为 2 种。第一种是国家统一制定认证基本规范、认证规则。主要有无公害农产品、有机产品、良好农业规范、食品质量、饲料产品、低碳产品、节能环保汽车、环境标志产品、信息安全产品、电子信息产品污染控制、可扩展商业报告语言(extensible business reporting language,XBRL)软件、光伏产品等。第二种可由符合条件的认证机构编制自愿性产品认证规则报国家认监委备案。各组织需要认证的产品按相应的规则实施,如 2016 年 12 月 23 日国家认监委发布的《低碳产品认证实施规则陶瓷砖(板)》(编号:CNCA-LC-0105:2016)、《低碳产品认证实施规则纺织面料》(编号:CNCA-LC-0106:2016)、《低碳产品认证实施规则轮胎》(编号:CNCA-LC-0107:2016)等规则。各项需要时可适时查询国家认监委网站(http://www.cnca.gov.cn/)。

截至 2015 年 12 月底,我国自愿性工业产品认证证书达到 222 261 张,获证组织 27 408 家;自愿性农产品认证证书为 103 619 张,获证组织达到 45 283 家。

国家认监委于 2016 年 4 月 8 日发布了《关于加快发展自愿性产品认证工作的指导意见》(以下简称《意见》),《意见》中指出:自愿性产品认证是认证认可服务经济发展、传递社会信任的重要形式。目前,自愿性产品认证在服务经济发展和社会治理方面的功能作用尚未充分发挥。加快发展自愿性产品认证工作,是促进认证认可高技术服务产业跨越式发展的战略选择,是提升认证认可工作整体服务能力的要求，是促进产品创新、产业升级，推动结构调整、绿色发展，引导消费，的必要举措。

《意见》体现了"创新、协调、绿色、开放、共享"五大核心发展理念。

《意见》提出的发展自愿性产品认证的目标是：到"十三五"末，基本形成发展充满活力、规范有效、服务作用凸显的自愿性产品认证工作局面；5～10年内，形成一批社会公信、有广泛影响的自愿性产品认证品牌。自愿性产品认证应遵循的原则是：需求导向，推动发展；质量优先，树立公信；激发活力，改革创新；强化监督，多元共治。

在适应产品发展要求方面，针对产品安全性、稳定性、可靠性、扩展性、复用性、舒适性、易用性、可维护性等质量安全特性、使用功能挖掘认证需求；针对产品策划、研发、生产、流通、使用、回收、处置等不同阶段或全寿命周期开发认证需求；针对绿色低碳、节能环保、循环经济、区域战略等产品绿色发展导向发掘认证需求；针对产品整机、部件、功能、系统关键特性，应用测试、标定、分级、特性标识等多种形式满足认证需求。

在适应企业提升需求方面，为企业量身定制个性化技术服务方案，帮助企业破解质量控制难题，更加注重指导企业在产品设计开发、试验验证体系方面的建设，引导企业应用卓越绩效、六西格玛、精益生产、质量诊断、质量持续改进等先进管理模式和方法，帮助企业提高质量在线监测、在线控制和产品全生命周期质量追溯能力、关键工艺过程控制水平，指导企业参与标准制修订工作，推动产品创新战略实施，激发企业追求管理和质量提升的动力，在传递信任的过程中帮助企业实现价值引领、价值传递、价值创造。

在适应产业升级需求方面，推进工业产品质量提升行动，保障重点消费品质量安全，为产业结构调整提供技术服务支撑；适应互联网、物联网技术发展要求，适应智能制造技术发展要求，适应电子商务、智能物流配送发展要求，适应信息安全技术和产品发展要求，解决新兴产业发展中存在的问题；开发电子化、智能化、网络化认证标志标识应用技术，发掘认证需求、满足认证需求。

在适应社会治理需求方面，重点围绕教育、文化、卫生、体育等公共服务体系，食品药品安全、生产安全、社会治安防控、网络安全等公共安全体系，防灾、减灾、救灾等应急管理体系，能源、经济、信息、国防安全等国家安全体系提供认证服务，鼓励政府部门、行业管理组织、大型企业集团、大型物流贸易平台等积极参与、共同制定认证方案，借助认证手段为产品提供保证，满足各个层次的治理管理需求。

在服务"走出去"战略方面，识别发展外向型经济的认证服务需求，研究目标市场的准入制度、技术法规和认证标准，消除技术性贸易壁垒，推动我国重大装备、新能源、高端制造、传统加工等产业走向国际市场。鼓励认证机构发展海外业务，在海外设立分支机构或业务推广平台，大力开发国际认证市场，尤其是配合国家"一带一路"建设的倡议，推动沿线国家采信我国产品认证标准及结果。

相信随着国家政策的鼓励、支持和市场的需要，我国的自愿性产品认证工作必将获得快速发展。

六、服务认证

服务认证是基于顾客感知、关注组织质量管理和服务特性满足程度的新型认证制度，是国家质量基础设施的重要组成部分，对提升优质服务供给比重、增强中国服务国际竞争力具有积极作用。

服务认证正处于初始阶段,未来发展空间巨大。截至 2015 年 12 月底,我国各认证机构共颁发服务认证证书 912 张,主要分布在体育场所服务认证、软件过程能力及成熟度评估认证、绿色市场认证、商品售后服务评价体系、汽车玻璃零配件安装服务认证、信息安全服务资质认证、非金融机构支付业务设施认证等方面。

第二节　认证认可标准规范和规则

我国自建立认证认可制度以来,经过与国际认证认可规则接轨和等同采用国际标准,已初步形成一套认证认可标准、规范体系,包括国家标准、认证认可行业标准(我国编号为 RB 标准)及认证规则等。

国家标准如 GB/T 27028《合格评定第三方产品认证制度应用指南》、GB/T 27053《合格评定产品认证中利用组织质量管理体系的指南》、GB/T 27067—2006《合格评定产品认证基础》、GB/T 27065《合格评定产品、过程和服务认证机构要求》、GB/T 27000—2006《合格评定词汇和通用原则》,这些标准以合格评定功能法为基础,对相关的认证认可提出了要求。

一、国家标准

下面主要介绍与合格评定中的认证认可相关的重点内容,这些内容是制定认证规则,开展认证活动的基础性规范。

(一) GB/T 27000—2006《合格评定词汇和通用原则》

GB/T 27000—2006 等同采用 ISO/IEC 127000—2004《合格评定词汇和通用原则》。标准于 2006 年 9 月 4 日发布,2006 年 12 月 1 日实施。标准规定了与合格评定(包括对合格评定机构的认可)及其在贸易便利化中的应用有关的通用术语和定义。

附录 A 对合格评定功能法作了说明,以进一步为自愿性领域和强制性领域的合格评定服务使用者、合格评定机构及其认可机构间的沟通与了解提供帮助。

本标准提出并建立了各种认证活动普遍适用的合格评定功能法,确定了合格评定活动的关键技术。

1. 合格评定功能法

合格评定由选取、确定、复核与证明三项功能有序组成,在需要证明满足规定要求时,这些功能可以满足这一需要。

当声称满足规定要求时,这种证实能够使之更为切实可信,增加信用者的信任。标准所规定的要求是各方意见协调一致的产物,所以经常被用作规定要求。因此,合格评定通常被视为一项与标准相关的活动。

(1) 选取

选取包括一系列策划和准备活动,其目的是收集或生成后续的确定功能所需的全部信息和输入。通常通过抽样进行选取,包括确定抽样方案和技术。"选取"功能包括:

① 明确符合性评定所依据的标准或其他文件的规定;

② 选取拟被评定对象的样品、样本;

③ 统计抽样技术的规范(适宜时)。

抽样方法可以是简单随机抽样、分层抽样、多级抽样(多阶段抽样)、等距抽样、不等概率抽样、判断抽样、配额抽样等。

（2）确定

进行确定活动的目的是获得关于合格评定对象或其样品满足规定要求情况的完整信息。"确定"功能包括：

① 为确定评定对象的规定特性而进行的测试；

② 对评定对象物理特性的检验；

③ 对评定对象相关的体系和记录的审核；

④ 对评定对象的评价；

⑤ 对评定对象的规范和图纸的审查。

（3）复核与证明

复核是在作出合格评定对象是否已被可靠地证实满足规定要求的重要决定之前的最后核查阶段。证明的结果是以最容易到达所有潜在使用者的形式作出的"说明"。"符合性说明"作为一种通用表述被用作"已证实满足规定要求"的传达手段。

"复核与证明"功能包括：

① 评审从确定阶段收集的评定对象符合规定要求的证据；

② 返回确定阶段，以解决不符合项问题；

③ 拟定并发布符合性声明；

④ 在合格产品/服务上加贴符合性标志。

2．对监督的需求

合格评定活动可以在证明活动完成时终止。但是，在某些情况下，为使证明活动所产生的说明保持有效，可能需要有系统地重复进行选取、确定、复核与证明活动。这些活动受使用者需求的推动。例如，合格评定对象可能随时间发生变化，从而影响其持续地满足规定要求。或者使用方可能需要不断地证实规定要求的满足情况，比如在连续地生产某产品时。

（二）GB/T 27065—2015《合格评定产品、过程和服务认证机构要求》

GB/T 27065—2015 标准等同采用 ISO/IEC 17065：2012 年《合格评定产品、过程和服务认证机构的要求》。标准包含了对产品、过程和服务认证机构的能力、一致性运作和公正性的要求，具体包括产品、过程、服务认证的通用要求、结构要求、资源要求、过程要求以及服务认证方案要求等内容。

标准中的通用要求包括法律和合同事项、公正性管理、责任和财力、非歧视性条件、保密性、可公开获取的信息等内容；在结构要求中包括组织结构和最高管理层、维护公正性的机制等；在资源要求中包括认证机构的人员和评价的资源；在过程要求中包括申请、申请评审、评价、复核、认证决定、认证文件、获证产品名录、监督、影响认证的变更、认证的终止、缩小、暂停或撤销、记录、投诉和申诉等内容。

标准关于认证机构公正性方面要求：

（1）公正性是存在的客观性。客观性意味着利益冲突不存在或者已解决，从而不会对认证机构的活动产生不利影响。表述公正性要素的其他术语有：独立、无利益冲突、没有成见、没有偏见、中立、公平、思想开明、不偏不倚、不受他人影响、均衡等。

（2）认证机构应对认证活动的公正性负责，不允许有任何来自商业、财务或其他方面的压力损害公正性。认证机构应持续地进行公正性风险识别。这些风险源于其自身的活动或各种关系,或者源于其人员的各种关系,尽管这些关系不一定给认证机构带来公正性风险。给认证机构公正性带来风险的关系可能源于所有权、管理方式、管理层、人员、共享资源、财务、合同、营销(包括品牌)以及给介绍新客户的人佣金或其他好处等。当识别出了公正性风险,认证机构应能够证实如何消除或最大限度减小此类风险。认证机构最高管理层应对公正性作出承诺。

(三) GB/T 27028—2008《合格评定第三方产品认证制度应用指南》

GB/T 27028—2008 等同采用 ISO/IEC 指南 28:2004《合格评定第三方产品认证制度应用指南》(第二版)。标准适用于通过对产品样品的初始检测、对相关质量体系的评审和监督以及通过对从工厂和(或)市场获得的产品样品进行检测实施监督,以确定产品符合特定要求的第三方产品认证制度。标准包括认证申请、初始评审、生产过程和质量体系的评审、初始检测、评价(复核)、决定、许可、认证范围的扩大、监督、符合性证书或标志的使用、标记、被许可方的公开信息、保密性、产品许可的暂停、撤销、对标准修订的执行、责任、申诉等内容。

标准的附录 A 给出了第三方认证制度的典型的认证规则内容清单。

(四) GB/T 27067—2006《合格评定产品认证基础》

GB/T 27067—2006 等同采用 ISO/IEC GUIDE 67:2004《合格评定——产品认证基础》,将于 2018 年 7 月 1 日被 GB/T 27067—2017 替代,到时应关注标准的修订情况。

本标准依据现有实践识别产品认证制度的各种要素,给出了对产品认证制度的指南,供希望了解、开发、建立或比较第三方产品认证制度的产品认证机构和其他利益相关方使用。

标准的引言中介绍了产品认证用来解决关注的目的:便于用户和消费者能够在市场上更好地选择产品;供方可以通过证实符合性来更有效地获得市场的认可。

为证实产品与要求的符合性而进行的活动的类型,往往由不符合的后果的严重程度来决定。当后果不重要或不严重时,由于造成的问题在发生后可能易于处理或解决,社会也可能很少要求或不期望证实产品的符合性。在这些情况下,供方的符合性声明可能就足够了。可以将自愿性的第三方产品认证作为这些声明的补充。

但是,如果不符合的后果关系重大,社会可能要求在允许产品进入市场前、在产品上市的同时或在这两种情况下,完成证实产品符合要求的活动。提供上述保证的方法之一是开展产品认证。产品认证是由一种第三方就产品符合特定标准和其他规范性文件提供的保证方法。制定本标准是为了更好地理解产品多种功能和类型。

标准中关于产品认证的三个基本目的,是产品认证应当逐步为消费者、用户以及更为广泛的所有利益相关方树立产品满足要求的信心,以此来解决他们对产品的关注;产品认证可用于供方向市场表明有第三方参与;产品认证不应当要求过多的资源,导致产品成本超出社会通常愿意承受的限度。

通常,产品认证应当为关注产品是否满足要求的各方逐步树立信心,而且应当提供足够的价值,以便供方能够有效地进行产品的市场营销。当产品认证利用尽可能少的资源提供所需的信心时,是最成功的,即价值最大化。

产品认证的三个功能:选取(取样)、确定、复核与证明(决定)。

(五) GB/T 27053—2008《合格评定产品认证中利用组织质量管理体系的指南》

本标准等同采用 ISO/IEC 指南 53:2005《合格评定产品认证中利用组织质量管理体系的

指南》，标准概述了认证机构制定和实施产品认证方案中利用组织质量管理体系的通用方法，包括确定产品认证方案的步骤（包括确定方案和产品认证方案实施的功能阶段），选取、确定、复核和证明、监督、符合性标志等内容。

在产品认证方案中利用组织质量管理体系有益于组织和认证机构确定产品是否符合规定要求，并保证持续符合这些要求。

（六）GB/T 27021—2007《合格评定管理体系审核认证机构的要求》

GB/T 27021—2007 标准等同采用 ISO/IEC 17021：2006《合格评定——管理体系审核认证机构的要求》将于 2018 年 5 月 1 日被 GB/T 27021.1—2017 替代，到时应关注标准的修订情况。

标准包含了所有类型管理体系（如质量管理体系或环境管理体系）审核与认证的能力、一致性和公正性的原则与要求，以及提供上述活动的机构所遵循的原则与要求。

二、认证认可行业标准

认证认可行业标准（标准编号 RB），是专门为认证认可活动定制，专门为认证认可活动服务的标准。RB 标准使众多规范认证认可活动开展的技术要求标准化，进而指导规范认证认可活动的更好开展。国家认监委于 2012 年开始，经过立项、起草、征求意见、预审和审定，于 2014 年上半年首批发布了 11 项 RB 标准。后来又陆续发布了多项 RB 标准。

如 RB/T 113—2014《能源管理体系氯碱和电石企业认证要求》、RB/T 101—2013《能源管理体系电子信息企业认证要求》，这些标准是对氯碱和电石、电子信息等相关行业的能源管理体系认证要求，可用于相关企业建立、实施、保持和改进其能源管理体系，也可作为各相关方评价氯碱和电石企业能源管理体系的依据，是对能源管理体系国家标准的细化和补充。

此外还有包括如 RB/T 207—2016《强制性产品认证指定实验室日常管理评价指南》、RB/T 301—2016《合格评定服务认证技术通则》、RB/T 188—2015《认证项目分类及编码》、RB/T 189—2015《强制性产品认证业务数据规范》等多项。学员可以根据需要在国家认监委网站查询。

三、认证技术规范

国家认监委以 2006 年 3 号公告发布了《认证技术规范管理办法》（以下简称《办法》），《办法》于 2006 年 3 月 1 日起施行。

《办法》中规定的认证技术规范是指认证机构自行制定的用于产品、服务、管理体系认证的符合性要求的技术性文件。

《办法》规定认证应当以国家标准、行业标准或者相关认证技术规范作为认证依据。尚未制定国家标准、行业标准，或者现行国家标准、行业标准

拓展阅读

不适用于认证的，认证机构可以向国家标准化管理委员会（以下简称国家标准委）、行业主管部门或者国家标准委下属标准化相关技术委员会提出标准制修订建议，在相关国家标准、行业标准公布实施前，认证机构可以根据认证需要，自行制定认证技术规范。认证机构制定的认证技术规范应当报国家认监委备案。

国家认监委受理认证机构备案申请后，应当及时将认证技术规范文本、编制说明和意见汇总处理表，委托技术委员会进行审查。技术委员会审查结束后，应当及时向国家认监委提交审查报告和审查结论。审查结论分为：推荐备案、建议修改后备案或者建议不予备案。国家认

监委对经备案的认证技术规范公布其名称、制定情况以及与法律法规、国家有关规定、现行国家标准、行业标准的差异等信息。

认证机构应当定期对认证技术规范进行复审,复审周期一般不超过三年,认证技术规范复审后,认证机构应当及时向国家认监委报告复审结果。

当相应国家标准、行业标准和统一的认证技术规范发布实施后,认证机构应当及时对认证技术规范予以废止或者修订,修订后的认证技术规范应当重新备案。

国家认监委与国家标准委建立认证标准制修订工作协调机制,逐步推动认证技术规范转化为国家标准或者纳入国家标准范畴。

备案的认证规范如 CNCA/CTS 0001—2006《数字电视显示器清晰度认证技术规范》等。

四、认证规则

认证规则是规定产品、服务和管理体系等认证程序要求类文件。认证规则依据认证认可相关法律法规,结合相关技术标准,对各认证领域和认证项目实施过程做出具体规定,明确认证机构对认证过程的管理责任,保证认证活动的规范有效。认证规则是认证机构在相关领域、相关项目认证活动中的基本要求,认证机构在相关认证活动中应当遵照执行。认证规则分为两类,一类由国家任监委发布实施,另一类由认证机构备案实施。

(一)强制性产品认证规则

根据国家认监委 2009 年 5 月 26 日第 117 号公告《强制性产品认证管理规定》(以下简称《规定》),国家对实施强制性产品认证的产品,统一产品目录(以下简称目录),统一技术规范的

拓展阅读

强制性要求、标准和合格评定程序,统一认证标志,统一收费标准。强制性产品认证基本规范由国家质检总局、国家认监委制定、发布,强制性产品认证规则(以下简称认证规则)由国家认监委制定、发布。

第九条对具体产品认证规则的内容进行了明确,产品认证的程序按照具体产品认证规则的要求进行。

强制性产品认证实施规则汇总见国家认监委网站。

(二)自愿性认证业务认证规则

1. 国家统一制定认证规则

根据主要包括但不限于《国家认监委关于发布自愿性认证业务分类目录及主要审批条件的公告》(2014 年第 38 号)附件《认证业务分类目录》中"认证项目"的认证规则,国家统一制定认证基本规范、认证规则的认证类别和领域包括:

(1)自愿性产品认证

包括无公害农产品、有机产品、良好农业规范、食品质量、饮料产品、低碳产品、节能环保产品、环境标志产品、信息安全产品、电子信息产品污染控制、可扩展商业报告语言软件光伏产品等 12 个认证领域。

(2)服务认证

拓展阅读

包括体育场所服务、绿色市场、软件过程能力及成熟度评估等 3 个认证领域。

(3)管理体系认证

包括质量管理体系 GB/T 19001/ISO 9001、环境管理体系 GB/T

14001/ISO 14001、职业健康安全管理体系 GB/T 18001 等 12 个认证领域，如 2016 年 8 月 5 日，国家认监委 2016 年第 20 号公告发布的新版《质量管理体系认证规则》。

除以上的认证领域以外的认证规则，可由经国家认监委批准的认证机构自行制定并向国家认监委备案。

2．认证规则备案

2015 年 7 月 14 日，国家认监委发布了《国家认监委关于认证规则备案的公告》(2015 年第 18 号)，公告中明确为激发认证行业创新活力，促进认证市场健康发展，根据《中华人民共和国认证认可条例》和《认证机构管理办法》的有关规定，对于认证规则备案有关工作要求进行了规定，明确对于国家认监委尚未制定发布，由取得相应认证领域从业批准的认证机构自行制定或实施的认证规则包括但不限于《国家认监委关于发布自愿性认证业务分类目录及主要审批条件的公告》(2014 年第 38 号)附件《认证业务分类目录》中"认证项目"的认证规则。

2016 年 4 月 8 日国家认监委发布了《国家认监委关于明确自愿性产品认证实施规则备案工作要求的通知》，通知中明确各认证机构自行制定的自愿性产品认证实施规则，包括：一般工业产品、食品、农产品等。

拓展阅读

国家认监委发布的《国家认监委关于认证规则备案的公告》中对备案范围、备案原则、备案内容、备案程序等均进行了明确规定。

第三节　管理体系认证

管理体系认证是指由认证机构依据公开发布的管理体系标准，对组织的相应管理体系进行审核评定，评定合格的由认证机构颁发管理体系认证证书，予以注册公布并进行定期监督，从而证明组织在特定的范围内具有必要的管理能力。管理体系认证通常是自愿的，企业自主决定是否申请认证及申请认证的形式和选择认证机构等。

一、管理体系认证领域及发展

自 1987 年 ISO 9000 系列标准问世以来，为了加强质量管理，适应市场竞争的需要，各类组织纷纷采用 ISO 9000 系列标准在企业内部建立质量管理体系，申请质量管理体系认证，很快形成了一个世界性的潮流。全世界已有近 170 多个国家和地区正在积极推行 ISO 9000 国际标准。一套国际标准，在短短的时间内就被这么多国家采用，影响如此广泛，这是在国际标准化史上从未有过的现象，已经被公认为"ISO 9000 现象"。

为适应人类社会实施"可持续发展"战略的世界潮流的发展，在借鉴 ISO 9000 系列标准成功经验的基础上，ISO 国际标准化组织于 1993 年 6 月成立了一个庞大的技术委员会——环境管理标准化技术委员会(简称 TC 207)，按照 ISO 9000 的理念和方法，开始制定环境管理方面的国际标准，并于 1996 年 10 月 1 日发布了 5 个属于环境管理体系和环境审核方面的国际标准，1998 年又发布了一个环境管理方面的国际标准。以上 6 个标准统称为 ISO 14000 系列标准。此后，全世界又兴起一个"ISO 14000 热"。

随着世界经济一体化和世界贸易活动的发展，企业的活动、产品或服务中所涉及的职业健康安全问题受到普遍关注，极大地促进了国际职业安全与健康管理体系标准化的发展。1996 年 9 月，英国率先颁布了 BS 8800《职业安全与健康管理体系指南》标准。随后，美国、澳大利亚、日本、挪威等 20 余个国家也有相应的职业安全与卫生管理体系标准，发展十分迅速。为此,英国标准协会(BSI)、挪威船级社(Det Norske Veritas,DNV)等 13 个组织于 1999 年共同制定了职业健康与安全(occupational health and safety management systems specification,OHSAS)评价系列标准,即 OHSAS 18001《职业健康安全管理体系——规范》和 OHSAS 18002《职业健康安全管理体系——OHSAS 18001 实施指南》。不少国家已将 OHSAS 18001 标准作为企业实施职业健康安全的标准,成为继实施 ISO 9000、ISO 14001 国际标准之后的又一个热点。

很多组织将 ISO 9001、ISO 14001、OHSAS 18001 三个标准一起贯彻实施、一起申请认证注册,通常又称一体化管理体系、三标管理体系或三大体系等。目前,这三个体系成为了认证认可行业贯彻最为普遍的管理体系。

认证认可作为国际通行的规范经济、促进发展的重要手段,运用日益广泛,发展异常迅猛。在相关认证认可国际和区域性合作组织、各国政府部门、企业组织的推动下,新的认证领域层出不穷;认证认可标准、法规以及合格评定程序不断推陈出新,促使认证认可工作以前所未有的速度实现了跨越式的发展。

管理体系认证根据所依据的标准不同划分认证领域和项目。目前我国管理体系认证共有 11 个领域、37 个认证项目,而且还在不断发展。比较常见的如质量管理体系(QMS)认证、环境管理体系(EMS)认证、职业健康和安全管理体系(OHSAS)认证、危害分析和关键控制点(HACCP)认证、能源管理体系(energy management system,EnMS)等。本书中篇重点介绍质量管理体系认证知识。

二、常见管理体系认证领域及发展

(一)质量管理体系认证

质量管理体系认证是以 ISO 9000 族质量管理体系系列标准为基础开展起来的,该标准于 1987 年首次发布以后,即在全球范围掀起了以 ISO 9000 为依据的质量管理体系认证热,各国争先恐后将此项国际标准转化为本国标准,以此标准为依据开展标准宣贯、认证咨询诊断、审核员培训注册,并以此为契机建立企业质量管理体系认证/注册制度。截至 2015 年底,我国的质量管理体系认证证书已达 417 683 张,是我国第一大认证体系。认证的范围也从单纯的对生产硬件产品(特别是机电类),扩展到软件产业、流程性材料产业以及提供无形产品的服务业,如建筑业(包括土木建筑、石油钻探开采等)、运输仓储业(包括水、陆、空、海运业)、通信业、金融保险业、餐饮旅游业等国民经济 39 个大类行业中。2015 年底,质量管理体系认证证书按 39 大类统计分布,名列前几位的行业是基础金属及制品、电和光学设备、机械及设备、批发零售业、建设业等;名列后几位的是教育、供气、核燃料、出版业等。

质量管理体系认证不仅为政府采购所采信,同时也被招标业、保险业等采信,特别是为国际跨国集团公司管理子公司所利用。在某些领域,质量管理体系认证/注册已变为强制执行的一种手段。质量管理体系认证在许多国家迅速发展成为一种产业并形成了一支庞大的专业力量和众多的服务机构。据分析,造成质量管理体系认证迅速发展的原因主要有如下几个方面。

(1) 自 20 世纪初,泰勒制产生以来,企业质量管理发展迅速,产生了一批国际著名的质量管理专家,他们致力于研究一套可被普遍接受、具有共同语言的方法以加强企业质量管理,建立健全质量管理体系,ISO 9000 正是国际合作的结晶。

(2) 产品认证,对于提供无标新产品、无形产品的企业有局限性,因而 ISO 9000 体系认证正好可填补这项空白。

（3）招标业、保险业、政府采购，以至国际跨国集团公司均会遇到如何把住第一关的问题，而它们本身又不具备这方面的专家和实力，因而体系认证的诞生，给它们强加了信心。

（4）对 ISO 9001 体系认证强有力的推动应当归结于欧共体一体化所制定的 CE （conformitermite europeennece）标志 8 种模式。其中三种模式采用了 ISO 9001 标准，表明了欧共体全面承认体系认证的结果，特别是对于植入人体用的医疗器械明令规定，提供该类产品的企业不通过 ISO 9001 认证不许进入欧共体，使 ISO 9000 在局部强制化，加速了体系认证的推行。

（5）国际通用的语言，使消除重复检查成为可能。这也是其能迅速推广的原因之一。

（6）国际经济一体加速，国际经济的发展特别是发达国家的经济发展从数量经济向质量经济转轨，这一标准的诞生正好迎合了这一发展的需求。

（二）环境管理体系认证

环境管理体系认证是由第三方的认证机构按照 ISO 14001《环境管理体系规范和使用指南》对申请企业的环境管理体系进行审核评价，对符合要求的颁发认证证书的活动。ISO 14000 环境管理体系的系列标准是由国际标准化组织根据英美等发达国家在环境管理方面的成功经验，在一些国家的环境管理体系标准基础上制定的，并于 1996 年正式发布实施。现已经过了 2 次改版，分别为 2004 版和 2015 版。ISO 14001《环境管理体系规范和使用指南》标准既可用于指导企业建立环境管理体系，同时也可用于认证，作为对企业环境管理体系有效性的评审依据。截至 2015 年底，我国各认证机构已颁发了环境管理体系认证证书 12 788 张，是我国第二大认证体系。

（三）职业健康安全管理体系认证

职业健康安全管理体系（OHSAS）是 20 世纪 90 年代国际上兴起的现代安全生产与职业健康管理模式，它与 ISO 9000T 和 ISO 14000 等标准并称为后工业化时代的管理方法。20 世纪 90 年代后期，一些发达国家借鉴 ISO 9000 和 ISO 14000 标准及认证的成功经验，开展了实施职业健康安全管理体系的活动，首先英国颁布了 BS 8800《职业健康安全管理体系指南》，之后美国、澳大利亚、日本、挪威等国家一些认证组织提出了职业健康安全评价系列标准，即 OHSAS 18001《职业健康安全管理体系——规范》和 OHSAS 18002《职业健康安全管理体系实施指南》。目前，许多国家和国际组织开始在本国和所在地区开展职业健康安全管理认证，成为继质量管理体系、环境管理体系认证之后的又一认证热点。截至 2015 年底，我国各认证机构已颁发职业健康安全管理体系认证证书 89 454 张，是我国第三大认证体系。

2018 年 3 月，ISO 45001：2018 职业健康安全管理体系校准已正式发布已获得 OHSAS 18001 认证的组织可逐渐转换为新标准认证。

ISO 45001 的构建是在 OHSAS 18001 已有的规范上，其主要目标是相同的，都是为了提高组织的职业健康安全绩效。不同之处在于使用了 ISO 管理体系的高级结构、更加关注"组织环境"、强调最高管理者的职责和领导作用、更加关注管理职责、强调基于风险的思维、更加关注绩效的监视与测量。这一新的国际标准发布以后，将更有利于认证组织将其与 ISO 9001、ISO 14001 一起，建立整合的质量、环境和职业健康安全三标一体化的管理体系和开展认证工作。

（四）危害分析和关键控制点（HACCP）认证

HACCP 管理体系是用来控制食品危害的安全质量控制体系，它的实施对于确保食品安全卫生质量,预防与控制从食品生产原料、加工储运到销售等全过程可能存在的潜在危害,最大限度地降低风险,具有重要的意义。

HACCP 体系使食品生产厂商和供应商把以最终产品检验为主要基础的控制观念转变为建立从采购到消费的全方位管理,从"地头"到"餐桌"全程鉴别并控制潜在危害,已经成为国际上共同认可和接受的用于确保食品安全的体系。

(五) 测量管理体系认证

为了加强对测量管理体系认证工作的管理,保证计量单位的统一和量值的准确可靠,推动我国企业计量工作的开展,国家质量监督检验检疫总局和国家认证认可监督管理委员会根据《中华人民共和国计量法》《中华人民共和国认证认可条例》制定了《测量管理体系认证管理办法》,对测量管理体系认证作出定义和规定。其中测量管理体系认证是指由测量管理体系认证机构证明组织能够满足顾客、组织、法律法规等对测量过程和测量设备的质量管理要求,并符合国家标准 GB/T 19022《测量管理体系、测量过程和测量设备的质量管理要求》的认证活动。

国家对测量管理体系实行统一的认证制度,并坚持政府推动、企业自愿的原则。国家质检总局承担着推广测量管理体系在企业中的应用的工作;国家认监委负责测量管理体系认证活动的统一管理、监督和综合协调工作;省级质量技术监督部门在本行政区域内负责测量省级体系认证活动的监督管理工作。

(六) 信息安全管理体系认证

现代社会,信息及作为其载体的系统和网络已经成为组织的重要资产,在此前提下设立的信息安全管理体系认证,旨在保证信息的机密性、完整性和可用性。国际标准组织(ISO)制定了 ISO 27001 标准,为如何建立、推行、维持及改善信息安全管理系统提供帮助。信息安全管理系统(information security management systems,ISMS)是高层管理人员用以监察及控制信息安全、减少商业风险和确保保安系统持续符合企业、客户及法律要求的一个体系。ISO 27001 能协助机构保护专利信息,同时也为制定统一的机构保安标准搭建了一个平台,更有助于提升安全管理的水平和增强机构间商业往来的信心与信任。任何使用内部或外部电脑系统、拥有机密资料及(或)依靠信息系统进行商业活动的机构,均可采用 ISO 27001 标准。ISO 27001 制定的宗旨是确保机构信息的机密性、完整性及可用性。

(七) 信息技术服务管理体系认证

ISO 20000 信息技术服务管理(IT service management,ITSM)体系是关于组织信息技术(information technology,IT)服务的标准,提出了用户实施 IT 管理的基线,对用户如何解决客户化和专业化问题提出了明确的要求,它主要表现为前端客户需求管理和后端流程管理。在前端,ITSM 要解决如何明确客户需求的问题,明确了解客户的业务需求和明确 IT 服务的需求,核心就是明确 IT 服务的级别并进行管理。在签订服务级别协议后,ITSM 要解决一个增值化角度问题。既然签订了服务级别协议,那么该怎样提供服务呢? ITSM 的后端思路,就是通过流程化、规范化和最佳实践,来处理 IT 的事件处理、变更管理、配置管理、发布管理、确保性能和客户服务,用流程方法来跟踪完成,保证效率和服务水平。把前端和后端两点贯穿起来,这个流程就是如何客户化和专业化的过程。ISO 20000 相对于传统的 IT 管理,更加强调客户的需求及其实现,并将 IT 服务的预算和核算引入 IT 服务管理,将财务管理和服务管理有机地结合起来,促进 IT 服务的改进和提高。

（八）能源管理体系认证

从国家认监委《关于开展能源管理体系认证试点工作的通知》（国认可〔2009〕44号）开始，我国正式启动了能源管理体系认证试点工作。试点工作主要在钢铁、有色金属、煤炭、电力、化工、建材、造纸、轻工、纺织、机械制造十个重点行业开展。试点时每个行业开展试点工作的认证机构不超过两家并采取择优原则，在符合条件的认证机构中确定试点机构。认证试点工作以国家标准《能源管理体系要求》（GB/T 23331—2009）为主要认证依据，以试点机构制定的相关行业认证实施规则（试行）为辅助认证依据。试点期为两年。为保证试点工作效果，获得批准的试点机构，在2010年内认证的企业数量未达到三家的，相应认证机构应退出试点工作，国家认监委在符合条件但未进入试点机构的认证机构中择优补充试点机构。

参加能源管理体系认证试点工作的37家认证机构，于2014年7月底前按《能源管理体系认证规则》确定的认证机构条件和要求，向国家认监委提交转换申请，国家认监委将对参加试点的认证机构进行重新审批，对于达不到规定条件和要求的认证机构以及没有有效执行《能源管理体系认证试点要求》的认证机构将不予批准。能源管理体系认证试点工作至2014年10月31日结束。逾期未获得批准的认证试点机构将不得继续开展能源管理体系认证活动。

目前，能源管理体系按GB/T 23331—2012《能源管理体系要求》和认证认可行业标准实施。

为支撑保障能源管理体系认证工作的顺利开展，国家认监委于2013年至2015年陆续发布《能源管理体系电子信息企业认证要求》《能源管理体系石油化工企业认证要求》等20项认证认可行业标准。

第四节　产品认证

一、强制性产品认证

产品是贸易的主体，特别是涉及安全健康类的产品，保证产品的使用安全，对保护消费者具有特别重要的意义。产品的安全性是指产品在使用和储存的过程中，保护人类健康安全、保护动植物的生命或者健康的性能。按照产品的安全标准要求对产品进行安全设计，并在产品设计、制造、最终检验和使用的诸多环节中加以控制从而实现产品的安全。安全标准是以人和物的安全为目的而制定的标准，它是对产品安全性要求的技术规定，是产品安全性检验的依据。凡属涉及保护人类健康或者安全、保护动植物的生命或者健康的产品，世界上许多国家均制定专门的安全标准，并通过政府的法令规定，对上述产品实行强制性产品认证。通常，"强制性产品认证"属于法规性认证，未获准产品安全认证的产品，不得进口、销售和使用。通过强制性产品认证，可以推动国家强制性标准的贯彻实施，确保和提高产品的安全性能。

二、自愿性产品认证

以自愿性采用的标准为依据进行的认证，通常称为自愿性认证。例如，为了描述产品的全部性能而制定的标准，是评价产品的各方面性能而提出的技术要求，而以此种标准为基础而实施的产品认证，称为自愿性产品认证。自愿性认证的主要作用是：指导消费者选购性能良好的商品，提高企业的市场竞争能力，全面提高产品的性能和提高企业持续稳定地生产符合标准要求产品的能力。

三、强制性与自愿性产品认证的关系

强制性产品认证，主要是保证产品安全，防止人身伤害，就是"兜底线"。强制性认证在推动强制性标准的实施、保证产品安全底线方面发挥了基础作用。而自愿性认证，主要是促进质量优化、满足差异化需求，就是"拉高线"。通过一手"兜底线"把好强制性产品认证关，一手"拉高线"，大力发展各种质量安全自愿性认证，积极开发满足市场差异化、高端化需求的认证服务，提高供给侧质量，传递质量信号，提振消费信心，促进供需的良性循环。

第五节 服务认证

服务认证是针对服务的认证。《中华人民共和国认证认可条例》明确我国认证分"管理体系、服务、产品"三个类别。服务认证是借鉴 ISO 9001 认证发展起来的，我国于 2005 年开始启动服务认证，迄今为止，服务认证涉及卫生保健和社会福利、公共管理和整个社区有关的其他服务；强制性社会保障服务、保养和修理服务、批发业和零售业服务等领域。

服务认证是基于顾客感知、由认证机构依据相关的要求和规则，证实组织的服务满足某项规定的要求，并出具证明的活动。服务认证是关注组织质量管理和服务特性满足程度的新型认证制度，是国家质量技术基础的重要组成部分。

20 世纪 70 年代以来，组织在顾客层面上的竞争不断推陈出新，从以产品和服务为中心、注重产品和服务质量，到"以顾客为导向"、争取顾客满意与忠诚，直至 20 世纪 90 年代提出顾客感知价值概念。顾客感知价值的研究自 20 世纪 90 年代以来越来越成为国外学者与组织家共同关注的焦点，这正是组织不断追求竞争优势的合理与必然结果。迈克尔·波特在《竞争优势》一书中指出，竞争优势归根结底产生于组织能为顾客创造的价值。

顾客感知价值是顾客所能感知到的利益与其在获取产品或服务特性时所付出的成本进行权衡后对产品或服务效用的总体评价。顾客感知价值体现的是顾客对组织提供的产品或服务特性所具有价值的主观认知，而区别于产品和服务的客观价值。顾客感知价值的核心是感知利益与感知付出之间的权衡。这一概念包含两层含义：首先，价值是个性化的，因人而异，不同的顾客对同一产品或服务特性所感知到的价值并不相同；其次，价值代表着一种效用（收益）与成本（代价）间的权衡，顾客会根据自己感受到的价值作出购买决定，而绝不是仅仅取决于某单一因素。

服务认证是对服务提供者的管理及服务水平是否达到相关标准要求的合格评定活动。其中，服务水平是否达到要求，一个重要的方面就是基于顾客感知进行评价。

服务认证的目的和意义主要在于提升服务质量水平、向消费者传递信任、提升组织的市场竞争力等方面。组织通过服务认证，向市场声明遵守法规和要求的承诺，有利于组织的市场推广，同时通过对组织服务特性的深度挖掘，提供给组织改进服务的信息，激发组织提升服务质量和管理水平，增强顾客满意，争做行业标杆，提升市场竞争力，促进组织的发展。

根据《自愿性认证业务分类目录》，我国服务认证共分 26 个领域，其中除体育场所服务、绿色市场、软件过程能力及成熟度评估等领域由国家统一制定认证基本规范、认证规则外，其他的 23 个领域由各认证机构依据国家认监委《关于认证规则备案的公告》（2015 年第 18 号）的规定备案认证规则。

【复习与练习】

一、填空题

1. 按照认证对象划分,认证的基本类型通常可分为( )。

即测即练

2. 自愿性认证是指企业为了提高自己的管理水平,并表明其( )符合相关标准、规范等要求而申请的认证。

3. 强制性认证,是政府主管部门为保护广大消费者人身安全和健康、保护环境、保护国家安全,而对相关产品强制性实施的评价其是否符合国家规定的技术要求( )的产品认证制度。

4. 合格评定功能法的选取功能包括一系列( )活动。

5. 价值代表着一种收益与成本( )间的权衡,顾客会根据( )作出购买决定,而绝不是仅仅取决于某单一因素。

二、判断题

1. 合格评定功能法的确定功能是进行确定活动的目的是获得关于合格评定对象或其样品满足规定要求情况的完整信息。( )

2. 服务认证是基于顾客感知、认证组织的服务质量是否合格的新型认证制度。( )

3. RB/T 301—2016《合格评定服务认证技术通则》标准的发布,标志着我国服务认证的合格评定标准体系正式形成。( )

4. 顾客感知价值是顾客所能感知到的利益与其在获取产品或服务特性时所付出的成本进行权衡后对产品或服务效用的总体评价。( )

三、问答题

1. 什么叫产品认证?

2. 什么叫体系认证?

3. 什么叫服务认证?

4. 什么叫认证规则?认证规则有什么作用?认证规则有几类?

5. 简述我国加快发展自愿性产品认证工作的作用和意义。

6. 简述组织可以在哪些方面进行质量和管理提升。

第三章

中国认证认可法规和监管体系

第一节 我国认证认可法律法规体系

我国涉及认证认可工作的法律法规包括全国人大及人大常委会颁布的法律,国务院颁布的行政条例及相关要求,各部委颁布的部门规章及相关要求等。本节主要介绍与体系认证和产品认证相关的一些通用法规和要求,关于强制性产品和服务认证的相关法规,分别在第七章和第八章中介绍。

一、法律

涉及认证认可的法律主要有《中华人民共和国计量法》《中华人民共和国产品质量法》《中华人民共和国进出口商品检验法》《中华人民共和国网络安全法》《中华人民共和国种子法》《中华人民共和国节约能源法》《中华人民共和国消防法》《中华人民共和国食品安全法》等。

二、行政法规

涉及认证认可的行政法规主要有《中华人民共和国计量法实施细则》《中华人民共和国认证认可条例》《广告管理条例》《中华人民共和国标准化法实施条例》《医疗器械监督管理条例》《公共机构节能条例》《乳品质量安全监督管理条例》等。

三、部门规章

认证认可有关的部门规章主要有《认证机构管理办法》《出口食品生产企业备案管理规定》《节能低碳产品认证管理办法》《有机产品认证管理办法》《食品检验机构资质认定管理办法》《检验检测机构资质认定管理办法》《认证证书和认证标志管理办法》《强制性产品认证管理规定》《进口食品境外生产企业注册管理规定》《消防产品监督管理规定》等。

四、规范性文件

认证认可有关的行政规范性文件主要有《认证认可国际同行评审员推荐与任职管理办法》《免于强制性产品认证的特殊用途进口产品检测处理程序》《实验室能力验证实施办法》《强制性产品认证检查员管理办法》等。

第二节 认证认可专门行政法规

《中华人民共和国认证认可条例》(以下简称《条例》)是我国认证认可的专门行政法规,于2003年8月20日国务院第18次常务会议通过,2003年9月3日中华人民共和国国务院令第

390 号公布施行,根据 2016 年 2 月 6 日《国务院关于修改部分行政法规的决定》第一次修正并公布实施。

《条例》是我国借鉴和吸收认证认可国际通行规则并结合中国国情制定并颁布的一部专门调整和规范中国认证认可活动的行政法规。按照国务院所确定的认证认可工作坚持统一管理、强化监督、规范市场、提高效能和与国际接轨的原则。

《条例》确立了我国认证认可基本制度如下。

一、国家实行统一的认证认可监督管理制度

条例第四条规定:"国家实行统一的认证认可监督管理制度。国家对认证认可工作实行在国务院认证认可监督管理部门统一管理、监督和综合协调下,各有关方面共同实施的工作机制。"

我国对应的管理机构是中国国家认证认可监督管理委员会。

二、国家实行统一的认可制度

《条例》第三十七条规定:"国务院认证认可监督管理部门确定的认可机构(以下简称认可机构),独立开展认可活动。除国务院认证认可监督管理部门确定的认可机构外,其他任何单位不得直接或者变相从事认可活动。其他单位直接或者变相从事认可活动的,其认可结果无效。"

我国对应的认可机构是中国合格评定国家认可委员会。

三、对认证机构的设立实行许可制度

《条例》第九条规定:"取得认证机构资质,应当经国务院认证认可监督管理部门批准,并在批准范围内从事认证活动。未经批准,任何单位和个人不得从事认证活动。"

《条例》同时规定了认证机构设立的条件、申请和批准程序、监管措施。为规范认证机构的行为配套制定了《认证机构管理办法》。

四、对实验室、检查机构能力的认定制度

《条例》第十六条规定:"向社会出具具有证明作用的数据和结果的检查机构、实验室,应当具备有关法律、行政法规规定的基本条件和能力,并依法经认定后,方可从事相应活动,认定结果由国务院认证认可监督管理部门公布。"

为规范检验检测机构的行为配套制定了《检验检测机构资质认定管理办法》。

五、对认证人员实行统一注册制度

《条例》第三十九条规定:"从事评审、审核等认证活动的人员,应当经认可机构注册后,方可从事相应的认证活动"。

六、实行自愿性和强制性相结合的认证制度

《条例》第十九条规定:"任何法人、组织和个人可以自愿委托依法设立的认证机构进行产品、服务、管理体系认证。"

《条例》第二十八条规定:"为了保护国家安全、防止欺诈行为、保护人体健康或者安全、保

护动植物生命或者健康、保护环境,国家规定相关产品必须经过认证的,应当经过认证并标注认证标志后,方可出厂、销售、进口或者在其他经营活动中使用。"

《条例》第二十九条规定:"国家对必须经过认证的产品,统一产品目录,统一技术规范的强制性要求、标准和合格评定程序,统一标志,统一收费标准。统一的产品目录(以下简称目录)由国务院认证认可监督管理部门会同国务院有关部门制定、调整,由国务院认证认可监督管理部门发布,并会同有关方面共同实施。"

《条例》第三十条规定:"列入目录的产品,必须经国务院认证认可监督管理部门指定的认证机构进行认证。列入目录产品的认证标志,由国务院认证认可监督管理部门统一规定。"

《条例》第十七条规定:"国家根据经济和社会发展的需要,推行产品、服务、管理体系认证。"

为规范强制性产品认证配套制定了《强制性产品认证管理办法》。

为规范有机产品认证配套制定了《有机产品认证管理办法》等。

七、允许外资认证机构依法在我国开展认证活动

《条例》第十一条规定:"外商投资企业取得认证机构资质,除应当符合本条例第十条规定的条件外,还应当符合下列条件:

(一)外方投资者取得其所在国家或者地区认可机构的认可;

(二)外方投资者具有 3 年以上从事认证活动的业务经历。

外商投资企业取得认证机构资质的申请、批准和登记,还应当符合有关外商投资法律、行政法规和国家有关规定。"

《条例》第十三条规定:"境外认证机构在中华人民共和国境内设立代表机构,须向工商行政管理部门依法办理登记手续后,方可从事与所从属机构的业务范围相关的推广活动,但不得从事认证活动。境外认证机构在中华人民共和国境内设立代表机构的登记,按照有关外商投资法律、行政法规和国家有关规定办理。"

八、政府监管、行业自律和社会监督相结合的监督管理制度

《条例》第五章"监督管理"规定了国家认监委和地方认证监管部门的政府行政监管措施,认可机构、认证机构、检查机构和实验室等认证认可从业机构的行业自律措施,以及任何单位和个人社会监督措施相结合的"五位一体"的监督管理制度。

九、认证认可法律责任制度

《条例》对国家认监委和地方认证监管部门及其工作人员、认可机构及其工作人员、认证机构、认证从业人员、其他单位和个人违反条例及有关法律、行政法规时所承担的法律责任做了明确的规定。包括申戒罚、财产罚、资格罚等行政处罚措施,以及承担相应民事责任、刑事责任的规定。

《条例》规定的行政处罚,由国务院认证认可监督管理部门或者其授权的地方认证监督管理部门按照各自职责实施。法律、其他行政法规另有规定的,依照法律、其他行政法规的规定执行。

第三节　认证认可有关的法律规定

目前,我国有关法律关于认证认可和合格评定方面的规定,主要有:

一、《中华人民共和国计量法》(1985 年 9 月 6 日第六届全国人民代表大会常务委员会第十二次会议通过,1985 年 9 月 6 日中华人民共和国主席令第二十八号公布,自 1986 年 7 月 1 日起施行;2013 年 12 月 28 日第十二届全国人民代表大会常务委员会第六次会议修订,2015 年 4 月 24 日第十二届全国人民代表大会常务委员会第十四次会议修订)

第二十二条　为社会提供公证数据的产品质量检验机构,必须经省级以上人民政府计量行政部门对其计量检定、测试的能力和可靠性考核合格。

二、《中华人民共和国农业法》(1993 年 7 月 2 日第八届全国人民代表大会常务委员会第二次会议通过,2002 年 12 月 28 日第九届全国人民代表大会常务委员会第三十一次会议修订;根据 2009 年 8 月 27 日第十一届全国人民代表大会常务委员会第十次会议《关于修改部分法律的决定》第一次修正,根据《全国人民代表大会常务委员会关于修改〈中华人民共和国农业法〉的决定》,中华人民共和国第十一届全国人民代表大会常务委员会第三十次会议于 2012 年 12 月 28 日通过,自 2013 年 1 月 1 日起施行)

第二十三条　国家支持依法建立健全优质农产品认证和标志制度。

国家鼓励和扶持发展优质农产品生产。县级以上地方人民政府应当结合本地情况,按照国家有关规定采取措施,发展优质农产品生产。

符合国家规定标准的优质农产品可以依照法律或者行政法规的规定申请使用有关的标志。符合规定产地及生产规范要求的农产品可以依照有关法律或者行政法规的规定申请使用农产品地理标志。

三、《消费者权益保护法》(1993 年 10 月 31 日颁布,自 1994 年 1 月 1 日起施行;2013 年 10 月 25 日修订,自 2014 年 3 月 15 日起施行)

第五十六条　经营者有下列情形之一,除承担相应的民事责任外,其他有关法律、法规对处罚机关和处罚方式有规定的,依照法律、法规的规定执行;法律、法规未作规定的,由工商行政管理部门或者其他有关行政部门责令改正,可以根据情节单处或者并处警告、没收违法所得、处以违法所得一倍以上十倍以下的罚款,没有违法所得的,处以五十万元以下的罚款;情节严重的,责令停业整顿、吊销营业执照。

其中第四款为:伪造商品的产地,伪造或者冒用他人的厂名、厂址,篡改生产日期,伪造或者冒用认证标志等质量标志的。

四、《中华人民共和国建筑法》(1997 年 11 月 1 日第八届全国人民代表大会常务委员会第二十八次会议通过,根据 2011 年 4 月 22 日第十一届全国人民代表大会常务委员会第二十次会议《关于修改〈中华人民共和国建筑法〉的决定》修正,自 2011 年 7 月 1 日起施行)

第五十三条　国家对从事建筑活动的单位推行质量体系认证制度。从事建筑活动的单位根据自愿原则可以向国务院产品质量监督管理部门或者国务院产品质量监督管理部门授权的部门认可的认证机构申请质量体系认证。经认证合格的,由认证机构颁发质量体系认证证书。

五、《中华人民共和国产品质量法》(1993 年 2 月 22 日第七届全国人民代表大会常务委员会第三十次会议通过;根据 2000 年 7 月 8 日第九届全国人民代表大会常务委员会第十六次会议《关于修改〈中华人民共和国产品质量法〉的决定》第一次修正;根据 2009 年 8 月 27 日第

十一届全国人民代表大会常务委员会第十次会议《关于修改部分法律的决定》第二次修正)

第五条　禁止伪造或者冒用认证标志等质量标志；禁止伪造产品的产地，伪造或者冒用他人的厂名、厂址；禁止在生产、销售的产品中掺杂、掺假，以假充真，以次充好。

第十四条　国家根据国际通用的质量管理标准，推行企业质量体系认证制度。企业根据自愿原则可以向国务院产品质量监督部门认可的或者国务院产品质量监督部门授权的部门认可的认证机构申请企业质量体系认证。经认证合格的，由认证机构颁发企业质量体系认证证书。

国家参照国际先进的产品标准和技术要求，推行产品质量认证制度。企业根据自愿原则可以向国务院产品质量监督部门认可的或者国务院产品质量监督部门授权的部门认可的认证机构申请产品质量认证。经认证合格的，由认证机构颁发产品质量认证证书，准许企业在产品或者其包装上使用产品质量认证标志。

第二十条　从事产品质量检验、认证的社会中介机构必须依法设立，不得与行政机关和其他国家机关存在隶属关系或者其他利益关系。

第二十一条　产品质量检验机构、认证机构必须依法按照有关标准，客观、公正地出具检验结果或者认证证明。

第三十一条　生产者不得伪造或者冒用认证标志等质量标志。

第三十八条　销售者不得伪造或者冒用认证标志等质量标志。

第五十三条　伪造产品产地的，伪造或者冒用他人厂名、厂址的，伪造或者冒用认证标志等质量标志的，责令改正，没收违法生产、销售的产品，并处违法生产、销售产品货值金额等值以下的罚款；有违法所得的，并处没收违法所得；情节严重的，吊销营业执照。

第五十七条　产品质量检验机构、认证机构伪造检验结果或者出具虚假证明的，责令改正，对单位处五万元以上十万元以下的罚款，对直接负责的主管人员和其他直接责任人员处一万元以上五万元以下的罚款；有违法所得的，并处没收违法所得；情节严重的，取消其检验资格、认证资格；构成犯罪的，依法追究刑事责任。

产品质量检验机构、认证机构出具的检验结果或者证明不实，造成损失的，应当承担相应的赔偿责任；造成重大损失的，撤销其检验资格、认证资格。

产品认证机构违反本法第二十一条第二款的规定，对不符合认证标准而使用认证标志的产品，未依法要求其改正或者取消其使用认证标志资格的，对因产品不符合认证标准给消费者造成的损失，与产品的生产者、销售者承担连带责任；情节严重的，撤销其认证资格。

六、《中华人民共和国进出口商品检验法》(1989年2月21日第七届全国人民代表大会常务委员会第六次会议通过，根据2002年4月28日第九届全国人民代表大会常务委员会第二十七次会议《关于修改〈中华人民共和国进出口商品检验法〉的决定》第一次修正，根据2013年6月29日第十二届全国人民代表大会常务委员会第三次会议《关于修改〈中华人民共和国文物保护法〉等十二部法律的决定》第二次修正)

第二十四条　国家商检部门根据国家统一的认证制度，对有关的进出口商品实施认证管理。

第二十五条　商检机构可以根据国家商检部门同外国有关机构签订的协议或者接受外国有关机构的委托进行进出口商品质量认证工作，准许在认证合格的进出口商品上使用质量认证标志。

第三十六条　伪造、变造、买卖或者盗窃商检单证、印章、标志、封识、质量认证标志的，依法追究刑事责任；尚不够刑事处罚的，由商检机构责令改正，没收违法所得，并处货值金额等值以下的罚款。

七、《中华人民共和国安全生产法》(2002 年 6 月 29 日第九届全国人民代表大会常务委员会第二十八次会议通过，2002 年 6 月 29 日中华人民共和国主席令第七十号公布，自 2002 年 11 月 1 日起施行，根据 2014 年 8 月 31 日第十二届全国人民代表大会常务委员会关于修改《中华人民共和国安全生产法》的决定修正，自 2014 年 12 月 1 日起施行)

第六十条　负有安全生产监督管理职责的部门依照有关法律、法规的规定，对涉及安全生产的事项需要审查批准(包括批准、核准、许可、注册、认证、颁发证照等，下同)或者验收的，必须严格依照有关法律、法规和国家标准或者行业标准规定的安全生产条件和程序进行审查；不符合有关法律、法规和国家标准或者行业标准规定的安全生产条件的，不得批准或者验收通过。对未依法取得批准或者验收合格的单位擅自从事有关活动的，负责行政审批的部门发现或者接到举报后应当立即予以取缔，并依法予以处理。对已经依法取得批准的单位，负责行政审批的部门发现其不再具备安全生产条件的，应当撤销原批准。

第六十九条　承担安全评价、认证、检测、检验的机构应当具备国家规定的资质条件，并对其作出的安全评价、认证、检测、检验的结果负责。

第八十九条　承担安全评价、认证、检测、检验工作的机构，出具虚假证明的，没收违法所得；违法所得在十万元以上的，并处违法所得二倍以上五倍以下的罚款；没有违法所得或者违法所得不足十万元的，单处或者并处十万元以上二十万元以下的罚款；对其直接负责的主管人员和其他直接责任人员处二万元以上五万元以下的罚款；给他人造成损害的，与生产经营单位承担连带赔偿责任；构成犯罪的，依照刑法有关规定追究刑事责任。

对有前款违法行为的机构，吊销其相应资质。

八、《中华人民共和国清洁生产促进法》(2002 年 6 月 29 日颁布，自 2003 年 1 月 1 日起施行；《全国人民代表大会常务委员会关于修改〈中华人民共和国清洁生产促进法〉的决定》已由中华人民共和国第十一届全国人民代表大会常务委员会第二十五次会议于 2012 年 2 月 29 日通过，现予公布，自 2012 年 7 月 1 日起施行)

第二十九条　企业可以根据自愿原则，按照国家有关环境管理体系等认证的规定，委托经国务院认证认可监督管理部门认可的认证机构进行认证，提高清洁生产水平。

九、《中华人民共和国对外贸易法》(1994 年 5 月 12 日第八届全国人民代表大会常务委员会第七次会议通过，根据 2004 年 4 月 6 日第十届全国人民代表大会常务委员会第八次会议第一次修正；根据 2016 年 11 月 7 日中华人民共和国主席令第 57 号《全国人民代表大会常务委员会关于修改〈中华人民共和国对外贸易法〉等十二部法律的决定》第二次修正)

第二十一条　国家实行统一的商品合格评定制度，根据有关法律、行政法规的规定，对进出口商品进行认证、检验、检疫。

第三十四条　在对外贸易活动中，不得有下列行为：

(一)伪造、变造进出口货物原产地标记，伪造、变造或者买卖进出口货物原产地证书、进出口许可证、进出口配额证明或者其他进出口证明文件；

(二)骗取出口退税；

(三)走私；

(四)逃避法律、行政法规规定的认证、检验、检疫；

(五)违反法律、行政法规规定的其他行为。

十、《中华人民共和国农业机械化促进法》(2004 年 6 月 25 日颁布,自 2004 年 11 月 1 日起施行)

第十五条　列入依法必须经过认证的产品目录的农业机械产品,未经认证并标注认证标志,禁止出厂、销售和进口。

十一、《中华人民共和国农产品质量安全法》(2006 年 4 月 29 日颁布,自 2006 年 11 月 1 日起施行)

第三十二条　销售的农产品必须符合农产品质量安全标准,生产者可以申请使用无公害农产品标志。农产品质量符合国家规定的有关优质农产品标准的,生产者可以申请使用相应的农产品质量标志。禁止冒用前款规定的农产品质量标志。

第三十五条　农产品质量安全检测应当充分利用现有的符合条件的检测机构。从事农产品质量安全检测的机构,必须具备相应的检测条件和能力,由省级以上人民政府农业行政主管部门或者其授权的部门考核合格。具体办法由国务院农业行政主管部门制定。农产品质量安全检测机构应当依法经计量认证合格。

十二、《中华人民共和国反垄断法》(2007 年 8 月 30 日颁布,自 2008 年 8 月 1 日起施行)

第三十三条第二款　行政机关和法律、法规授权的具有管理公共事务职能的组织不得滥用行政权力,实施下列行为,妨碍商品在地区之间的自由流通:对外地商品规定与本地同类商品不同的技术要求、检验标准,或者对外地商品采取重复检验、重复认证等歧视性技术措施,限制外地商品进入本地市场。

十三、《中华人民共和国节约能源法》(1997 年 11 月 1 日第八届全国人民代表大会常务委员会第二十八次会议通过,2007 年 10 月 28 日第十届全国人民代表大会常务委员会第三十次会议修订)

第二十条　用能产品的生产者、销售者,可以根据自愿原则,按照国家有关节能产品认证的规定,向经国务院认证认可监督管理部门认可的从事节能产品认证的机构提出节能产品认证申请;经认证合格后,取得节能产品认证证书,可以在用能产品或者其包装物上使用节能产品认证标志。禁止使用伪造的节能产品认证标志或者冒用节能产品认证标志。

第二十二条　国家鼓励节能服务机构的发展,支持节能服务机构开展节能咨询、设计、评估、检测、审计、认证等服务。

第六十四条　政府采购监督管理部门会同有关部门制定节能产品、设备政府采购名录,应当优先列入取得节能产品认证证书的产品、设备。

十四、《中华人民共和国循环经济促进法》(2008 年 8 月 29 日颁布,2009 年 1 月 1 日起施行)

第十条第二款　国家鼓励和引导公民使用节能、节水、节材和有利于保护环境的产品及再生产品,减少废物的产生量和排放量。

第四十七条　国家实行有利于循环经济发展的政府采购政策。使用财政性资金进行采购的,应当优先采购节能、节水、节材和有利于保护环境的产品及再生产品。

十五、《中华人民共和国消防法》(1998 年 4 月 29 日第九届全国人民代表大会常务委员会第二次会议通过,2008 年 10 月 28 日第十一届全国人民代表大会常务委员会第五次会议修订,2009 年 5 月 1 日起施行)

第二十四条　消防产品必须符合国家标准;没有国家标准的,必须符合行业标准。禁止生产、销售或者使用不合格的消防产品以及国家明令淘汰的消防产品。依法实行强制性产品认证的消防产品,由具有法定资质的认证机构按照国家标准、行业标准的强制性要求认证合格后,方可生产、销售、使用。实行强制性产品认证的消防产品目录,由国务院产品质量监督部门会同国务院公安部门制定并公布。

新研制的尚未制定国家标准、行业标准的消防产品,应当按照国务院产品质量监督部门会同国务院公安部门规定的办法,经技术鉴定符合消防安全要求的,方可生产、销售、使用。

依照本条规定经强制性产品认证合格或者技术鉴定合格的消防产品,国务院公安部门消防机构应当予以公布。

第三十四条 消防产品质量认证、消防设施检测、消防安全监测等消防技术服务机构和执业人员,应当依法获得相应的资质、资格;依照法律、行政法规、国家标准、行业标准和执业准则,接受委托提供消防技术服务,并对服务质量负责。

十六、《中华人民共和国食品安全法》(2009 年 2 月 28 日第十一届全国人民代表大会常务委员会第七次会议通过 2015 年 4 月 24 日第十二届全国人民代表大会常务委员会第十四次会议修订,自 2015 年 10 月 1 日起施行)

第二十三条 县级以上人民政府食品药品监督管理部门和其他有关部门、食品安全风险评估专家委员会及其技术机构,应当按照科学、客观、及时、公开的原则,组织食品生产经营者、食品检验机构、认证机构、食品行业协会、消费者协会以及新闻媒体等,就食品安全风险评估信息和食品安全监督管理信息进行交流沟通。

第四十八条 国家鼓励食品生产经营企业符合良好生产规范要求,实施危害分析与关键控制点体系,提高食品安全管理水平。

对通过良好生产规范、危害分析与关键控制点体系认证的食品生产经营企业,认证机构应当依法实施跟踪调查;对不再符合认证要求的企业,应当依法撤销认证,及时向县级以上人民政府食品药品监督管理部门通报,并向社会公布。认证机构实施跟踪调查不得收取费用。

第八十四条 食品检验机构按照国家有关认证认可的规定取得资质认定后,方可从事食品检验活动。但是,法律另有规定的除外。

第八十八条 对依照本法规定实施的检验结论有异议的,食品生产经营者可以自收到检验结论之日起七个工作日内向实施抽样检验的食品药品监督管理部门或者其上一级食品药品监督管理部门提出复检申请,由受理复检申请的食品药品监督管理部门在公布的复检机构名录中随机确定复检机构进行复检。复检机构出具的复检结论为最终检验结论。复检机构与初检机构不得为同一机构。复检机构名录由国务院认证认可监督管理、食品药品监督管理、卫生行政、农业行政等部门共同公布。

采用国家规定的快速检测方法对食用农产品进行抽查检测,被抽查人对检测结果有异议的,可以自收到检测结果时起四小时内申请复检。复检不得采用快速检测方法。

第一百零七条 调查食品安全事故,应当坚持实事求是、尊重科学的原则,及时、准确查清事故性质和原因,认定事故责任,提出整改措施。

第一百三十九条 违反本法规定,认证机构出具虚假认证结论,由认证认可监督管理部门没收所收取的认证费用,并处认证费用五倍以上十倍以下罚款,认证费用不足一万元的,并处五万元以上十万元以下罚款;情节严重的,责令停业,直至撤销认证机构批准文件,并向社会公布;对直接负责的主管人员和负有直接责任的认证人员,撤销其执业资格。

认证机构出具虚假认证结论,使消费者的合法权益受到损害的,应当与食品生产经营者承担连带责任。

第四节　认证认可有关的其他行政规定

一、《中华人民共和国计量法实施细则》(1987 年 1 月 19 日国务院批准,1987 年 2 月 1 日国家计量局发布,2016 年 1 月 13 日经国务院第 119 次常务会议通过修改决定并予公布,自公布之日起施行)

第二十六条　国务院计量行政部门和县级以上地方人民政府计量行政部门监督和贯彻实施计量法律、法规的职责是:

(一) 贯彻执行国家计量工作的方针、政策和规章制度,推行国家法定计量单位;

(二) 制定和协调计量事业的发展规划,建立计量基准和社会公用计量标准,组织量值传递;

(三) 对制造、修理、销售、使用计量器具实施监督;

(四) 进行计量认证,组织仲裁检定,调解计量纠纷;

(五) 监督检查计量法律、法规的实施情况,对违反计量法律、法规的行为,按照本细则的有关规定进行处理。

第三十二条　为社会提供公证数据的产品质量检验机构,必须经省级以上人民政府计量行政部门计量认证。

第三十三条　产品质量检验机构计量认证的内容:

(一) 计量检定、测试设备的性能;

(二) 计量检定、测试设备的工作环境和人员的操作技能;

(三) 保证量值统一、准确的措施及检测数据公正可靠的管理制度。

第三十四条　产品质量检验机构提出计量认证申请后,省级以上人民政府计量行政部门应指定所属的计量检定机构或者被授权的技术机构按照本细则第三十三条规定的内容进行考核。考核合格后,由接受申请的省级以上人民政府计量行政部门发给计量认证合格证书。未取得计量认证合格证书的,不得开展产品质量检验工作。

第三十五条　省级以上人民政府计量行政部门有权对计量认证合格的产品质量检验机构,按照本细则第三十三条规定的内容进行监督检查。

第三十六条　已经取得计量认证合格证书的产品质量检验机构需新增检验项目时,应按照本细则有关规定,申请单项计量认证。

第四十条　建立计量标准申请考核,使用计量器具申请检定,制造计量器具新产品申请定型和样机试验,制造、修理计量器具申请许可证,以及申请计量认证和仲裁检定,应当缴纳费用,具体收费办法或收费标准,由国务院计量行政部门会同国家财政、物价部门统一制定。

第五十四条　未取得计量认证合格证书的产品质量检验机构,为社会提供公证数据的,责令其停止检验,可并处一千元以下的罚款。

第六十条　本细则下列用语的含义是:

(一) 计量器具是指能用以直接或间接测出被测对象量值的装置、仪器仪表、量具和用于统一量值的标准物质,包括计量基准、计量标准、工作计量器具。

(二) 计量检定是指为评定计量器具的计量性能,确定其是否合格所进行的全部工作。

(三) 定型鉴定是指对计量器具新产品样机的计量性能进行全面审查、考核。

(四) 计量认证是指政府计量行政部门对有关技术机构计量检定、测试的能力和可靠性进行的考核和证明。

二、《广告管理条例》(1987年10月26日颁布,1987年12月1日起施行)

第十一条第一款 申请刊播、设置、张贴下列广告,应当提交有关证明:标明质量标准的商品广告,应当提交省辖市以上标准化管理部门或者经计量认证合格的质量检验机构的证明。

三、《中华人民共和国标准化法实施条例》(1990年4月6日颁布,颁布之日起实施)

第二十七条 国务院标准化行政主管部门组织或授权国务院有关行政主管部门建立行业认证机构,进行产品质量认证工作。

第二十九条 县级以上人民政府标准化行政主管部门,可以根据需要设置检验机构,或者授权其他单位的检验机构,对产品是否符合标准进行检验和承担其他标准实施的监督检验任务。检验机构的设置应当合理布局,充分利用现有力量。

国家检验机构由国务院标准化行政主管部门会同国务院有关行政主管部门规划、审查。

处理有关产品是否符合标准的争议,以本条规定的检验机构的检验数据为准。

四、《医疗器械监督管理条例》(2000年1月4日中华人民共和国国务院令第276号公布,2014年2月12日国务院第39次常务会议修订通过,根据2017年5月4日《国务院关于修改〈医疗器械监督管理条例〉的决定》修订)

第五十七条 医疗器械检验机构资质认定工作按照国家有关规定实行统一管理。经国务院认证认可监督管理部门会同国务院食品药品监督管理部门认定的检验机构,方可对医疗器械实施检验。

五、《中华人民共和国电信条例》(2000年9月25日中华人民共和国国务院令第291号公布,根据2014年7月29日《国务院关于修改部分行政法规的决定》(国务院令第653号)第一次修订,根据2016年2月6日《国务院关于修改部分行政法规的决定》(国务院令第666号)第二次修订)

第五十四条 办理电信设备进网许可证的,应当向国务院信息产业主管部门提出申请,并附送经国务院产品质量监督部门认可的电信设备检测机构出具的检测报告或者认证机构出具的产品质量认证证书。

国务院信息产业主管部门应当自收到电信设备进网许可申请之日起60日内,对申请及电信设备检测报告或者产品质量认证证书审查完毕。经审查合格的,颁发进网许可证;经审查不合格的,应当书面答复并说明理由。

六、《中华人民共和国道路交通安全法实施条例》(2004年4月28日颁布,自2004年5月1日起施行)

第十五条第二款 质量技术监督部门负责对机动车安全技术检验机构实行资格管理和计量认证管理,对机动车安全技术检验设备进行检定,对执行国家机动车安全技术检验标准的情况进行监督。

七、《病原微生物实验室生物安全管理条例》(2004年11月5日颁布,自颁布之日起施行)

第二十条 三级、四级实验室应当通过实验室国家认可。国务院认证认可监督管理部门确定的认可机构应当依照实验室生物安全国家标准以及本条例的有关规定,对三级、四级实验室进行认可;实验室通过认可的,颁发相应级别的生物安全实验室证书。证书有效期为5年。

第五十一条 国务院认证认可监督管理部门依照《中华人民共和国认证认可条例》的规定对实验室认可活动进行监督检查。

八、《铁路安全管理条例》(2013年7月24日国务院第18次常务会议通过,自2014年1

月 1 日起施行）

第二十三条 铁路机车车辆以外的直接影响铁路运输安全的铁路专用设备，依法应当进行产品认证的，经认证合格方可出厂、销售、进口、使用。

第八十五条 依法应当进行产品认证的铁路专用设备未经认证合格，擅自出厂、销售、进口、使用的，依照《中华人民共和国认证认可条例》的规定处罚。

九、《中华人民共和国工业产品生产许可证管理条例》（2005 年 6 月 29 日颁布，自 2005 年 9 月 1 日起施行）

第三条第三款 工业产品的质量安全通过认证认可制度能够有效保证的，不实行生产许可证制度。

十、《中华人民共和国进出口商品检验法实施条例》（2005 年 8 月 31 日中华人民共和国国务院令第 447 号公布，根据 2017 年 3 月 1 日国务院令第 676 号公布的《国务院关于修改和废止部分行政法规的决定》第三次修正）

第十条 出入境检验检疫机构依照商检法的规定，对实施许可制度和国家规定必须经过认证的进出口商品实行验证管理，查验单证，核对证货是否相符。

十一、《国务院关于加强食品等产品安全监督管理的特别规定》（2007 年 7 月 26 日颁布，自颁布之日起施行）

第三条第二款 依照法律、行政法规规定生产、销售产品需要取得许可证照或者需要经过认证的，应当按照法定条件、要求从事生产经营活动。

十二、《公共机构节能条例》（2008 年 8 月 1 日公布，自 2008 年 10 月 1 日起施行）

第十九条第一款 国务院和省级人民政府的政府采购监督管理部门应当会同同级有关部门完善节能产品、设备政府采购名录，优先将取得节能产品认证证书的产品、设备列入政府采购名录。

十三、《乳品质量安全监督管理条例》（2008 年 10 月 6 日公布，自公布之日起施行）

第三十条 乳制品生产企业应当符合良好生产规范要求。国家鼓励乳制品生产企业实施危害分析与关键控制点体系，提高乳制品安全管理水平。生产婴幼儿奶粉的企业应当实施危害分析与关键控制点体系。

对通过良好生产规范、危害分析与关键控制点体系认证的乳制品生产企业，认证机构应当依法实施跟踪调查；对不再符合认证要求的企业，应当依法撤销认证，并及时向有关主管部门报告。

第四十一条 乳制品销售者不得伪造产地，不得伪造或者冒用他人的厂名、厂址，不得伪造或者冒用认证标志等质量标志。

十四、《食品安全法实施条例》（2009 年 7 月 8 日国务院第 73 次常务会议通过，自公布之日起施行）

第三十四条 申请人依照食品安全法第六十条第三款规定向承担复检工作的食品检验机构（以下称复检机构）申请复检，应当说明理由。

复检机构名录由国务院认证认可监督管理、卫生行政、农业行政等部门共同公布。

复检机构出具的复检结论为最终检验结论。

复检机构由复检申请人自行选择。复检机构与初检机构不得为同一机构。

第三十九条 向我国境内出口食品的境外食品生产企业依照食品安全法第六十五条规定进行注册，其注册有效期为 4 年。已经注册的境外食品生产企业提供虚假材料，或者因境外食品生产企业的原因致使相关进口食品发生重大食品安全事故的,国家出入境检验检疫部门应当撤销注册,并予以公告。

十五、《农业机械安全监督管理条例》(2009年9月17日公布,自2009年11月1日起施行)

第十二条 农业机械生产者应当按照农业机械安全技术标准对生产的农业机械进行检验;农业机械经检验合格并附具详尽的安全操作说明书和标注安全警示标志后,方可出厂销售;依法必须进行认证的农业机械,在出厂前应当标注认证标志。

上道行驶的拖拉机,依法必须经过认证的,在出厂前应当标注认证标志,并符合机动车国家安全技术标准。

第十三条 进口的农业机械应当符合我国农业机械安全技术标准,并依法由出入境检验检疫机构检验合格。依法必须进行认证的农业机械,还应当由出入境检验检疫机构进行入境验证。

第十四条第一款 农业机械销售者对购进的农业机械应当查验产品合格证明。对依法实行工业产品生产许可证管理、依法必须进行认证的农业机械,还应当验明相应的证明文件或者标志。

十六、《武器装备质量管理条例》(2010年9月30日公布,2010年11月1日起施行)

第四十六条 国务院国防科技工业主管部门和总装备部联合组织对承担武器装备研制、生产、维修任务单位的质量管理体系实施认证,对用于武器装备的通用零(部)件、重要元器件和原材料实施认证。

国务院国防科技工业主管部门和总装备部在各自的职责范围内,组织对武器装备测试和校准试验室实施认可,对质量专业人员实施资格管理。

未通过质量管理体系认证的单位,不得承担武器装备研制、生产、维修任务。

第五十七条 武器装备质量检验机构、认证机构与武器装备研制、生产单位恶意串通,弄虚作假,或者伪造检验、认证结果,出具虚假证明的,取消其检验、认证资格,并由国务院国防科技工业主管部门、国务院有关部门依照《中华人民共和国认证认可条例》的有关规定处罚;属于军队的武器装备质量检验机构、认证机构,由军队有关部门按照有关规定处理;构成犯罪的,依法追究刑事责任。

第五节 认证认可部门规章

本节介绍与认证认可有关的主要部门规章。

一、《质量许可和卫生注册评审员管理办法》(原国家出入境检验检疫局令1999年第15号发布,自2000年1月1日起施行)

立法目的:为加强对进出口商品质量许可、进出口食品和动植物产品检疫卫生注册工作的管理,保证评审工作质量。

主要制度:国家对质量许可及卫生注册评审员实行注册制度。

调整对象:对申请进口商品安全质量许可、出口商品质量许可及卫生注册的生产企业实施评审的人员。

调整范围:本办法适用于对申请进口商品安全质量许可、出口商品质量许可及卫生注册的生产企业实施评审的人员资格的评定、注册和管理。

二、《强制性产品认证管理规定》(国家质检总局令第 117 号,2009 年 7 月 3 日修订公布,自 2009 年 9 月 1 日起施行)

立法目的:为规范强制性产品认证工作,提高认证有效性,维护国家、社会和公共利益。

主要制度:国家实行强制性产品认证制度。列入强制性产品认证目录内的产品,必须经过强制性产品认证,并标注强制性产品认证标志(即 CCC 认证标志)后,方可出厂、销售、进口或者在其他经营活动中使用。

调整对象:列入强制性产品认证目录内的产品。

调整范围:强制性产品认证的实施、认证证书和认证标志、监督管理和法律责任适用于本规定。

三、《认证及认证培训、咨询人员管理办法》(国家质检总局令第 61 号,2004 年 5 月 24 日公布,自 2004 年 8 月 1 日起施行)

立法目的:为规范认证及认证培训、咨询人员的执业行为,加强对认证市场的管理。

主要制度:国家对管理体系认证审核员、产品认证检查员、认证培训教员和认证咨询师等从事认证及认证培训、咨询活动的人员实施统一的执业资格注册制度;对认证及认证培训、咨询人员的执业行为实行统一的监督管理。

认证人员从事认证活动应当在 1 个认证机构执业,不得同时在 2 个或者 2 个以上认证机构执业。在认证机构执业的专职或者兼职认证人员,具备相关认证培训教员资格的,经所在认证机构与认证培训机构签订合同后,可以在 1 个认证培训机构从事认证培训活动。

调整对象:管理体系认证审核员、产品认证检查员、认证培训教员和认证咨询师等从事认证及认证培训、咨询活动的人员,以及认证及认证培训、咨询机构的业务管理人员。

调整范围:在中华人民共和国境内从事认证、认证培训、认证咨询活动的人员应当遵守本办法。

四、《认证证书和认证标志管理办法》(国家质检总局令第 63 号,2004 年 6 月 23 日公布,自 2004 年 8 月 1 日起施行,2015 年 3 月 31 日根据国家质检总局令第 162 号进行了部分修改)

立法目的:为加强对产品、服务、管理体系认证的认证证书和认证标志的管理、监督,规范认证证书和认证标志的使用,维护获证组织和公众的合法权益,促进认证活动健康有序的发展。

主要制度:认证证书和认证标志监督管理制度。国家认监委、地方认证监管部门对认证证书和认证标志违法行为进行监督管理和相应的行政处罚。

调整对象:认证证书和认证标志。

调整范围:本办法适用于认证证书和认证标志的制定、发布、备案、使用和监督检查。

五、《强制性产品认证机构、检查机构和实验室管理办法》(国家质检总局令第 65 号,2004 年 6 月 23 日公布,自 2004 年 8 月 1 日起施行)

立法目的:为规范强制性产品认证机构、检查机构和实验室的管理,合理利用社会资源,保证强制性产品认证制度的有效实施。

主要制度:国家对强制性产品认证机构、检查机构和实验室实行指定制度。

调整对象:强制性产品认证机构、检查机构和实验室。

调整范围:本办法适用于中华人民共和国境内的强制性产品认证机构、检查机构和实验室的指定和监督管理。

六、《检验检测机构资质认定管理办法》(2015 年 3 月 23 日国家质量监督检验检疫总局局

务会议审议通过，自 2015 年 8 月 1 日起施行）

立法目的：为了规范检验检测机构资质认定工作，加强对检验检测机构的监督管理。

主要制度：国家对检验检测机构资质认定管理，资质认定包括检验检测机构计量认证。

调整对象：指依法成立，依据相关标准或者技术规范，利用仪器设备、环境设施等技术条件和专业技能，对产品或者法律法规规定的特定对象进行检验检测的专业技术组织。

调整范围：本办法适用于中华人民共和国境内的强制性产品认证机构、检查机构和实验室的指定和监督管理。

七、《认证机构管理办法》（2017 年 10 月 10 日国家质量监督检验检疫总局局务会议审议通过，现予公布，自 2018 年 1 月 1 日起施行）

立法目的：为加强对认证机构的监督管理，规范认证活动，提高认证有效性。

调整对象：依法取得资质，对产品、服务和管理体系是否符合标准、相关技术规范要求，独立进行合格评定的具有法人资格的证明机构。

调整范围：本办法适用于在中华人民共和国境内从事认证活动，以及对认证机构的监督管理。

第六节　中国认证认可监管机构

2001 年国家认监委成立，开始统一、规范认证监管。2003 年《中华人民共和国认证认可条例》颁布。自此，中国的认证认可工作进入国家统一管理，全面规范化、法治化阶段。

目前，中国认证认可有关的行政管理、认可及行业机构主要有：国家认证认可监督管理委员会（CNCA）、中国合格评定国家认可委员会（CNAS）、中国认证认可协会（China Certification and Accreditation Association，CCAA）。

一、国家认证认可监督管理委员会

中国国家认证认可监督管理委员会（中华人民共和国国家认证认可监督管理局），是由国务院决定组建并授权，履行行政管理职能，统一管理、监督和综合协调全国认证认可工作的主管机构，简称认监委。

国家认监委成立于 2001 年，其工作职能是研究起草并贯彻执行国家认证认可、安全质量许可、卫生注册和合格评定方面的法律、法规和规章，制定、发布并组织实施认证认可和合格评定的监督管理制度、规定。研究提出并组织实施国家认证认可和合格评定工作的方针政策、制度和工作规则，协调并指导全国认证认可工作。监督管理相关的认可机构和人员注册机构。研究拟定国家实施强制性认证与安全质量许可制度的产品目录，制定并发布认证标志（标识）、合格评定程序和技术规则，组织实施强制性认证与安全质量许可工作。负责进出口食品和化妆品生产、加工单位卫生注册登记的评审和注册等工作。办理注册通报和向国外推荐事宜。依法监督和规范认证市场，监督管理自愿性认证；根据有关规定，负责认证和从事认证业务的检验机构（包括中外合资、合作机构和外商独资机构）的资质审批和监督；依法监督管理外国（地区）相关机构在境内的活动；受理有关认证认可的投诉和申诉，并组织查处；依法规范和监督市场认证行为。

管理相关校准、检测、检验实验室技术能力的评审和资格认定工作，组织实施对出入境检验检疫实验室和产品质量监督检验实验室的评审、计量认证、注册和资格认定工作；负责对承担强制性认证和安全质量许可的认证机构和承担相关认证检验业务的实验室、检验机构的审批；负责对从事相关校准、检测、检定、检查、检验检疫和鉴定等机构(包括中外合资、合格机构和外商独资机构)技术能力的资质审核。管理和协调以政府名义参加的认证认可和合格评定的国际合作活动,代表国家参加国际认可论坛(IAF)、太平洋认可合作组织(PAC)、国际人员认证协会(IPC)、亚太实验室认可合作组织(APLAC)等国际或区域性组织以及国际标准化组织(ISO)和国际电工委员会(IEC)的合格评定活动；签署与合格评定有关的协议、协定和议定书；归口协调和监督以非政府组织名义参加的国际或区域性合格评定组织的活动；负责 ISO和 IEC 中国国家委员会的合格评定工作。负责认证认可、合格评定等国际活动的外事审批。负责与认证认可有关的国际准则、指南和标准的研究和宣传贯彻工作；管理认证认可与相关的合格评定的信息统计,承办世界贸易组织/技术性贸易壁垒协定、实施卫生与植物卫生措施协定中有关认证认可的通报和咨询工作等。

二、中国合格评定国家认可委员会

中国合格评定国家认可委员会(China National Accreditation Service for Conformity Assessment,CNAS)是根据《中华人民共和国认证认可条例》的规定,由国家认证认可监督管理委员会(CNCA)批准设立并授权的国家认可机构,统一负责对认证机构、实验室和检查机构等相关机构的认可工作。

(一)基本情况

中国合格评定国家认可委员会简称认可委。依据《中华人民共和国认证认可条例》第三十七条规定"国务院认证认可监督管理部门确定的认可机构,独立开展认可活动。除国务院认证认可监督管理部门确定的认可机构外,其他任何单位不得直接或者变相从事认可活动。其他单位直接或者变相从事认可活动的,其认可结果无效"。其成立是中国为适应国际认可工作发展需要,是不同行业、不同领域的认可工作集中统一实施的体现,同时也是中国从 20 世纪 90年代初至今开展认可工作经验的继承和发展。

中国合格评定国家认可委员会组织机构包括：全体委员会、执行委员会、认证机构技术委员会、实验室技术委员会、检查机构技术委员会、评定委员会、申诉委员会、最终用户委员会和秘书处。CNAS 秘书处设在中国合格评定国家认可中心,该中心为 CNAS 的法律客体,承担CNAS 开展认可活动所引发的法律责任。

(二)认可委宗旨和主要任务

认可委宗旨：中国合格评定国家认可委员会的宗旨是推进合格评定机构按照相关的标准和规范等要求加强建设,促进合格评定机构以公正的行为、科学的手段、准确的结果有效地为社会提供服务。

认可委的主要任务是：

(1) 按照我国有关法律法规,国际和国家标准、规范等,建立并运行合格评定机构国家认可体系,制定并发布认可工作的规则、准则、指南等规范性文件。

(2) 对境内外提出申请的合格评定机构开展能力评价,作出认可决定,并对获得认可的合格评定机构进行认可监督管理。

(3) 负责对认可委员会徽标和认可标识的使用进行指导和监督管理。

(4) 组织开展与认可相关的人员培训工作,对评审人员进行资格评定和聘用管理。

（5）为合格评定机构提供相关技术服务，为社会各界提供获得认可的合格评定机构的公开信息。

（6）承担政府有关部门委托的工作。

（7）开展与认可相关的其他活动。

（8）参加与合格评定及认可相关的国际活动，与有关认可及相关机构和国际合格组织签署双边或多边认可合作协议。

（9）处理与认可有关的申诉的投诉工作。

（三）认可的分类

认可分为认证机构认可、实验室认可和检查机构认可。

1. 认证机构认可

认证机构认可是指 CNAS 依据我国的法律法规，基于 GB/T 27011 的要求，并分别以 GB/T 27021《合格评定管理体系审核认证机构的要求》、GB/T 27065《产品认证机构通用要求》和 GB/T 27024《合格评定人员认证机构通用要求》为准则，对管理体系认证机构、产品认证机构和人员认证机构进行评审，证实其是否具备开展相应认证活动的能力，对于满足要求的认证机构予以正式承认，并颁发获准认可的证书，以证明该检查机构具备实施特定检查活动的技术和管理能力。

2. 实验室认可

实验室认可是指 CNAS 依据我国的法律法规，基于 GB/T 27011 的要求，并以 GB/T 27025《检测和校准实验室能力的通用要求》为准则，对实验室进行评审，证实其是否具备开展校准活动的能力，对于满足要求的实验室予以正式承认，并颁发获准认可的证书，以证明该实验室具备实施特定检测或校准活动的技术和管理能力。

3. 检查机构认可

检查机构认可是指 CNAS 依据我国法律法规，基于 GB/T 27011 的要求，并以 GB/T 18346《检查机构能力的通用要求》为准则，对检查机构进行评审，证实其是否具备开展检查活动的能力，对于满足要求的检查机构予以正式承认，并颁发获准认可的证书，以证明该检查机构具备相应能力。

（四）认证机构认可领域范围

CNAS 目前在认证机构认可方面，主要开展以下领域的认可：质量管理体系认证机构认可、环境管理体系认证机构认可、职业健康安全管理体系认证机构认可、食品安全管理体系认证机构认可、产品认证机构认可、有机产品认证机构认可、良好农业规范认证机构认可、信息安全管理体系认证机构认可、软件过程及能力成熟度评估机构认可、人员注册机构认可等。

（五）认证机构认可的主要依据

CNAS-CC01《管理体系认证机构认可要求》内容等同采用 ISO/IEC 17021 标准。

CNAS-CC21《产品认证机构通用要求》内容等同采用 ISO/IEC GUIDE 65 指南。

CNASCC51《软件过程及能力成熟度评估机构通用要求》。

CNAS-CC71《人员认证机构通用要求》内容等同采用 ISO/IEC 17024。

（六）认可的流程

认可的流程为：意向申请—正式申请—评审准备阶段—文件评审—现场评审阶段（包括现场见证）评审—认可批准—能力验证（适用时）—监督—复评、扩项等。

三、中国认证认可协会

中国认证认可协会(CCAA)成立于 2005 年 9 月 27 日,是由认证认可行业的认可机构、认证机构、认证培训机构、认证咨询机构、实验室、检测机构和部分获得认证的组织等单位会员和个人会员组织的非营利性,全国性的行业组织。依法接受业务主管单位国家质量监督检验检疫总局,登记管理机关民政部的业务指导和监督管理。

中国认证认可协会以提升行业素质为己任,着力于行业、企业与政府之间的沟通协调,并加快国际合作步伐,努力为中国认证认可行业发展营造良好的氛围。

(一) 中国认证认可协会的基本情况

CCAA 是国际人员认证协会(IPC)的成员机构,CCAA 的代表长期担任 IPC 的执委和重要工作组成员职务。CCAA 与美国、英国、澳大利亚、日本等主要发达国家签署了质量和环境管理体系审核员注册和培训认可四项国际互认资格,是 IPC 成员中具有 IPC 互认资格最多的机构。

CCAA 按照国家认监委的授权开展认证人员注册(认证)工作,自觉遵守国家相关法律法规。CCAA 建立了有效的运作和监督机制,并保证对所有认证人员保持公平和公正,符合所有适用的法律法规的要求。不利用程序对申请人和候选人的申请加以阻止或限制。

CCAA 根据 GB/T 27024 标准、国际人员认证协会(IPC)规则及有关国际标准/准则,建立并运行中国认证人员注册制度,并将不断完善这一制度。CCAA 的人员的注册工作统一由 CCAA 秘书处组织实施和管理,均以确保科学、公正、公平、准确地实施人员注册为目标。CCAA 于 2006 年 1 月通过了国家认证机构国家认可委员会依据 GB/T 27024 的认可,人员注册工作完全符合国际准则。

(二) 中国认证认可协会的宗旨和主要工作

中国认证认可协会以推动中国认证认可行业发展为宗旨,为政府、行业、社会提供与认证认可行业相关的各种服务。

中国认证认可协会的主要工作有:加强社会责任监督和行业自律,调查研究中外行业发展及市场趋势,参与制定行业发展战略规划,向政府提出政策和立法建议,向社会提供信息与咨询服务;倡导科技进步,促进信息化建设,组织人才教育和培训,修订国家行业标准,并组织贯彻实施;组织国际对话,开展行业外交,促进国际合作;开展认证推广工作,编辑、翻译出版认证方面的标准、期刊、书籍、文集和资料等;完成政府主管部门交办的工作。

第七节 中国认证认可监管体系

《中华人民共和国认证认可条例》确立了国家实行统一的认证认可监督管理的基本制度,明确了政府监督和管理认证认可活动的地位和职责,即政府可以采取各种法定的行政手段对认证从业机构和从业人员资质以及从业活动实施监督管理,切实保证和维护中国认证市场的良性发展,稳步提高认证认可有效性。

严格、公正的行政监管体系,为规范中国的认证认可活动,提高认证有效性提供了政府强有力保证。

国家认监委成立以来,始终将"规范工作,以质取胜,科学发展,提高认证有效性"作为政府监管认证认可工作的着力点和归宿点,不断加强政府监管机构建设,不断完善政府行政监管体系和监管机制,逐步建立了以国际标准为基础,符合中国国情的统一和分级负责的认证行政监管机构体系,以实现提高认证认可的有效性和公信力,促进认证认可结果得到普遍信任和接受的总目标。目前已形成了"法律规范,行政监管,认可约束,行业自律,社会监督"五位一体的监管体系。这五个环节环环紧扣,相互依托,保证了认证认可在中国的又好又快的发展。

一、监管的法律保障

比较完善的法律法规体系,为调整和规范中国的认证认可活动,提高认证有效性提供了坚实的法律保障。

中国认证认可法律法规体系的建立坚持了既符合认证认可国际通行规则和做法又充分结合中国国情的原则,它以国家的法律、行政法规为主干,辅之相配套的政府部门规章和行政规范性文件,在内容上主要规定了认证、检测等合格评定机构及其从业人员的资质条件,相关产品的市场准入条件、认可制度、政府监管、社会监督以及法律责任等。目前认证认可法律制度体系基本健全,构建了以《中华人民共和国认证认可条例》为核心,配套部门规章和重要行政规范性文件为补充的认证认可法律制度体系。

二、行政监管体系

严格、公正的行政监管体系,为规范中国的认证认可活动,提高认证有效性提供了政府强有力保证。认证监管体系的基本特征是全国性监管网络、威慑性执法机制;主要方式为行政许可与市场监督和社会监督。监管的工作体制:国家认证认可监督管理委员会、地方认证监督管理部门;工作依据:法律法规体系。支撑体系:认可约束体系、行业自律体系和社会反馈机制。

(一)行政许可

认证机构经国家认监委批准后才可从事认证业务,有效期四年。

(二)市场监督

市场监督方式包括实施国家认监委专项监督检查等,例如管理体系认证有效性行政监督、检查,主要内容是获证组织管理体系运行状况,追溯相关认证过程等;由国家认监委统一组织,认可委提供认可与认证技术支持,地方认监部门具体实施,侧重获证组织现场检查。部分行政监督检查工作结合认可监督实施,侧重认证机构运行与后续跟踪。对于3C强制性产品认证,还采取从公开市场上抽样检验或检查的方式进行监督。

(三)社会监督

国家认证认可监督管理委员会2006年第31号公告发布了《认证认可社会义务监督员管理办法(试行)》,由国家认证认可监督管理委员会负责制定认证认可社会义务监督员管理办法,各省、自治区、直辖市质量技术监督局和各直属出入境检验检疫局(以下简称各省级质检部门)负责义务监督员日常管理和相关活动的组织实施。以充分发挥社会各界对认证认可工作的监督作用,建立和完善认证认可工作社会监督机制。2017年1月,26位在各行各业作出突出贡献的专家、学者及企业管理者被聘用为首批认证认可义务监督员。

义务监督员的职权包括宣传认证认可相关知识、政策、法律法规,以及国家认监委和各省级质检部门开展认证认可监督管理的有关情况。在工作范围内对认证机构、认证咨询机构、认证培训机构、认可机构工作人员遵纪守法、廉洁自律、服务等方面的情况进行监督。对国家认监委和地方认监部门工作人员廉洁从政、依法行政、办事效率、服务质量等方面的情况进行监督。举报在监督过程中发现的各种违法违纪行为。充分发挥中国认证认可协会及各级行业自律组织的作用,收集和反映社会各界对认证认可工作公正性、规范性、有效性及认证认可行风建设的意见、建议,传递人民群众来信、来电举报及投诉等。

(四) 信息披露

2015 年,国务院办公厅印发《国务院办公厅关于运用大数据加强对市场主体服务和监管的若干意见》(国办发〔2015〕51 号),部署充分利用大数据先进理念,加强对市场主体的服务和监管,推进简政放权和政府职能转变。其中在"运用大数据创新政府服务理念和服务方式"中明确提到了要"充分利用大数据技术,在检验检测、认证认可等方面主动提供更具针对性的服务,推动企业可持续发展"的要求。

国家认监委"十二五"时期,认证认可检验检测信息化工作紧密围绕推动认证认可事业又好又快发展的目标,不断完善工作机制,提高信息化管理和服务水平,加强信息资源收集整理和共享利用,提升安全和运维保障能力,为认证认可检验检测事业发展作出了积极贡献。相继建成了各项认证认可业务统一上报、统一查询、综合监管、行政审批、资质认定、注册备案、地理信息等基础业务系统,覆盖了各个业务领域,促进了行政审批和监管效率的提升及机制的创新。积极推行政务公开,不断加强政府网站和行业门户网站建设。建设了"云桥""同线同标同质"等公共信息服务平台,提升了认证认可行业的社会公信力。建立了认证认可服务业统计指标体系和统计分析与决策支持系统,建设完善了认证认可和检验检测行业统计直报系统,落实了国家认证认可检验检测服务业统计调查制度。启动了大数据中心建设,推进数据治理,统一整合信息资源,进一步实现数据共享和综合利用。做到了各项信息的公开透明。

2017 年 8 月 1 日,国家认监委印发了《认证认可检验检测信息化"十三五"建设任务与行动计划》的通知。通知明确在"十三五"至 2020 年,认证认可检验检测行业信息化水平显著提升,信息化在促进行业规范化发展、提升服务能力方面发挥基础性支撑作用;以互联网应用为基础的政务服务、公共服务成为政务管理和行业服务的核心手段;基本形成统一完整的认证认可检验检测行业信息化标准规范体系;建成认证认可检验检测行业大数据中心,实现认监委与质检总局和有关部委、地方认证监管部门、从业机构及社会相关单位间的信息数据互联互通;初步建成云计算中心,提升认证认可信息化主干项目基础设施集约化支撑能力;优化健全信息安全保障机制;建设与认证认可信息化发展相适应的人才队伍。

认证认可检验检测信息化建设的顶层架构为:四项工程、一套标准规范、一个集约化服务门户。

四项工程是:"互联网＋政务服务"工程、"互联网＋公共服务"工程、大数据资源标准化共建共享工程、认证认可检验检测基础云工程。一套标准规范是指建立健全认证认可检验检测信息化相关标准和信息安全防护体系规范。一个集约化服务门户是指建设统一的为政府、行业和公众用户提供行政许可、信息公开、数据查询、社会监督以及行业业务协同、信息资源共享、展示宣传、互动交流等方面服务的集约化门户,通过网站、移动端等形式提供集成的一体化服务。

(五) 认可约束体系

系统、独立的认可约束体系,为规范中国认证活动,提高认证有效性提供了强有力的技术能力保证。我国认可约束体系的基本特征：国际化认可体系，中国化实施机制；主要方式是系统评价与连续监督，由国家认可委实施。认可准则采用相应国际标准，认可规则符合相应国际标准。并获得了行政监管体系、国际互认体系、行业自律体系、用户反馈机制的支持。

1. 系统评价

系统的认证能力与公正性评价，包括总体认证管理能力和具体认证专业能力评审、关键场所认可和一般场所通报、机构办公室评审和认证审核或检查过程见证等。

2. 连续监督

连续监督包括：定期监督，是计划性连续监督，全部认证机构每 12 个月一次；专项监督，突出性抽查监督，不定时选取部分认证机构；定期复评，系统性全面评价，全部认证机构每 4 年一次；投诉处理，针对性调查，专门实施或结合监督评审。

3. 支撑互动

实行互动监督，运用行政监督检查信息和行业自律信息，跟踪相关问题，识别认可风险，增强认可监督针对性，深化行政监督检查成果，促进行业自律措施的实施。

4. 信息披露

凡经认可的认证项目的相关获证组织信息、认可的各获证组织认证状态基本信息自 2006 年起均可以在认可委网站查询。

5. 最终用户监督反馈机制

建立最终用户监督反馈机制目的是了解最终用户期望，听取最终用户意见，关注认可最终结果，提高认可有效性与采信度。

建立最终用户联络网络，搭建最终用户监督信息反馈平台。采集最终用户对认可和认证规范性与有效性的评价信息、对认可和认证结果采信情况的信息、对认可和认证发展与管理要求的意见等信息。根据最终用户反馈信息和建议，普遍性与针对性相结合，采取相应认可工作措施。

三、行业自律体系

创新、发展的行业自律体系，为规范中国的认证活动，提高认证有效性提供了以诚信机制建设为基础的自我约束和自我监督的长效机制。基本特征是自律性行业体系、自发性约束措施；实现行业规范与监督机制的方式，执行机构是 CCAA 并获得行政监管体系、认可约束体系的支持。

CCAA 制定行业规范并进行互查互评，促进行业自律；表扬奖励行业规范贡献突出的机构、企业和个人，树行业风尚；建立科学、公正、规范的评估体系，对从业机构和个人进行行业绩和公信评估，及时发布评估结果，为行政监管和认可约束以及社会对认证结果的采信提供充分依据。CCAA 制定的行业规范主要有中国认证认可行业自律公约、注册认证人员转换执业机构暂行规定、与认证证书有关的有违公平竞争的行业自律、良好认证审核实践案例同行评议交流办法等。

四、监管方式的创新

随着监督检查工作的不断开展，国家认监委也在不断创新监管方式。

国家认监委于 2011 年开始实行管理体系认证"网格化"行政执法监管。所谓网格化监管，即选定某一区域后，对区域内所有获得管理体系认证的企业全部进行监管。各地方认证监管部门(质检局、商检局),按国家认监委的监督部署,每年制定详细的实施方案,抽调技术骨干组成检查队伍进行网格化检查。检查主要针对获证企业体系运行、内部经营管理、认证机构现场审核、证书的使用宣传等内容开展,对认证企业体系运行情况进行评价。将检查结果向企业通报,对企业体系运行中存在的问题提出整改要求。对发现的认证机构、审核人员在审核过程中存在的违法违规行为依法处置。

国务院总理李克强2017年9月6日主持召开国务院常务会议,确定推进质量认证体系建设的措施,加强事中事后监管,提升中国制造品质。

会议认为,按照推进供给侧结构性改革的要求,推行和强化质量认证这一市场经济基础性制度,有利于加强质量监管,营造公平竞争市场环境,促进中国制造提质升级、迈向中高端。会议确定,一要大力推广质量管理先进标准和方法,以航空、铁路、汽车、信息等产业为重点,利用信息化、智能化手段,加快完善和提升适合行业特点的质量管理体系。2018年全面完成质量管理体系认证升级,并逐步扩大认证覆盖面,引导各类企业尤其是服务型、中小微企业获得质量认证。二要引导和强制相结合。对涉及安全、健康、环保等产品实施强制性认证。采取激励措施,鼓励企业参与自愿性认证,推进企业承诺制,以接受社会监督。大力开展绿色有机、机器人、物联网等高端产品和健康、教育、电商等领域服务认证,打造质量品牌。三要探索创新质量标准管理方式,对新技术、新产品、新业态实施审慎监管。四要强化监管,严格资质认定标准,加快推动检验检测认证机构与政府部门脱钩,培育发展检验检测认证服务业。清理整合现有认证事项,取消不合理收费。建立质量认证全过程追溯机制,严厉打击假认证、买证卖证等行为。五要深化质量认证国际合作互认,加快建设质量强国。

2015年7月29日,《国务院办公厅关于推广随机抽查规范事中事后监管的通知》(国办发〔2015〕58号)要求政府各部门大力推广随机抽查监管。按照国务院的要求,2016年5月3日,国家认监委对认证机构的监督检查正式启动"双随机、一公开"模式,对认证机构和认证项目进行随机抽查,规范事中事后监管,这是认证市场准入及监管制度改革又一项举措。

"双随机、一公开"是指随机抽取检查对象,随机选派执法检查人员,抽查情况及查处结果及时向社会公开的监督检查方式。推行"双随机、一公开"是深化简政放权、放管结合、优化服务改革的重要举措,是完善事中事后监管的关键环节,对于依法施政和促进社会公平正义,提升监管的公平性、规范性和有效性,打造公平竞争的市场环境和法治化便利化营商环境,更好地服务企业和群众创业兴业,减轻企业负担和减少权力寻租,都具有重要意义。

即测即练

【复习与练习】

一、填空题

1.( )确立了中国认证认可的基本制度。

2.我国实行统一的认可制度,相应的认可机构是( )。

3.《中华人民共和国认证认可条例》规定:"国家对必须经过认证的产品,统一产品目录,统一技术规范的强制性要求、标准和合格评定程序,统一标志,统一收费标准。统一的产品目录(以下简称目录)由( )制定、调整,由国务院认证认可监督管理部门发布,并会同有关方面共同实施。"

4.《中华人民共和国认证认可条例》对国家认监委和地方认证监管部门及其工作人员、认可机构及其工作人员、认证机构、认证从业人员、其他单位和个人违反条例及有关法律、行政法规时所承担的法律责任做了明确的规定。包括( )等行政处罚措施,以及承担相应民事责任、刑事责任的规定。

5.《中华人民共和国认证认可条例》规定的行政处罚，由国务院认证认可监督管理部门或者其授权的地方认证监督管理部门（　　）实施。

6.《中华人民共和国农业法》规定：国家支持依法建立健全（　　）制度。

7. 根据 2011 年 4 月 22 日第十一届全国人民代表大会常务委员会第二十次会议《关于修改〈中华人民共和国建筑法〉的决定》修正《中华人民共和国建筑法》，自（　　）起施行。

8.《中华人民共和国产品质量法》规定：禁止伪造或者冒用认证标志等质量标志；禁止伪造产品的产地，伪造或者冒用他人的厂名、厂址；禁止在生产、销售的产品中（　　）。

9.《中华人民共和国产品质量法》规定：从事产品质量检验、认证的社会中介机构必须依法设立，不得与（　　）存在隶属关系或者其他利益关系。

10. 依据《中华人民共和国对外贸易法》的规定，国家实行统一的商品合格评定制度，根据有关法律、行政法规的规定，对进出口商品进行（　　）。

11. 依据《中华人民共和国循环经济促进法》的规定，国家鼓励和引导公民使用（　　）的产品及再生产品，减少废物的产生量和排放量。

12.《中华人民共和国食品安全法》规定：国家鼓励食品生产经营企业符合良好生产规范要求，实施（　　），提高食品安全管理水平。

13.《中华人民共和国计量法实施细则》中规定的计量认证是指政府计量行政部门对有关技术机构计量检定、测试的能力和可靠性进行的（　　）。

14. 中国合格评定国家认可委员会的宗旨是推进合格评定机构按照相关的标准和规范等要求加强建设，促进合格评定机构以（　　）有效地为社会提供服务。

15. 中国认证认可协会是由认证认可行业的认可机构、认证机构、认证培训机构、认证咨询机构、实验室、检测机构和部分获得认证的组织等单位会员和个人会员组织的（　　）行业组织。

二、判断题

1.《中华人民共和国认证认可条例》规定："国家根据经济和社会发展的需要，推行产品、服务、质量管理体系认证。"（　　）

2.《中华人民共和国农业法》规定：符合国家规定标准的优质农产品可以依照法律或者行政法规的规定申请使用有关的标志。符合规定产地及生产规范要求的农产品可以依照有关法律或者行政法规的规定申请使用原产地标志。（　　）

3.《中华人民共和国建筑法》规定：国家对从事建筑活动的单位推行质量体系认证制度。（　　）

4.《中华人民共和国产品质量法》规定国家按照国际先进的产品标准和技术要求，推行产品质量认证制度。（　　）

5. 产品质量检验机构、认证机构出具的检验结果或者证明不实，造成损失的，应当承担全部赔偿责任；造成重大损失的，撤销其检验资格、认证资格。（　　）

6. 根据《中华人民共和国清洁生产促进法》规定，企业可以根据自愿原则，按照国家有关产品认证等认证的规定，委托经国务院认证认可监督管理部门认可的认证机构进行认证，提高清洁生产水平。（　　）

7. 依据《中华人民共和国反垄断法》规定，行政机关和法律、法规授权的具有管理公共事务职能的组织不得滥用行政权力，妨碍商品在地区之间的自由流通。（　　）

8.《中华人民共和国计量法实施细则》中所指的计量器具是指能用以直接或间接测出被测对象量值的装置、仪器仪表、量具和用于统一量值的标准物质,包括计量基准、计量标准、工作计量器具。 （ ）

9. 中国国家认证认可监督管理委员会（中华人民共和国国家认证认可监督管理局），英文缩写"CNCA",是国务院决定组建并授权,履行行政管理职能,统一管理、监督和综合协调全国认证认可工作的主管机构,简称认监委。 （×）

三、问答题

1.《中华人民共和国认证认可条例》确立的我国认证认可基本制度有哪些?

2. 中国合格评定国家认可委员会的任务和职能有哪些?

3. 简述我国认证认可监督管理体系的特点。

4. 什么是"双随机、一公开"的监督检查方式?

5. 国家推行"双随机、一公开"的监督检查方式有什么重要意义?

中　篇

质量管理基础与认证实践

　　目前我国的质量管理已进入了"大质量"概念,尽管从宏观方面看,质量包括的内容、范围越来越广,但是从微观的具体组织来讲,质量保障和提升还得从基础做起。我国自引入 ISO 9000 系列标准以来,越来越多的行业和组织以 ISO 9001 标准为框架建立管理规章,越来越多的组织采购 ISO 9001 标准来建立质量管理体系,以规范和提高管理并寻求第三方认证以向相关方传递信任。以 ISO 9001 及其衍生标准/规范建立质量管理体系,事实上已构成了我国企业质量管理的主流模式。而一些管理基础好的、追求卓越的组织,将 ISO 9001 和 GB/T 19580 作为协调一致的一对标准加以采用。对于正在或将要从事质量管理工作的人员来说,掌握这些相关知识是很有必要的。

　　不同的组织和行业,因为组织特点不同,提供的产品和服务不同,质量管理的内容也有很大差异,涉及范围包括多个方面。目前与质量管理相关的认证主要有质量管理体系认证、产品质量认证、服务认证等。这些认证都是基于以 ISO 9001 标准为基础建立的质量管理体系之上的。

　　本篇主要介绍 ISO 9001 标准基础知识和质量管理体系的建立、实施、保持和认证知识,也是本书的重点。

　　本书下篇将简要介绍产品认证和服务认证知识。

第 四 章

质量管理体系基础

通过前面的学习,我们已了解到认证认可的相关知识,了解到认证认可的对象是各类组织的管理体系、产品和服务。认证组织建立有效的质量管理体系、提供合格的产品和服务,是提高认证认可有效性的重要方面。有效地实施 ISO 9000 族质量管理体系标准并持续改进,可以帮助组织持续稳定地提供满足顾客和法律要求的产品,增强顾客满意,促进组织的发展。ISO 9001 也是质量管理体系认证标准。对于质量管理相关专业的学员来说,如果不懂得质量管理基础知识和国际质量管理语言,不懂得质量管理体系认证标准和如何利用认证标准建立有效的质量管理体系、提供合格产品和服务,要做好认证认可工作是很难想象的。本章主要介绍质量管理基础知识。

第一节　世界质量管理发展

人类社会的质量活动源远流长,我国对产品质量进行评价管理的活动自周朝就已有文字记载了,但现代意义上的质量管理活动则是从 20 世纪初开始的。20 世纪 20 年代以来,科学技术的进步、市场经济的进一步发展、生产方式的变革、经营方式的规模化以及市场的相互竞争促进了质量管理的发展。通过近百年的实践进一步证明,质量管理已经成为全面推进企业发展的管理科学的重要组成部分,产品质量是顾客和社会创造价值的核心。20 世纪 20 年代以来,世界质量管理的发展大致经历了三个阶段。

一、质量检验阶段

从 20 世纪 20 年代到 40 年代为质量检验阶段。

这个阶段,生产企业一般设置质量检验机构,配备专职或兼职检验人员,负责产品的检验工作。在生产过程的相应环节,通过严格质量检验剔除不合格品,使转序产品及出厂的产品质量有了保证。这种单纯地依靠检验来找出废、次品的质量管理方式,虽然对产品质量起到了一定的保证作用,但是不能对生产过程起到控制和预防废、次品产生的作用。

1911 年,美国的 F. W. 泰勒(Taylor,1856—1915)发表了《科学管理原理》一书。泰勒倡导科学管理,为科学管理奠定了基础。

1924 年,美国贝尔研究所的 W. A. 休哈特(Shewhart)针对质量检验方法缺乏预防性问题,运用数理统计学的理论基础,提出了控制生产过程中产品质量的"6σ"方法,即后来随之发展起来的"质量控制图"和生产过程"预防缺陷"等一系列方法与概念。休哈特还同 H. F. 道奇(Dodge)和 H. G. 罗米格(Romig)共同提出了在破坏性检验情况下采取的抽样检验方案,最早把数理统计方法引入质量检验,并为统计质量管理阶段的形成和发展奠定了理论基础。

二、统计质量管理阶段

从 20 世纪 40 年代初至 50 年代末为统计质量管理阶段。

统计质量管理以概率论与数理统计学为理论基础，运用数理统计方法，在生产全过程的相关环节，从产品质量波动中找出规律性，采取措施消除产生波动的异常原因，使生产过程的各个环节控制在正常（稳定）的生产状态，从而起到经济地生产出符合标准要求产品的作用。这样，就使单纯的质量检验工作发展到对生产过程进行控制、带有预防作用的统计质量管理阶段。

美国是最早运用统计质量管理的国家。早在第二次世界大战期间，美国的军工生产发展很快，但由于无法预先控制不合格品，因此产品质量低劣，影响了按期交货和军队的武器建设。美国国防部、美国标准协会、美国工程师协会等，于 1941—1942 年先后公布了一些美国战时质量管理标准，其内容包括管理方法、组织机构、控制图及各种抽样检验方案等，要求生产军需品的各公司及企业实行统计质量管理。

实践证明，统计质量管理是保证产品质量、预防不合格品产生的一种有效方法。但是，由于过分地强调了数理统计方法的作用，而忽视了组织管理工作和人的主观能动作用，使人们误认为"质量管理就是数理统计方法"，多数文化素质较低的人感到数理统计方法难学、难懂、难用，在推广上受到很大的影响。

三、全面质量管理阶段

全面质量管理阶段始于 20 世纪 60 年代初。

20 世纪 50 年代以后，高安全性、高可靠性的技术密集型产品大批出现，仅靠制造过程的质量控制已不足以保证质量。随着科学技术和管理理论的发展，出现了一些关于产品质量的新概念，如"安全性""可靠性"与"经济性"等概念。把产品质量问题作为系统进行分析研究，出现了依靠工人自我控制的"零缺陷"（zero defects，ZD）运动及质量管理（quality control）小组活动；20 世纪 60 年代在管理理论方面出现并不断发展的"行为科学"，主张调动人的积极性，重视"人的因素"，注意发挥人在企业生产和管理中的作用，对产品质量形成的全过程实施质量管理，以控制影响质量的各种因素来确保质量。

由于上述种种情况的出现，仅仅依靠质量检验和应用统计技术，已难以满足不断提高产品质量的社会普遍要求，促使质量检验和质量管理工作有新的发展。

20 世纪 60 年代，美国通用电气公司质量经理费根堡姆（A. V. Felgenbaum）出版《全面质量管理》一书。在该书中他提出"全面质量管理是为了能够在最为经济的水平上，考虑到充分满足用户要求的条件下，进行市场研究、设计、生产和服务，把企业各部门的研制质量、维持质量和提高质量活动，构成为一体的有效体系"。费根堡姆在该书中强调执行质量职能是公司全体人员的责任。

费根堡姆有关全面质量管理的概念，被有迫切提高产品质量要求的国家逐步接受。日本是接受和开展全面质量管理比较早的国家，于 20 世纪 60 年代初开始实行全面质量管理，并联系日本的国情，创造性地发展了全面质量管理，收到了显著的效果，对提高日本工业产品的质量和发展新产品以及发展经济，起到了决定性的作用。日本推行的全面质量管理的特点是质量管理与公司的生产技术、经营管理有机结合，紧密联系实际。概括起来，其特点如下。

（1）对生产的全过程包括全因素，依靠全员，实行"三全管理"。

（2）生产技术、经营管理与统计技术有机结合，统计技术"工具化"。

（3）建立了以公司上层、中层及广大工人参加的管理体系，实施"系统管理"。

（4）用经济的手法研制、生产和为顾客提供满意的产品，提供所需的技术服务，视顾客为上帝。

全面质量管理从 20 世纪 60 年代产生至今已有 50 余年的时间，随着科学技术的发展和社会的进步，它的内涵和理论也在不断地完善和发展。当今，对全面质量管理的含义可以这样来表述："以质量为中心，以全员参与为基础，目的在于通过让顾客满意和本组织所有者、员工、供方、合作伙伴或社会等相关方受益而达到长期成功的一种管理途径。"

上述全面质量管理的含义，经过几十年的实践不断完善，具有以下要点：

（1）"以质量为中心"。产品质量是市场经济的竞争焦点，只有产品质量好、适销对路，企业才能生存和发展。

（2）"以全员参与为基础"。构成一个企业的各个部门及所有成员，对产品质量的形成都有关系，有的有直接关系，有的有间接关系，只有全员参与，并都能做好本职工作，整个企业的产品质量才能有保证，才能生产出用户满意的产品。

（3）"通过让顾客满意和本组织所有者、员工、供方、合作伙伴或社会等相关方受益"，这个企业才能在市场竞争中得到迅速的发展。

（4）全面质量管理是"达到长期成功的一种管理途径"。企业的管理方法和管理途径有很多种，但是能够保持长期成功的管理途径却并不多。全面质量管理经过 50 余年的管理实践证实，只要坚持并认真地实施，就能成为达到长期成功的管理途径，推动企业走向成功。

第二节　质量管理发展的新阶段

管理理论和管理标准都是随着管理实践的不断发展而发展的。随着全面质量管理理论和实践的不断发展和完善，质量管理学科日趋成熟和企业的广泛实践经验，为各国质量管理和质量保证标准的相继产生提供了充分的理论依据和坚实的实践基础。

随着科学技术的发展，生产力水平的提高，产品品种日趋繁多，产品结构日趋复杂、精密，产品价值日趋昂贵，其质量缺陷对顾客和消费者造成的损失和后果比较严重，顾客对产品提出了越来越高的要求，但又较难凭自己的能力和经验来判断产品的优劣程度，于是向生产者提出质量保证要求。

产品和服务质量的要求通常由技术标准来体现，如果组织的质量管理体系不完善，那么，技术标准本身就不可能保证顾客的要求始终得到满足。由此导致了质量管理和质量保证国际标准的产生，并将其作为对技术标准中有关产品质量和要求的补充。

随着国际贸易的发展，国际市场的竞争日趋剧烈，顾客对产品和服务质量产生出越来越高的期望已成为世界性的趋势。20 世纪 70 年代，世界各经济发达国家纷纷编制和发布质量管理标准，逐渐形成世界性趋势。随着国际贸易交往的日益频繁，产品及其质量日趋国际化，世界各国贸易竞争不断加剧，产品质量保证和产品责任问题已成为国际贸易的技术壁垒。国际间的贸易竞争不但对产品质量水平提出了要求，而且对企业的质量管理和保证能力也提出了相应的要求，以确保产品达到规定的质量水平。许多国家和地区各自组织发布了一系列的质量管理和质量保证标准，作为贸易往来供需双方评价的依据和遵守的规范，为使国际贸易活动有关要求得到统一，加速了具有通用性、灵活性的国际质量管理和质量保证标准的产生。

为了适应世界各国开展质量管理的需要,国际标准化组织于 1979 年建立了质量保证技术委员会,即 ISO/TC 176,负责制定与发布质量管理与质量保证方面的国际标准,并于 1987 年首次发布,1994 年、2000 年、2008 年和 2015 年四次修订 ISO 9000 系列标准(ISO/TC 176 制定的标准称为 ISO 9000 系列标准)。从此,依据 ISO 9000 系列标准进行的质量管理工作在全世界的许多国家和地区广泛地推行和开展起来,使世界性的质量管理活动进入一个崭新的阶段,形成了全球性贯彻 ISO 90000 族标准的热潮,有力地推进了产品质量、工程质量和服务质量的不断提高。

当前,质量管理正向两极化方向发展:一是向解决具体而又复杂的"大质量"问题的微观方向延伸,由传统的质量工程科学向更加严密的六西格玛技术发展;二是向构造应对竞争环境、面向未来的"大质量"系统的宏观方向延伸,由基础的 ISO 9001 等合格评定体系向追求卓越的卓越绩效(质量奖)模式发展。而这两个方向的最新发展,成了当今质量管理的两个最前沿领域和高端的质量方法。可以这样说,国际标准化组织已经把自检验质量管理、统计质量管理、全面质量管理各阶段的发展成果总结在了 ISO 9000 系统标准之中并加以提高。而应用 ISO 9001 建立组织的质量管理体系,夯实管理基础,仍然有不可忽视的作用。

一、ISO 9000 系列标准的历次修订

"质量管理和质量保证"系列国际标准自 1987 年发布以来,先后修订过 4 次。现将其概述如下。

(一) 1987 版 ISO 8402 术语

ISO/TC 176 于 1986 年发布了第一个国际质量管理标准,即 ISO 8402《质量管理与质量保证术语》。

(二) 1987 版 ISO 9000 系列标准

1987 版 ISO 9000 系列标准,包括 5 项标准。

ISO 9000:1987《质量管理和质量保证标准选择和使用指南》

ISO 9001:1987《质量体系设计/开发、生产、安装和服务的质量保证模式》

ISO 9002:1987《质量体系生产、安装和服务的质量保证模式》

ISO 9003:1987《质量体系最终检验和试验的质量保证模式》

ISO 9004:1987《质量体系质量管理与质量体系要素指南》

(三) 1994 版 ISO 9000 系列标准

1994 版 ISO 9000 系列标准总共 5 类 26 个国际标准,对 87 版的标准进行了一些不大的调整。

(四) 2000 版 ISO 9000 系列标准

2000 版 ISO 9000 系列标准,核心标准共 4 个。

ISO 9000:2000《质量管理体系基础和术语》

ISO 9001:2000《质量管理体系要求》

ISO 9004:2000《质量管理体系业绩改进指南》

ISO 19011:2002《质量和(或)环境管理体系审核指南》

2000 版标准对 94 版做了大规模的修改。

（五）2008 版 ISO 9000 系列标准

2008 版 ISO 9000 系列标准，核心标准共 4 个。

ISO 9000：2005《质量管理体系基础和术语》

ISO 9001：2008《质量管理体系要求》

ISO 9004：2009《追求组织的持续成功质量管理方法》

ISO 19011：2002《质量和（或）环境管理体系审核指南》

2008 版对 2000 版标准进行了小的调整。

（六）2015 版 ISO 9000 系列标准

2015 版 ISO 9000 系列标准，目前正式发布的标准共 2 个。

ISO 9000：2015《质量管理体系基础和术语》

ISO 9001：2015《质量管理体系要求》

二、ISO 9001：2015 标准修订的目标

2008 版标准出版后，ISO/TC 176 第二分委会着手下一版较大修改的准备。在一系列调查、研究、工作组会议和与 ISO 其他管理体系标准协调工作基础上，于 2012 年 6 月拟定了新版 ISO 9001 标准的修订目标和设计规范。在设计规范中，其规定的关键目标为：

（1）为未来 10 年左右的时间内提供一系列稳定的核心要求；

（2）把当前的关注焦点继续保持在有效的过程管理上，以期产生期望的结果；

（3）考虑自上次重大修订（2000 年）以来 QMS 实践和技术的变化；

（4）应用 ISO/EC 导则-第 1 部分-ISO 增刊附件 SL（以下简称"附件 SL"），提高与其他 ISO 管理体系标准的兼容和统一；

（5）促进有效的组织实施和有效的第一方、第二方和第三方合格评定；

（6）简化了语言和写作风格，有助于对要求的理解和解释的一致性。

三、2015 版 ISO 9001 标准（以上简称新版标准）修订的主要变化

根据修订目标，历经 CD、DIS、FDIS 各阶段，ISO 9001：2015 版标准较以前各版标准的主要变化有：

（1）新版标准完全按照附件 SL 的格式重新进行了编排。附件 SL 是 ISO 联合技术协调小组出具的一个有关管理体系标准的附件，提供了怎样编写管理体系标准的细节，为新的 ISO 管理体系标准制定和原有标准的修订提供了一个统一的结构和模式，同时也提供了一个统一的文本。附件 SL 文本的统一体现了管理活动的一些通用理念，也构成本版 ISO 9001 标准变更的一些主要内容，如组织管理体系应考虑组织内外环境（条款 4.1）和相关方要求（条款 4.2），管理活动通常由目标管理和风险管理两类方式组成（条款 6.1、条款 6.2），领导作用（条款 5.1）等。

2015 版 ISO 9001 标准确实已成了"大质量"的概念，标准要求考虑的，不仅是对质量有影响的包括内外环境的所有方面，而且还要考虑相应的风险和机遇。但这并不意味组织要调整自己质量管理体系文件的编排格式，新版 ISO 9001 的引言和附件 SL 均说明不要求组织按此结构编写自己的文件。

（2）新版标准用"产品和服务"替代了 2008 版中的"产品"。变更原因是有很多服务业的

组织还没能真正理解,现行标准里面每当提到产品的时候,实际上也隐含了服务。特别是谈到监视、测量的时候,人们立刻就会想到有形产品,而没有想到还有无形的服务。所以,新标准决定用"产品和服务"替代原版标准里面的"产品"。在 ISO 9000 标准中,"产品"和"服务"已经是两个定义,但在多数场合下,定义"产品"和"服务"是一起使用的。

(3)对最高管理者提出了更多的要求。

该变更基本是采用附件 SL 文本,也就是通用的最高管理者应起作用的概念。新版标准的要求更加具体。无论如何,高级管理层的领导作用对于体系有效性是非常重要的。

(4)新版标准用"外部提供的过程、产品和服务"替代 2008 版中的"采购"包括外包过程。在 2008 版标准中,条款 4.1 体现了"外包过程",条款 8.4 是关于这些外部提供的过程、产品和服务加以控制,达到所需要的结果。新版标准条款 8.4 列举了所有的外部提供形式。

(5)用"成文信息"替代了"文件化的程序和记录",附录 C 列出了 ISO/TC 176/SC 2/N 1276 文件《ISO 9001:2015 成文要求的指南》。

(6)增加新的条款 4.1"理解组织及其环境"。每一个组织都是不一样的。当每个组织在设计质量管理体系的时候,要考虑外部和内部的因素,以及这些因素是否对组织要实现的目标和结果有帮助。这些外部的因素可以包括社会因素、经济因素、政治因素、气候因素,以及关于新技术的可获取性。内部的因素,包括所有权的结构、管理的结构等。还有其决策结构,如果一个组织是由成千上万的股东来作决策,那么这个决策的过程就会非常缓慢。所以,组织和组织之间有很大的不同。简言之,组织所处的环境是其建立质量管理体系的出发点。或者说,组织可结合识别和评价这些因素,评价自己的质量管理体系是否适合于组织。

(7)增加新的条款 4.2"理解相关方的需求和期望"。顾客还是首要相关方,但不是唯一的相关方,但不能只理解顾客的需求和期望,还需理解其他相关方的需求和期望。

(8)强调"基于风险的思维"这一核心概念。新版标准中,识别风险并采取相应措施来消除风险、降低风险或者减缓风险的思想,贯穿在整个标准里。因此,预防措施贯穿于整个标准。风险管理体现了因果关系、关键少数等概念,要求我们从受不确定性影响的事物中,使有显著影响的风险可见可控,也使可能的机遇可见可用。

基于风险的思维到什么程度? 取决于组织所处的环境,如果是一个很小的组织,生产和服务非常简单,可能不需要有一个非常正式的风险分析。但是,如果是一个高度复杂的尖端型企业,比如说航空企业或者核工业,如果产品出现了问题,那么潜在的影响将非常巨大。针对这样的组织所处的环境,可能就会采用一些正规的风险分析方法来识别风险。

基于风险的分析应在两个层面上运行,一个层面就是组织层面,另外一个层面就是组织内部的过程。

(9)新版标准新的要求中还有一个子条款是关于组织的知识。对组织特有知识的管理,对转型升级时期的我国各类组织来说,这是一个特别重要的要求,本条款的要求确有意义。

(10)还需要关注新版标准中的一个新要求,即"改进产品和服务以满足要求并关注未来的需求和期望",这与组织实现发展战略高度相关。

(11)2008 版标准中的一些要求已被删除。

2015 版标准去掉了"预防措施"这个术语。但是这个概念不仅依然存在而且通过应对"基于风险的思维"得到了加强。

新版标准去掉了针对"质量手册"和"管理者代表"的具体(规定性的)要求。

ISO 9001:2015 标准给予组织更多的灵活性。有很多种方法可以做到质量手册过去所做的事情。管理者代表也是一样,因为新版标准里面还是有要求,要求对管理体系的实施和绩效进行报告,确定管理体系的职责和权限,至于是否非得专人或是大家一起来做这件事,要取决于组织自己的决定。去掉管理者代表的规定是为了更加强调最高管理者的职责落实。

(12)新版标准的一些微小变化。新版标准中有一些微小的变化,如新版标准8.1运行策划和控制中,组织对过程的策划方面的:确定产品和服务的要求;而在2008版标准中,则是确定目标和要求。又如,新版标准中8.5.1中没有了原2008版中"适当时,获得作业指导书"方面的规定。这些变化进一步增加了标准的灵活性。实际上目标特别是过程目标,表现方式很多,而过去我们有些审核员在这方面有些形式化。

四、ISO 9001:2015 标准修订的其他关注点

除了上述变化外,还有一些内容也需引起我们的关注。

(1)新版标准修订过程中对"质量管理原则"进行了评审,对"原则"进行了一些细微的修改。新版标准只有七项"质量管理原则":以顾客为关注焦点、领导作用、全员参与、过程方法、改进、循证决策、关系管理。在2015版ISO 9000标准中,对每一项管理原则都从"概述""理论依据""主要收益""可开展活动"四个方面进行了阐述。

(2)新版标准很清晰地体现了所有管理体系都应有的3个核心概念,即过程、基于风险的思维和PDCA循环。PDCA是英语单词Plan(计划)、Do(执行)、Check(检查)和Action(调整)的首字母缩写,PDCA循环就是按照这样的顺序进行质量管理,并且循环不止地进行下去的科学程序。

组织应识别并确定实现策划结果所需的过程。包括生产和服务提供的实现的过程和支持性的过程。组织所处环境不同,所要定义的过程也不同。组织对于过程要进行策划、实施、采取改进措施,以便于下一次策划得更好。

ISO 9001使用PDCA循环来管理过程和体系。PDCA循环使组织能够对于出错的地方加以调整,并且能够进行持续的改进。

需要强调的是,2015版ISO 9001标准不是基于单纯的风险思维、PDCA循环和过程方法,而是三者的有机结合。

(3)新版ISO 9001标准中,大多数要求更加关注输出、关注实现预期结果、关注绩效。

① 关于输出和预期结果。

新版ISO 9000标准中,"输出"定义为"过程的结果",在术语的注中也给出了"组织的输出是产品还是服务,取决于其主要特性"的说明。

ISO/TC 176/SC 2有关修订2015版标准的战略计划中,明确指出"更加强调组织提供合格产品的能力,输出很重要"。表明新版标准在关注过程的同时,也关注实现的结果。

组织客户对组织的评价,不是评价组织的体系多么完善,质量管理体系有多少程序文件,组织的设备有多少进行了校准,而是看组织的产品和服务是不是持续一致合格。ISO 9001认证期待的结果不是一组文件,而是向客户提供始终合格一致的产品和服务。

因此,可以理解质量管理体系的输出之一为"提供合格、一致的产品和服务",也可以理解为输出是标准中要求的"预期结果"。

对于输出,应该从"组织"和"过程"两个层面来考虑。在新版ISO 9001标准条款4.4"质量管理体系及其过程"中,要求组织"确定这些过程所需的输入和期望的输出"。

② 关于绩效。

新版 ISO 9000 标准中,"绩效"定义为"可测量的结果",术语的注中也给出了如下说明:

"**注 1**:绩效可能涉及定量的或定性的结果。

注 2:绩效可能涉及活动、过程、产品、服务、体系或组织的管理"。

新版标准在引言 0.3.1 过程方法"总则"指出,"在质量管理体系中应用过程方法能够:c)获得有效的过程绩效";在条款 9.1.1 中提到,"组织应评价质量管理体系的绩效和有效性";在第七章、第八章、第十章中也多处提到"绩效"。由此可以看出,新版标准对质量管理体系的评价不再只停留在"有效性"上,除了评价有效性外,还要对"绩效"进行评价,包括各类"绩效"和效率。一个不考虑效率的组织是无法长期生存的。这也反映了组织各相关方对 QMS 影响的关注。但审核员应注意,本版标准的适用范围并未发生改变,即用于组织"需要证实其具有稳定提供满足顾客要求和适用法律法规要求的能力"和"旨在增强顾客满意"。

质量管理体系有几个重要的因素,如:最高管理者的承诺、经校准的设备、有能力的人员、监视与测量、内审、管理评审、作业指导书、文件化的程序等。这些因素与过程的能力密切相关,这些因素在一组过程当中进行互动,过程互动的目的就是输出结果,即稳定满足要求的产品。

五、ISO 的后续工作值得期待

为确保新版标准得到更好的实施,为获证组织和认证机构(包括审核员)提供更多的信息,ISO 开展了很多活动,也会陆续发布相关信息和文件,在 ISO 9001 标准正式发布后,审核员应给予充分的关注。如 ISO 9001:2015 标准的通用指南正在制定,编号为"ISO/TS 9002";

ISO/TC 176/SC 3 制定了 ISO 10000 系列标准,为应用 ISO 9001 标准的组织提供支持信息,在组织实施或寻求改进其质量管理体系、过程或相关活动中,提供帮助;《ISO 小企业手册》也将更新。

ISO 成立了"未来概念"工作组,负责一些课题的研究。该工作组的课题有整合"基于风险的思维";更加强调质量管理原则;与业务管理过程更好地统一;"输出很重要"(产品符合性和过程有效性);知识管理;生命周期管理;改进和创新;时间/速度/灵敏;IT 技术和变化;纳入"质量工具",如质量功能展开、标杆法等;由 ISO/TC 176/SC 2 第 23 工作组负责宣传沟通与产品支持,通过 ISO 网站发布有关 ISO 9001 修订的最新新闻;关于 ISO 9001 修订的介绍;关于 ISO 9001 和基于风险的思维的介绍等信息。

在新标准正式修订以前,ISO 确定了对 ISO 9001 标准和 ISO 9004 标准的定位:ISO 9001 致力于提供对组织产品的信心(组织改进是一种次要目标);而 ISO 9004 致力于提供对组织的信心。ISO 希望 ISO 9001 作为一个基础,使认证客户(组织)的目光能够超越认证。作为审核员没有办法要求顾客超越认证,但是审核员可以激励、鼓励他们的目光超越认证的兴趣。

因此,审核员在按新版 ISO 9001 标准审核质量管理体系时,不应拿着放大镜只看标准一条一条的条款符不符合,而是要把眼光放宽一些,看对于组织持续提供合格产品和服务的能力,这个管理体系是不是能够有效地提供信心。

审核员的工作应该能让认证所依据的 ISO 9001 标准和 ISO 9004 等相关标准在世界上得到承认,并且得到尊重,被各类组织所应用,成为它们可持续发展不可分割的一部分。因此,深刻了解标准的要求,了解标准背后的一些基础知识,或者一些其他方面的知识,如风险管理、ISO 10000 系列标准等,对审核员来说是非常有必要的。

第三节 ISO 9000 系列标准的作用

ISO 9000 系列标准自 1987 年推出第 1 版以来,已成为 ISO 迄今为止应用最广泛、最成功的标准。ISO 9000 系列标准为世界范围内建立了一个质量管理的通用框架和语言,也为组织赢得顾客对其提供合格产品和服务的基本信任明确了途径,为全球经济合作效率的提升起到了基础作用。

ISO 9000 系列标准的开始推行和 ISO 9001 质量管理体系认证工作开展之时,恰逢我国处于由计划经济向市场经济转轨的社会经济改革阶段。对改革开放初期缺乏先进管理经验和技术经验的我国大多数企业来说,ISO 9000 系列标准所提供的这种成熟的概念和实践集合,无疑为我们简明有序地建立一个符合国际水平基本要求的质量管理体系、获得质量信任提供了捷径。因此 ISO 9000 系列标准在我国企业得以广泛应用。以 ISO 9001 及其衍生标准/规范建立质量管理体系,事实上构成了我国各类组织质量管理的主流模式。我国企业获取的 ISO 9001 及其衍生标准质量管理体系认证的证书量,目前也处于全球首位。ISO 9000 系列标准的应用,为我国组织质量工作水平和企业素质提升,以及供应链管理都起到了显著的基础保障作用。也正因如此,ISO 9001 标准制定和实施的种种问题,往往对我国企业质量工作影响更为显著。因此,我国的质量工作者,在对 ISO 9000 系列标准的理解实施中,更需要正确理解标准制定的宗旨和各项要求的意图,深刻理解这些要求的作用,正确评估不满足要求可能给产品/服务和组织经营生存带来的风险,使标准的贯彻更好地服务于组织的可持续发展。

2017 年 8 月 16 日,国家质检总局、国家认监委以(国质检认联〔2017〕366 号)文件发布《关于广泛开展新版质量管理体系标准宣贯学习活动加强全面质量管理的通知》,其中明确指出:新版 GB/T 19000(ISO 9000)质量管理体系系列标准于 2017 年 7 月 1 日正式实施,该系列标准经过 5 次修改换版,总结和借鉴了世界各国质量管理理论和实践经验,是广大企业和社会组织持续提高质量管理水平的有效工具,也是政府部门组织开展质量提升行动、加强全面质量管理的重要抓手。为贯彻落实党中央、国务院关于开展质量提升行动、加强全面质量管理的重大决策部署,质检总局、国家认监委决定,以 GB/T 19000(ISO 9000)质量管理体系系列标准换版为契机,在全国范围内广泛组织开展质量管理体系标准和先进质量管理工具方法的宣贯学习活动。认证、培训、咨询机构要加强对全国质量管理体系认证获证组织的新版标准培训,帮助获证组织提高对新版标准及现代质量管理工具的理解与应用,尽快按照新版标准完成质量管理体系的升级工作,并确保按期完成质量管理体系认证换证工作。国家认监委将围绕行业、地方和企业发展需求,组织开展以政府为引导、企业为主体、认证为手段、各方共同参与的"打造质量管理体系认证升级版"工作。通过质量管理体系认证制度的系统性升级,带动企业质量管理体系的全面升级。由此看出政府相关部门对于贯彻实施 2015 版 ISO 9001 标准的高度重视。

第四节 GB/T 19000—2016 标准理解

在质量管理体系的标准中,GB/T 19000—2016idtISO 9000:2015 是核心的基础标准,是 GB/T 19001 标准的理论基础,也是国际质量管理的通用语言。正确理解 GB/T 19000—2016 是理解、掌握并能熟练应用 GB/T 19001—2016 标准的必要和先决条件。

ISO 9000 系列标准为组织质量管理提供了一个框架性的要求。标准要求告诉使用者在质量管理方面需要考虑和管理哪些方面,以及这些方面符合要求后应该获得什么结果。至于如何达到这些要求,组织应根据自身的实际情况来确定。组织可以在标准框架内构筑适合于所在行业和组织自身实际的质量管理体系和方法,这是我们学习和应用标准的基本思维。本节从 GB/T 19000 共 138 个术语中挑选出部分术语进行介绍。其他术语对完整理解标准也很重要,学员可自行学习。

一、质量管理体系的基本概念

(一) 质量

【标准条款】

> 2.2.1 质量
>
> 一个关注质量的组织倡导一种通过满足顾客和其他有关相关方的需求和期望来实现其价值的文化,这种文化将反映在其行为、态度、活动和过程中。
>
> 组织的产品和服务质量取决于满足顾客的能力,以及对有关相关方的有意和无意的影响。
>
> 产品和服务的质量不仅包括其预期的功能和性能,而且还涉及顾客对其价值和受益的感知。

【理解要点】

(1) 标准的质量概念包括了质量文化建设的内容。组织的质量文化是组织企业文化中的一部分。企业文化通常是指企业内大多数成员的共同价值观和行为模式,它体现为企业全体员工所普遍接受和共同遵循的理想追求、价值观念和行为准则。而质量文化是指群体或民族在质量实践中所形成的技术知识、行为模式、制度与道德规范等因素及其总和。组织关注质量,就应注重质量文化建设。质量文化的典型特点就是通过满足顾客和其他有关相关方的需求和期望来实现其价值,而这种文化要形成组织的价值观念和行为准则,反应在组织及全体员工的行为、态度及日常业务工作之中。

要注意,企业文化不是老板文化、领导文化和企业家文化。老板、领导或企业家是文化内涵的重要来源,但其价值观或信念能否成为企业文化,要看这些文化是否被员工认同或共享。被认同和共享的,就上升为企业文化;没有被认同和共享的,还只是老板、领导或企业家文化。

(2) 组织的产品和服务质量最终取决于满足顾客的能力,而不是组织自己的感受和评价。满足顾客的根本是能提供所需要的价值,这需要组织准确定位顾客需要解决的问题,理解顾客什么时候需要使用组织的产品和服务的,他们又是如何使用组织的产品和服务的。组织需要站在顾客的角度去思考应该购买具有什么功能的产品和服务。在此基础上,组织利用先进的科技手段和创造性的思维来设计产品和服务的功能和特性,完全满足顾客的使用要求,受到顾客的欢迎,并且没有浪费,这才是真正的高质量。比如对于不会使用智能手机的老年人来说,他们可能更喜欢老年机。

除顾客外,组织还需要考虑产品和服务对其他有关相关方的影响,如对环境、公众、供方、员工的影响等,达到均衡发展,如一味迎合个别顾客的需要而以牺牲环境为代价,以违规为代价,也会对组织的发展甚至生存造成影响。

(3) 标准的质量概念包括了顾客感知价值的概念。

组织不能只是自身认为自己的产品或服务可以为顾客提供价值,更重要的是关注顾客对组织所提供的产品或服务的价值判断,实现真的顾客导向。准确理解标准中关于质量的基本概念,对于深入理解 ISO 9000 标准是很重要的。

(二)质量管理体系

【标准条款】

> 2.2.2　质量管理体系
>
> 质量管理体系包括组织确定其目标,以及为获得期望的结果确定的过程和所需要资源的活动。
>
> 质量管理体系管理相互作用的过程和所需的资源,以向有关相关方提供价值并实现其结果。
>
> 质量管理体系能够使最高管理者通过考虑其决策的长期和短期影响而优化资源的利用。
>
> 质量管理体系给出了在提供产品和服务方面,针对预期和非预期的结果确定所采取措施的方法。

【理解要点】

质量管理体系是"建立质量方针和目标并实现这些目标的相互关联相互作用的要素"。质量管理体系的建立、健全和有效运行,需要组织根据发展需要确定该体系的目标,识别和管理为实现质量目标需采取的过程和配备的资源。质量管理体系是组织有效开展质量管理活动的重要的工具和手段。

组织可以通过质量管理体系进行系统策划、有效运行和持续的改进,对实现质量目标有影响的各过程和过程之间的联系、组合及相互作用,以及资源的获取、利用和整合,以满足相关方的需求和期望并实现质量目标。

组织的资源是有限的,组织的发展也受限于资源。质量管理体系的有效运行要求组织的最高管理者必须要考虑资源的配置和优化。要对照实现每个目标对于资源的需求,通过分析了解组织内可提供、可挖掘的资源潜力以及从外部可以获得的资源,综合平衡长短期目标所需的资源需求,确定资源的优化组合和利用,对资源利用效率加以监视和分析改进,发挥资源的最大效用。

质量管理体系的建立和实施,是为了取得预期的结果,但同时不可避免地会出现非预期的结果。因此,在质量管理体系中,需要针对预期和非预期结果,采取相应的控制措施和方法,以将非预期结果降至最低。

(三)支持

【标准条款】

> 2.2.5　支持
>
> 2.2.5.1　总则
>
> 最高管理者对质量管理体系和全员积极参与的支持,能够:
>
> ——提供充分的人力和其他资源;
>
> ——监视过程和结果;
>
> ——确定和评估风险和机遇;
>
> ——采取适当的措施。
>
> 负责任地获取、分配、维护、提高和处置资源,以支持组织实现其目标。

【理解要点】

在 ISO 9001：2015 版标准中，领导处于中心地位，在建立、实施有效的质量管理体系过程中，领导作用的发挥是关键。最高管理者除了发挥自身的领导作用外，对质量管理体系相关工作的支持，对全员积极参与的支持也是关键。这种支持不仅是口头上的，而是要通过实际效果来体现，这些效果主要体现在：

（1）提供了充分的资源其中人力资源是关键，比如有懂标准、懂体系的管理人员，有懂内审知识的内审员，还包括其他方面的专业技术人才等，同时创造员工积极参与的企业文化，全员积极参与质量管理工作的积极性和主动性得到提高。

（2）质量管理各个过程包括过程的运行和结果，得到了监控，通过监控掌握过程的实施情况及其所取得的结果，使之符合策划的要求，同时对发生的偏差进行纠正。

（3）风险和机遇得到了确定，及时应对需要应对的风险，充分利用机遇。一个组织如果能够随时应对好风险，消除或降低潜在风险的影响，利用好机遇，那么，这个组织就会获得健康的发展和成功。

最高管理者在以上方面采取了适当措施，资源得到了提供、分配和维护，提高资源的利用效率，就可以支持组织实现其目标。

【标准条款】

> 2.2.5.2　人员
>
> 人员是组织内不可缺少的资源。组织的绩效取决于体系内人员的工作表现。
>
> 通过对质量方针和组织所期望的结果的共同理解，可使组织内人员积极参与并协调一致。
>
> 2.2.5.3　能力
>
> 当所有人员理解并应用所需的技能、培训、教育和经验，履行其岗位职责时，质量管理体系是最有效的。为人员提供拓展能力的机会是最高管理者的职责。
>
> 2.2.5.4　意识
>
> 意识来源于人员认识到自身的职责，以及他们的行为如何有助于实现组织的目标。
>
> 2.2.5.5　沟通
>
> 经过策划并有效开展的内部（如整个组织内）和外部（如与有关相关方）沟通，可提高人员的参与程度并更加深入地理解：
>
> ——组织环境；
>
> ——顾客和其他有关相关方的需求和期望；
>
> ——质量管理体系。

【理解要点】

质量管理体系强调人力资源的作用。组织的所有人员能够理解并应用所需的技能、培训、教育和经验，认识到自身的职责，履行其岗位职责，他们的工作表现对于组织的体系绩效和体系有效性起决定性的作用。为组织的人员提供拓展能力的机会是最高管理者的职责。通过沟通，使他们对质量方针和组织所期望的结果、组织环境、顾客和其他有关相关方的需求和期望、质量管理体系要求等相关信息和知识有更加共同而深入的理解，可使组织内人员积极参与并协调一致朝组织希望的方向努力。

人力资源是指组织运作过程中,可以直接投入的体力、智力、心力的总和,及其形成的基础素质,包括技能、经验、品性与态度等身心素质。

组织的人力资源是组织获取竞争能力的基础,是组织发展战略实现的关键。人力资源的独特性使其成为企业核心竞争力的来源:员工的核心专长与技能为顾客创造独特的价值。企业特殊的人力资源是稀缺的,是不可替代的:认同企业核心价值观的员工所拥有的核心专长与技能是竞争对手在短时间内难以模仿的。

所以,在质量管理体系中,做好人力资源管理是非常重要的。

人力资源管理是根据组织和个人发展需要,在人本思想指导下,对组织中的人力这一特殊资源进行有效开发、合理利用与科学管理的机制、制度、流程、技术、方法的总和。

组织人力资源管理的目的是组织获得人力成本的最优化,员工获得人力资本的持续增值,最终达成企业目标与个人目标的一致和平衡,使人力资源成为组织核心竞争力的源泉。通过发挥人的最大主观能动性,取得最大的使用价值,达成人力成本最优化,同时通过提高员工能力,激发活力,培养全面发展的职业化员工,来保持人力资本持续增值,最终达成个人目标与组织目标的一致和平衡,通过人力资源目的的达成,促进组织战略目标的实现。

最高管理者要采取措施,有效地激发人的内在潜能,支持企业的使命、愿景和发展战略的实现。基于对企业的使命、愿景与战略追求,对组织与工作系统的深入认识,决定企业需要什么样的人来完成什么样的工作;基于对人性的尊重以及对人的价值、人的内在需求、内在能力结构与特征的深刻把握,决定企业应该如何来激发人的内在潜能,从而使其能够支撑企业的使命、愿景和战略的实现。

组织的最高管理者通过营造和保持高效的工作环境,提高员工素质并使他们和组织能适应内外部环境变化,可以通过工作和职位管理、绩效与薪酬管理体系,员工学习与发展机制,营造有利于组织和个人成长的良好工作环境、创建有利于员工参与的良好工作氛围,关注和维护员工权益,为不同员工提供个性化支持等方式提高员工满意度和忠诚度。

为使组织内人员积极参与并协调一致,建立沟通机制很重要。沟通包括内部沟通和外部沟通。内部沟通是指与组织内包括管理者在内的全体员工沟通,外部沟通是指与外部相关方的沟通。通过双向沟通,高层领导可以获得来自各方的关于领导有效性的反馈,其目的在于使全体员工及其他相关方对组织的发展方向和重点有清晰、一致的理解、认同并付诸行动,在组织内部达成上下同心,在组织外部促进协同发展。开放坦诚的沟通渠道可以帮助发现管理中的焦点和问题。高层领导与员工的有效沟通,是对员工的高度激励。组织可通过高层领导演讲、座谈会、网站、报刊及文化体育活动等多种形式,与员工双向沟通;通过洽谈会、研讨会、外部网站等形式与相关方双向沟通。沟通的内容包括:组织环境、顾客和其他有关相关方的需求和期望、质量管理体系相关信息等。

二、质量管理七项原则

在现代质量管理的发展历程中,逐步形成了一系列颇有影响和具有指导性的原则、思想和理念,如全面质量管理中的"三全管理"(全员参与、全过程控制和全面质量)、朱兰的"质量三部曲"(质量策划、质量改进和质量控制)、戴明的14条质量职责、卓越绩效模式的基本理念(如美国波多里奇国家质量奖的11项理念)等。

上述这些原则、思想和理念尽管影响很大,但由于是从不同时期、不同角度提出的,存在一定局限性。所以,早在1995年,ISO/TC 176(质量管理和质量保证技术委员会)在策划2000

版 ISO 9000 族标准时,就考虑为组织的管理编制一套文件,以指导组织提升管理能力,其中最重要的一个文件就是质量管理原则。为此,ISO 专门成立了一个工作组(WG 15),征集世界上最受尊敬的质量管理专家的意见,并在此基础上编制了 ISO/CD 9004—8《质量管理原则及其应用》。八项质量管理原则在 1997 年 TC 176 哥本哈根年会上得到一致赞同,并决定作为编写 2000 版 ISO 9000 族标准的理论基础和组织的管理者实施质量管理的行为准则。自此,ISO/TC 176 将质量管理原则系统地应用于 ISO 9000 族标准中,以质量管理原则作为一种管理理念,在 ISO 9001(GB/T 19001)标准的具体要求中予以充分地体现和运用。

质量管理原则是质量管理实践经验和理论的总结,是质量管理的最基本、最通用的一般性规律,是质量管理的理论基础。它可以指导一个组织在长时期内通过关注顾客及其他相关方的需求和期望而达到改进其总体绩效的目的,尤其是帮助最高管理者系统地建立质量管理的理念,真正理解 ISO 9000 族标准的内涵,提高其管理水平。一个组织的质量管理能否成功的关键,就是看它是否能将这些质量管理的原则、理念、意识和价值观渗透到组织的各个层次和领域,成为组织质量管理体系和组织文化的重要组成部分。

2016 版 GB/T 19001 标准也是在 2016 版 GB/T 19000 标准所阐述的质量管理原则基础上制定的。在 2016 版 GB/T 19000 标准中,对前一版标准的八项质量管理原则进行了修订,修订后的质量管理原则由原来的八项变为七项,将原来的原则 4"过程方法"和原则 5"管理的系统方法"合并成新的原则 4"过程方法",解决了在实际使用过程中,过程方法和管理的系统方法不容易界定的难题。修订还超越了供方互利的价值链关系,在价值网络中强调广泛的合作和关系管理。

(一) 以顾客为关注焦点

1. 概述

质量管理的主要关注点是满足顾客要求并且努力超越顾客的期望。

2. 依据

组织只有赢得和保持顾客和其他相关方的信任才能获得持续成功。与顾客相互作用的每个方面,都提供了为顾客创造更多价值的机会。理解顾客和其他相关方当前和未来的需求,有助于组织的持续成功。

3. 主要收益

潜在的获益之处是:

——增加顾客价值;

——提高顾客满意度;

——增进顾客忠诚;

——增加重复性业务;

——提高组织的声誉;

——扩展顾客群;

——增加收入和市场份额。

4. 可能开展的活动

可能开展的活动包括:

——辨识从组织获得价值的直接和间接的顾客;

——理解顾客当前和未来的需求和期望;

——将组织的目标与顾客的需求和期望联系起来;

——在整个组织内沟通顾客的需求和期望；

——为满足顾客的需求和期望，对产品和服务进行策划、设计、开发、生产、交付和支持；

——测量和监视顾客满意度，并采取适当的措施；

——在有可能影响到顾客满意度的相关方的需求和期望方面，确定并采取措施；

——积极管理与顾客的关系，以实现持续成功。

（二）领导作用

1. 概述

各层领导建立统一的宗旨和方向，并且创造全员参与的条件，以实现组织的质量目标。

2. 依据

统一的宗旨和方向，以及全员参与，能够使组织将战略、方针、过程和资源保持一致，以实现其目标。

3. 主要收益

潜在的获益之处是：

——提高实现组织质量目标的有效性和效率；

——组织的过程更加协调；

——改善组织各层级、各职能间的沟通；

——开发和提高组织及其人员的能力，以获得期望的结果。

4. 可能开展的活动

可能开展的活动包括：

——在整个组织内，就其使命、愿景、战略、方针和过程进行沟通；

——在组织的所有层次创建并保持共同的价值观和公平道德的行为模式；

——培育诚信和正直的文化；

——鼓励在整个组织范围内履行对质量的承诺；

——确保各级领导者成为组织人员中的实际楷模；

——为人们提供履行职责所需的资源、培训和权限；

——激发、鼓励和表彰人员的贡献。

（三）全员参与

1. 概述

整个组织内各级人员的胜任、授权和参与，是提高组织创造和提供价值能力的必要条件。

2. 依据

为了有效和高效地管理组织，各级人员得到尊重并参与其中是极其重要的。通过表彰、授权和提高能力，促进在实现组织的质量目标过程中的全员参与。

3. 主要收益

潜在的获益之处是：

——通过组织内人员对质量目标的深入理解和内在动力的激发以实现其目标；

——在改进活动中，提高人员的参与程度；

——促进个人发展、主动性和创造力；

——提高员工的满意度；

——增强整个组织的信任和协作；

——促进整个组织对共同价值观和文化的关注。

4．可能开展的活动

可能开展的活动包括：

——与员工沟通，以增进他们对个人贡献的重要性的认识；

——促进整个组织的协作；

——提倡公开讨论，分享知识和经验；

——让员工确定工作中的制约因素，毫不犹豫地主动参与；

——赞赏和表彰员工的贡献、钻研精神和进步；

——针对个人目标进行绩效的自我评价；

——为评估员工的满意度和沟通结果进行调查，并采取适当的措施。

（四）过程方法

1．概述

当活动被作为相互关联、功能连贯的过程组成的体系来理解和管理时，可更加有效和高效地得到一致的、可预知的结果。

2．依据

质量管理体系是由相互关联的过程所组成的。理解体系是如何产生结果的，能够使组织尽可能地完善其体系和绩效。

3．主要收益

潜在的获益之处是：

——提高关注关键过程和改进机会的能力；

——通过协调一致的过程体系，始终得到预期的结果；

——通过过程的有效管理、资源的高效利用及职能交叉障碍的减少，尽可能提升其绩效；

——使组织能够向相关方提供关于其一致性、有效性和效率方面的信任。

4．可能开展的活动

可能开展的活动包括：

——确定体系和过程需要达到的目标；

——为管理过程确定职责、权限和义务；

——了解组织的能力，事先确定资源约束条件；

——确定过程相互依赖的关系，分析个别过程的变更对整个体系的影响；

——对体系的过程及其相互关系进行管理，有效和高效地实现组织的质量目标；

——确保获得过程运行和改进的必要信息，并监视、分析和评价整个体系的绩效；

——管理能影响过程输出和质量管理体系整个结果的风险。

（五）改进

1．概述

成功的组织持续关注改进。

2．依据

改进对于组织保持当前的绩效水平，对其内、外部条件的变化作出反应并创造新的机会都是非常必要的。

3．主要收益

潜在的获益之处是：

——改进过程绩效、组织能力和顾客满意度；

——增强对调查和确定基本原因及后续的预防和纠正措施的关注；

——提高对内、外部的风险和机会的预测和反应的能力；

——增加对增长性和突破性改进的考虑；

——通过加强学习实现改进；

——增强创新的动力。

4．可能开展的活动

可能开展的活动包括：

——促进在组织的所有层次建立改进目标；

——对各层次员工进行培训,使其懂得如何应用基本工具和方法实现改进目标；

——确保员工有能力成功地制定和完成改进项目；

——开发和展开整个组织实施的改进项目；

——跟踪、评审和审核改进项目的计划、实施、完成和结果；

——将新产品开发或产品、服务和过程的更改都纳入改进中予以考虑；

——赞赏和表彰改进。

（六）循证决策

1．概述

基于数据和信息的分析和评价的决策更有可能产生期望的结果。

2．依据

决策是一个复杂的过程,并且总是包含一些不确定因素。它经常涉及多种类型和来源的输入及其解释,而这些解释可能是主观的。重要的是理解因果关系和潜在的非预期后果。对事实、证据和数据的分析可导致决策更加客观,因而更有信心。

3．主要收益

潜在的获益之处是：

——改进决策过程；

——改进对实现目标的过程绩效和能力的评估；

——改进运行的有效性和效率；

——提高评审、挑战和改变意见和决策的能力；

——提高证实以往决策有效性的能力。

4．可能开展的活动

可能开展的活动包括：

——确定、测量和监视证实组织绩效的关键指标；

——使相关人员能够获得所需的全部数据；

——确保数据和信息足够准确、可靠和安全；

——使用适宜的方法对数据和信息进行分析和评价；

——确保人员对分析和评价所需的数据是胜任的；

——依据证据,权衡经验和直觉进行决策并采取措施。

（七）关系管理

1．概述

为了持续成功,组织需要管理与相关方（如：供方）的关系。

2．依据

相关方影响组织的绩效。当组织管理与所有相关方的关系，尽可能地发挥其在组织绩效方面的作用时，持续成功更有可能实现。对供方及合作伙伴的关系网的管理是非常重要的。

3．主要收益

潜在的获益之处是：

——通过对每一个与相关方有关的机会和限制的响应，提高组织及其相关方的绩效；

——对目标和价值观，与相关方有共同的理解；

——通过共享资源和能力，以及管理与质量有关的风险，增加为相关方创造价值的能力；

——使产品和服务稳定流动的、管理良好的供应链。

4．可能开展的活动

可能开展的活动包括：

——确定相关方（例如：供方、合作伙伴、顾客、投资者、雇员或整个社会）与组织的关系；

——确定需要优先管理的相关方的关系；

——建立权衡短期收益与长期考虑的关系；

——收集并与相关方共享信息、专业知识和资源；

——适当时，测量绩效并向相关方报告，以增加改进的主动性；

——与供方、合作伙伴及其他相关方共同开展开发和改进活动；

——鼓励和表彰供方与合作伙伴的改进和成绩。

三、运用基本概念和原则建立质量管理体系

（一）质量管理体系模式

1．总则

组织就像人一样，是一个具有生存和学习能力的社会有机体。两者都具有适应的能力，并且由相互作用的系统、过程和活动组成。为了适应变化的环境，均需要具备应变能力。组织经常通过创新实现突破性改进。在组织的质量管理体系模式中，我们可以认识到，不是所有的体系、过程和活动都可以被预先确定，因此，组织需要具有灵活性，以适应复杂的组织环境。

2．体系

组织寻求了解内外部环境，以识别相关方的需求和期望。这些信息被用于质量管理体系的建设，从而实现组织的可持续发展。一个过程的输出可成为其他过程的输入，并将其联入整个网络。虽然每个组织的质量管理体系，通常是由相类似的过程所组成，实际上，每个质量管理体系都是唯一的。

3．过程

组织拥有可被确定、测量和改进的过程。这些过程相互作用，产生与组织的目标和跨部门职能相一致的结果。某些过程可能是关键的，而另外一些则不是。过程具有内部相关的活动和输入，以提供输出。

4．活动

人们在过程中协调配合，开展他们的日常活动。某些活动被预先规定并依靠对组织目标的理解，而另外一些活动则是通过对外界刺激的反应，以确定其性质并予以执行。

（二）质量管理体系的建设

质量管理体系是一个随着时间的推移不断改进的动态系统。无论其是否经过正式策划，每个组织都有质量管理活动。ISO 9000 标准为如何建立一个正规的体系，以管理这些活动提供了指南。确定组织中现存的活动和这些活动对组织环境的适宜性是必要的。ISO 9000 标准和 GB/T 19001 可用于帮助组织建立一个与其实际情况紧密结合的质量管理体系。

正规的质量管理体系为策划、执行、监视和改进质量管理活动的绩效提供了框架。质量管理体系无须复杂化，而是要准确地反映组织的需求。在建设质量管理体系的过程中，ISO 9000 标准中给出的基本概念和原则可提供有价值的指南。

质量管理体系策划不是一劳永逸的事情，而是一个持续的过程。这些计划随着组织的学习和环境的变化而逐渐完善。计划要考虑组织的所有质量活动，并确保覆盖 ISO 9000 标准的全部指南和 GB/T 19001 的要求。该计划应经批准后实施。

定期监视和评价质量管理体系的计划的执行情况及其绩效状况，对组织来说是非常重要的。应仔细考虑这些指标，以有利于这些活动的开展。

审核是一种评价质量管理体系有效性的方法，以识别风险和确定是否满足要求。为了有效地进行审核，需要收集有形和无形的证据。在对所收集的证据进行分析的基础上，采取纠正和改进的措施。知识的增长可能会带来创新，使质量管理体系的绩效达到更高的水平。

（三）质量管理体系标准、其他管理体系标准和卓越模式

质量管理体系标准、其他管理体系标准以及组织卓越模式中表述的质量管理体系方法是基于共同的原理，这些方法均能够帮助组织识别风险和机会并包含改进指南。在当前的环境中，许多问题，例如创新、道德、诚信和声誉均可作为质量管理体系的参数。有关质量管理的标准（如 GB/T 19001）、环境管理标准（如 GB/T 24001）和能源管理标准（如 GB/T 23331），以及其他管理标准和组织卓越模式已经开始解决这些问题。

质量管理和质量保证标准化技术委员会起草的质量管理体系标准为质量管理体系提供了一套综合的要求和指南。GB/T 19001 为质量管理体系规定了要求，GB/T 19004 在质量管理体系更宽泛的目标下，为持续成功和改进绩效提供了指南。质量管理体系的指南包括：GB/T 19010、GB/T 19012、GB/T 19013、GB/T 19014、GB/T 19018、GB/T 19022 和 GB/T 19011。质量管理体系技术支持指南包括：GB/T 19015、GB/T 19016、GB/T 19017、GB/T 19024、GB/T 19025、GB/T 19028 和 GB/T 19029。支持质量管理体系的技术报告包括：GB/T 19023 和 GB/T 19027。在用于某些特殊行业的标准中，也提供质量管理体系的要求，如 GB/T 18305。

现将上述的要求和指南详列于下：

——GB/T 19010《质量管理顾客满意组织行为规范指南》，为组织确定其在满足顾客需求和期望方面的满意程度提供指南。实施该标准可以增强顾客对组织的信心，使组织对顾客的预期更加准确，从而降低误解和抱怨的可能性。

——GB/T 19012《质量管理顾客满意组织处理投诉指南》通过确认和理解投诉方的需求和期望，解决接到的投诉，为组织机构提供投诉处理过程提供指南。该标准提供一个包括人员培训的开放有效和易于使用的投诉过程，并且也为小企业提供指南。

——GB/T 19013《质量管理顾客满意组织外部争议解决指南》为组织有效解决有关产品投诉的外部争议提供指南。若组织不能在内部对投诉进行补救或纠正，争议解决指南可为其

提供解决途径。大多数投诉可以在不形成对抗的条件下在组织内部成功解决。

——GB/Z 27907《质量管理顾客满意监视和测量指南》为组织采取增强顾客满意的措施，并识别顾客所关注的产品、过程和属性的改进机遇。这些措施能够增强顾客忠诚，避免顾客流失。

——GB/T 19015《质量管理体系质量计划指南》为组织制订和实施质量计划，作为满足相关过程、产品、项目或合同要求的手段，形成支持产品实现的方法提供指南。制订质量计划的益处在于能使相关人员增加可以满足质量要求并有效控制相应过程的信心，推动其积极参与。

——GB/T 19016《质量管理体系项目质量管理指南》可适用于从小到大、从简单到复杂、从单独的项目以及作为项目组合之组成部分的各种项目。既可供项目管理人员使用，亦可供需要确保其组织应用 ISO 质量管理体系相关标准所包含惯例的人员使用。

——GB/T 19017《质量管理体系技术状态管理指南》帮助组织在整个产品生命周期内技术和行政方面的状态管理。技术状态管理可用于满足本国际标准规定的产品标识和可追溯要求。

——ISO 10008《质量管理-顾客满意-B2C 电子商务交易指南》指导组织如何有效实施 B2C 电子商务交易系统（B2CECT），从而为增加顾客对 B2C 电子商务交易系统的信心奠定基础，提高组织满足顾客要求的能力，以减少投诉和纠纷。

——GB/T 19022《测量管理体系测量过程和测量设备要求》为测量过程管理以及支持和证明符合计量要求的测量设备的计量确认提供指南。规定测量管理系统的质量管理要求，以确保满足计量要求。

——GB/T 19023《质量管理体系文件指南》为编制和保持质量管理体系所需的文件提供指南。可应用于 ISO 质量管理体系相关标准以外的文件管理体系，例如：环境管理体系和安全管理体系。

——GB/T 19024《质量管理实现财务和经济效益的指南》专门为最高管理者制定。为通过应用质量管理原则实现财务和经济效益提供指南。有利于促进组织应用管理原则以及选择持续成功的方法和工具。

——GB/T 19025《质量管理培训指南》为组织解决相关培训问题提供帮助和指南。可适用于 ISO 质量管理体系相关标准涉及"教育"与"培训"事宜时所需要的指南。所描述的"培训"包括所有类型的教育和培训。

——GB/Z 19027《GB/T 19001—2000 的统计技术指南》依据即使在明显稳定条件下亦可观察到的过程状态和结果变量解释 ISO 9001：2000 所涉及的统计技术。采用统计技术可以更好地利用获得的数据进行决策，从而有助于持续改进产品和过程质量，实现顾客满意。

——ISO 10018《质量管理-人员参与和能力指南》提供影响人员参与和能力方面的指南。质量管理体系取决于称职人员的积极主动参与，以及这些人员的组织管理方式。对所需知识、技能、行为、工作环境的识别、发展和评价至关重要。

——GB/T 19029《质量管理体系咨询师的选择及其服务使用的指南》指导如何选择质量管理体系咨询师以及使用其服务。对质量管理体系咨询师的能力评价过程提供指南，帮助组织获得满足其需求和期望的咨询服务。

——GB/T 19011《管理体系审核指南》就审核方案管理、管理体系审核的策划和实施，以及审核员和审核组能力评价提供指南。适用于审核员、实施管理体系的组织以及实施管理体系审核的组织。

组织的管理体系中具有不同作用的部分，包括其质量管理体系，可以整合成为一个单一的管理体系。当质量管理体系与其他管理体系整合后，与组织的质量、成长、资金、利润率、环境、职业健康和安全、能源、公共安全等方面有关的目标、过程和资源可以更加有效和高效地实现和利用。组织可以依据若干个标准的要求，例如：GB/T 19001、GB/T 24001、GB/T 24353 和 GB/T 23331 对其管理体系同时进行整体综合性审核。

注：国际标准化组织(ISO)《管理体系标准的整合应用》手册可提供帮助。

四、术语和定义

（一）有关人员的术语

【标准条款】

> 3.1.1 最高管理者(topmanagement)
> 在最高层指挥和控制组织(3.2.1)的一个人或一组人。
> 注1：最高管理者在组织内有授权和提供资源的权力。
> 注2：如果管理体的范围仅覆盖组织的一部分，在这种情况下，最高管理者是指管理和控制组织的这部分的一个人或一组人。
> 注3：这是 ISO/IEC 导则，第1部分 ISO 补充规定的附件 SL 中给出的 ISO 管理体系标准中的通用术语及核心定义之一。

【理解要点】

最高管理者是某一组织决策层的具有授权和提供资源的权力的人，而非执行层的人，可以是个人，如总经理、厂长，也可以是一组人（如董事会）。

在具有多层级架构的组织中，如集团公司下面的子公司的管理体系是其母公司的管理体系一部分，只要子公司总经理具有指挥和控制子公司的职能，那么子公司的总经理就是其管理体系的最高管理者，而不是母公司的总经理。这时，对于集团公司来说，子公司的管理体的范围仅覆盖组织的一部分。

【标准条款】

> 3.1.2 参与(involvement)
> 参加活动、事件或介入某个情景。
> 3.1.3 积极参与(engagement)
> 参与(3.1.3)活动并为之作出贡献，以实现共同的目标(3.7.1)。

【理解要点】

参与是指介入某项活动、事项，或者某个场景中；积极参与是不仅要介入其中，而且是为了实现共同的目标，要为之作出贡献。积极参与是主动地介入其中，并与实现目标、作出贡献有关，而参与可以是被动地介入其中，也可以与实现目标、作出贡献有关。

组织内的各级人员的积极参与是提高组织提供和创造价值的必要条件。如何才能让员工积极参与质量管理工作，不同组织应结合自身实际采取科学的人力资源管理办法，充分调动员工的积极性和创造性。

（二）有关组织的术语

【标准条款】

> 3.2.1 组织（organization）
>
> 为实现目标（3.7.1），由职责、权限和相互关系构成自身职能的一个人或一组人。
>
> **注1**：组织的概念包括，但不限于代理商、公司、集团、商行、企事业单位、行政机构、合营公司、协会（3.2.8）、慈善机构或研究机构，或上述组织的部分或组合，无论是否为法人组织、公有的或私有的。
>
> **注2**：这是ISO/IEC导则，第1部分ISO补充规定的附件SL中给出的ISO管理体系标准中的通用术语及核心定义之一。

【理解要点】

按照标准的定义，一个组织的存在，至少应有三个要素。

（1）人员的聚集。组织是由人组成的，没有人何谈组织。大型组织如集团公司、学会等，成员可以成千上万；小型的组织可以只有几个人，极端的情况下可以是一个人。

（2）目标。组织不是人员简单的数量聚集，组织的存在是为了实现组织的目标。没有目标谈不上组织。

（3）自身职能。组织不是人员的简单聚集，组织的人员需要进行适当的分工，包括规定个人的工作岗位、任务、职责与权限和相互关系等组成一个整体。

根据组织目标的不同，组织的类型具有多种形态。有以法律形式加以规定的正式组织，具有正式的章程、注册地址、法人资格等，也有因兴趣相投、情感认同、同族同乡等形成的非正式组织，如老乡会、战友会等。ISO 9000系列标准中主要表示的是正式组织。例如，以获得经济收益为主要目标的组织（包括公司、企业、商行等），以完成特定事务或事业为目标的组织（包括事业单位、协会、机关等）。

从上述定义可以看出，组织的存在具有三要素。对于目前目标不清楚的组织，职责、权限和相互关系不清楚的组织，就得首先从这些管理工作最为基础的工作抓起。

【标准条款】

> 3.2.2 组织环境（context of the organization）
>
> 对组织（3.2.1）建立和实现目标（3.7.1）的方法有影响的内部和外部结果的组合。
>
> **注1**：组织的目标可能涉及其产品（3.7.6）和服务（3.7.7）、投资和对其相关方（3.2.3）的行为。
>
> **注2**：组织的环境的概念，除了适用于营利性组织，还同样能适用于非营利或公共服务组织。
>
> **注3**：在英语中，这一概念常被其他术语，如："business environment""organization alenvironment"或"ecosystem of anorganization"所表述。
>
> **注4**：了解基础设施（3.5.2）对确定组织的环境会有帮助。

【理解要点】

组织环境是指所有潜在影响组织运行和组织绩效的因素，包括可能影响组织提供产品和服务、获得投资以及与相关方沟通途径的内部和外部因素与条件。

组织环境是影响组织存在和运行的客观存在的内外部结果。

组织的存在和运行离不开这些结果。这些结果对组织的发展战略和目标制定产生影响，有利的影响就是机遇，不利的影响就是风险。比如任何组织的经营决策都离不开经济政策、经济环境和形势、市场等的影响。

"组织的目标"可表达为其愿景、使命、方针、宗旨等。组织目标的建立和实现离不开对组织内外环境的分析和适应。

组织内部环境，是指组织的价值观、文化知识和绩效。影响管理活动的组织内部环境包括物理环境、心理环境、文化环境等。

组织外部环境，是指组织所处的社会环境，外部环境影响组织的管理系统。组织的外部环境，实际上也是管理的外部环境。外部环境可以分为一般外部环境和特定外部环境。一般外部环境包括的因素有社会人口、文化、经济、政治、法律、技术、资源等。一般外部环境的这些因素，对组织的影响是间接的、长远的。当外部环境发生剧烈变化时，会导致组织发展的重大变革。特定外部环境是指能更直接地影响某个组织的微观环境。

通常组织进行环境分析可以采取 SWOT 和 PEST 方式进行，了解基础设施对确定组织的环境会有帮助。

【标准条款】

3.2.3 相关方(interestedparty (stakeholder))

可影响决策或活动，受决策或活动所影响，或自认为受决策或活动影响的个人或组织(3.2.1)。

示例：顾客(3.2.4)、所有者、组织内的员工、供方(3.2.5)、银行、监管者、工会、合作伙伴以及可包括竞争对手或反压力集团的社会。

注：这是 ISO/IEC 导则，第1部分 ISO 补充规定的附件 SL 中给出的 ISO 管理体系标准中的通用术语及核心定义之一。

【理解要点】

在 2015 版 ISO 9001 标准中引入了组织的相关方的概念，超越了仅关注顾客的范畴。

相关方，也称利益相关方，是相对于组织而言有相互影响（包括有利或有害影响）的组织或个人。"影响"可以是影响组织的决策或活动，或被决策或活动所影响，或他自己感觉到被决策或活动所影响的情况。

典型的利益相关方可以是顾客、组织所有者、组织内部人员、供方、银行、联合会、合作伙伴或协会，可能包括竞争者或持反对意见的压力集团。

压力集团可能是一个正式的组织，但在多数情况下只是由利益相近的一些组织或个人以非组织的形式存在。压力集团是维护特殊利益，实现特定目标的工具。压力集团直接从自身利益出发影响组织（例如，价格、市场、质量水平、产品标准）。

相关方可以是组织内部的，如组织内的销售部门的相关方包括组织内的其他各部门及其各级员工，也可以是组织外部的，如银行、社会、合作伙伴、政府部门等。

随着社会教育水平的提高，需求的增长，使得相关方的影响力在不断增强。组织为了成功，应获取、得到和保持所依赖的相关方的支持。

【标准条款】

> 3.2.4 顾客(customer)
>
> 能够或实际接受为其提供的,或按其要求提供的产品(3.7.6)或服务(3.7.7)的个人或组织。
>
> 示例:消费者、委托人、最终使用者、零售商、内部过程的产品或服务的接收人、受益者和采购方。
>
> 注:顾客可以是组织内部的或外部的。

【理解要点】

顾客是指那些接受产品或服务的个人或组织,所接受的产品或服务可以是预先为顾客生产或设计完成的,也可以是应顾客要求定制的。顾客可以是组织外部的,也可以是组织内部的。

理解内部顾客的概念是重要的,如接受某一过程产品或服务的下一过程就是上一过程的顾客,报告使用人是写报告的人的顾客,生产部门是采购部门的顾客,等等。

（三）有关活动的术语

【标准条款】

> 3.3.2 持续改进(continual improvement)
>
> 提高绩效(3.7.8)的循环活动。
>
> 注1:为改进(3.3.1)制定目标(3.7.1)和寻找机会的过程(3.4.1)是一个通过利用审核发现(3.13.9)和审核结论(3.13.10)、数据(3.8.1)分析、管理(3.3.3)评审(3.11.2)或其他方法的持续过程,通常会导致纠正措施(2.12.2)或预防措施(3.12.1)。
>
> 注2:这是ISO/IEC导则,第1部分ISO补充规定的附件SL中给出的ISO管理体系标准中的通用术语及核心定义之一。

【理解要点】

改进是指在原有的基础上进一步完善达到更好的结果,亦指不论组织正在做什么,都有提升的空间,可以做得更好。改进的目的是提高绩效,包括过程的绩效、体系的绩效、人员的绩效等;改进的对象是产品和服务、过程和质量管理体系;改进的活动可以是一次性的,也可以是循环的;改进的规模可以包括从工作现场的渐进式改进直至对整个组织的重大改进;改进的形式多种多样,如纠正、纠正措施、持续改进、突变性变革、创新和重组等;有效的改进结果是改进了产品、服务或过程,提高了质量管理体系的有效性,使顾客和相关方更加满意。

持续改进是指不断地发现问题并解决问题的重复进行、螺旋上升的活动,即当前的改进活动是前一个经营活动中的最后一组活动,又是随后经营活动中的最初一组活动;通过当前的改进活动,将前一经营活动和后一经营活动完整地联结起来,从而使经营活动呈现不断循环,并在循环中不断提高的状态。

持续改进是组织实现可持续发展的关键所在。组织的可持续发展在很大程度上可能取决于:

（1）每一次改进的机会的选择。组织要努力寻找获得更大绩效的机会,而不是被动地等待改进机会的出现。

（2）每一次改进活动的有效性和效率。

（3）改进活动能否真正持续地开展下去。改进活动贵在行动，无论组织具备多少知识，若不能付诸实践，也只是纸上谈兵，毫无意义。

组织应充分利用审核结果、数据分析、管理评审、纠正措施和预防措施等方法，敏锐地应对组织内外部环境的变化，不断寻求改进的需求和机会，借助诸如卓越绩效、六西格玛、精益生产、细节持续改善等持续改进的方法和工具，持续改进质量管理体系的适宜性、充分性和有效性，实现永续经营。

【标准条款】

3.3.3　管理（management）

指挥和控制组织（3.2.1）的协调的活动。

注：管理可包括制定方针和目标，以及实现这些目标的过程。

【理解要点】

（1）指挥是指在一个组织中，领导按照目标管理原则，要求下属组织或个人贯彻执行组织的决策，促使他们在争取个人成功的同时也实现组织目标的过程。包括以下含义：

① 领导实施指挥应遵循的原则是目标原则。

② 领导实施指挥的目的是多方面的，但主要是要求下属组织和个人贯彻执行组织的决策。

③ 指挥是领导权力的突出体现，也是领导更具体、更直接的职能之一。

④ 为使组织在激烈的竞争中取胜，领导者帮助员工认清所处的环境和形势，指明目标和途径，克服或战胜前进中的困难，统一指挥去实现组织目标。

（2）控制是指组织在实施战略规划和实行目标的过程中，通过检查和掌握过程的实施情况及其结果，使之符合于计划，以及为找出差距，确定组织改革、创新的领域所进行的一系列活动。

（3）协调。

协调是指为了使组织的内外部人与人、人与组织、组织与组织之间不发生矛盾、冲突，或者发生了矛盾、冲突及时进行协调和调节，使之能和谐、有序地开展工作。协调的重要性在于：

① 组织制定各项管理办法或制度时，领导者首先就要想到建立有序的工作秩序，防止矛盾或冲突发生。称为事发前预防、协调、沟通。

② 当已发生矛盾或冲突，领导出面或采取相应措施加以调解，被称为事后协调。事后协调后仍需采取措施，防止再发生类似的矛盾或冲突。

③ 由于领导者充分发挥协调职能，会使组织内部方向一致，组织外部协调共赢。

（4）对于管理人员而言，明确"领导"与"管理"的概念区别是重要的，只有正解理解它们的区别，才能做好角色定位，明确工作方法和重点。

最高管理者就是领导。对于领导的概念，还可以理解为是指在社会共同活动中，具有影响力的个人或集体在组织中通过指挥、引导、说服、激励等途径，动员下属实现共同目标的过程。领导和管理的主要区别是：

① 领导具有全局性，管理具有局部性。

领导通过领导活动，注重通过对组织内部各方面进行整体性计划、组织、协调和控制，以达到目的或实现目标。一般来讲,管理是一种技术性较强的工作,其主要目的在于实现某项工作的目标,提高某项工作的效率。

② 领导具有超前性,管理具有当前性。

在组织的战略决策和目标制定等诸多方面,领导活动致力于组织的整体发展方向及其相关内容,强调前瞻性和首创性;领导者侧重观察和掌握变化,注重结果导向。而管理的重点侧重于当前活动的按过程实施或完成。

③ 领导具有超脱性,管理具有操作性。

领导通过战略计划的制定和完成,宏观地控制掌握活动、过程或结果。而管理则必须对过程的诸多细节,如对所涉及的人、财、物、进度、信息等进行有效安排或配置,使诸多因素得到有机的运行。

④ 领导可建立在权力的基础上,而管理是建立在合法有序的基础上。

领导者通常是以职权为基础,更多的是通过个人的专业能力、影响力和魅力来开展工作。而管理则是建立在有法可依、有章可循、有报酬的,也带有约束性的基础上要求下属执行。

概括起来:最大区别是领导是一种变革的力量,管理是一种程序化的控制工作。

从上述意义上理解,标准中的术语概念,对于组织的最高管理者来说,应发挥好领导的作用;对于组织的其他各级领导,如部门领导,既要发挥好部门领导作用,又要发挥好部门管理作用。从这个角度上来说,理解上面的意义对于我们建立起正解的领导和管理方法是很重要的。

(四) 有关体系的术语

【标准条款】

> 3.5.3 管理体系(management system)
> 组织(3.2.1)建立方针(3.5.8)和目标(3.7.1)以及实现这些目标的过程(3.4.1)的相互关联或相互作用的一组要素。
> 注1:一个管理体系可以针对单一的领域或几个领域,如质量管理(3.3.4)、财务管理或环境管理。
> 注2:管理体系要素规定了组织的结构、岗位和职责、策划、运行、方针、惯例、规则、理念、目标以及实现这些目标的过程。
> 注3:管理体系的范围可能包括整个组织,组织中可被识别的职能或可被明确识别的部门,以及跨组织的单一职能或多个职能。
> 3.5.4 质量管理体系(quality management system)
> 管理体系中关于质量的部分。

【理解要点】

(1) 管理体系是指为了制定方针和目标并实现这些目标的相互关联、相互作用的一组要素。

组织的管理体系既可以包含几个领域,又可以针对单一领域,即组织可以建立和实施一个综合的管理体系,涵盖质量管理、财务管理、环境管理、职业健康安全等不同领域,也可以建立和实施单一的管理体系,如质量管理体系、环境管理体系、信息安全管理体系、食品安全管理体系、职业健康安全管理体系、测量管理体系等。不同的管理体系具有不同的目标,但应互相补充。将质量管理体系和其他管理体系整合为一个协调的综合管理体系,将会提高组织的整体运营效率和有效性,如现场普遍实施的质量、环境和职业健康安全三标一体的管理体系认证等。

(2)质量管理体系是指组织建立质量方针和质量目标以及实现这些目标的过程的相互关联、相互作用的一组要素。

(3)从上述的术语定义结合相关的质量方针、目标术语定义来看,建立质量管理体系,首先应结合组织的内外环境、相关方的需求和期望,建立适合组织实际的有鼓舞、激励作用的质量管理方针,根据方针建立质量目标以确保方针的实现。而质量管理体系的建立就是为了实现质量目标,也就实现了方针;要实现质量目标,就需要管理好对质量目标实现有影响的相互关联、相互作用的要素,这些要素包括组织的结构、岗位和职责、策划、运行、方针、惯例、规则、理念、目标,以及实现这些目标的过程,它们相互关联,相互作用,对管理体系的有效和高效运行具有重要影响。从这个意义上来理解,建立科学的方针和目标体系是建立有效的质量管理体系的基点和出发点。

(4)质量管理体系通常需要

① 涵盖组织所确定的目标,以及为获得期望结果所确定过程和所需资源的一系列活动。

② 管理相互作用的过程和所需资源,以便向有关相关方提供价值并实现结果。

③ 使最高管理者通过考虑其决策的长短期影响,优化资源的利用。

④ 给出在提供产品和服务方面,针对预期和非预期结果确定所采取措施的方法。

质量管理体系不必复杂,只要能准确地反映组织的需求即可。组织应对质量管理体系进行定期监视、评价和不断地改进和完善,从而实现目标和达到更高的水平。

【标准条款】

> 3.5.12　战略(strategy)
> 实现长期或总目标(3.7.1)的计划。

【理解要点】

组织的战略是决定组织长期表现的一系列重大管理决策和行动,是组织针对主要变化或改进、竞争事项和经营优势而明确的计划或应对措施,既关注外部也关注内部,涉及有关顾客、市场、产品、服务或技术方面的重要机会和挑战。

战略是组织实现长远目标的途径和手段的总体纲领和方案,可指导组织进行内外部沟通,引导组织工作的重心,具有全局性、系统性、长远性和方向性的特点。战略的种类很多,如:竞争战略、营销战略、品牌战略、融资战略、资源开发战略、信息化战略、质量战略等。

组织的战略和战略目标应与使命、愿景和价值观相一致。战略和战略目标确立了组织的方向,引导着资源的分配和调整。组织可以围绕如下方面展开:新的产品、服务和市场;规模扩张(包括兼并与收购);新的伙伴关系和联盟;新的员工关系等。组织的战略所追求的可能是成为受欢迎的供应商、主要顾客市场的本地供应商、低成本制造商、市场创新者、高端或定制化产品服务的提供者等。

通常需要制订实施计划来实现组织的战略。"实施计划"是对应于长、短期战略目标的具体行动方案,包括了详细的资源安排和时间要求。实施计划的制定是战略管理的一个重要阶段,此时战略和战略目标已经十分明确,从而能够在整个组织范围内得到理解和部署,实施计划的部署包括为各部门、各层次、各时间段建立起协调一致的测量指标。

战略管理是一个不断循环、没有终点的过程。外部经营和技术环境的变化,内部资源的变化,可能会使实施计划、战略和战略目标明显不起作用,组织应有能力对其予以调整并快速执行,以提高组织的绩效和保持竞争优势。

(五)有关要求的术语

【标准条款】

> 3.6.1 客体(object(entity,item))
> 可感知或可想象到的任何事物。
> 示例:产品(3.7.6)、服务(3.7.7)、过程(3.4.1)、人员、组织(3.2.1)、体系(3.5.1)、资源。
> 注:客体可能是物质的(如:一台发动机、一张纸、一颗钻石)、非物质的(如:转换率、一个项目计划)或想象的(如:组织未来的状态)。

【理解要点】

客体,在哲学范畴内指存在于主体之外的客观事物,即包括客观存在并可以主观感知的事物。客体是相对于主体而言的。主体指与客体相对应的存在,哲学上指对客体有认识和实践能力的人,是客体的存在意义的决定者。

客体可以是物质的,如人们在日常生活中接触到的各种商品和事物,像一台电脑、一张纸、培训服务,具体的产品、过程、个人、组织、资源等。

客体也可以是非物质的。非物质的体现在意识中,如组织的使命、愿景、价值观、风险意识、质量意识、质量文化、创新力、策略等。但是非物质的不单指意识,它广泛存在于一切物质(如:转换率、一个项目计划)中。思维属于意识的一种。

本标准中,客体是所有客观事物的统称,包括产品与服务、活动、过程、体系、组织、人员、资源等。质量管理的对象是客体,各项活动的对象也是客体。管理始于客体,终于客体。

【标准条款】

> 3.6.2 质量(quality)
> 客体的若干固有特性满足要求的程度。
> 注1:术语"质量"可使用形容词,如差、好或优秀来修饰。
> 注2:"固有的"(其反义是"赋予的")意味着存在于客体内。

【理解要点】

客体是所有客观事物的统称,因此,所有客观事物都有质量的概念。质量是特定客体(物质的或非物质的)的存在于客体内的固有特性与要求相比所达到的满足程度,如产品、服务、过程、组织、体系、资源等以及非物质形态在内的客体(如一项计划、组织的愿景、价值观等)的固有特性满足要求的程度都称为质量。

质量是若干固有特性(通常不止一个)的表现,这些表现的符合性是人们的关注点,通过满足要求的程度,确定其好坏、优劣和高低。

对质量的要求可以是明示的,也可以是通常隐含的(组织和相关方的惯例或一般做法,所考虑的需求或期望是不言而喻的)或必须履行的需求和期望(如法律法规要求)。

特性是事物在某一个方面表现出的能够识别和辨别的性质或属性,可以分为两类,一类是"固有特性",一类是"赋予特性"。"固有特性"是事物本身具有的,不会随着人们的意识变化而变化,通常如产品和服务的功能和性能,如灯具的功率、钢铁的硬度、奶粉中的蛋白质含量、快递服务的运输用时等。对于一般硬件产品,固有特性是在产品加工中逐步形成的,随着产品在加工过程中流转,最后与产品一道作为过程的输出而提供出来。"赋予特性"则由人们的主观意识决定,如产品的价格、工艺品的美观度等。

将客体的"固有特性"与"要求"进行比对,得出的满足程度即称为质量。因此,质量是一个相对概念,是比较之后的结果。满足要求的程度越高,质量就越好。如果用质量来反映某种状况,就必须加修饰词,如好、差、高、低等。对于同一个客体,其固有特性基本不变,但"要求"却会因人而异,最终对其质量的感知可能也是因人而异。因此,如何协调和统一众人的要求就显得非常重要,标准化工作是主要手段之一。

顾客和其他相关方对产品、服务、体系或过程的质量要求是动态的、发展的和相对的,它将随着时间、地点、环境的变化而变化。

产品和服务的质量不仅包括其预期的功能和性能,而且还涉及顾客对其价值和利益的感知。

组织的产品和服务质量取决于满足顾客的能力,以及对相关方有意和无意的影响。

人为赋予的特性不属于"质量"所关注的范畴,例如价格、所有者。

【标准条款】

3.6.4 要求(require)

明示的、通常隐含的或必须履行的需求或期望。

注1:"通常隐含"是指组织(3.2.1)和相关方(3.2.3)的惯例或一般做法,所考虑的需求或期望是不言而喻的。

注2:规定要求是经明示的要求,如在成文信息(3.8.6)中刚阐明。

注3:特定要求可使用限定词表示,如产品(3.7.6)要求、质量管理(3.3.4)要求、顾客(3.2.4)要求、质量要求(3.6.5)。

注4:要求可由不同的相关方或组织自己提出。

注5:为实现较高的顾客满意(3.9.2),可能有必要满足那些顾客既没有明示,也不是通常隐含或必须履行的期望。

注6:这是ISO/IEC导则第1部分ISO补充规定的附件SL中给出的ISO管理体系标准中的通用术语及核心定义之一,最终的定义已经通过增加注3至注5被改写。

3.6.5 质量要求(quality requirement)

关于质量(3.6.3)的要求(3.6.4)。

【理解要点】

要求是顾客和其他相关方需求和期望的表现形式。

"通常隐含"的要求是指依据习俗或惯例,对于组织和利益相关方而言,这些需求或期望都是不言而喻的。比如对于餐饮业,食品的清洁保鲜;对于宾馆来说,环境的舒适;化妆品对顾客皮肤的保护性等。

"明示的"要求通常以规定的要求表示,亦指明确提出的要求,例如协议、合同等文件信息提出的要求。

"必须履行的"是指法律法规或强制性标准要求的,如食品卫生安全法的要求等。

不同的相关方对同一产品的要求可能是不同的,例如对于汽车来说,顾客要求美观、舒适和安全性等,但社会要求对环境不产生污染。社会生活、活动和组织实际的业务活动中的要求需要具体化和有针对性。因此,对于不同的要求可加修饰词,以表示特定类型的要求。例如产品要求、质量管理要求、顾客要求、质量要求、法规要求、目标要求等。

不同相关方的需求不同,要求也不同。要求可来自不同的利益相关方。即便是对相同对象也存在不同的要求。在很多情况下,要求也可以由组织提出。

要想达到较高的顾客满意度,可能有必要满足顾客既没有明示,也不是通常隐含或必须履行的期望,而是要超越顾客的需求和期望。

质量要求是在质量方面明示的、通常隐含的或必须履行的需求或期望,例如产品质量要求、服务质量要求。

(六) 有关结果的术语

【标准条款】

> 3.7.1 目标(objective)
>
> 要实现的结果。
>
> **注 1**:目标可以是战略的、战术的或运行的。
>
> **注 2**:目标可以涉及不同的领域(如:财务的、职业健康与安全的、环境的目标),并可应用于不同的层次(如:战略的、组织整体的、项目的、产品和过程的)。
>
> **注 3**:可以采用其他的方式表述目标,例如采用预期的结果、活动的目的或操作规程作为质量目标,或使用其他有类似含义的词(如:目的、终点或指标)。
>
> **注 4**:组织制定的质量管理体系的质量目标,与质量方针保持一致,以实现特定的结果。
>
> 3.7.2 质量目标(quality objective)
>
> 有关质量的目标。
>
> **注 1**:质量目标通常依据组织的质量方针制定。
>
> **注 2**:通常,对组织内的相关职能、层次和过程分别规定质量目标。

【理解要点】

1. 目标可以是战略的、战术的或运行的

战略目标是一个组织为保持和增加竞争力、确保其长期的可持续性所必须达到的状态,是获得或保持持久竞争优势而期望达到的绩效水平。战略目标含若干关键指标的长期和短期的量化指标,明确不同指标在不同阶段应达到的未来状态绩效水平。

战略目标与战术目标虽然都是运用资源达成目标,但战术的主要目的是要"赢",战略则是要确保在一种格局里达成均衡,即不断地转化矛盾,推进下一个均衡点的达成。

运行目标主要指在各职能层次上的目标,如采购职能或设计过程的质量目标。

2. 质量目标

(1) 组织的质量目标具有引导作用,目标应具有挑战性并经过努力能够实现。组织先有目标才能确定过程、所谓"目的决定方式",组织需要将企业的使命和任务转化为目标。目标应具有针对性、具体化、可测量。

（2）在质量管理体系中，组织的质量目标应以质量方针为框架制定，且与质量方针保持一致，并分解落实到组织的相关职能、层次和过程中。

（3）目标的表达方式很多，如采购预期的结果、活动的目的、运作的准则等均可作为质量目标，或使用其他有类似含义的词，如目的、终点或标的等。

3. 质量目标的管理

（1）目标的设置

① 最高管理者建立方针和目标。最高管理者根据企业的使命和发展战略、在客观环境带来的机会和风险、对企业的优劣势的清醒认识等背景下制定组织的方针和目标。

② 在目标清晰的前提下，重新审视组织结构和职责分工。目标管理要求每一个分目标都有确定的责任主体。组织应根据各级目标实现的要求，明确目标责任者和协调关系。

③ 上级和下级应就实现各项目标所需的条件以及实现目标后的绩效评估达成共识。

（2）目标的管理

组织的目标体系形成后，一环失误就可能会牵动全局。因此最高管理层在目标实施过程中的管理、沟通是不可缺少的，且需要定期的监督、检查、分析和评价。

（3）测定与评价所取得的成果

达到预定的目标监测期限后，首先由责任单位自我检查、评估，然后上下级一起考核目标完成情况。对于在目标考核中发现的问题，或目标没有完成等，进行原因分析，总结经验教训，采取针对性措施，进入下一阶段目标管理，开始新循环。通过目标管理不断提高管理水平。

【标准条款】

> 3.7.5 输出（output）
> 过程（3.4.1）的结果。
> **注**：组织（3.2.1）的输出是产品（3.7.6）还是服务（3.7.7），取决于其主要特性（3.10.1）。
> 如：画廊卖一幅画是产品，而委托绘画则是服务；在零售店买汉堡包是产品，而在饭店订一份汉堡包则是服务。

【理解要点】

一般而言，输出分为四大类：服务、软件、硬件和加工材料。许多输出都可归属于这四大类。过程最终的输出类型将根据其主要所属的类别而定，相应地称为服务、产品、软件、硬件或加工材料，例如，一辆汽车包括了硬件（如轮胎）、加工材料（如燃料、冷却液）、软件（如发动机控制软件、驾驶员手册）以及服务（如销售商所做的关于操作的解释）。汽车主要的构成决定了它最终属于硬件。

"产品"和"服务"同属输出，同为过程的结果。大多数情况下，术语"产品"和"服务"通常在一起使用。组织提供给顾客或外部供方提供给组织的大部分输出往往同时包含产品和服务，例如一个有形产品伴随着一些无形的服务，一项无形的服务伴随着一些有形的产品。

服务与产品存在很多的差异，举例如下：

（1）服务是一种无形的过程——不能称量，而产品是流程在物理维度中的有形产出。例如，与产品创新不同，服务创新无专利可言；

（2）服务须与顾客互动，而产品不需要；

（3）服务具有多变性,而产品相对固定;

（4）服务具有时间依赖性、易消亡的特征,而产品没有;

（5）服务的细节控制与产品不同。例如服务要考虑配套设施的地理位置、装修、布局、风格等顾客的需求与偏好,而产品的生产设备因无须面对顾客而不必考虑上述问题;

（6）服务与产品在输出的种类、一致性、表现形式和数量、质量方面不同;

（7）产品的所有权通常可以转让,而服务却不一定。

各行业组织的输出通常都包含有产品和服务内容,但是因行业的特点不同,产品和服务的占比不同。组织的输出是归属产品还是服务,要取决于其主要特性。

【标准条款】

3.7.6　产品(product)

在组织和顾客(3.2.4)之间未发生任何交易的情况下,组织(3.2.1)能够产生的输出(3.7.5)。

注1：在供方和顾客之间未发生任何必要交易的情况下,可以实现产品的生产。但是,当产品交付给顾客时,通常包含服务(3.7.7)因素。

注2：通常,产品的主要特征是有形的。

注3：硬件是有形的,其计量具有计数的特性(3.10.1)(如：轮胎)。流程性材料是有形的,其计量具有连续的特性(如：燃料和软饮料)。硬件和流程性材料经常被称为货物。软件由信息(3.8.2)组成,无论采用何种介质传递(如：计算机程序、移动电话应用程序、操作手册、字典、音乐作品版权、驾驶执照)。

【理解要点】

产品是一种输出,这种输出可以产生于组织和顾客之间未发生任何交易的情况下。在与顾客之间未发生接触,甚至在还没有顾客的情况,组织也能实现产品的生产。事实上,制造业中的组织,其生产计划,包括工艺要求,通常在其内部产生,虽然这些要求往往来自对顾客要求的转化,但对于全新的产品而言,此时顾客是谁尚未明确,但组织仍可以实现该种产品的生产。此外,有大量的组织依照预测进行生产计划安排,此时并没有与顾客接触,也就不涉及交易。

通常,产品的主要特征是有形的。硬件和流程性材料通常被称为货物或物品。硬件计量具有计数的特性(如1把椅子、4个轮胎)。流程性材料(加工材料)通常也是有形的,具有连续特性,其数量具有计量特性(如润滑油、水泥、钢材)。软件由信息构成,通常是无形的,可能的形式有方法,交易等成文信息。

产品是广义的概念,既可以是交付给顾客的最终产品,也可以是半成品或采购产品。

质量管理所关注的是"预期的"产品(输出),"非预期的"产品如废弃物、污染物等是其他管理体系(如环境、职业健康安全)关注的对象。

组织的产品交付往往伴随服务同时存在。

【标准条款】

3.7.7　服务(service)

至少有一项活动必须在组织和顾客之间进行的输出。

注1：通常,服务的主要特征是无形的。

注2：通常，服务包含与顾客(3.2.4)在接触面的活动，除了确定顾客的要求(3.6.4)以提供服务外，可能还包括建立持续的关系。例如：银行、会计师事务所或政府主办机构，如学校或医院。

注3：服务的提供可能涉及以下内容。

——在顾客提供的有形产品(如需要维修的汽车)上所完成的活动。

——在顾客提供的无形产品(如为准备纳税申报单所需的损益表)上所完成的活动。

——无形产品的交付(如知识传授方面的信息提供)。

——为顾客创造氛围(如在宾馆和饭店)。

注4：通常，服务由顾客体验。

【理解要点】

服务与产品均为组织的输出，区别在于至少有一项活动必须在组织和顾客之间的接触面上完成。服务是无形的输出。有些服务活动的过程和活动的结果是同时发生和同步运行的。服务具有同时性、无形性、非重复性、异质性、易逝性、非储存性、非运输性等特性。

接触面是组织直接接触顾客提供服务或与顾客进行互动的空间、环境或条件。对很多服务业而言，如银行、酒店等，典型的顾客接触面之一就是其"前台"。而随着信息技术的不断深入、广泛运用，非物理实体意义上的电子化接触面形态逐渐涌现，如购物网站的网页、与顾客进行交流的社交软件平台等都可以被理解为是组织与顾客的接触面。顾客在接触面上的感受，会在很大程度上决定顾客对服务乃至提供服务的组织的评价。

有些服务组织除了提供服务外，可能还包括建立与顾客间持续的关系，银行、会计师事务所或学校、医院等组织需要与顾客建立一个较长期、持续的关系。

通常，服务是需要由顾客体验的，在接触过程中，组织和顾客可能由人员、物体来代表。

服务的时间和空间特征构成了不同于有形产品的基本特征。

服务的提供可能涉及如下活动：

——在顾客提供的有形产品(如需要维修的汽车)上完成的活动；

——在顾客提供的无形产品(如为准备纳税申报单所需要的损益表)上完成的活动；

——无形产品的交付(如知识传授方面的信息提供)；

——为顾客创造氛围(如在宾馆和饭店)。

服务管理的本质在于顾客是组织所有决策和行动的着眼点。顾客与服务战略、支持系统、员工处于三角关系的核心地位。

顾客接触是指组织在服务提供之前、服务提供之中、服务提供之后，通过其活动始终与顾客保持相互联系并发生相互作用的过程。接触过程是连续的和不能中断的，既是服务提供的起点和终点，又贯穿于服务提供的全过程。

【标准条款】

3.7.9　风险(risk)

不确定性的影响。

注1：影响是指偏离预期，可以是正面的或负面的。

注 2：不确定性是一种对某个事件，或是事件局部的结果或可能性缺乏理解或知识方面的信息(3.8.2)的情形。

注 3：通常，风险表现为参考潜在事件(GB/T 23694—2013 中的定义，4.5.1.3)和后果(GB/T 23694—2013 中的定义，4.6.1.3)或两者的组合。

注 4：通常，风险以某个事件的后果组合(包括情况的变化)及其发生的有关可能性(GB/T 23694—2013 中的定义，4.6.1.1)的词语来表述。

注 5："风险"一词有时仅在有负面结果的可能性时使用。

【理解要点】

"不确定性"是一种对某个事件，或是事件的局部结果或可能性缺少理解或知识方面的信息的情形。

"影响"是对"期待"的偏差，可以是积极的，也可以是消极的。

风险是一种状态，通常可通过某一事件发生的可能性和其后果的组合来表现风险的特性。

预期或期待的结果可以有不同的方面(如质量、财务、健康安全以及环境等)，可以体现在不同的层次(如战略、组织范围、项目、产品和过程等)。

质量风险主要是组织提供的产品和服务中可能发生的质量问题的风险。风险以质量问题为体现，但是引起质量问题的原因可能是方方面面的，如组织可能没有正解地理解顾客的需求和期望，没有理解和适应环境的要求如国家产业政策要求等，可能体现在组织的质量经营风险(质量文化风险、质量战略风险)、产品实现过程的风险(设计开发、生产和服务提供、监视测量等)、管理风险以及产品和服务的责任风险，等等。

ISO 9001：2015 标准将基于风险的思维列为贯穿组织质量管理体系过程始终。

【标准条款】

3.7.11 有效性(effectiveness)
完成策划的活动并得到策划结果的程度。

【理解要点】

"有效性"包括两个方面，一个是完成策划的活动的程度，另一个是得到策划结果的程度，意即有效性不能只看结果不看过程。

比如说一名大学生，正常情况下是通过四年完成学业，取得毕业证，但是另外一名大学生，却用了五年取得了毕业证(留级了)，那显然后者的有效性不高。又比如完成一项施工工程、一个研发项目，这其中必然会涉及工程和项目的进度，这种进度程度代表了完成这些所策划活动的进度，也是该工程和项目的有效性之一，如不能按进度计划完成工作，说明有效性不高。再比如顾客在银行办事、在医院看病，虽然取得了预期的结果，但是等待的时间太长，顾客也是不满意，说明过程也很重要。

当然，得到策划结果的程度也是有效性的重要方面。能够圆满实现甚至超越所策划的结果，意味着有效性高，反之，有效性不高。

（七）有关数据、信息和文件的术语

【标准条款】

> 3.8.5　文件（document）
>
> 信息（3.8.2）及其载体。
>
> 示例：记录（3.8.10）、规范（3.8.7）、程序（3.4.5）文件、图样、报告、标准。
>
> 注1：媒介可以是纸张，磁性的、电子的、光学的计算机盘片，照片或标准样品，或它们的组合。
>
> 注2：一组文件，如若干个规范（3.8.7）和记录，英文中通常被称为"documentation"。
>
> 注3：某些要求（3.6.4）（如易读的要求）与所有类型的文件有关，然而对规范（如修订受控的要求）和记录（如可检索的要求）可以有不同的要求。
>
> 3.8.6　成文信息（documented information）
>
> 组织（3.2.1）需要控制和保持的信息（3.8.2）及其载体。
>
> 注1：成文信息可以任何格式和载体存在，并可来自任何来源。
>
> 注2：成文信息可包括以下三种。
>
> ——管理体系（3.5.3），包括相关过程（3.4.1）。
>
> ——为组织运行产生的信息（一组文件）。
>
> ——结果实现的证据（记录）。

【理解要点】

1. 文件

文件的作用是能够沟通意图、统一行动。文件是质量管理中重要的组成部分和管理手段。

文件的载体即承载信息的媒介，可以是纸张，磁性的、电子的、光学的计算机盘片，照片或标准样品，或它们的组合。

文件包括记录、规范、程序文件、图样、报告、标准等。

文件的某些要求与文件的类型有关，如对用于操作层面的文件有简明易读的要求，对用于技术管理的文件有专业性的要求，对规范文件有修订受控的要求，而对记录可以有可检索的要求。

2. 成文信息

组织需要控制和保持的信息及其载体构成了成文信息。

组织在质量管理方面的成文信息是组织在质量管理范畴内需要加以控制和保持的信息及其储存介质。

组织的质量成文信息应适合于组织的管理，应能够充分满足实施质量管理需要的控制。

在质量管理中，成文信息可以任何格式和载体存在（例如，文件的格式可以是流程图、矩阵图、对照表、文字表述等，载体可以是纸张、电子媒介或其他特质），并可来自任何来源（例如内部编制的、上级发放的、外来的）。

组织在质量管理活动中应适时地将质量管理信息形成适用的文件信息。形成的文件信息可涉及以下方面：

——质量管理体系包括的相关的过程；

——为用于组织的运行而创建的信息（通常是系列信息）形成的文件；

——已实现的结果的证据(记录)。

2008 版中的术语"文件化程序"和"记录",在 ISO 9001:2015 中已被"形成文件的信息"所替代。

在 2008 版中涉及"文件化程序"的地方,ISO 9001:2015 均以"保持成文信息"的形式加以表达。

在 2008 版中涉及"记录"的地方,ISO 9001:2015 均以"保留成文信息"的形式加以表达。

若本标准使用"信息"一词,而不是"形成文件的信息"(比如在条款 4.1 中"组织应对这些内部和外部因素的相关信息进行监视和评审"),则并不要求将这些形成文件,组织可以决定是否有必要适当保持形成文件的信息。

【标准条款】

3.8.10 记录(record)

阐明所取得的结果或提供所完成活动的证据的文件(3.8.5)。

注 1:记录可用于正式的可追溯性(3.6.13)活动,并为验证(3.8.12)、预防措施(3.12.1)和纠正措施(3.12.2)提供证据。

注 2:通常,记录不需要控制版本。

【理解要点】

记录是一种表明证据的文件,证明两个方面,一是取得的结果,二是所完成的活动。

记录是随着过程的进展同步形成的,是过程实施情况的证明。通过记录可以表明是否完成了相应的活动,或者表明是否通过活动取得了相应的结果。如会议签到的记录可以表明相关人员是否如期参加了会议,产品检验报告的记录可以表明相关产品经检验是否符合要求。除了 GB/T 19001—2016 标准中明确提出组织需保留成文的信息外,组织需根据质量管理体系有效性的需要,策划是否需要及何时需要形成记录。

在有可追溯性要求时,通过记录原材料和零部件的来源、加工及检验的历程,产品技术状态信息及其更改的审批情况、产品交付的情况等,可以实现对客体的历史、应用情况或所处场所的正式追溯。

记录承载的大量关于以往事实的信息是进行分析、评价的基础,可为循证决策和质量管理体系改进提供重要的信息资源。

为了确保记录真实、清晰地反映相关信息,易于识别、检索且符合保密要求,应基于法律法规、顾客要求及组织实际需要,策划并实施记录控制。记录的控制要求通常包括识别哪些记录需要创建、存储和提供,记录的格式和载体采用的方式,以及相关场所及条件要求、权限、保存期限和处置要求等。

记录通常需要通过保持原有状况以提供当时情况的证据,所以记录与规范不同,没有编制和审批的要求,也没有修改的需要,所以通常不需要进行版本控制。

(八)有关特性的术语

【标准条款】

3.10.2 质量特性(quality characteristic)

与要求(3.6.4)有关的,客体(3.6.1)的固有特性(3.10.1)。

注1："固有的"是指本来就有的，尤其是那种永久的特性。

注2：赋予客体的特性（如：实体的价格）不是它们的质量特性。

【理解要点】

质量特性主要是指在质量管理方面的客体，如产品、服务、过程或体系与要求有关的固有特性。

固有特性一般是指产品或服务在生产加工、提供过程中所形成的、永久的特性。比如产品图纸、工艺所规定的特性，例如螺栓的直径、洗衣机的转速、水杯的直径等。

赋予客体的特性，如实体的价格等，不是质量特性。

某些特性，则可能需要加以区分，例如送货时间，对于一般工厂可能不是固有特性；但是对于快递公司来说，则是固有特性。

要求包括明示的、通常隐含的和必须履行的方面。

第五节　GB/T 19001 质量管理体系要求

尽管绝大多数组织都有自己的管理模式，但经过多年实践，按 ISO 9001 标准建立质量管理体系是国际上公认的一种行之有效的管理模式，事实上也已成为我国大多数行业和组织的主流管理模式之一，因此，为适应我国当前质量管理现状，学习和理解 GB/T 19001（ISO 9001 标准的中文版）标准是非常必要的。

一、引言

（一）总则

【标准条款】

> 0.1　总则
>
> 采用质量管理体系是组织的一项战略决策，能够帮助其提高整体绩效，为推动可持续发展奠定良好基础。
>
> 组织根据本标准实施质量管理体系具有如下潜在益处：
>
> a) 稳定提供满足顾客要求以及适用的法律法规要求的产品和服务的能力；
>
> b) 促成增强顾客满意的机会；
>
> c) 应对与其环境和目标相关的风险和机遇；
>
> d) 证实符合规定的质量管理体系要求的能力。
>
> 内部和外部各方均可使用本标准。
>
> 实施本标准并不意味着需要：
>
> ——统一不同质量管理体系的架构；
>
> ——形成与本标准条款结构相一致的文件；
>
> ——在组织内使用本标准的特定术语。
>
> 本标准规定的质量管理体系要求是对产品和服务要求的补充。

本标准采用过程方法,该方法结合了 PDCA(策划、实施、检查、处置)循环与基于风险的思维。

过程方法能使组织策划其过程及其相互作用。

PDCA 循环使得组织确保对其过程进行恰当管理,提供充足资源,确定改进机会并采取行动。

基于风险的思维使得组织能确定可能导致其过程和质量管理体系偏离策划结果的各种因素,采取预防控制,最大限度地降低不利影响,并最大限度地利用出现的机遇(见附录 A.4),在日益复杂的动态环境中持续满足要求,并针对未来需求和期望采取适当行动,这无疑是组织面临的一项挑战。为了实现这一目标,组织可能会发现,除了纠正和持续改进,还有必要采取各种形式的改进,比如变革突变、创新和重组。

【理解要点】

1. 采用质量管理体系是组织的一项战略决策

一个组织按照 ISO 9001 标准建立、实施、保持质量管理体系,是一项重大的,带有全局性或决定全局的策划。

建立体系的目的是建立方针和目标并实现质量目标、提高整体绩效、获得顾客和相关方满意,适应内外环境的变化,获得组织的长期成功。

质量方针应与组织的总方针相一致,与组织的愿景和使命、战略相一致,与组织的努力方向相一致,并与组织的经营系统紧密结合起来。在质量方针的指导下,建立一个与企业经营系统紧密结合的质量管理体系。

以质量方针为框架的质量目标,是组织在质量方面所要实现的结果。目标可以是战略的、战术的或运行的。作为组织的总目标,无疑带有战略性质。

2015 版标准要求组织的最高管理者在制定质量方针时,要确保方针与其宗旨和环境相适应并支持其战略方向,要有基于风险的思维,考虑内外部环境和以顾客为主的相关方的要求,这些无疑都为最高管理者制定一个具有战略意图和方向,适应组织内外环境客观实际,应对组织面临的各种风险和机遇,与企业经营系统紧密结合的质量方针,提供了系统的方法。

管理体系是组织建立方针和目标以及实现这些目标的过程的相互关联或相互作用的一组要素。管理体系要素包括组织的结构、职责和权限、策划、运行、方针、惯例、规则、理念、目标,以及实现这些目标的过程。而质量管理体系是管理体系中关于质量的部分,是为了实现质量目标而建的。通过贯彻质量方针、实现质量目标从而实现组织的发展战略。

因此,组织建立质量管理体系,制定质量方针和目标,是带有战略性的决定,在实现体系的预期结果方面尤为重要。组织的最高管理者要确保通过调查研究,在对组织内外环境分析(见 4.1)、充分理解相关方的需求和期望(见 4.2)的基础上,制定符合标准要求和组织实际的质量方针(见 5.2.1),并切实在组织内得到沟通、理解和应用(见 5.2.2),才能起到质量方针应有的作用。

2. 实施质量管理体系的潜在收益

自 1987 版的 ISO 9000 系列标准颁布以来,经过了几次换版,标准的应用已经扩展到各行各业,标准使用者的数量也大大增加,几乎得到了全世界所有国家的采用。40 年来全球质量管理体系的实践和理论充分说明,它可以帮助组织获得以下潜在益处。

(1) 稳定提供符合顾客要求以及适用的法律法规要求的产品和服务的能力。

GB/T 19001 标准倡导组织基于风险的思维采用过程方法,分析和识别对产品质量有影响的主要过程。在产品和服务实现过程中,采用 PDCD 方法进行管理,事前充分策划,按策划的要求实施管理,并对实施情况进行监视、测量和分析评价,针对预期和非预期的结果确定所采取措施的方法,从而使产品和服务实现过程始终处于受控状态,从而具有持续稳定提供符合顾客要求以及适用的法律法规要求的产品和服务的能力。

(2) 促成增强顾客满意的机会。

标准要求建立质量管理体系,组织应依据以顾客为首要相关方的需求和期望;以顾客为关注焦点,把顾客的要求作为确定产品和服务特性的重要依据,通过过程控制和 PDCA 及基于风险的思维,达到满足甚至超越顾客的需求和期望,增强顾客满意;同时还对顾客满意的信息进行监视、测量和分析利用,不断改进增强顾客满意的过程,提高顾客的忠诚度。

(3) 应对与其环境和目标相关的风险和机遇。

标准要求建立质量管理体系,要理解和分析组织内外环境中影响实现预期目标的各种因素,识别其中的风险和机遇,策划相应的应对措施,并将这些措施贯彻在组织的业务工作中使其持续受控,从而达到应对与其环境和目标相关的风险和机遇的目的。

(4) 证实符合规定的质量管理体系要求的能力。

质量管理体系为组织策划、实施、检查和改进质量管理绩效提供了通用的、科学的、行之有效的框架。组织按标准的要求,建立、有效实施、保持和持续改进质量管理体系,可以用于组织的内外部证实,使组织稳定提供合格产品和服务的能力被社会感知、了解,增强社会和顾客对组织产品和服务质量的信任。

3. 标准可用于组织的内外部各方

ISO 9001 标准可以用于在组织内部建立、实施、保持和持续改进质量管理体系,向组织的顾客和其他相关方提供信任;也可以供组织外部顾客和相关方,通过评价组织对标准要求的符合性,获得对组织的信任;还可以用于外部第三方机构评价组织的质量管理体系的符合性和有效性,进行认证注册,获得认证证书,向有关相关方"传递信任"。

4. 质量管理体系要求是对产品和服务要求的补充

产品要求,比如产品标准、图纸等,是针对某一类型或某一件产品的具体特性要求,是制造合格产品必须达到的要求,是组织进行生产、技术、质量管理和判定产品合格与否的重要依据。

服务要求,比如服务规范、服务的星级标准等,是对某一类型或某一种服务的具体要求,是提供合格服务必须达到的要求,是针对具体服务特性的描述。

质量管理体系要求和产品和服务的要求是两类不同的要求。质量管理体系要求是通用的,适用于所有行业的任何组织,无论其提供何种类型的产品和服务;产品和服务要求是针对具体产品和服务特性的描述,不具有通用性。但质量管理体系要求是对上述的产品和服务要求的补充,目的是帮助组织更好地、稳定一致地达到产品和服务要求。质量管理体系要求提供了一种在提供产品和服务方面,针对预期和非预期的结果确定所采取措施的方法。有效的质量管理体系的实施和运行,可以帮助组织提高管理水平、持续提升满足要求的能力,从而促成产品和服务质量的提高,更好地满足产品和服务要求。

5. 基于风险的思维

在 ISO 9001:2008 版标准中已经隐含基于风险的思维的概念,例如:有关策划、评审和改进的要求。ISO 9001:2015 版标准更加明确地阐述了基于风险思维的理念,要求组织理解其内外部环境,理解相关方的需求和期望,并以确定风险作为策划的基础。质量管理体系的主要用途之一是作为预防工具,标准中的基于风险的思维可以帮助组织更好地识别可能导致其过程和质量管理体系偏离策划结果并造成不利影响的各种因素,从而利用质量管理体系采取预防控制,把应对风险的措施落实到各项业务工作中,最大限度地降低不利影响,同时也可以帮助组织最大限度地利用出现的机遇,在竞争中处于有利地位。

6. 过程方法

过程方法一直是 ISO 9001 质量管理体系的基本方法,ISO 9001:2015 还结合"策划—实施—检查—处置(PDCA)"循环和基于风险的思维两方面的内容,并在引言的 0.3 条款详细阐述了过程方法及其重要性。

过程方法旨在提高组织实现既定目标方面的有效性和效率。为了实现组织的预期结果,ISO 9001:2015 标准要求对组织内各过程实施系统管理,包括对这些过程的识别和相互作用的管理。依据 PDCA 循环可以帮助组织系统识别所应用的过程和过程之间的相互作用,明确各过程的管理职责、过程的输入、具体的活动和预期的结果,从而为质量管理体系活动和业务流程提供充足的资源并对质量管理体系各个过程进行有效的管理,以满足相关方的需求和期望、增强顾客满意。

7. 成功的组织总是致力于持续改进

组织处在不断变化的内外部环境和日益复杂、激烈的竞争中,如果坐享其成,不思进取,则犹如逆水行舟,不进则退。所以,持续改进对于任何一个组织都是必需的。改进可以帮助组织保持当前的业绩水平,对其内外部环境的变化作出反应并创造新的机遇。质量管理体系为组织策划、执行、监视和改进质量管理活动提供了框架。

8. 本版标准不要求统一的事项

本版标准附录 A 中明确规定:

本标准不要求将其结构和术语应用于组织的质量管理体系的成文信息。本标准的结构旨在对相关要求进行连贯表述,而不是作为组织的方针、目标和过程的文件结构范本。若涉及组织运行的过程以及出于其他目的而保持信息,则质量管理体系成文信息的结构和内容通常在更大程度上取决于用户的需要。

无须在规定质量管理体系要求时以本标准中使用的术语取代组织使用的术语。组织可以选择使用适合其运行的术语(例如:可使用"记录""文件"或"协议",而不是"成文信息";或者使用"供应商""伙伴"或"卖方",而不是"外部供方")。

标准给出了组织运行质量管理体系应满足的基本要求,但并未规定满足这些要求的方法、途径和措施。组织需设计符合自身特点的质量管理体系,并在实施过程中不断调整。尽管2015 版 ISO 9001 标准提出了 10 个统一的条款和具体要求,但我们要讨论的是 10 个条款内容而不是形式,不同的组织的管理体系的结构可以有不同的形式。

一般来说,对于能够正常提供产品和服务的组织,都存在一个能够保证其正常运行的管理体系,并会形成相应的文件;但这一管理体系不一定完全符合 ISO 9001 标准的要求。如组织愿意按照 ISO 9001 标准要求建立质量管理体系,就应该按标准的要求补充和完善质量管理体系。组织在按本标准要求建立质量管理体系时,不一定需要完全放弃原有的质量管理体系和体系文件,可在对原有的体系文件进行清理、评审的基础上,适当进行修改和完善,以符合 ISO 9001 标准的要求,而不是要求与标准条款结构相一致。重点是文件信息的使用与质量管理体系的适宜性和有效性。文件的多少、详略程度和物理证据形式等也应与组织的规模、产品和服务的性质,过程的复杂程度和人员能力等相适应。

一段时间以来,一部分组织或个人形成了 ISO 9001 质量管理体系认证就是编文件,填写记录的印象。新版标准不要求统一的事项,就是给予组织更大的灵活性,重视过程实际控制,重视结果,重视绩效,而不注重形式。

对于一些组织,长期以来已经形成了大量的文件,甚至是重复的文件,在贯彻新版标准时,可以以标准的 10 个大条款及其包括的小条款作为框架,并本着一事一规,一件事情一个部门主管,其他部门配合的原则,将现有文件按标准的条款对号入座进行清理,以实现体系文件的系统化管理。在清理的基础上进行查漏补缺和提高完善。

(二)质量管理原则

【标准条款】

> 0.2　质量管理原则
>
> 　　本标准是在 GB/T 19000 所描述的质量管理原则基础上制定的。每项原则的介绍均包含其概述、该原则对组织的重要性的依据、应用该原则的主要收益示例,以及应用该原则时组织绩效的典型改进措施示例。
>
> 　　质量管理原则包括:
>
> 　　——以顾客为关注焦点;
>
> 　　——领导作用;
>
> 　　——全员参与;
>
> 　　——过程方法;
>
> 　　——改进;
>
> 　　——循证决策;
>
> 　　——关系管理。

【理解要点】

GB/T 19000 标准表述的质量管理概念和原则,可帮助组织获得应对最近数十年深刻变化的环境所提出的挑战的能力。标准通过对建立的质量管理体系提出基本概念和原则,提供了一种更加广泛的思考组织的方式;所有的概念、原则及其相互关系应被看成一个整体,而不是彼此孤立。在 GB/T 19000 2.3 条款中阐述了每项原则的概述、依据、主要益处以及可开展的活动,通过"概述"介绍每一个原则;通过"依据"解释组织要重视这一原则的原因;通过"主要益处"说明应用这一原则的结果示例;通过"可开展的活动"给出组织应用该原则提高组织绩效的典型措施示例,这些内容对七项质量管理原则进行了详细的阐述和说明,可以帮助组织更容易地理解和实施这些原则。而这些原则也都在新版 GB/T 19001 标准中得到了充分的体现和应用。关于七项原则的具体内容,可参见本章第 4 节的内容。

(三)过程方法

【标准条款】

> 0.3　过程方法
>
> 0.3.1　总则
>
> 　　本标准倡导在建立、实施质量管理体系以及提高其有效性时采用过程方法,通过满足顾客要求增强顾客满意。采用过程方法所需考虑的具体要求见 4.4。

将相互关联的过程作为一个体系加以理解和管理,有助于组织有效和高效地实现其预期结果。这种方法使组织能够对其体系的过程之间相互关联和相互依赖的关系进行有效控制,以提高组织整体绩效。

过程方法包括按照组织的质量方针和战略方向,对各过程及其相互作用进行系统的规定和管理,从而实现预期结果。可通过采用 PDCA 循环(见 0.3.2)以及始终基于风险的思维(见 0.3.2)对过程和整个体系进行管理,旨在有效利用机遇并防止发生不良结果。

在质量管理体系中应用过程方法能够:

a) 理解并持续满足要求;

b) 从增值的角度考虑过程;

c) 获得有效的过程绩效;

d) 在评价数据和信息的基础上改进过程。

【理解要点】

1. 概述

过程是利用输入实现预期结果的相互关联或相互作用的一组活动。

过程方法是将相互关联的过程作为一个体系加以理解和管理,有助于组织有效和高效地实现其预期结果。

2. 过程方法的优点

组织拥有可被确定、测量和改进的过程。这些过程相互作用,产生与组织的目标和跨部门职能相一致的结果。某些过程可能是关键的,而另外一些则不是。过程具有内部相关的活动和输入,以提供输出。

组织经常被设计成职能部门的层级结构。根据职能部门间责任划分,进行垂直管理。对于所有的参与者而言,最终顾客或其他相关方并不总是明确的。因此,在部门接口边界出现的问题往往不像部门内部的短期目标那样得到优先考虑。这就导致很少或没有针对相关方的改进,因为措施往往关注职能,而不是预期的产出。与其他方法相比,过程方法的主要优点是能对这些过程间的相互作用和组织的职能层次间的接口进行管理和控制,提高有效性和效率,增强顾客满意。

【标准条款】

> 0.3.2　策划-实施-检查-处置循环
>
> PDCA 循环能够应用于所有过程以及作为整体的质量管理体系。
>
> PDCA 循环可以简要描述如下:
>
> 策划:建立体系及其过程的目标、配备所需的资源,以实现与顾客要求和组织方针相一致的结果;
>
> 实施:实施所做的策划;
>
> 检查:根据方针、目标和要求对过程以及产品和服务进行监视和测量(适用时),并报告结果;
>
> 处置:必要时,采取措施提高绩效。

【理解要点】

PDCA 循环能够应用于所有过程以及作为整体的质量管理体系。

标准第 4 章组织及其环境、相关方特别是顾客的需求和期望是建立质量管理体系的主要输入,经过按第 6 章的策划,第 7 章和第 8 章的支持和运行,第 9 章的绩效评价,第 10 章的改进而构成一个 PDCA 循环。在这个 PDCA 循环中,第 5 章的领导作用处于中心地位。质量管理体系的预期结果是获得合格的产品和服务,顾客满意。

PDCA 循环是一种动态方法,可以在组织内的各个过程及过程间的所有相互作用中实施。组织可以在各层次运用 PDCA 循环进行管理,如组织的最高管理层、职能管理层、运行层。不同层次在 PDCA 循环四个阶段所要做的事情是不相同的。

【标准条款】

0.3.3　基于风险的思维

基于风险的思维对质量管理体系有效运行是至关重要的。本标准以前的版本已经隐含基于风险思维的概念,例如:采取预防措施消除潜在的不合格,对发生的不合格进行分析,并采取与不合格影响相适应的措施,防止其再发生。

为了满足本标准的要求,组织需策划和实施应对风险和利用机遇的措施。应对风险和机遇为提高质量管理体系有效性、实现改进结果以及防止不利影响奠定基础。

机遇的出现可能意味着某种有利于实现预期结果的局面,例如:有利于组织吸引顾客、开发新产品和服务、减少浪费或提高生产率的一系列情形。利用机遇也可能需要考虑相关风险。风险是不确定性的影响。

不确定性可能是正面或负面的影响。风险的正面影响可能提供改进机遇,但并非所有的正面影响均可提供改进机遇。

【理解要点】

基于风险的思维是 GB/T 19001—2016 标准的三个核心概念之一。标准通过在规定质量管理体系要求的过程中运用基于风险的思维,使质量管理体系的预防功能更加显著。

虽然标准在 6.1 条款中规定组织应策划应对风险的措施,但也明确说明并未要求运用正式的风险管理方法或将风险管理过程形成文件。组织可以决定是否采用超出本标准要求的更多风险管理方法,例如:通过应用其他指南或标准。

在组织实现其目标的能力方面,质量管理体系的全部过程并非代表相同的风险等级,其不确定性影响对于各组织不尽相同。根据 6.1 条款的要求,组织有责任应对风险,采取相应措施,包括决定是否保留作为确认风险的证据的成文信息。

基于风险的思维体现在本版标准的相关条款(章节)的要求中,如下所示。

条款 4"组织环境":组织需要解决内外环境中与其 QMS 相关的风险和机遇。

条款 5"领导作用":最高管理者需要确保对条款 4 的承诺,促进基于风险的意识,确定并解决会影响产品和服务实现的风险和机遇。

条款 6"策划":组织应识别影响质量管理体系绩效的风险和机遇,并采取适当的行动来解决这些问题。

条款 7"支持":组织应确定并提供应对风险和利用机遇的必要资源。

条款 8"运行":组织需要关注实施过程中的风险和机遇。

条款9"绩效评价"：组织需要监视、测量、分析和评价，所采取的应对风险和机遇的措施的有效性。

条款10"改进"：组织避免或减少不良影响，提高质量管理体系的绩效。

（四）与其他管理体系标准的关系

【标准条款】

0.4　与其他管理体系标准的关系

本标准采用ISO制定的管理体系标准框架，以提高与其他管理体系标准的兼容性（见附录A.1）。

本标准使组织能够使用过程方法，并结合PDCA循环和基于风险的思维，将其质量管理体系要求与其他管理体系标准要求进行协调或整合。

本标准与GB/T 19000和GB/T 19004存在如下关系：

GB/T 19000《质量管理体系基础和术语》为正确理解和实施本标准提供必要基础。

GB/T 19004《追求组织的持续成功质量管理方法》为组织选择超出本标准要求的质量管理方法提供指南。

附录B给出了质量管理和质量保证技术委员会（SAC/TC 151）制定的其他质量管理和质量管理体系标准的详细信息。

本标准不包括针对环境管理、职业健康和安全管理或财务管理等其他管理体系的特定要求。

在本标准的基础上，已经制定了若干行业特定要求的质量管理体系标准。其中的某些标准规定了质量管理体系的附加要求，而另一些标准则仅限于提供在特定行业应用本标准的指南。

本标准的章节内容与之前版本（GB/T 19001—2008）章节内容之间的对应关系见ISO/TC 176/SC 2（国际标准化组织/质量管理和质量保证/质量体系分委员会）的公开网www.iso.org/tc176/sc02/public。

【理解要点】

（1）过程方法、PDCA循环和基于风险的思维是标准的三个核心方法。管理体系共同的核心方法的使用，方便不同管理体系进行协调或整合。

（2）GB/T 19000《质量管理体系基础和术语》为质量管理体系提供了基本概念、原则和术语，为质量管理体系奠定了基础，也为正确理解和实施质量管理体系标准奠定了基础。是GB/T 19001的语言和理论基础。要正确、深入理解ISO 9001标准，需要学习GB/T 19000《质量管理体系基础和术语》。

（3）与GB/T 19004标准的关系。

GB/T 19001标准规定的是质量管理体系的基本"要求"，可供组织内部使用，也可用于认证、审核或合同的目的。而GB/T 19004《追求组织的持续成功质量管理方法》为组织选择超出本标准要求的质量管理方法提供了指南，它关注质量管理的更宽范围，强调通过系统和持续改进组织的绩效，满足所有相关方的需求和期望。当组织能够很好地满足GB/T 19001标准的要求并希望超越这些要求时，可以选择通过GB/T 19004标准提供的指南，实践帮助组织追求持续成功的质量管理方法，在复杂的、要求更高的和不断变化的环境中，持续改进组织的绩效,满足所有相关方的需求和期望。

(4) 如果组织需要追求卓越,则可以选择 GB/Z 19580《卓越绩效评价准则》。

GB/Z 19580 标准借鉴国内外的经验和做法,结合我国企业经营管理的实践,从领导,战略,顾客与市场,资源,过程管理,测量、分析与改进以及结果等七个方面规定了组织卓越绩效的评价要求,为组织追求卓越提供了自我评价的准则,并可作为政府质量奖的评价依据。

不管是 GB/T 19004 还是 GB/Z 19580,都需要组织具有良好的管理基础,相关的措施才能落地。如果组织连 ISO 9001 的基本要求都没有达到,则没有必要去好高骛远。

二、范围

【标准条款】

> 1. 范围
>
> 本标准为下列组织规定了质量管理体系要求:
>
> a) 需要证实其具有稳定地提供满足顾客要求和适用法律法规要求的产品和服务的能力;
>
> b) 通过体系的有效应用,包括体系改进的过程,以及保证符合顾客和适用的法律法规要求,旨在增强顾客满意。
>
> 本标准规定的所有要求是通用的,旨在适用于各种类型、不同规模和提供不同产品和服务的组织。
>
> 注1:在本标准中,术语"产品"或"服务"仅适用于预期提供给顾客或顾客所要求的产品和服务。
>
> 注2:法律法规要求可称作法定要求。

【理解要点】

(1) 在第1章中明确了质量管理体系的适用范围,说明有哪些需求的组织可以采用本标准,以及采用本标准后组织可以得到什么结果。

(2) 标准明确质量管理体系的所有要求是通用的,旨在适用于各种类型、不同规模和提供不同产品和服务的组织。

(3) 明确本标准中的术语"产品"或"服务"仅适用于预期提供给顾客或顾客所要求的产品和服务;对于在生产或服务提供过程中产生的非预期的产品,比如各种废水、废弃物、粉尘等的产生,则属于环境管理体系的管理范围。

(4) 在第2、3章中明确 GB/T 19000—2015 界定的术语和定义适用于本文件,为正确理解本标准提供基础。

三、规范性引用文件、术语和定义

【标准条款】

> 2. 规范性引用文件
>
> 下列文件对于本文件的应用是必不可少的。凡是注日期的引用文件,仅注日期的版本适用于本文件。凡是不注日期的引用文件,其最新版本(包括所有的修改单)适用于本文件。

GB/T 19000—2015 质量管理体系基础和术语(ISO 9000：2015,IDT)。

3．术语和定义

GB/T 19000—2015 界定的术语和定义适用于本文件。

【理解要点】

GB/T 19001—2016 引用 GB/T 19000—2016 标准给出的基本概念、质量管理原则和适用的术语和定义。GB/T 19000—2016 标准是质量管理体系标准的基础，为质量管理体系提供了基本概念、原则和术语，为质量管理体系的其他标准奠定了基础。它可以帮助使用者更好地理解质量管理的基本概念、原则和术语，以便能够有效和高效地实施质量管理体系，并实现质量管理体系其他标准的价值。GB/T 19000—2016 还提供了通用的国际质量管理语言，要全面、准确地理解、掌握和实施 GB/T 19001—2016 标准，认真学、理解和掌握 GB/T 19000—2016 标准内容是非常必要的。

四、组织环境

（一）理解组织及其环境

【标准条款】

4．组织环境

4.1　理解组织及其环境

组织应确定与其目标和战略方向相关并影响其实现质量管理体系预期结果的各种外部和内部因素。

组织应对这些内部和外部因素的相关信息进行监视和评审。

注 1：这些因素可以包括需要考虑的正面和负面要素或条件。

注 2：考虑国际、国内、地区和当地的各种法律法规、技术、竞争、市场、文化、社会和经济因素，有助于理解外部环境。

注 3：考虑组织的价值观、文化、知识和绩效等相关因素，有助于理解内部环境。

【理解要点】

1．理解组织的环境

理解组织的环境是一个过程。这个过程确定了影响组织的目标和可持续发展的各种因素。它既需要考虑内部因素，例如组织的价值观、文化、知识和绩效；还需要考虑外部因素，例如法律的、技术的、竞争的、市场的、文化的、社会的和经济的环境。

这些内外部因素是与组织的目标和战略方向有关、影响质量管理体系实现预期结果的，可能产生正面(机遇)和负面(风险)影响的因素，而且这些内外部因素是不断变化的，因此，应对这些内部和外部因素的相关信息进行监视和评审。

2．组织环境的构成

一个组织要生存，就离不开环境。组织要在环境中生存和活动，就必须适应环境特定的要求，所谓适者生存。

组织环境可分为组织的外部环境和内部环境。

（1）组织外部环境的构成

① 经济环境。组织的经济环境因素主要包括如货币汇率、通货膨胀预测、经济形势、信贷可获得性等。在宏观方面是指在国家和地区的水平上给组织造成市场机会或环境威胁的社会力量；可理解为泛指一个国家的社会制度，执政党的性质，政府的方针、政策，以及国家制定的有关法律、法规等。组织必须明确其所在国家和政府目前禁止哪些事情，允许哪些事情以及鼓励哪些事情，从而使组织活动符合全社会利益并受到某些方面的保护和支持。组织的微观经济环境主要包括：所在地区消费者水平、消费偏好、就业程度等。微观经济环境因素会直接决定企业目前及未来的市场规模。

对于许多组织来说，法规和政策监管因素对它们的成功起至关重要的作用。像一些公共设施、航空、化工产品生产等公司必须服从大量严格的法规和政策规定，包括资源的投入规模、产品和服务的定价，环境保护和安全等，对公司的成功甚至生存起着重要作用。

② 政治环境。政治环境包括社会稳定性、公共投资、当地基础设施、国际贸易协议等，是指一个国家或地区在一定时期内的政治大背景。政治环境的好坏影响着宏观经济形势，从而也影响着组织的生产经营活动。如我国的"一带一路"倡议、供给侧改革、淘汰落后产业、发展高新技术、质量强国、新能源开发等发展战略和日益严格的环保政策等，都会给相当多的企业带来风险和机遇。这一切都对企业生产经营活动有着决定性的影响，指导着企业正确地确定自己的经营方向、经营目标、经营方针、经营战略和策略。

③ 市场环境。市场环境包括组织的市场份额、类似产品或服务、市场领导者动向、顾客增长趋势、市场稳定性、供应链关系等，主要包括组织与外部供方、顾客（包括营销中间商）、竞争者三方的关系。主要包括：市场是否稳定增长，顾客是否满意并保持增长趋势？类似产品和服务竞争对手正在做什么？他们可以做什么？他们的潜力是什么？组织外部供方的可选择性、外部关键供方能否保质保量并及时提供所需要的原材料和服务，本组织是否是关键供方的主要客户等因素。这些因素对组织决策有很大的影响。

④ 社会环境。社会环境包括当地失业率、安全感、教育水平、公共假期和工作日等。这些因素对当地的资源（包括劳动力资源）配置、经济发展水平、整体经济发展状况、消费水平和档次、总的需求和市场潜力等产生影响，对组织的决策有重要的参考作用。

⑤ 技术环境。技术环境包括新兴行业技术、材料和革命、专利期限、职业道德规范等。社会科技的进步促进了组织活动过程中物质条件的改善和技术水平的改进，从而使利用这些物质条件进行活动的组织取得更高的效率。技术环境对组织活动成果有着重要的影响。技术进步了，企业现有产品就可以被采用了新技术的竞争产品所取代。产品更新换代以后，组织现有的生产设施和工艺方法可能显得落后，生产作业人员的操作技能和知识结构可能不再符合要求。

⑥ 自然环境。自然环境通常是指组织所处地区的地理位置、自然资源的状况。我国地域辽阔，各地区自然条件和资源差异较大，沿海地区与内陆地区的经济发展条件和水平也完全不同。

（2）组织内部环境的构成

① 组织使命。组织使命是指该组织在社会中所处的地位、所起的作用、承担的义务以及扮演的角色。组织使命体现组织的根本目的，也是组织存在的理由；它既反映外界社会对本组织的要求，又体现着组织的创办者或高层领导人的追求和抱负。

② 组织资源。组织资源是组织拥有的，或者可以直接控制和运用的各种要素。这些要素

既是组织运行和发展所必需的,又是通过管理活动的配置整合,能够起到增值的作用、为组织及其成员带来利益的。

③ 组织文化(企业文化)。企业文化,或称组织文化,是一个组织由其价值观、信念、仪式、符号、处事方式等组成的、组织所特有的文化形象。文化是企业的灵魂,企业文化产生自然的影响力,牵制人的思想,驱动人的行为,是一种非制度的强大驱动力。

因此,组织的质量管理体系要考虑内外的方方面面,从这个意义上来说,ISO 9001 确确实实是"大质量"的概念。

3．组织环境信息

组织所处的环境信息,是组织进行质量管理体系的策划,如包括确定范围(见 4.3)、过程(见 4.4)、方针(见 5.2)、目标、风险和机遇(见 6)等,标准都要求考虑组织的环境。所以,组织环境信息是策划质量管理体系、制定方针政策的基础和基本信息之一,是体系策划的输入。正确理解组织环境,才能正确策划和建立起符合客观实际的质量管理体系。如果不能正确理解环境要求,例如不能正确理解国家、行业或当地的法规要求,则会有违法违规的风险。

组织可以通过多种来源获取内外部因素的信息,例如外部信息可以通过国家和国际新闻、网站、国家统计部门和政府其他部门的出版物、行业和技术出版物、本地和国家会议、行业协会等;内部信息可以通过沟通、观察、会议、监视和测量等。

4．组织环境分析方法

由于组织环境的确定影响组织的目的、目标和可持续发展的各种因素。因此需要采用可行方法对内部因素(例如:组织的价值观、文化、知识和绩效)和外部因素(例如:法律的、技术的、竞争的、市场的、文化的、社会的和经济的)进行分析。

(1) PEST 分析法

PEST(Politics Economy Society Technology,PEST)分析是指宏观环境的分析,P 是政治(politics),E 是经济(economy),S 是社会(society),T 是技术(technology)。在分析一个组织所处的背景的时候,通常是通过这四个因素来分析企业集团所面临的状况。进行 PEST 分析需要掌握大量的、充分的相关研究资料,并且对所分析的企业有着深刻的认识,否则,此种分析很难进行下去。

(2) SWOT 分析法

SWOT(Strengths Weaknesses Opportunities Threats,SWOT)分析法是用来确定企业自身的竞争优势、竞争劣势、机会和威胁,从而将公司的战略与公司内部资源、外部环境有机地结合起来的一种科学的分析方法。SWOT 分析方法从某种意义上来说隶属于组织内部分析方法,即根据组织自身的既定内在条件进行分析。由于组织是一个整体,并且由于竞争优势来源的广泛性,因此,在做优劣势分析时必须从整个价值链的每个环节上,将组织与竞争对手做详细的对比。如产品是否新颖,制造工艺是否复杂,销售渠道是否畅通,以及价格是否具有竞争性等。如果一个企业在某一方面或几个方面的优势正是该行业企业应具备的关键成功要素,那么,该企业的综合竞争优势也许就强一些。例如:利用 SWOT 分析方法分析环境因素,运用各种调查研究方法,分析出组织所处的各种环境因素。外部环境因素包括机会因素和威胁因素,它们是外部环境对组织的发展直接有影响的有利和不利因素,属于客观因素。内部环境因素包括优势因素和弱点因素,它们是组织在其发展中自身存在的积极和消极因素,属主动因素。在调查分析这些因素时,不仅要考虑到历史与现状,而且更要考虑未来发展问题。

（3）行业环境分析

行业是组织生存、发展的空间，也是对企业生产经营活动最直接产生影响的环境。组织开展行业环境分析具有更强的针对性。主要分析以下方面：

——行业的经济特性是什么？

——行业中发挥作用的竞争力有哪些？

——行业中的变革驱动因素有哪些？它们有何影响？

——竞争地位最强和最弱的公司分别有哪些？

——决定成败的关键因素有哪些？行业吸引力是什么？

（4）其他分析方法

组织还可以采用价值链分析、企业竞争态势分析等。

当然，对于组织环境的分析还可以有很多的方法，甚至包括组织多年形成的一种应对内外部环境变化的行之有效的方法和行动。对组织环境的分析其目的是确定解决方法，所以无论所选择的方法或简或繁，其考虑的方面至少会涉及：

——识别与认识机会与挑战；

——正确地认识与把握管理者的任务与目标；

——准确把握问题的现状与趋势；

——把握组织的条件和环境；

——明确解决问题的方向与思路。

（二）理解相关方的需求和期望

【标准条款】

4.2　理解相关方的需求和期望

由于相关方对组织持续提供符合顾客要求和适用法律法规要求的产品和服务的能力产生影响或潜在影响，因此，组织应确定：

a）与质量管理体系有关的相关方；

b）这些相关方的要求。组织应对这些相关方及其要求的相关信息进行监视和评审。

【理解要点】

（1）识别相关方是理解组织的环境的过程的组成部分。相关方是指若其需求和期望未能满足，将对组织的持续发展产生重大风险的各方。组织应确定向相关方提供何种必要的结果以降低风险，获得支持。

（2）组织的主要相关方是顾客。顾客以外的利益相关方，如所有者、组织内的员工、供方、银行、监管者、工会、合作伙伴以及可包括竞争对手等。不同的相关方，他们的需求是不同的。

① 顾客。组织存在的理由和价值首先在为顾客提供满意的产品和服务。顾客的满意与忠诚将驱动市场份额的提高、营业收入的增加，最终改善组织的财务绩效。因此，组织必须确定目标顾客的价值主张并达成共识，将这些价值主张转化为组织过程设计的依据，使得组织的研发、采购、生产、销售、服务等过程统一于顾客的价值主张的实现。

② 股东。从某种意义说，组织目标体现了股东及其受托人经营管理层的意志，目标对过程的要求也可视作股东的要求。组织的发展需要股东的资金支持。组织的盈利能力，投资回报以及增长性是股东的关注重点，关键过程应能满足股东对组织成长性和盈利性的要求。

③ 外部供方。随着社会分工的细化和专业化发展,组织的产品质量越来越依赖外部供方的产品和服务质量。包部供方的效率和成本也越来越影响到组织的效率和成本。组织必须能够与其有效协同、合作共赢,才能在市场竞争中取得竞争优势。

④ 社区与员工。价值创造过程在实施过程中不可避免地会产生"三废"排放,噪声,粉尘、安全等与环境和职业健康安全有关的影响,因此,在过程设计时必须满足环境和安全健康管理"三同时"的原则,在实施过程中应有效监控相关职业健康安全和环境指标的状况,并不断改进过程。

(3)相关方的需求和期望通过"要求"体现。这些需求和期望有时比较模糊、抽象、间接,或存在于潜意识中。将这些模糊的需求和期望变得较明确、显性和直接,就形成了要求。

(4)不同的组织面临不同行业的相关方,即使是同一组织,也有不同的相关方的需求和期望。准确地理解相关方特别是顾客的需求和期望,进行适当的顾客和市场细分,对于组织制定正确的经营发展战略、正确定位市场是至关重要的。比如对于养殖企业来说,我国居民目前可能更喜欢"土鸡蛋""土猪肉"等。市场定位错误可能意味着没有顾客。

(三)确定质量管理体系的范围

【标准条款】

> 4.3 确定质量管理体系的范围
>
> 组织应明确质量管理体系的边界和适用性,以确定其范围。
>
> 在确定范围时,组织应考虑:
>
> a) 4.1中提及的各种内部和外部因素;
>
> b) 4.2提及的相关方的要求;
>
> c) 组织的产品和服务。
>
> 如果本标准中的全部要求适用于组织确定的质量管理体系范围,组织应实施本标准的全部要求。
>
> 组织的质量管理体系范围应作为成文信息,可获得并得到保持。该范围应描述所覆盖的产品和服务类型,如果组织确定本标准的某些要求不适用其质量管理体系范围,应说明理由。
>
> 只有当所确定的不适用的要求不影响组织确保其产品和服务合格的能力或责任,对增强顾客满意也不会产生影响时,方可声称符合本标准的要求。

【理解要点】

本条款明确了组织确定质量管理体系范围需要考虑的三个方面,同时将原来的"删减"变为了"不适用"。"不适用"于组织质量管理体系范围的条款,在说明正当理由的情况下,可以考虑删减。但条款的删减不能影响组织确保产品和服务合格的能力或责任,也不能对组织增强顾客满意的能力产生影响,否则不能声称符合标准的要求。

(四)质量管理体系及其过程

【标准条款】

> 4.4 质量管理体系及其过程
>
> 4.4.1 组织应按照本标准的要求,建立、实施、保持和持续改进质量管理体系,包括所需过程及其相互作用。

> 组织应确定质量管理体系所需的过程及其在整个组织内的应用,且应:
>
> a) 确定这些过程所需的输入和期望的输出;
>
> b) 确定这些过程的顺序和相互作用;
>
> c) 确定和应用所需的准则和方法(包括监视、测量和相关绩效指标),以确保这些过程的运行和有效控制;
>
> d) 确定并确保获得这些过程所需的资源;
>
> e) 规定与这些过程相关的责任和权限;
>
> f) 按照6.1的要求应对风险和机遇;
>
> g) 评价这些过程,实施所需的变更,以确保实现这些过程的预期结果;
>
> h) 改进过程和质量管理体系。
>
> 4.4.2　在必要的程度上,组织应:
>
> a) 保持成文信息以支持过程运行;
>
> b) 保留成文信息以确信其过程按策划进行。

【理解要点】

(1) 本条款是质量管理体系过程方法的应用步骤。利用过程方法建立质量管理体系通常包括a)至h)8个步骤,这些方面内容的识别和确定使得质量管理体系完全纳入组织的经营管理之中。

(2) 过程的识别。组织应采用过程方法,梳理、确定主要产品和服务提供全过程。组织应明确当前的和应持续增强的核心竞争力,在识别全过程的基础上,考虑与核心竞争力的关联程度,定量定性地分析这些过程对组织盈利能力和取得成功的贡献,确定组织的关键过程,科学确定组织的关键过程,既是组织核心竞争能力的培育和发展战略有效执行的落脚点,又是进行有效过程管理的前提。

所谓"关键过程"是指那些由多数员工参与,能为顾客、股东和利益相关方创造重要价值或作出重要贡献的过程;是组织最重要的产品和服务的设计、交付过程,业务过程和支持过程。关键过程对于组织的经营运作,保持或实现持久竞争优势十分重要。

关键过程的识别可以从产品实现、服务提供和业务以及支持活动三个方面进行,其中产品实现和服务提供是企业价值链的重要组成部分,而一些主要业务过程和支持过程虽然不涉及为终端顾客提供产品和服务(直接创造价值的产品和服务),但这些过程被高层领导认为对组织未来取得成功和组织的业务增长非常重要,所以也可以被认为是组织的关键过程。

组织如果不对其与产品、服务和业务以及支持有关的经营全过程进行定性和价值链分析,必然不利于组织资源的有效分配,不利于在其与组织战略成功关键环节上培育核心竞争力,不利于市场差异化竞争优势的取得。

特别是在组织的组建初期或组织进行战略调整时,进行过程识别显得更为重要,是组织核心竞争力培育方向选择和资源能否优化配置的前提。

(3) 过程设计。组织应对关键过程进行设计。过程设计是过程策划的关键环节,是过程策划的最终体现。

组织应当依据过程的要求设计组织的过程,而不是让过程要求迁就于过程设计。

在过程设计中要有效利用新技术和组织所获得的各种知识,如新工艺、新材料、新设备、新方法和信息技术,组织积累的技术诀窍、管理经验等。这里的新技术可以是工程技术、信息技术和管理技术。特别要强调的是,为保证所采用技术的先进性,组织应当与行业标杆的技术进行对比,通过新技术的标杆对比,将新技术应用到过程中去,保证所采用的技术在行业的先进性,保证过程设计具有一定的前瞻性。

组织在设计关键过程时,应该将质量、安全、周期、生产率、节能降耗、环境保护、成本和其他有效性和效率的因素融入这些过程的设计中去,并有效利用来自顾客、供应商和相关方的相关信息,以利于组织与相关方的协同和应对风险。在过程设计阶段就考虑供方和合作伙伴的需求,避免了由于供方或合作伙伴的限制使得过程的效率和有效性无法实现的可能。

如果组织在设计其关键过程时未能考虑到所有关键的过程要求,就经常会发现所设计的系统不是最优的。设计的缺陷会产生不希望的结果和不合格的产品和服务,进而导致更多的返工。未能始终满足顾客要求,将提高以后的产品设计、生产制造以及核心产品和服务交付上问题发生的可能性。

在过程设计时,组织应考虑未来可能的变化,具有前瞻性地提出预案或预留接口,并使过程具有适应内外部环境和因素变化的敏捷性,即当顾客要求和市场变化时能够快速反应。如当一种产品转向另一种产品时,产品实现过程能够快速地适应这种变化。

过程设计的输出一般包括流程图、程序或作业指导书及关键绩效指标。

当外部环境和顾客需求发生变化,导致原有过程不能满足要求时,需要对过程进行重新设计,过程的重新设计可以是对过程的完善,也可以是突破性的"业务流程再造",即对组织的业务过程进行根本性的再思考和彻底性的再设计,从而获得可以用诸如成本、质量、服务和速度等方面的绩效来衡量的突破性成就。

(4)组织在确定质量管理体系过程及活动时,应考虑上述的方面,新版标准特别强调了需要确定应对按照 6.1 条的要求所确定的风险和机遇。

(5)在策划、建立、实施、保持和持续改进质量管理体系,包括所需过程的时候,组织根据需要确定需要保持、保留成文信息的多少和详略程度。

(6)保持成文信息目的是支持过程运行(即通常说的文件);保留确认其过程按策划进行的成文信息是提供证据(即通常说的记录)。

五、领导作用

(一)领导作用和承诺

【标准条款】

> 5. 领导作用
>
> 5.1 领导作用和承诺
>
> 5.1.1 总则
>
> 最高管理者应通过以下方面,证实其对质量管理体系的领导作用和承诺:
>
> a)对质量管理体系的有效性负责;
>
> b)确保制定质量管理体系的质量方针和质量目标,并与组织环境相适应,与战略方向相一致;
>
> c)确保质量管理体系要求融入组织的业务过程;
>
> d)促进使用过程方法和基于风险的思维;
>
> e)确保质量管理体系所需的资源是可获得的;

f) 沟通有效的质量管理和符合质量管理体系要求的重要性;

g) 确保质量管理体系实现其预期结果;

h) 促使人员积极参与,指导和支持他们为质量管理体系的有效性作出贡献;

i) 推动改进;

j) 支持其他相关管理者在其职责范围内发挥领导作用。

注:本标准使用的"业务"一词可广义地理解为涉及组织存在目的的核心活动,无论是公有、私有、营利或非营利组织。

【理解要点】

新版标准更加强调了领导作用,领导处于管理体系模式图的中心位置,建立、实施有效的质量管理体系,是个"一把手工程",最高管理者对质量管理体系的有效性负责。标准对最高管理者的要求更加明确,便于组织的最高管理者实施。

最高管理者应亲自抓质量,通过以下工作来证实其履行了责任:

(1)最高管理者在建立、更新质量方针和质量目标时,确保其与组织内外环境相适应,结合组织的产品和服务特点、要求,与组织的战略方向相一致,起到方向引领作用,并支持总体经营过程;

(2)确保质量管理体系过程和其他职能过程接口(例如设计、经营等)在组织中相互协调一致,体系过程与业务过程相融合;

(3)促进组织在建立、实施质量管理体系时,使用过程方法和基于风险的思维,有效应对风险,利用机遇;

(4)对质量管理体系各过程运行情况进行监视,以获得预期结果,防止非预期结果,确保在必要时获得资源,消除或降低资源对体系运行的约束(如人力、工具及设备、软件等);

(5)通过会议、邮件、讨论等多种方式与员工就质量管理体系的价值和效益等进行沟通;

(6)监视质量管理体系的输出,当未达到预期的结果时,确保原因分析及纠正措施相关责任落实到个人或团队;

(7)使用真实的证据就顾客满意、市场占有率、降低成本等质量管理体系绩效趋势性方面的信息和价值在组织内进行沟通;

(8)确保内部审核、第三方审核、管理评审等提出的关于改进的信息和建议在组织内进行有效沟通并监视其实施效果;

(9)为其他管理职能(例如财务、设计、测试、顾客支持等)在理解和处理顾客要求、顾客反馈方面提供支持和指导。

【标准条款】

> 5.1.2 以顾客为关注焦点
>
> 最高管理者应通过确保以下方面,证实其以顾客为关注焦点的领导作用和承诺:
>
> a) 确定、理解并持续满足顾客要求以及适用的法律法规要求;
>
> b) 确定和应对风险和机遇,这些风险和机遇可能影响产品和服务合格以及增强顾客满意能力;
>
> c) 始终致力于增强顾客满意。

【理解要点】

1. 确定顾客的需求

顾客是上帝,组织依存于顾客。谁了解顾客,谁就将拥有顾客。

组织的一切经营管理工作都应"始于顾客需求"。在当前经济全球化、产品和服务供大于求、市场竞争日趋激烈的背景下,顾客成为各类组织关注和竞争的焦点,成为组织成功运作的关键因素。组织应采用全面、动态的方法,确定顾客当前和未来的需求、期望和偏好,为后续研发、生产、服务、提供满足顾客要求的产品和服务打好基础。

2. 市场细分

为了更好地确定、理解并持续满足顾客要求,有必要进行市场细分。

现在,顾客需求的多样化、个性化与组织有限的资源和能力的矛盾,决定了任何组织,无论其规模和能力如何,都很难满足同类产品和服务整体市场的所有顾客的差异化需求,组织只能通过市场细分,从整体市场中选择出适合自身发展的目标市场,有针对性地满足这些顾客的需求。所谓市场细分,就是根据顾客的需求、期望、购买行为、购买习惯等方面因素,把某一产品和服务的整体市场划分为多个顾客群的市场分类过程。这里,每一个顾客群就是一个细分市场,每一个细分市场都是由具有类似需求倾向的顾客构成的群体。可见,这是一种"存大异、求小同"的市场分类方法,它不是对产品和服务进行分类,而是对同种产品和服务需求各异的顾客进行分类,是识别具有不同需求和期望的顾客的活动。

顾客购买产品和服务的行为受多种因素影响,影响消费者市场的因素可包括地理环境因素、人口因素、经济因素、消费者心理、消费者行为等;影响产业市场的因素还可包括购买者行业特点、经营规模、地理位置、利益追求等。组织应先根据影响顾客需求差异性来确定市场细分因素,再进行市场细分。通过市场细分把理解顾客要求与组织环境理解结合起来。

如美国《体育书刊》杂志先把读者分为 4 个读者群:纯粹想打发时间的读者、希望了解新体育运动的读者、喜欢收集各式收藏品的读者、需要运动指南的读者;之后,《体育杂志》又会以专业书籍、录像带、光盘、儿童杂志及旅游等为细分标准对上述每一类读者群进一步细分。

组织通过市场细分,可以更好地理解顾客的需求和期望,有利于组织分析并发掘新的市场机会,以集中优势资源提供适销对路的产品和服务。组织要注意过于自信而不加细分,或仅采用单一因素进行细分的现象;也要避免细分过于复杂,而导致错失市场机会,或造成营销资源浪费及营销成本增加等问题。

3. 理解顾客的需求和期望

(1)确定关键顾客。不同顾客对组织的利润贡献是不一样的,20%的关键顾客往往贡献了组织 80%的销售收入或利润,因此,组织要关注目标顾客群中的这个关键群体的需求和期望,只要组织理解并满足他们的需求和期望,也就抓住了盈利点。

当然,组织也不能忽视目标顾客群中的其他顾客,理解并满足他们的关键需求和期望,有助于组织扩大市场规模,提高市场占有率。

(2)顾客的需求和期望一般包括以下内容。

功能、性能需求:对产品的基本需求,可包括主导功能(如民航的安全、快捷)、辅助功能(如民航的地面、空中服务)、兼容功能(如乘火车旅游时的卧铺)等。

形式需求:实现功能的表现形式,包括色彩、外形、服务及交付方式、商标或名称等。

文化需求:往往与顾客偏好有关,包括品牌、对价值观与企业文化的认同等。

价格需求:包括感知价值等。

组织理解顾客需求和期望,主要通过市场调查、整理和分析而得到。市场调查的基本方法有两大类:一类是向顾客直接了解,如问卷调查、产品试用、访谈研究等;另一类是利用组织现有的信息,如产品绩效、顾客投诉、顾客流失分析、行业信息等。问卷调查可利用市场洽谈、订货会、网络等途径进行。现在,越来越多的组织开始关注"用户体验"的重要性,纷纷建立"产品体验中心"。这不同于一些组织的产品展示厅,它除了向顾客展示产品之外,更强调顾客的参与,是组织与顾客进行直接沟通和交流、获取顾客的意见和建议、理解顾客的需求和期望的场所。

每个顾客群中所识别出来的需求和期望,它们对顾客购买和建立长期关系所起的作用是不同的。如购买皮鞋,年轻人可能优先关注品牌、款式、质量等因素;而老年人则可能优先关注舒适度、质量、价格等。因此,组织还应通过适宜的方法,将所了解到的这些需求和期望进行调查、分析,以确定相对重要性或优先次序。

4. 充分利用顾客信息应对风险

组织的所有工作均应以顾客为关注焦点。组织不仅善于倾听顾客的声音,而且更善于充分利用这些有效的信息,为组织的研发、生产、改进和创新服务,以提高顾客满意和忠诚。始于顾客需求,终于顾客满意。

组织应利用当前和以往顾客的相关信息,包括市场推广和销售信息,顾客满意和忠诚的数据、顾客赢得和流失的分析以及顾客投诉等,既包括组织主动收集的,也包括顾客反馈的。组织应建立顾客档案或知识库,加强对这些信息的分析和利用。对顾客的反馈信息以及需求变化缺乏重视,则会给组织带来重大风险。如有 100 多年历史的美国柯达公司(Eastman Kodak Company,KODAK)是世界最大的传统胶卷生产厂商,当大多数人都转为使用数码相机时,柯达依然专注于传统胶片,很快被顾客所抛弃,并于 2012 年 1 月向美国法院申请破产。

组织应建立以顾客为关注焦点的文化,在意识上和行动上关心顾客,想方设法满足顾客需求。站在顾客角度看待自己的产品和服务,也会为我们的改进与创新带来机会。顾客的共性要求包括高品质的产品和服务、有吸引力的性价比、及时交付、需求的快速响应以及服务的及时到位等。

标准化的管理和服务就是用来满足顾客的这些共性需求。但在当今的个性化消费时代,组织光靠推行标准化管理和服务是远远不够的,在此基础上还应抓好个性化服务,以满足或超越顾客期望。

(二)方针

【标准条款】

5.2　方针

5.2.1　制定质量方针

最高管理者应制定、实施和保持质量方针,质量方针应:

a) 适应组织的宗旨和环境并支持其战略方向;

b) 为制定质量目标提供框架;

c) 包括满足适用要求的承诺;

d) 包括持续改进质量管理体系的承诺。

5.2.2 沟通质量方针

质量方针应:

a) 可获得并保持成文信息;

b) 在组织内得到沟通、理解和应用;

c) 适宜时,可为有关相关方所获取。

【理解要点】

(1) 标准明确组织的最高管理者应制定质量方针,确保方针适合组织实际、符合组织的产品和服务特点、具有指导意义并与组织战略方向相一致,而不是由咨询公司或者咨询人员代为制定的,基本上所有组织都可以用的空洞的、口号式的质量方针。空洞的、口号式的质量方针不能成为员工的努力方向。

战略是一个总方向,是对组织向何处发展以及如何发展的一个总规划。战略还是组织的一种总体的行动方案,是为实现总目标而做的重点部署和资源安排。没有战略的企业就像一艘没有舵的船一样,无法系统地驾驭组织实现目标。战略反映着外界环境中所孕育的风险与机遇同组织自身能力的一种现实的结合。组织质量方针应与发展战略保持一致,是组织战略在质量管理方面的具体体现。

(2) 组织制定质量方针时,可考虑以下方面的事项,作为制定依据:

——组织的产品和服务的特点;

——基于组织使命、愿景、指导原则及核心价值观建立的战略方向;

——组织成功所需的改进程度及类型;

——期望或渴望达到的顾客满意度;

——利益相关方的需求和期望;

——实现预期结果所需的资源;

——利益相关方的潜在贡献。

组织的最高管理者需要有战略思维,要考虑组织的长远发展和目标,明确组织的愿景、使命,制定战略规划,这样才能发展有目标,就像一个国家、一个行业要制订五年计划一样。现实中一部分小企业,最高管理者的主要工作类似一个销售业务员,没有思考组织的方针、战略和组织的下一步的发展,建立体系急功近利,这样是达不到体系所要求的效果的。

(3) 质量方针应以成文信息正式表述、发布、管理和维护;通过有效的渠道和方式,例如会议宣讲、培训、宣传等,与组织内各级管理人员和员工进行沟通,使质量方针所表达的组织在质量方面的意图和方向,得到统一的解释和理解。组织的全体员工要充分理解方针中包括的满足产品和服务适用要求的承诺,持续改进质量管理体系的承诺,把这些承诺贯彻落实到各项具体业务工作之中。组织的全体员工通过在各项工作中实现这些承诺,达到组织的目标,维护组织的声誉,达到增强顾客和相关方满意的效果。

(4) 既然质量方针是组织在质量管理方面向利益相关方的承诺,所以,当相关方需要了解时,可以获得组织的质量方针。

组织的质量方针并不是什么保密信息。质量方针体现了最高管理层在质量方面的宗旨、意图和方向。方针一经制定,关键是在日常工作中加以贯彻落实,才能达到目的,而不是只作为口号或者是给审核组看的。

（三）组织的岗位、职责和权限

【标准条款】

5.3 组织的岗位、职责和权限

最高管理者应确保组织内相关岗位的职责、权限得到分配、沟通和理解。

最高管理者应分派职责和权限，以：

a) 确保质量管理体系符合本标准的要求；

b) 确保各过程获得其预期输出；

c) 报告质量管理体系的绩效及其改进机会（见10.1），特别是向最高管理者报告；

d) 确保在整个组织推动以顾客为关注焦点；

e) 确保在策划和实施质量管理体系变更时保持其完整性。

【理解要点】

（1）最高管理者根据自身实际和管理的需要，确定岗位设置，规定岗位职责，授予必要的权限，并充分地沟通，使大家都知道和理解，明确职责、权限和相互之间的关系。在员工相互合作时，对职责和权限的描述更应清晰明白，要让每个人都知道他们的职责（和权限）终止于何处，其他人开始于何处，尽量避免职责不清。

（2）组织应根据战略发展和实现质量方针、目标及业务变化的需要，对工作和职位进行组织、管理。对于组织结构可以考虑以下两方面。

①"结构追随战略"。由于各组织所处的行业特性、内外环境、发展阶段、发展战略都不相同，因此不同组织所采用的组织结构会有很大的不同，即便是同处一个行业。组织应根据具体情况，设计能够适应组织发展和内外环境需要的组织结构。可采用的组织形式有：直线职能制、事业部制、集团公司制、项目制、矩阵制等。扁平化的组织结构，有利于减少层次，提高效率。

②"结构适应流程"。如前所述，组织结构应该适应组织发展需要，围绕顾客和市场制定和展开，以取得可持续的竞争优势。组织的产品研发、物资供应、生产制造及销售服务等主要过程应聚焦顾客与市场，形成战略协同，适应业务发展。这要求组织在进行组织结构设计、工作职位管理时，应能够适应面向顾客与市场的流程需要，建立有利于组织内部合作、协同的高效组织结构，确保在整个组织内推动以顾客为关注焦点，实现预期结果，达到顾客满意。

（3）关于组织的岗位。岗位是组织中专业分工的结果，各种活动的基本单元；是为了实现组织的战略目标、配合组织结构和业务流程的设计，按照一定的原则，将组织内性质相同的工作任务进行分类、合并设置而成。

在组织的管理活动中，可通过制定岗位责任制，明确每一岗位所需完成的工作内容以及应当承担的责任，在对应的岗位说明书中将某岗位的工种、职务、职称和等级等内容规定清楚，从而使每个岗位的工作人员都真正理解自身岗位的含义。

组织的岗位设置不是一成不变的。岗位设置的调整往往还会带来质量管理体系的变更。组织内外部环境的变化，一定会带来组织业务流程和组织结构的调整和变化，从而进一步带来岗位的调整和变化。组织应积极主动地不断优化岗位设置，以适应组织环境的变化。但是这些调整和变更在实施前应得到评审和批准。某些情况下，变更的实施可能需要较长的一段时间才能完成。相关岗位应被授权组织或跟踪变更的部署、进展，在发现不利情况时，及时调整部署计划。对于重大变更,应在实施前针对风险制定必要的应急预案,在实施完成后的特定时期内,对变更的效果、变更对业务过程的影响等实施评审。

(4) 对职责和权限的理解。职责是指任职者为履行一定的组织职能或完成工作使命,所负责的范围和承担的一系列工作任务,以及完成这些工作任务所需承担的相应责任。

权限通常指被允许做的事。对权限管理的理解,以信息技术领域为例,一般指根据系统设置的安全规则或者安全策略,用户可以访问而且只能访问自己被授权的资源。

(5) 原 2008 版标准中管理者代表的"报告"职责,在本条 c)款中明确,可以根据组织实际确定负责报告的人,可以是一个人,也可以是几个人,也可以继续保留"管理者代表"的职位,但是标准明确规定了最高管理者对体系的有效性承担责任。

六、策划

(一) 应对风险和机遇的措施

【标准条款】

> 6. 策划
>
> 6.1　应对风险和机遇的措施
>
> 6.1.1　在策划质量管理体系时,组织应考虑到 4.1 所描述的因素和 4.2 所提及的要求,并确定需要应对的风险和机遇,以便:
>
> a) 确保质量管理体系能够实现其预期结果;
>
> b) 增强有利影响;
>
> c) 避免或减少不利影响;
>
> d) 实现改进。
>
> 6.1.2　组织应策划:
>
> a) 应对这些风险和机遇的措施;
>
> b) 如何在质量管理体系过程中整合并实施这些措施(见 4.4),如何评价这些措施的有效性。
>
> 应对措施应与风险和机遇对产品和服务符合性的潜在影响相适应。
>
> **注 1**:应对风险可选择规避风险,为寻求机遇承担风险,消除风险源,改变风险的可能性或后果,分担风险,或通过信息充分的决策而保留风险。
>
> **注 2**:机遇可能导致采用新实践,推出新产品,开辟新市场,赢得新顾客,建立合作伙伴关系,利用新技术和其他可行之处,以应对组织或其顾客的需求。

【理解要点】

(1) 本条是对管理体系策划的要求。标准明确要求,在策划质量管理体系时组织应考虑从标准 4.1 理解组织环境选择中所获得的有关需要应对的风险和机遇,从标准 4.2 中所获得的相关方的需要和期望中所获得的有关需要应对风险和机遇,特别是影响组织实现预期结果的风险更要加以高度重视。标准 4.1 和 4.2 条的结果是本条的输入。

所有类型和规模的组织在实现其目标和预期结果的经营活动中,都面临内部和外部(条款4.1、4.2)、使组织不能确定是否及何时实现其目标和预期结果的各种因素和影响。这些事件发生的概率及其影响程度是无法事先准确或相对准确预知的。这些事件将对经营活动产生影响,从而影响组织目标和预期结果实现。这种在一定环境下和一定限期内客观存在的、影响组织目标和预期结果实现的各种不确定性因素就是风险。所谓机遇就是对组织有利的时机、境遇、条件、环境等。

当然,有些风险事件会对组织产生不利影响,典型的如 2009 年的三鹿奶粉事件。基业长青,持续经营是任何组织及其员工的最高追求。基于风险的思维应当是整个组织文化的一部分。一个具有可持续性的组织,既有能力应对当前的各种风险,也要有能力应对未来环境的变化中的风险,具有敏捷性和风险应对的能力。

(2)组织应结合实际对于所识别的风险和机遇,策划应对措施以应对风险,利用机遇,达到确保质量管理体系能够实现其预期结果,增强有利影响,避免或减少不利影响,实现改进的目的。

(3)标准要求在策划时就应考虑如何在质量管理体系过程中整合并实施这些措施,如何评价这些措施的有效性。

可以考虑的措施如:为质量管理体系过程建立合适的控制,或针对机遇建立新的过程。有很多措施都可被组织选用来应对风险。质量管理方面的典型实例是开发各种控制活动,包括过程、产品及服务的检查、监视和测量;产品及过程设计、过程和原辅材料的优化(如以低毒、无毒材料替代高毒材料等);纠正措施;专项规定、方法或作业指导书;培训及使用有能力人员,强化资源等方面。

通过评价市场需求可识别机遇,例如提供新产品和服务,或使用新技术来建立针对顾客或供应链在线服务的更好系统等。对质量管理体系过程进行绩效分析,则可识别出减少浪费或提高结果和绩效的机遇等。

(4)组织在导入本标准的过程中,如需进一步考虑全面风险管理,可以从 GB/T 23694《风险管理术语》中理解风险相关的术语,此外国际标准 ISO 31000《风险管理风险评估技术》也提出了清晰的风险管理框架。国资委发布的《中央企业全面风险指引》,将风险划分为战略风险、法律风险、市场风险、财务风险和营运风险五类。如果组织属于央企,可以参照执行。也可参考美国反对虚假财务委员会发起委员会提出的《企业风险框架》。

(5)本标准重点关注质量管理体系所有与过程相关的风险。本标准并不要求组织必须要使用正式的风险管理框架来识别风险和机遇。组织可以结合各自的行业特点与产品和服务特性选择适合的方式来识别风险和机遇。

(二)质量目标及其实现的策划

【标准条款】

6.2 质量目标及其实现的策划

6.2.1 组织应针对相关职能、层次和质量管理体系所需的过程建立质量目标。质量目标应:

a) 与质量方针保持一致;

b) 可测量;

c) 考虑适用的要求;

d) 与产品和服务合格以及增强顾客满意相关;

e) 予以监视;

f) 予以沟通;

g) 适时更新。

组织应保持有关质量目标的成文信息。

6.2.2 策划如何实现质量目标时,组织应确定:

a) 要做什么;

b) 需要什么资源;

c) 由谁负责;

d) 何时完成;

e) 如何评价结果。

【理解要点】

(1) 策划、建立组织的质量目标系统,要考虑组织的相关职能部门和基层单位包括班组、岗位等的过程,特别是关键过程;质量目标应与方针相一致,考虑适用于组织的产品和服务的要求,体现产品和服务的特点。目标的含义应很清晰,应能很清楚地解释和方便地考核、评价。

组织的质量目标,应经过层层分解,最终都会转化为岗位质量目标,建立从组织到岗位的目标系统。如果组织的每个员工都出色地完成了相应的岗位质量目标,那么组织的质量目标一定能顺利完成,组织的方针一定能顺利实现。比如,假设某公司的质量目标为产品综合成材率大于98%、产品退货率小于1%、合同履约率为100%、顾客满意率大于95%等,那么,为了实现这些目标值,就应对公司各部门、生产车间、库房、产品交付及售后服务等相关职能、层次和过程影响产品成材率、退货率、合同履约率、顾客满意率等相关因素进行分析,凡是涉及影响上述目标完成因素的部门和岗位,都应建立相应的目标,并制定考核办法,按期进行考核,从而通过各部门、岗位目标值的完成,确保公司目标的实现。

组织应发挥目标系统的引领作用,实现系统管理。例如,对于一个处于高度竞争的行业中的供应商而言,其目标可能是建立和保持质量、价格优势。其目标系统便可能是在整个组织中协调一致地建立有效的降低成本过程,并建立能够监视每项活动的质量要求和核算每项活动成本的目标系统。目标系统或许包括培训各部门或团队基于质量和成本效益原则来设定优先事项。在整个组织层次上的分析和评审就会强调工作效率、成本和质量。

(2) 明确质量目标应保持成文信息。

(3) 目标制定后应进行沟通,让大家知道自己的目标,知道完成目标所需的方法措施和预期的完成时间;在需要相互配合的情况下,明白各自的目标职责;清楚目标完成的评价考核方法。

(4) 组织应对质量目标的完成情况进行监视、测量和跟踪,并对实施的进展、效果进行评价。组织的目标系统是一个不断循环、没有终点的过程。外部经营和技术环境的变化、内部资源的变化,可能会使实施计划、目标明显不起作用,组织应有能力对其予以调整并快速执行,以提高组织的绩效和保持竞争优势。随着先前的目标已经完成,可能需要新的更高的目标,组织应对目标系统进行更新,保持目标的先进性。

(三) 变更的策划

【标准条款】

6.3 变更的策划

当组织确定需要对质量管理体系进行变更时,变更应按策划的方式实施(见4.4)。

组织应考虑：

a）变更目的及其潜在后果；

b）质量管理体系的完整性；

c）资源的可获得性；

d）责任和权限的分配或再分配。

【理解要点】

在策划质量管理体系的必要变更时，应提前分析、预防变更造成的不良影响，并确保在可控条件下进行。

（1）变更可能会对质量管理体系的正常运行产生影响或对组织的生产、经营活动带来一定风险。组织可能需要变更包括但不限于以下情况的变化：

① 适用的政策法规和标准、规范；

② 顾客和其他相关方要求、期望；

③ 组织机构、主要管理人员和关键技术人员的调整；

④ 产品结构、生产工艺、技术、设备设施、材料；

⑤ 作业过程、作业环境变化；

⑥ 信息系统调整；

⑦ 新、改、扩建项目，安全，环保设施的变更（包括永久性变更和暂时性变更）。

另外，组织还可通过多种途径识别变更的需求，例如根据管理评审结果、审核结果、不符合项整改、投诉分析和处理、过程绩效分析结果等。

（2）组织策划变更时还应考虑到资源的可获取性。如组织从单一的产品扩展为多元化的产品时，资源配置能否仍然满足需求，这是组织在变更的实施中必须予以考虑的重要问题。

（3）应考虑变更引发的任何潜在后果。变更有可能带来好的结果，也可能带来风险和挑战，如前面的示例，有可能由于工艺不成熟、设施设备可靠性低、原材料质量差而导致产品质量不能达到预期要求。所以，进行变更的策划时，组织应考虑充分、未雨绸缪，必要时采用论证、小试、模拟实验、理论计算等方法来确定变更的可行性，变更方案得到批准后，方可实施。主管部门应对变更方案进行评审，对变更实施过程及变更后风险控制的有效性进行全程监控，并组织对变更的有效性进行评价。

（4）变更的实施中还需考虑的其他因素。①管理体系的充分、适宜和完整性。如组织的工艺或作业方法变更后，工艺文件要发生变更，需对工人进行工艺培训，这些都需要系统地加以考虑。②变更还应充分考虑职责和权限的分配或调整，相关文件的变更，内部的沟通、学习和理解等。③若组织需因配合战略管理的调整而实施变更，则更需要对其欲调整的事项有充分的了解。

七、支持

标准第 7 章"支持"规定了为达到预期目标，有效实施和运作质量管理体系所需的必要条件。这些条件既是支持，也可能是组织发展的制约因素。

（一）资源

【标准条款】

> 7. 支持
>
> 7.1 资源
>
> 7.1.1 总则
>
> 组织应确定并提供所需的资源，以建立、实施、保持和持续改进质量管理体系。
>
> 组织应考虑：
>
> a）现有内部资源的能力和约束；
>
> b）需要从外部供方获得的资源。

【理解要点】

本条是对质量管理体系所需要资源的管理的总的原则要求。组织在建立、实施、保持和持续改进质量管理体系的过程中，应确定并提供所需的资源。本条款的要求适用于条款7.1的所有条款的要求。

标准要求质量管理体系所需的资源从人员、基础设施、过程运行环境、监视和测量资源、组织的知识五个方面考虑，评审自己目前所具有的能力，同时还有哪些资源约束；对于这些资源约束，确定需要从外部供方获得的资源。例如组织可以考虑与高等院校、科研院所合作进行产品设计、技术开发，以解决自身开发资源不足的问题等。对外部提供的过程、产品和服务的管理在标准8.4条款中做了规定。

【标准条款】

> 7.1.2 人员
>
> 组织应确定并配备所需的人员，以有效实施质量管理体系，并运行和控制其过程。

【理解要点】

人员是组织内不可缺少的资源。组织为了质量管理体系和相关过程的有效实施、运行和控制，组织应确定和配备所需要的人力资源。为此，组织应首先确定所需要的岗位和岗位对人员的能力、数量要求并按能力要求配备相关的人员，才能达到目的。

组织应确定有效实施质量管理体系所需的人员，包括人员类型、能力要求、数量等。人员能力从教育、培训、经历等方面考虑，以使其能够履行在质量管理体系中的职能和工作，例如审核、检验、测试、服务和投诉处理等人员。标准7.2条款对人员的能力给出了要求。

【标准条款】

> 7.1.3 基础设施
>
> 组织应确定、提供并维护所需的基础设施，以运行过程，并获得合格产品和服务。
>
> 注：基础设施可包括以下内容：
>
> a）建筑物和相关设施；
>
> b）设备，包括硬件和软件；

　　c) 运输资源；

　　d) 信息和通信技术。

【理解要点】

　　基础设施是指组织运行所必需的设施、设备和服务的体系。组织应根据发展战略实施计划和发展目标的要求，以及满足日常运行全过程的需要，进行总体考虑，提供所需的基础设施。

　　基础设施的需求可以基于顾客、法律法规要求以及组织知识所需考虑。组织的基础设施的配置状况很大程度上决定了自身的生产能力和采购规模。基础设施的配置应尽可能结合目标客户的各类需求和期望及技术标准等要求，考虑设备设施的合理选型、利用率和单台设备运行成本等问题。

　　在确定基础设施的需求时，组组可通过开展差距分析来检查目前的基础设施，识别新需求及需要采取的行动，例如制订设备维护计划、策划替换现有的基础设施、定期测试信息和通信系统、定期检测产生、服务设备和基础设施。

　　不同的组织对于基础设施的需求是不同的。对于传统的制造和装配过程而言，基础设施包括制造、包装、配送、运输和 IT 系统使用的设施。对于服务组织而言，基础设施可包括使用 IT 系统、办公室和行业专家，例如心理咨询服务；使用互联网系统和核心办公室，如网上采购和中心配送办公室、网上银行和办公室。

　　组织可以采用从基础设施的需求提出和分析、选型、购置、安装、使用、维护保养、检修、维护保养、直到报废的全生命周期管理模式，必要时可以采用 TPM（全员生产维护）等先进的管理工具，也可以借鉴 ISO 55000《资产管理》系列标准的适用要求达到基础设施综合效率最大化，降低设备运行成本，提高设备使用寿命的目的。

　　组织的设备管理部门应定期评定重要设备的技术状况、等级，制订适宜的设备保养、检修计划并实施。设备经检验、检修后发现达不到应有的技术状况，如果决定继续使用，则应该明确其使用的限制条件，明确决策者、使用者、监护者应承担的责任。在作出设备"带病"运行的决定前，应对其可能造成的影响进行风险评估（对产品质量的影响、对设备使用寿命的影响、可能增加的修理费用等），并保留参与评估人员的评估报告。有条件时，单台设备的运行成本（单位运行时间能耗、维修保养的直接费用、折旧等）、利用率、有效使用小时数、技术状况及变化情况、带故障运行时间、使用、操作人员及变化情况等，均应建立台账，并按照本标准条款 9.1.3 的要求进行统计、分析和比较。经过多个周期后，就会沉淀很多有用的数据和信息。通过数据挖掘、分析和利用，实现设备管理工作的持续循环改进。

　　当组织需要采用融资租赁模式租赁设备时，应关注并明确要求供方提供的设备符合规定要求，对重要设备的技术状况应进行确认，对租赁设备也应考虑将供方纳入采购控制范畴；特别是对一些特种设备的租赁、使用管理需符合行业法规的要求，如施工行业的塔吊租赁等。

　　随着高端制造、智能制造的不断发展，越来越多的智能化设备设施将普遍采用，其选型、完好状态对其后产品和服务的质量影响较大，如服务行业直接提供给客户使用的智能化、可穿戴服务设施等，组织可随时关注相关的新技术、新设备带来的对于组织提高生产率、提高产品和服务质量方面的机遇。

【标准条款】

7.1.4 过程运行环境

组织应确定、提供并维护所需的环境,以运行过程,并获得合格产品和服务。

注:适当的过程运行环境可能是人文因素与物理因素的结合,例如:

a) 社会因素(如无歧视、和谐稳定、无对抗);

b) 心理因素(如舒缓心理压力、预防过度疲劳、保护个人情感);

c) 物理因素(如温度、热量、湿度、照明、空气流通、卫生、噪声等)。

由于所提供的产品和服务不同,这些因素可能存在显著差异。

【理解要点】

工作环境是组织工作时所处的一组条件,主要是物理因素。组织的过程运行环境是在工作环境的基础上考虑了人文的因素,如社会因素、心理因素等。

1. 物理环境

不同的组织所提供的产品和服务不同,所需要的工作环境也不同。对一些组织,工作环境可能仅需要考虑温度、气流和噪音等因素。而对于食品、药品和一些高精度产品行业,为了实现产品符合性,诸如清洁、洁净度等因素很重要。例如在清洁的室内环境中制造计算机芯片。

组织应根据过程预期的输出要求来确定、提供、维护和管理过程运行所需的环境(如物资、档案文件的储存条件;清洁作业的要求,对每天作业场所进行的"工完料尽场地清"管理;等等)。

2. 人文环境

社会和心理因素对产品和服务质量的影响有时也很重要,尤其服务行业中,需要重点关注。例如一线服务人员的心态直接影响到服务提供质量;充足的人员轮班、排班或停工时间,以避免人员筋疲力尽,如对飞行员的飞行时间控制,提供货运或配送服务的驾驶员的驾驶时间控制以防止疲劳驾驶等。

对于服务行业,因为服务提供过程所需的环境通常直接暴露在服务现场并直接影响到顾客满意,所以更需要加强服务提供过程中的运行环境质量控制。

3. 创建良好的运行环境

"5S"管理模式是工作环境管理的较好模式,"5S"包括整理、整顿、清扫、清洁、修养等项目。

组织的员工是组织的内部顾客,以顾客为关注焦点的原则也适用于内部顾客。一个组织如果具有良好的工作环境,人文氛围,员工之间关系融洽、良好的团队精神、互相配合、互帮互助,有利于建设组织良好运行环境和文化。

【标准条款】

7.1.5 监视和测量资源

7.1.5.1 总则

当利用监视或测量来验证产品和服务符合要求时,组织应确定并提供所需的资源,以确保结果有效和可靠。

组织应确保所提供的资源:

a) 适合所开展的监视和测量活动的特定类型；

b) 得到维护，以确保持续适合其用途。

组织应保留适当的成文信息，作为监视和测量资源适合其用途的证据。

7.1.5.2　测量溯源

当要求测量溯源时，或组织认为测量溯源是信任测量结果有效的基础时，测量设备应：

a) 对照能溯源到国际或国家标准的测量标准，按照规定的时间间隔或在使用前进行校准和(或)检定，当不存在上述标准时，应保留作为校准或验证依据的成文信息；

b) 予以标识，以确定其状态；

c) 予以保护，防止由于调整、损坏或衰减所导致的校准状态和随后的测量结果的失效。

当发现测量设备不符合预期用途时，组织应确定以往测量结果的有效性是否受到不利影响，必要时应采取适当的措施。

【理解要点】

1. 总则

(1) 监视意为观察、检查过程、产品和服务的质量状态。它可以是简单的检查，如检查产品的数量是否准确、订单是否完整，或服务提供过程中询问顾客还有什么需要等。

(2) 测量是通过使用适当的测量资源确定数量、大小或尺寸。其中包括使用可溯源到国家或国际测量标准、经校准或验证的设备。对于服务而言，包括使用已知并经确认的服务反馈模式。

(3) 监视和测量资源包括符合要求的人员(如质检员)，独特的监视和测量方法，相关的软件、信息(如手机软件不同版本开发中对顾客体验的调查数据)，检查表，调查表，监视和测量设备等。组织需要在确定产品和服务符合性时考虑监视和测量资源的要求。

(4) 监视和测量所需的资源因组织提供的产品和服务的类型及建立的 QMS 过程而异，在某些情况下，简单检查或监视就足以确定质量状态；而在其他情况下，测量则是必需的，而且还可能要求测量设备经检定或校准、或既要检定又要校准。组织应识别并提供需要的监视和测量资源，以确保结果有效并且可靠。组织应确定对相应过程、产品和服务，需要监视、测量哪些内容，需要哪些监视和测量资源，并确保其适用于所要求的监视和测量。

(5) 为了防止偏离原适用状态，确保监视和测量资源持续适合使用，组织应对这些监视和测量资源进行维护，如仪器仪表应满足其使用环境要求，储存和搬运中防止损坏，计算机软件、检查表的版本控制，测量设备的检定或校准等。

(6) 组织应保留成文信息以证明所选择的监视和测量资源符合预期的目的。这些成文信息可包括为确保结果有效，规定了监视和测量资源所需的检查频率和进度计划，证明可追溯到国家标准或使用的替代依据的信息。

2. 测量溯源

(1) 组织的测量系统可能包括软件、设备及其他装置(例如水泵和用于测量水压的压力表组合成的水压站)的组合。组织的测量系统都应适用于测量目的。无论是制造业还是服务业，均需基于其产品和服务质量特性的不同，选用不同的监视、测量设备、手段和方法，并通过维护措施确保持续满足使用要求。组织应根据测量产品和服务符合性的风险和重要性，制订测量设备的校准、维修计划。

（2）当测量设备用于验证符合要求并为测量结果的准确性提供信任时，测量设备应：

对照能溯源到国际或国家标准的测量标准进行校准或检定，校准或检定周期应符合相关要求。当某台/套测量设备目前还没有相关国际或国家的测量标准时，组织应制定该台/套测量设备的自校规程，并在规定的时间间隔内，由有相应能力或资质的人员进行校准。

对列入强制性校准或检定的监视和测量设备设施、非强制性的检测、试验用计量器具、作为工具使用的计量器具、低值易耗计量器具、自检自校计量器具/工装、监视和测量软件或装置等，组织应按照《中华人民共和国计量法》的规定建立校准和（或）检定规程并执行校准和（或）检定或其他任何确定其准确度的适宜方法。

启用已停用的测量设备前，应对其进行校准或检定或任何确保其准确度的其他手段。

（3）测量设备的校准或检定或其他合适的状态应该能够易于识别。

对于测量设备是否按期检定或校准、检定是否合格等状态通过标签、台账等方式进行标识。测量设备停用后应予以封存和标识。

（4）应及时发现和纠正测量设备不正确的搬运、调整、使用、存放方法，如将计量器具随意放置导致变形、不按规定的操作规程使用或调整计量器具、在不满足检验和试验条件的环境中使用计量器具、将计量器具长期放置在不满足储存条件的环境中等。监视和测量设备的搬运（特别是远距离搬运）应有防止其失准、失效的措施。

校准、检定或试验人员应具有相应的资质或专业培训背景，防止由于非预期的调整、损坏或衰减所导致的校准状态和随后的测量结果的失效。相关人员应在允许或规定的范围内工作。

（5）如发现测量设备不适合预期的用途，应考虑对测量要求的符合性造成的潜在影响，并采取必要的措施。

一旦发现某台、套监视系统或测量设备失准失效，应立即停用，并对该台、套监视系统或测量设备以往的测量结果进行追溯和评价，直至确认其某一时段以前的测量结果为有效时为止。批量产品、自动生产线的首检制度和适宜的中间抽检是及时发现监视和测量设备（包括工装、监视和测量软件等）失效的有效方法。

（6）在服务行业使用问卷调查表的方式进行测量时，应围绕调查目标设计问卷并及时优化设计内容，以确保问卷内容与调查目标一致。在涉及基准、样板或标准动作等示范性测量工具或手段的使用时，应做好其日常维护并确保持续准确度。应适时维护和动态监控信息系统中使用的自动校验功能性软件，以确保持续有效。

（7）随着高端制造、智能制造的不断发展，国家加强对计量这一质量技术基础建设，智能检测、智慧技术快速发展，新一轮科技革命对制造业质量技术与管理的变革带来机遇，各种新的智能检测技术和装备不断涌现，如现场 3D 测量技术、极端条件下的测量和控制技术、基于立体视角的环境感知与距离测量技术等，组织可以多加关注。

【标准条款】

7.1.6 组织的知识

组织应确定运行过程所需的知识，以获得合格产品和服务。

这些知识应予以保持，并在需要范围内可得到。

为应对不断变化的需求和发展趋势，组织应考虑现有的知识，确定如何获取更多必要的知识，并进行更新。

注1：组织的知识是从其经验中获得的特定知识，是实现组织目标所使用的共享信息。

注2：组织的知识可以基于：

a）内部来源（例如知识产权；从经历获得的知识；从失败和成功项目得到的经验教训；得到和分享未形成文件的知识和经验，过程、产品和服务的改进结果）；

b）外部来源（例如标准；学术交流；专业会议，从顾客或外部供方收集的知识）。

【理解要点】

知识是对事物的认识。知识管理就是为组织实现显性知识和隐性知识共享提供新的途径，利用集体的智慧提高企业的应变和创新能力。

组织的知识越来越成为组织的一种重要资源，也被称作"知识资本"，而且"知识资本"已经成为投资回报率最高的资本。知识资源可以对运行组织过程、实现产品和服务的符合性起到指导作用。建立和管理其知识资源是使组织为股东、顾客和其他相关方创造价值的关键组成部分。

本条款对组织知识的管理对象界定为对运行过程和实现产品和服务符合性所需的知识，是组织特有的知识，通常是由经验中获取的知识。

组织应确定所需要的包含来自员工、顾客、供方和合作伙伴等内部和外部的相关有价值信息、最佳实践等知识。确定这些知识的收集、确认、分享和应用。

组织的内部知识是组织和其员工所拥有的知识，包括图纸、文件、专利、技术诀窍、攻关成果、技术革新和改造成果、工艺成果、QC小组和六西格玛管理成果、合理化建议成果、专业论文、科研成果、典型质量问题、口口相传的知识和经验等。组织应营造重视知识的学习型组织文化氛围，明确知识管理过程，建立知识管理的信息平台，收集和传递来自员工、顾客、供方和合作伙伴的知识，通过内部知识分享和外部标杆对比，识别最佳绩效背后的最佳实践，进行确认、积累、整合、分享和推广应用，使分散的知识集成化、隐性的知识显性化，将知识转化为效益，促进知识的不断增值。

组织外部的知识可包括从顾客、供方以及相关的学术团体、行业协会、标准化组织等收集的和整理、共享的相关知识；组织在产品和服务研发过程中与关键供应商或科研院所等相关方共同合作，在此过程中获取相关知识等。

组织越大，就越难保存和分享最佳实践。在一个只有10个人的组织中，你可以和每个人交流你所想试验的或你已经做成的事，最佳实践也可以很快成为标准程序；而在一个大型组织中，一般情况下你没法知道从你身边走过的每个人是干什么工作的。大多数较大的、较优秀的组织都有正式的保存和分享最佳实践的方法。

组织可建立系统的知识管理体系，建立相关制度和流程，明确相关责任，确保组织知识的收集、传递和共享；建立支持知识管理的信息系统、完善的数据库；建立有效的激励制度，促进员工隐性知识的贡献，并转化为显性知识进行共享；建立识别最佳实践的系统方法；与顾客、供应商建立知识联盟，有效获取相关知识。

组织知识管理中经常出现的问题包括但不限于保留大量的数据从未进行分析（记录很多，分析很少）；重复投资开发已存在的知识；同类问题在本组织内重复发生（未吸取经验教训）；解决问题后并未纳入规范（未及时总结经验教训）；重要的隐性知识掌握在少数几个员工手中，又无防止流失的措施；相同工作因人不同而绩效差异极大（知识未分享）等。

组织应采取措施避免由于员工更替、未能记载和共享信息等丧失其知识；鼓励通过总结经验、专家指导、标杆比对等获取知识。

应注意组织知识与外来文件的区别,知识是组织特有的,外来文件是组织确定的策划和运行质量管理体系所必需的来自外部的成文信息。

(二)能力

【标准条款】

> 7.2 能力
>
> 组织应:
>
> a)确定在其控制下工作的人员所需具备的能力,这些人员从事的工作影响质量管理体系绩效和有效性;
>
> b)基于适当的教育、培训或经验,确保这些人员是胜任的;
>
> c)适用时,采取措施获得所需的能力,并评价措施的有效性;
>
> d)保留适当的成文信息,作为人员能力的证据。
>
> **注**:适用措施可包括对在职人员进行培训、辅导或重新分配工作,或者招聘、外包胜任的人员。

【理解要点】

在组织控制下从事影响组织质量管理体系绩效和有效性工作的人员包括组织的内部员工、临时聘用的人员,以及使用外部分包商和外包服务的相关人员。组织应识别履行对于质量管理体系有效性而言必要的工作和职责所需的必要能力,并基于教育背景(学历)、岗位相关的专门培训、通过相似工作获得的经验,确保相关岗位的人员能够胜任。组织应识别和界定在组织控制下的从事影响质量绩效和效率的岗位,并对这些岗位影响质量的因素进行分析,确定岗位能力要求,是满足"胜任"的前提。

组织可以采取多种方式确定能力要求,如特定的服务水平协议,明确说明绩效准则和能力要求,知晓规定的要求和所需的接受准则,知晓非期望输出和缺陷以及组织运行的过程和控制措施的知识。

能力评价可包括主管或经理定期对执行任务和运行过程的人员进行评价、围绕服务绩效要求作标杆对比、评价过程运行情况的定期反馈会议等。组织的各级管理人员应基于所管辖岗位的能力标准,适时地评价在岗人员是否持续满足其能力要求。可以和组织的员工绩效考核相结合,基于不同的绩效考核周期监控在岗人员在考核周期内的绩效表现,并通过采用绩效面谈、培训等多种手段确保人员能力持续满足。

对于能力达不到岗位任职要求的,组织应适时提出培训要求,综合考虑组织人力资源规划、自身人才培养目标和各岗位的培训需求,统筹考虑培训预算安排,汇总形成培训计划并采用师带徒、脱产培训、业余培训等多种措施实施培训计划。

围绕培训目标设计培训有效性评价方式和内容,可通过对理论和实际操作进行业绩评定、观测等方法,确定受训人员是否具备了所需能力、知识和技能,必要时可提出再培训需求。

(三)意识

【标准条款】

> 7.3 意识
>
> 组织应确保其控制范围内的相关工作人员知晓:

a) 质量方针；

b) 相关的质量目标；

c) 他们对质量管理体系有效性的贡献，包括改进质量绩效的益处；

d) 不符合质量管理体系要求的后果。

【理解要点】

标准强调工作人员的质量意识在 a)至 d)四个方面体现。在组织控制下工作的人员包括现有的员工、临时工、处部供方(如承包商和外包服务)人员等。

组织应通过多种方式和途径使其工作人员，特别是新员工知晓组织在质量方面的战略定位和发展规划、质量方针和质量目标及其职责，自己所从事的工作与组织实现其质量方针和目标的关系，知晓他们对质量管理体系应做的贡献，包括绩效改进的益处，以及当他们的质量行为不符合质量管理体系要求时会造成的不良后果。

组织通过宣传、培训等方式让员工清楚地知道质量方针的含义和制定方针的背景，实现方针的好处，对于方针的贯彻实施很有利；让员工清楚地知道各自岗位的目标及实现目标的方法，有利于实现整个公司的质量目标。

组织可以通过同行业案例教育，让员工知道严重质量事故的后果。

沟通是确保质量意识养成的重要手段，如产品质量分析会、顾客和供应商会议与反馈等，应确保相关人员知晓这些反馈。

质量意识教育是组织企业文化建设的一部分，组织需从核心价值观层面构建组织的质量文化并固化和推广，通过提升高层、中层和基层管理人员及其他各类员工的质量意识进而提升公司的产品和服务质量。对组织的员工来说，除了能力提升方面的培训以外，还必须接受意识方面的培训，这涉及组织核心价值观的培训和养成，使员工意识到满足顾客要求和适用法规要求的重要性，以及不能满足这些要求所造成的不良后果。

(四)沟通

【标准条款】

7.4 沟通

组织应确定与质量管理体系相关的内部和外部沟通，包括：

a) 沟通什么；

b) 何时沟通；

c) 与谁沟通；

d) 如何沟通；

e) 由谁负责。

【理解要点】

沟通是质量管理体系有效运行的重要因素，包括内部沟通和外部沟通两个方面。组织明确最高管理者、各部门、各级人员的沟通要求和责任；策划、建立和实施过程，以明确需要沟通的内容、时机、方式、对象，确保沟通的内容明确、清晰、一致并易于双方取得一致的理解。组织应建立明确、简捷、顺畅的沟通渠道，以及时、有效地进行内外部信息沟通。

1. 内部沟通

从某种意义上来说,内部沟通是组织良好的人文工作环境建设的重要方面。

组织内各级人员的积极参与是建设良好企业文化、提高管理水平和效率的必要条件。如果组织的战略规划、方针目标、政策措施不能很好地得到相关工作人员的理解,就不能得到很好的贯彻实施。如何才能让员工积极参与质量管理工作? 沟通、交流是重要方法之一,所以,标准中相当一些条款都要求进行沟通。

沟通的内容主要与质量管理体系过程运行和有效性有关,如职责、权限和接口,技术质量规范,支持条件,过程控制和改进,产品和服务质量,进度与交付期,售后服务,市场信息,绩效考核和完成情况,变更等。

内部沟通可能会涉及上下级之间的纵向沟通,平行部门、岗位之间的横向沟通。组织应建立良好的沟通机制、民主管理的氛围;鼓励员工发表、提出真实的想法和意见、建议,明确员工的主要关注点,作为决策的部分依据。上级与下级的沟通也要注意以理服人,坚持真理。

2. 外部沟通

外部沟通包括与顾客、供方、合作伙伴、政府部门、协会等有关相关方之间的沟通。组织应根据所理解的组织环境、相关方的需求和期望中的风险和机遇应对的需要,确定沟通的对象、时机、内容和责任。

外部沟通内容主要包括市场信息、法规要求、上级要求、行业要求、顾客需求、投诉调查和处理等。

3. 沟通方式

一般而言,外部沟通可能需要以比较正式的方式进行,例如报告、规范、电子邮件、服务协议、文件资料传递等;内部沟通方式方法比较灵活多样,如例会、面谈、简报、电子邮件、组织内网、外部网络、书面报告、口头汇报、规范、通知通报、内部刊物、警示标志、布告栏、电视广告、新闻发布会等。

(五) 成文信息

【标准条款】

7.5 成文信息

7.5.1 总则

组织的质量管理体系应包括:

a) 本标准要求的成文信息;

b) 组织所确定的为确保质量管理体系有效性所需的成文信息。

注:对于不同组织,质量管理体系成文信息的多少与详略程度可以不同,取决于:

——组织的规模,以及活动、过程、产品和服务的类型;

——过程及其相互作用的复杂程度;

——人员的能力。

7.5.2 创建和更新

在创建和更新成文信息时,组织应确保适当的:

a) 标识和说明(如标题、日期、作者、索引编号);

b) 形式(如语言、软件版本、图示)和媒介(如纸质、电子格式);

c) 评审和批准,以确保适宜性和充分性。

7.5.3 成文信息的控制

7.5.3.1 应控制质量管理体系和本标准所要求的成文信息,以确保:

a) 在需要的场合和时机,均可获得并适用;

b) 予以妥善保护(如防止失密、不当使用或缺失)。

7.5.3.2 为控制成文信息,适用时,组织应进行下列活动:

a) 分发、访问、检索和使用;

b) 存储和防护,包括保持可读性;

c) 变更控制(比如版本控制);

d) 保留和处置。

对于组织确定的策划和运行质量管理体系所必需的来自外部的成文信息,组织应进行适当的识别和控制。

应对所保留的作为符合性证据的成文信息予以保护,防止非预期的更改。

注:对成文信息的"访问"可能意味着仅允许查阅,或者意味着允许查阅并授权修改。

【理解要点】

(1)"成文信息"包括组织的各种文件、记录及适用的外来文件。成文信息的作用在于沟通意图,统一行动并为培训、知识分享提供信息;在于证实经策划并已实施的证据。

(2)在 ISO 9001:2008 中使用"记录"这一术语表示提供符合要求的证据所需要的文件,现在表示为要求"保留成文信息"。组织有责任确定需要保留的成文信息及其存储时间和所用介质。

(3)ISO 9001:2015 版用"成文信息"代替原来的"文件""记录",目的是适合组织继续使用原有的行之有效的文件,包括各种媒介的文件、记录、数据和信息(如计算机硬盘、CD 光盘、录音、录像、样板、照片或图样等),不要求统一文件的格式和名称,为贯标认证组织带来更大的灵活性和弹性。

(4)"保持"成文信息的要求并不排除基于特殊目的,组织也可能需要"保留"同一成文信息的可能性,例如保留其先前版本。

若本标准使用"信息"一词,而不是"成文信息"(比如在 4.1 中"组织应对这些内部和外部因素的相关信息进行监视和评审"),则并不要求将这些信息形成文件。在这种情况下,组织可以决定是否有必要适当保持成文信息。

(5)标准中要求组织为建立质量管理体系需要保持成文信息(顶层设计的文件)可包括:

——组织的质量管理体系范围应作为成文信息加以保持(4.3);

——在必要的程度上,组织应保持成文信息以支持过程运行(4.4.2);

——质量方针(5.2.2);

——质量目标(6.2.1);

——保持成文信息,以确信过程按策划的要求实施(8.1);

——标准 7.5 条款中所要求的成文信息。

除了满足标准要求的成文信息外,组织自己所确定的为确保质量管理体系有效性所需的成文信息,例如组织的结构图,生产和服务流程图或过程描述,工艺规程、检验规程、服务规范、批准的合格供方名单、战略规划、相关表格(如技术报告、质量记录表格格式或模板)等。主要根据组织质量管理体系运行需要确定,例如一家小型销售服务公司比一家大型化工企业需要的成文信息要简单得多。

需要注意的是标准着重强调的是要建立一个文件化的质量管理体系,而不是一个文件体系。不能以认证为目的或为接受外部检查而将质量管理体系过度文件化。

(6) 本标准中要求组织保留成文信息的条款主要有:

——保留证实其过程按策划的要求实施的成文信息进行的文件的信息(4.4.2);

——组织应保留作为监视和测量资源适合其用途的证据的成文信息(7.1.5.1);

——应保留作为校准或检定(验证)依据的成文信息(7.1.5.2a);

——保留适当的成文信息,作为组织控制并影响质量管理体系绩效和有效性的人员能力的证据(7.1);

——产品和服务要求适用时,组织应保留下列成文的信息(8.2.3.2):a)评审结果;b)产品和服务的新要求。

——证实已经满足设计和开发要求所需的成文信息(8.3.2j);

——组织应保留有关设计和并发输入的成文信息(8.3.3);

——保留这些活动(有关设计和开发控制活动)的成文信息(8.3.4);

——组织应保留设计和并发输出的成文信息(8.3.5);

——组织应保留设计和开发更改的成文信息(8.3.6);

——组织应保留对外部提供方评价、选择、绩效监视、再评价等活动所引发措施的所需的成文信息(8.4.1);

——应保留可追溯性要求所需的成文信息(8.5.2);

——应保留相关的顾客或外部供方的财产发生丢失、损坏或不适用及报告的成文信息(8.5.3);

——组织应保留更改评审结果、授权更改人员及根据评审所采取的必要措施的控制的成文信息(8.5.6);

——组织应保留有关产品和服务放行的成文信息(8.6);

——组织应保留不合格的描述、所采取措施、获得让步、处置不合格的授权标识的成文信息(8.7);

——组织应保留质量管理体系的绩效和有效性评价的成文信息(9.1.1);

——组织应保留内部审核方案实施的成文信息,以及审核结果的成文信息(9.2.2f);

——组织应保留管理评审结果的成文信息(9.3.3);

——组织应保留不合格的性质和所采取的后续措施的成文信息(10.2.2);

——组织应保留纠正措施的结果的成文信息(10.2.2)。

(7) 外来文件主要指策划和运行质量管理体系所必需的来自外部的原始的成文信息,可以包括组织从网络、书店、上级发放等途径获得的适用的法律法规、标准、规范、政府部门和上级机关与质量管理有关的文件、顾客投诉以及来自有关相关方的各类文件和记录等,可以是纸质文件,也可以是电子版。对于外来文件,并不存在"创建和更新"。对外来文件的控制要求:

① 识别。识别适用于组织产品和服务的外来文件,包括识别外来文件的最新适用版本。举例说,假如组织的产品标准原来是 1998 年的版本,但是现在已被 2016 版的代替了,那就意味着 1998 版本已作废,要及时使用 2016 版的标准。

② 控制。意即对适用的外来文件应及时发放到需要使用的岗位,做好记录,及时将作废的外来文件从相关岗位收回,重新发放适用的新版的外来文件。

（8）对成文信息的控制包括对其编制、批准（组织在创建和更新文件时应经过批准，以确保文件的适宜性和充分性）、发放（发放到需要使用的岗位）、使用、更改（需再次批准）、标识、回收和作废等全过程的管理。

（9）对需要保留的成文信息应予以保护，防止损坏和非预期的更改。需要保留的成文信息是证明过程是否已按要求实施和是否取得预期结果的证据，反映了质量管理体系运行的真实情况，是不允许更改的。如医院在发生医患矛盾时更改病历，或者生产企业更改产品检验记录将不合格品改成合格品等都是不允许的。

八、运行

标准的"8.运行"是对质量管理体系中"产品和服务提供所需要过程"的要求，包括产品和服务要求的确定过程、设计和开发过程、外部提供的控制过程、生产和服务提供过程、产品和服务的放行、不合格输出的控制等过程要大。

（一）运行策划和控制

【标准条款】

> 8. 运行
>
> 8.1 运行的策划和控制
>
> 为满足产品和服务提供的要求，并实施第6章所确定的措施，组织应通过以下措施对所需的过程（见4.4）进行策划、实施和控制。
>
> a）确定产品和服务的要求；
>
> b）建立下列内容的准则：
>
> 1）过程；
>
> 2）产品和服务的接收。
>
> c）确定所需的资源以使产品和服务符合要求；
>
> d）按照准则实施过程控制；
>
> e）在必要的范围和程度上，确定并保持、保留成文信息，以：
>
> 1）确信过程已经按策划进行；
>
> 2）证明产品和服务符合要求。
>
> 策划的输出应适合于组织的运行。
>
> 组织应控制策划的变更，评审非预期变更的后果，必要时，采取措施减轻不利影响。组织应确保外包过程受控（见8.4）。

【理解要点】

本条款与标准第6章的关系如下。

（1）标准第6章是对管理体系的策划要求，本条是对具体的产品和服务提供、运行过程的策划，可以是某一个产品、一个项目，一项服务、一项活动运行的策划，也包括对任何外部提供过程的策划。

本条款的策划应在标准第6章体系策划的框架内进行，应考虑在标准第6章中所确定的应对风险的机遇的措施，通过本条款落实到具体的过程，同时要以第6章的目标系统为指引，通过具体过程的目标的完成，来实现第6章所策划的目标，也就是实现组织的目标，从而体现标准的系统管理。例如：对于一个处于高度竞争行业中的供应商而言，其组织目标可能是建立和保持质量、价格优势。在这个目标框架下，其每一个过程、每一项活动都应围绕组织目标，建立能协调一致地降低成本，并能够监视每项活动的质量要求和核算每项活动成本的目标系统，强调工作效率、成本和质量，从而实现管理的系统化。

（2）在一项具体的产品和服务提供过程实施前，组织都应当对该产品和服务提供过程进行认真策划，再依据策划结果实施有关活动并进行必要的过程控制。因为每个组织所处行业、产品和服务类型、规模、人员、设备、顾客定位和顾客需求不同，不同的组织有不同的产品和服务提供过程。因此，组织应结合本组织的实际情况，科学合理地对运行进行策划。

（3）策划每一个具体项目，从确定项目的产品或服务要求开始（见 8.2），这里的要求是指来自法律法规、客户、标准规范、组织的发展战略和相关利益方等的明示的、通常隐含的或必须履行的需求或期望。如组织与顾客在合同中约定的产品和服务的质量要求、服务类组织的服务承诺等。这些要求也是相关方（特别是顾客和市场）的需求和期望的具体体现。

（4）通过哪些过程来实现和达到产品和服务的要求？组织应采用过程方法，进行过程识别、梳理和优化，确定对实现要求有重要影响的关键过程，控制关键因素。

（5）针对过程策划过程运行准则。过程准则是过程运行的依据和指导，不同的行业表现方式不同，如：

——生产行业。策划的结果可能是某产品的工艺规程、工艺流转卡、作业指导书等。

——施工行业。策划的结果是针对某项目的施工组织设计和（或）专项施工方案等。

——监理行业。策划的结果是针对某项目的监理大纲、监理规划、监理实施细则等。

——勘察设计。策划的结果是针对某项目的勘察设计大纲、设计方案等。

——教育行业。策划的结果是教学计划、教育大纲等。

——服务行业。策划的结果可能是针对某服务项目的专项服务规范等。

对一项具体工作，可能是一个专项的方案、项目计划等，如政府部门进行顾客满意度调查，则可能的输出是顾客满意度调查方案等。

（6）策划产品和服务接收准则。产品和服务的接收准则实际是应达到的向顾客（包括内部顾客）交付的要求或叫合格条件。

不同的组织，其策划的输出（结果）应适合其运行需要。各类组织在进行过程运行准则和产品接收准则的策划时，往往需要根据标准、规范等进行，把这些标准、规范的要求结合实际作出具体的操作性规定。如：

——生产行业。策划的结果可能是企业的产品标准、采购产品、过程产品、出厂产品检验规程等。

——施工行业。策划的结果可能是施工验收规范、验收规程等。

——服务行业。策划的结果可能是服务验收规范。

——教育行业。策划的结果可能是教学质量评估方案等。

对于一些过程、产品和服务，运行准则和接收准则的策划结果也可以在同一个文件中，比如有些施工项目的施工组织设计就是这样的。

对于需要经过检验、验收进行合格判定的，往往在其接收准则中包括有检验、验收的项目、符合标准或要求的指标，如何组批、抽样、合格判定等内容。这些内容在不同行业，例如施工行业和生产企业的原材料进场验收、工序检验验收、成品检验、型式试验等差异很大。

（7）资源策划。为实现过程的预期结果，组织需要配备必要的资源，包括人员、基础设施、过程运行环境、监视和测量资源、知识等。这些资源包括内部资源和从外部供方可以获取的资源。

（8）按照运行准则实施过程运行和控制管理（见 8.5.1、8.6 等）。

（9）在策划运行时，组织宜同时考虑计划中的变更和可能的变更，及这些变更可能对运行造成的影响。这些变更可能是由于客户要求、产品服务执行标准、组织自身要求等带来的变化，组织应监控并针对产品和服务提供的预期变更和对非预期性的变更结果进行评审，在必要情况下，组织应当采取措施以应对或减少任何不良影响。

（10）组织应确保对外包过程的控制符合要求。外包过程也是组织运行过程的一部分，也应予以策划和控制。

（11）策划成文信息。对简单的生产或服务提供过程的策划，结果可以简略为一个列表、一段描述，甚至只是一个演示。对于复杂的提供过程，最好制定非常详细的相关文件，可能还需要书面的验证、确认、监视、测量、检验和试验活动等成文信息，同时需要考虑证实过程已经按策划进行、证明产品和服务符合要求的成文信息。

（12）所有策划活动中都应贯彻基于风险的思维、应对相关风险和利用相关机遇的措施。

（13）本条款要求按照准则实施控制，但强调的是策划，具体的控制措施将在本条款后面的子条款中落实。

（二）产品和服务的要求

【标准条款】

8.2 产品和服务的要求

8.2.1 顾客沟通

与顾客沟通的内容应包括：

a）提供有关产品和服务的信息；

b）处理问询、合同或订单，包括变更；

c）获取有关产品和服务的顾客反馈，包括顾客投诉；

d）处置或控制顾客财产；

e）关系重大时，制定有关应急措施的特定要求。

【理解要点】

（1）顾客是组织的首要相关方。组织和顾客的关系是通过产品或服务联系起来的。因此与顾客沟通的内容主要是围绕着产品或服务展开的。组织在向顾客提供产品和服务之前与顾客的沟通是很有必要的，沟通的目的是使组织充分理解顾客的要求和期望。

（2）与顾客的沟通内容主要包括 5 个方面：

① 沟通组织所能提供的产品和服务的信息，以便顾客理解和选择。

② 明确顾客可如何联系组织进行询问、订购产品或服务，组织和顾客如何共同处理合同与订单相关变更等顾客关系渠道。

③ 建立适当形式让组织从顾客处获取有关信息，包括正面和负面反馈的信息。

④ 当发生顾客财产时，沟通对顾客财产的处理和管理方面的信息。

⑤ 当对满足顾客要求或顾客自身有重大影响时，应针对所制定的应急措施和措施内容进行沟通，以确保在出现紧急情况时，组织和顾客都可积极和相对妥善地应对。这些潜在的有重

大影响的情况,可能包括不能及时按要求提供给顾客产品和服务、质量事故、安全和环境事故等。如电商在春节期间,因网购商品数量巨大、快递公司放假等因素,可能导致不能及时发货或送达商品,应在网页中事先声明;在服务业方面,应提供酒店设备设施发生故障时的应急指南;药品在使用过程中可能的过敏反应的应急措施。这体现了标准"基于风险的思维"。

(3) 标准并没有要求如何与顾客进行沟通,但为及时获取顾客信息,方便顾客参与,组织应建立顺畅、便捷的沟通渠道,包括利用电子邮件、电话、传真、拜访、回访、在线调查、邀请顾客来厂参观、面对面的会议等多种渠道,组织可以因地制宜地进行确定。

(三)产品和服务要求的确定

【标准条款】

> 8.2.2 产品和服务要求的确定
>
> 在确定向顾客提供的产品和服务的要求时,组织应确保:
>
> a) 产品和服务的要求得到规定,包括:
>
> 1) 适用的法律法规要求;
>
> 2) 组织认为的必要要求。
>
> b) 提供的产品和服务能够满足所声明的要求。

【理解要点】

组织在与顾客充分沟通、正确理解顾客要求的基础上,应准确、充分地确定顾客所需要的恰当的产品和服务要求,这是增强顾客满意的前提。

确定的产品和服务的要求是组织产品和服务提供过程中产品特性的输入和依据,也是产品设计和开发的输入和依据,其准确性、全面性、合理性和可实现性将直接影响后续的产品和服务提供过程。

要求包括明示、通常隐含的和必须履行的。组织应根据经营的需要和法律义务,确保提供给顾客的产品和服务满足适用的法律法规、规范、标准的要求。如食品行业的卫生法规、家电行业的安全认证规定、特种设备行业的强制性标准、施工行业的施工验工验收规范等。

组织声称的要求是组织从经营改善、市场策略、增强顾客满意或超越顾客期望出发,在满足上述要求的前提下,对产品和服务提出的更多或更高的要求,如家电产品组织声称更加节能的要求等。

对有关相关方的需求,在本条款中虽然没有明确提出,但在法律法规和其他需求中都可能会涉及对相关方需求的考虑。

【标准条款】

> 8.2.3 产品和服务要求的评审
>
> 8.2.3.1 组织应确保有能力向顾客提供满足要求的产品和服务。在承诺向顾客提供产品和服务之前,组织应对如下各项要求进行评审:
>
> a) 顾客规定的要求,包括对交付及交付后活动的要求;
>
> b) 顾客虽然没有明示,但规定的用途或已知的预期用途所必需的要求;
>
> c) 组织规定的要求;

d) 适用于产品和服务的法律法规要求;

e) 与以前表述不一致的合同或订单要求。

组织应确保与以前规定不一致的合同或订单的要求已得到解决。

若顾客没有提供成文的要求,组织在接受顾客要求前应对顾客要求进行确认。

注:在某些情况下,如网上销售,对每一个订单进行正式的评审可能是不切实际的,作为替代方法,可评审有关的产品信息,如产品目录。

8.2.3.2 适用时,组织应保留与下列方面有关的成文信息:

a) 评审结果;

b) 针对产品和服务的新要求。

【理解要点】

(1) 本条款是在前款准确理解顾客要求的情况下,在向顾客作出提供产品或服务的承诺之前,评估是否有足够的能力满足这些要求,同时解决一些需要解决的操作问题。这种评审可使组织减少在操作和交付后产生争议的风险。在合同条件下,通常称为"合同评审"。

(2) 评审的内容和目的

① 顾客明示的要求,包括对交付及交付后活动的要求,这些要求通常是通过合同、口头等方式明确提出的。这些要求应得到明确和清晰的规定。

② 顾客虽然没有明示,但规定的用途或已知的预期用途所必需的要求方面,组织是否清楚和全面了解;这些要求与所评审的要求的关系,如何应用于这些要求中等。

③ 组织规定的要求,主要是组织为超越顾客期望、提高顾客满意度、符合内部方针而选择满足的其他要求;这些要求与所评审的要求的关系,如何应用于这些要求中等。

④ 适用于产品和服务的法律法规要求,包括满足顾客要求的同时需要满足的法规要求,是否有违规的要求等。组织必须在满足法律法规要求的前提下,满足顾客的要求。

(3) 与以前表述不一致的合同或订单的要求得到评审并且问题已经解决。即组织和顾客双方对产品或服务的要求不存在不一致的、含糊的理解,双方的责任、权利及义务都是清楚的。

(4) 组织对所有与产品和服务有关的要求都要进行评审,包括没有形成文件(书面)的口头订单或要求,这种情况的评审应是在正式接受顾客口头订单或要求之前进行确认。例如:组织在接受电话订单时,可以采取在电话洽谈时复述客户要求、请其确认的方式评审并做好记录;客运站售票员在出票之前向旅客口头核实时间、地点、等级等,得到顾客的确认后出票。此处标准中使用"确认"一词的含义是清晰、准确地了解或证实。

(5) 评审的方式可以由组织根据具体情况决定,对于大批量的常规产品,可以委托一般销售人员进行产品、数量、交货期的评审;如果是实时服务或网上销售,可以对服务方案、产品信息、交货方式和时限等进行评审。

(6) 组织对评审结果及后续措施,特别是有关产品和服务的新要求应保持必要的记录。评审活动可能存在两种结果,一是没有出现什么分歧,通过了评审,就可以签订合同、协议等,作出提供产品和服务的承诺;另一种情况是评审中发现分歧意见,这些分歧是如何解决的?采取了哪些措施?其结果如何?这些都应进行必要的记录。

(7) 对于网上销售的特殊情况,标准用"注"对"网上销售"进行了举例。由于服务业的特殊性,组织还应对在顾客接触过程中持续产生和不断变化的要求有所准备。同时,相当一部分顾客要求是通过组织的承诺来体现的,通常分为书面承诺、口头承诺和广告宣传三类。对此,组织应在作出承诺前进行评审、确认并保持记录。

（8）特别注意评审的时机应是在组织向顾客作出提供产品和服务的承诺之前进行。如需要签订合同，则是在签订合同之前进行。实际上，就算企业没有贯标，相信没有哪个组织的老板或者业务人员，在签合同之前不对合同的相关条款和规定的内容进行一番审查拿到就签的，他们最少要看看合同的相关规定与之前的约定是否一致、合同中的条款规定是否合理、是否能维护自己的权利、合同中的相关要求能否满足等，实际上这个过程就是我们说的合同评审，只是以前可能考虑的方面没有标准要求得全面。还有的组织，自身有一套习惯的合同评审方法，比如对于他们自己认为的大合同，通过会议、会签，有的甚至要通过律师审查等，这些都是一些合同评审的方法，那么在贯标时，将这些会签表、会议记录的内容进行评审，评审后如果觉得原来的内容没有标准要求得全面，那么对于相关内容进行补充完善就可以了，不必另搞一个合同评审表。还有一些企业规定，对于满足一定条件的小合同，由销售部门负责人签字、盖章作为合同评审及相关证据。如果企业多年实践证明可行，也未尝不可。没有必要为了认证的需要，再去填一个另外的《合同评审表》。如果合同都签了，再填表就没有什么意思了。所以，大家应结合工作实际理解标准的要求。

【标准条款】

> 8.2.4 产品和服务要求的更改
>
> 若产品和服务要求发生更改，组织应确保相关的形成文件的信息得到修改，并确保相关人员知道已更改的要求。

【理解要点】

不管什么书面的、口头的合同、协议，都有可能发生更改。这种更改应是顾客要求的或与顾客达成一致的。当这种更改经过评审，一旦确认后，组织应确保任何相关的文件都要得到及时修改，而且还要确保相关人员包括顾客知道这些更改后的要求。如在工程施工中，出现因业主要求的设计变更，施工方要对发生了变化的内容及时进行评审，保证调整的施工方案、验收标准、工程造价等方案都得到确认，确认后在组织内部得以安排和落实。

（四）产品和服务的设计和开发

【标准条款】

> 8.3 产品和服务的设计和开发
>
> 8.3.1 总则
>
> 组织应建立、实施和保持设计和开发过程，以便确保后续的产品和服务的提供。

【理解要点】

（1）设计开发是"将对客体的要求转换为对其更详细的要求的一组过程"。只要有把客体的要求转换为更详细的要求的过程，就存在设计和开发过程。这一条款要求组织应当引入一个适当的设计和开发过程，目的是确保后续的产品和服务的提供能有效实施。这个过程对多数组织来说，都是适用的，不能随便删除，组织应建立、实施和保持设计和开发过程并按标准要求进行管理。

（2）产品和服务的设计开发由一组运用产品或服务的理念或要求的过程组成。这些理念或要求可来自市场、顾客、最终用户或组织出于战略、风险、质量目标、资源、文化的考虑；可以是法律法规的规定，也可以来自相关方。产品和服务的设计与开发过程是对上述的要求或理念进行转换，得到更为详细的要求，从而最终定义产品和服务特性。如果没有更加详细的对产品或服务要求的转换，就是没有设计和开发活动。

这种转换对产品提供而言，可以转换为后续的产品生产、加工特性要求和对采购、检验、交付后活动等的一系列规定；就服务提供而言，可以转换为服务提供的具体方式或服务要求。如医院的病人(顾客)有诊治要求，医院员工需要结合考虑知识、资源和适当的技术和药物的应用，将这一基本要求进一步发展成详细的诊疗计划。

【标准条款】

8.3.2　设计和开发策划

在确定设计和开发的各个阶段和控制时，组织应考虑：

a) 设计和开发活动的性质、持续时间和复杂程度；

b) 所要求的过程阶段，包括适用的设计和开发评审；

c) 所要求的设计和开发验证、确认活动；

d) 设计和开发过程涉及的职责和权限；

e) 产品和服务的设计和开发所需的内部、外部资源；

f) 设计和开发过程参与人员之间接口的控制需求；

g) 顾客和使用者参与设计和开发过程的需求；

h) 后续产品和服务提供的要求；

i) 顾客和其他有关相关方期望的设计和开发过程的控制水平；

j) 证实已经满足设计和开发要求所需的成文信息。

【理解要点】

(1) 设计和开发的策划是设计和开发的重要的活动，它将输出一个为完成特定项目而实施的任务和活动的计划，其目的是使设计和开发的活动得到控制并有序开展。策划时应予以考虑诸多因素，包括设计和开发的性质、持续时间、各个阶段、复杂程度、职责权限和资源等要素，设计和开发的评审、验证和确认，设计和开发的过程接口控制。

(2) 设计和开发需要考虑以下要素。

① 针对产品和服务设计和开发的目的和性质等因素进行策划。如是新的产品和服务还是已有的产品和服务，该产品和服务的复杂程度，需要持续的时间，规模等不同方面的不同要求等。

② 针对具体的产品和服务，结合其复杂程度和组织的具体运作方式以及组织的技术能力，安排设计和开发的各个阶段。包括适用的设计和开发评审(如初步设计、详细设计)以及验证(如所有尺寸都在技术图纸上进行了适当的标注)和确认(如进行试生产或服务测试)等。科学合理地划分和管理设计和开发的各个阶段，才能有利于提高设计管理的效率，保证设计和开发的顺利进行，完成设计和开发的任务。有些相对简单的设计和开发(如改型设计)，不一定非要划分出很多不同的阶段。一般而言，必要的设计开发阶段如概要设计、具体设计、试生产和服务测试、评审、验证、确认等，不同行业的策划输出往往具有较强的行业特点。

③ 为了确保产品和服务设计和开发输出满足其输入的要求以及规定或预期的用途要求,应安排需要的验证和确认活动。

④ 确定产品和服务的设计和开发任务的具体内容,明确与设计和开发各个阶段有关的工作的人员的分工以及他们的职责和权限。

⑤ 需要的内部和外部资源,如组织知识、设备、技术、能力要求、顾客或供应商的支持,临时工、提供技术信息的标准或规约、外聘技术专家,与科研院所、大专院校联合等。

⑥ 参与设计和开发过程的人员之间的沟通,应考虑参与的人数和最有效的信息共享方式,如会议、远程通信、会议纪要等。

⑦ 顾客和用户在设计和开发活动中可能的参与,如顾客调研或消费者的监控,药品的临床试验等。

⑧ 组织内人员提供产品或交付服务所需要的条件(如图纸、控制措施、原材料、接收准则)。

⑨ 预期的顾客或其他相关方对过程的控制级别(例如医疗设备或飞机的安全检查)。如顾客或最终用户未确定明确的控制措施,组织宜根据产品和服务的性质确定必要的控制措施。

⑩ 确认是否满足了设计和开发要求,以及在评审、验证和确认阶段适当执行了过程的客观证据。如设计和开发活动导致了非预期的输出,详细记录活动的成文信息可有助于识别问题原因。如设计和开发过程顺利,且产出的产品或服务完全和预期一致,保留的成文信息可用于后续活动参考以确保一致性。

【标准条款】

8.3.3 设计和开发输入

组织应针对具体类型的产品和服务,确定设计和开发的基本要求。组织应考虑:

a) 功能和性能要求;

b) 来源于以前类似设计和开发活动的信息;

c) 法律法规要求;

d) 组织承诺实施的标准和行业规范;

e) 由产品和服务性质所决定的、失效的潜在后果。

设计和开发输入应完整、清楚,满足设计和开发的目的。应解决相互冲突的设计和开发输入。

组织应保留有关设计和开发输入的形成文件的信息。

【理解要点】

(1) 设计和开发的输入也可以说是确定所要设计和开发的产品和服务要求的主要依据。这些输入应完整、清楚,满足设计和开发的目的,并应解决和平衡相互冲突的设计和开发输入。

(2) 设计和开发的输入包括:

① 由组织、市场需要或组织确定的产品功能和性能要求,这些要求来源于标准条款"8.2.2顾客要求确定"中的输出,主要与产品的使用性能有关,如设备的使用期限、提供特定照明度的灯具、道路交通的流量等。

② 来源于以前类似设计和开发活动的信息,通过这些信息可以借鉴以往类似设计的经验,不断完善设计开发活动,提高设计开发效率并可能创造更好的设计,如项目文件、图纸、规

范及吸取的教训。

③ 与产品和服务直接相关的法律法规要求,例如安全规范、食品卫生法、环保法规(如汽车尾气排放标准)等。

④ 组织自愿承诺符合的标准和行业规范,如汽车行业标准等。

⑤ 由产品和服务性质所决定的、失效的潜在后果。这些后果大到导致安全事故,小到可以导致顾客的不满。如道路规划设计中的失误可能导致道路安全事故,颜料或工艺的选择导致褪色引发顾客不满等。

(3) 组织应保留设计开发输入的形成文件的信息。

【标准条款】

> 8.3.4 设计和开发控制
>
> 组织应对设计和开发过程进行控制,以确保:
>
> a) 规定拟获得的结果;
>
> b) 实施评审活动,以评价设计和开发的结果满足要求的能力;
>
> c) 实施验证活动,以确保设计和开发输出满足输入的要求;
>
> d) 实施确认活动,以确保产品和服务能够满足规定的使用要求或预期用途;
>
> e) 针对评审、验证和确认过程中确定的问题采取必要措施;
>
> f) 保留这些活动的成文信息。
>
> **注**:设计和开发的评审、验证和确认具有不同目的。根据组织的产品和服务的具体情况,可以单独或以任意组合进行。

【理解要点】

(1) 在确定输入后,组织应按照计划实施和控制设计和开发活动,以确保设计和开发结果有效。

(2) 参与设计和开发活动的所有人员知晓并充分理解顾客或最终用户的要求和预期的最终输出和明确每一过程所要达到的结果,例如概要设计、详细设计、服务测试等过程的结果等。当偏离要求时,如在策划提高产品性能方面偏离了要求,则需要考虑诸如成本和易用性等因素。

(3) 组织对设计和开发策划各阶段及其输出的评审均应实施,以便确认其满足了输入要求,确定了问题并制定了解决方案。参与评审的人员可以是未参加设计和开发具体阶段的人员,包括参与生产产品或提供服务的人员以及相关顾客、最终用户和外部供方等。

(4) 所有参与设计和开发活动的人员知道、理解顾客或最终用户要求和期望的最终结果。应综合考虑与这些要求的偏离或差异,例如计划提升产品性能应对照、考虑易用性等因素。

(5) 对于设计和开发的阶段成果,组织应按策划的要求进行评审,以评价设计和开发的结果满足要求的能力,识别问题并制定解决方案。该阶段设计和开发人员及未参与该设计和开发过程的其他阶段的人员可参与这些评审,包括参与产品生产或服务的人员,以及相关顾客、最终用户和供应商等。

(6) 在设计和开发的关键阶段,组织应按策划的安排,实施验证活动,以确保设计和开发输出满足输入的要求。设计开发验证方法可包括:

——变换方式计算;

——将新设计与类似的经验证的设计作比较；

——样品测试和鉴定；

——在发布前检查设计阶段文档。

（7）通过确认检查设计和开发所形成的产品和服务能否满足规定的使用要求或预期用途。设计开发确认可包括：

——营销试用；

——试销报告；

——运行测试；

——预期的用户条件下的模拟和测试（例如汽车出厂前的路试）；

——部分模拟或测试（例如测试建筑物经受地震的能力）；

——提供反馈的最终用户测试（例如软件项目）。

（8）评审、验证和确认有可能在一个过程中完成。如验证作为评审的一部分来进行，或验证和确认同时进行，则没有必要重复同一活动。

（9）如果评审、验证和确认活动发现了问题，应决定这些问题的解决措施并将措施的有效性作为下次评审的部分内容。

（10）对设计和开发的控制过程应保留成文信息。

【标准条款】

> 8.3.5　设计和开发输出
>
> 组织应确保设计和开发输出：
>
> a）满足输入的要求；
>
> b）确保后续产品和服务提供过程的需要；
>
> c）包括或引用监视和测量的要求，适当时，包括接收准则；
>
> d）规定产品和服务特性，这些特性对于预期目的、安全和正常提供是必需的。
>
> 组织应保留有关设计和开发输出的成文信息。

【理解要点】

（1）组织应对设计和开发的输出进行控制，以确保输出的结果满足设计依据（输入）的要求。

（2）设计和开发的输出取决于产品和服务要求及设计和开发过程的特性，该输出将成为生产和服务提供过程的关键输入。设计开发的输出应为后续的产品和服务所需要的所有过程给出信息，便于生产和服务人员了解如何运行这些过程以及运行这些过程的顺序。如果设计和开发的是产品，则输出可以是图纸、产品规范（包括防护细节）、材料规范、工艺方法、测试要求、产品的接收准则等；如果设计开发的是服务，则输出可能是过程规范、服务规范等。

（3）设计和开发的输出应明确需要由外部提供的过程、产品和服务，以及产品和服务放行等细节。

（4）设计和开发输出应提供为确保以安全和恰当的方式生产产品或提供服务的产品和服务的关键信息，以及详细描述将如何使用产品或服务的信息（如使用说明书等）。

（5）设计和开发的输出应保留成文信息。

【标准条款】

> 8.3.6 设计和开发更改
>
> 组织应对产品和服务设计和开发期间以及后续所做的更改进行适当的识别、评审和控制,以确保这些更改对满足要求不会产生影响。
>
> 组织应保留下列方面的成文信息:
>
> a) 设计和开发更改;
>
> b) 评审的结果;
>
> c) 变更的授权;
>
> d) 为防止不利影响而采取的措施。

【理解要点】

(1) 产品和服务设计和开发期间及后续的更改是设计和开发过程的一部分,组织应识别、评审和控制这些更改,以确保这些更改不会对满足要求产生影响。

(2) 设计和开发后续的更改,可能来自内外部环境的变化,例如法律法规的变化、组织自身要求、主要供方或材料的变化、顾客要求的变化等。在服务行业,主要服务人员的变化,例如,饭店因主要厨师的变化等,也可能引起设计和开发结果的变更。

(3) 组织应根据设计和开发变更项目的具体性质、范围、特点、内容以及对后续过程和最终产品和服务的影响程度,进行适当的控制。这些控制措施也可能包括必要的评审、验证和确认活动。

(4) 组织应保留标准的 a) 至 d) 四个方面的形成文件的信息。组织应充分识别需保留哪些形成文件的信息,例如设计和开发更改的细节和授权。这些信息不仅可以作为组织实施更改的证据,也可以帮助组织在必要时澄清责任、降低风险。

(五) 外部提供过程、产品和服务的控制

【标准条款】

> 8.4 外部提供过程、产品和服务的控制
>
> 8.4.1 总则
>
> 组织应确保外部提供的过程、产品和服务符合要求。
>
> 在下列情况下,组织应确定对外部提供的过程、产品和服务实施的控制:
>
> a) 外部供方的产品和服务将构成组织自身的产品和服务的一部分;
>
> b) 外部供方代表组织直接将产品和服务提供给顾客;
>
> c) 组织决定由外部供方提供过程或部分过程。
>
> 组织应基于外部供方按照要求提供过程、产品或服务的能力,确定并实施外部供方的评价、选择、绩效监视以及再评价的准则。对于这些活动和由评价引发的任何必要的措施,组织应保留成文信息。

【理解要点】

(1) 对外部提供的过程、产品和服务控制目的是确保其符合要求。外部供方并非组织的一部分,其提供的可以是组织不直接控制的任何过程、产品和服务。但因其参与组织向顾客提

供产品和服务的过程,组织应对其是否满足要求负责。

(2)组织应确定外部供方提供的过程、产品和服务,根据其对运行和绩效的影响确定控制措施。

① 外部供方的产品和服务是组织自身产品和服务的一部分。例如组织生产、装配用的原材料、零部件等;在旅游行业中,外包的旅客运输、餐食服务等也是旅游服务的一部分。

② 产品和服务不是由组织直接提供给顾客,而是由外部供方代表组织提供给顾客。如在硬件产品提供方面,品牌授权制造和销售;在服务提供方面,旅游门户网站的实际旅游服务由各旅行社提供。

③ 组织决定由外部供方提供过程或过程的一部分。如生产企业将金属的热处理、表面处理外包;勘察设计公司将勘察部分外包;在软件开发中,将测试环节外包等。

(3)组织应建立对外部供方的控制和管理过程,基于外部供方按照要求提供过程、产品或服务的能力(对同一过程的不同供方的管理根据其自身管理和能力不同可以有差异),建立和实施外部供方的评价、选择以及再评价的准则和绩效监视的准则。

对外部供方的控制应确保其提供的过程、产品和服务符合接收准则的要求。如生产组织原材料经检验或试验符合技术规范(标准)、合作公司提供的维护活动由具备使用规定安全设备特定能力的人员来实施,施工企业对施工材料按行业进行施工材料报审等措施。

对外部供方的绩效监视方法包括样品试用,对产品进行检测或测量,第二方审核,现场调查,供方质量业绩的评价,与产品有关的历史业绩,征询供方其他顾客意见,了解社会信誉和及时交货率、违约率等指标。

(4)对于外部供方的评价、选择、再评价和绩效监视等过程的结果和根据结果所采取的措施,组织应保留成文信息。

【标准条款】

8.4.2　控制类型和程度

组织应确保外部提供的过程、产品和服务不会对组织稳定地向顾客交付合格产品和服务的能力产生不利影响。

组织应:

a)确保外部提供的过程保持在其质量管理体系的控制之中。

b)规定对外部供方的控制及其输出结果的控制。

c)考虑以下因素:

1)外部提供的过程、产品和服务对组织稳定地提供满足顾客要求和适用的法律法规要求的能力的潜在影响;

2)由外部供方实施控制的有效性。

d)确定必要的验证或其他活动,以确保外部提供的过程、产品和服务满足要求。

【理解要点】

(1)组织对外部供方控制的目的是确保其提供的过程、产品和服务不会对组织稳定地向顾客交付合格产品和服务的能力产生不利影响。

(2)外包不能免除组织提供合格产品和服务的责任,外包过程也是组织质量管理的组成部分,在按条款8.1要求进行策划时就应得到识别。因此组织除考虑以上影响还应考虑组织自身对现有外部供方控制的有效性,确定对外部供方及其结果控制的结果,并依据这些因素策划其控制方法、控制点和控制程度。

(3) 对外部供方控制类型和程度取决于:

——外部提供的过程、产品和服务对组织稳定地提供满足顾客要求和适用的法律法规要求的能力的影响;

——外部供方自身控制的有效性,即外部供方稳定地提供合格产品和服务的能力。

对于一些对最终产品或过程有重要影响,或价值较高的材料和零部件,或外包的过程的控制应适当从严,而对一般的办公用品只需要查验数量和外观检查。组织可分类分级实施差异性控制,用什么方法控制、控制到什么程度,应由组织根据其对运行过程及最终产品和服务质量的影响程度而定。

可考虑的控制活动包括验收检验、检查测试、分析报告、第二方审核、统计数据和绩效指标评价,实施前对人、机、料、法、环的确认、实施现场监督等。

【标准条款】

8.4.3 提供给外部供方的信息

组织应确保在与外部供方沟通之前所确定的要求是充分和适宜的。

组织应与外部供方沟通以下要求:

a) 所提供的过程、产品和服务。

b) 对下列内容的批准:

1) 产品和服务;

2) 方法、过程和设备;

3) 产品和服务的放行。

c) 能力,包括所要求的人员资格。

d) 外部供方与组织的互动。

e) 组织使用的对外部供方绩效的控制和监视。

f) 组织或其顾客拟在外部供方现场实施的验证或确认活动。

【理解要点】

(1) 组织在外部供方提供过程、产品和服务的过程之前,应清楚、明白地向供方传递组织所需要的过程、产品和服务的信息,包括相应的各项批准、要求的信息,以方便外部供方按组织的要求提供过程、产品和服务并实施需要的互动。要确保外部提供的过程、产品和服务符合要求,应使外部供方清楚地知道关于其所提供的过程、产品和服务的要求。

(2) 组织在实施任何一项具体的采购或外包活动时,都应在采购文件资料(如采购合同或协议、采购清单等)中或口头上明确表述有关的要求信息。这些要求和信息可能包括:

① 组织需要外部供方提供的过程、产品和服务特性及其他相关信息,如硬件产品的信息通常包括规格、型号、数量、质量技术要求、交货期、交货地、价格等。

② 对下列对象批准的要求。

——对产品和服务批准的要求。即对采购的产品和服务应接受的试验、测试、分析和确认,所依据的验收准则或检验标准的确定。

——对方法的批准要求。即组织对外部供方提供的过程、产品和服务在其实现过程中应执行的程序性要求,如外包考试服务对考试方法的要求。

——对过程的批准要求。即组织对与过程、产品和服务提供有关的实现过程的要求。如对热处理外包要求特定的工艺流程处理、食品加工地清洁、保鲜和包装的特定要求等。

——对设备的批准要求。即对采购的过程、产品和服务的生产或监视测量设备能力的批准或认可要求。如旅游服务对于外包客运过程中对于运输车辆的等级要求等。

③ 组织要求外部供方中从事对组织外包或采购过程、产品和服务质量有影响的人员应具备相应的能力,能够完成组织的要求。适用时,还包括相应的资质,如特种作业人员应具备相应的职业资格要求等。

④ 组织对外部供方与组织在业务活动中的交互作用和相互沟通的要求。

⑤ 对外部供方绩效的控制和监视方面,可使用必要和可行的措施,以对过程和体系能力和结果方面提出要求。标准强调组织应确定对外部供方的哪些过程和体系能力进行要求,进而确定如何控制和监视这些能力和结果,并与外部供方沟通。

⑥ 当需要在供方现场对相关的过程、产品和服务进行验证和确认时,组织应与外部供方进行协商,并在合同或订单中明确说明验证和确认的安排。如采购大型钢结构件,需要在钢结构生产加工现场完成检验、试验。通常情况下,组织在策划产品和服务提供的过程中,应同时确定有关验证和确认的活动,其中包括在外部供方处实施的验证和确认活动。

(六) 生产和服务提供

【标准条款】

8.5　生产和服务提供

8.5.1　生产和服务提供的控制

组织应在受控条件下进行生产和服务提供。

适用时,受控条件应包括:

a) 可获得成文信息,以规定以下内容:

1) 拟生产的产品、提供的服务或进行的活动的特征;

2) 拟获得的结果。

b) 可获得和使用适宜的监视和测量资源。

c) 在适当阶段实施监视和测量活动,以验证是否符合过程或输出的控制准则以及产品和服务的接收准则。

d) 为过程的运行提供适宜的基础设施,并保持适宜的环境。

e) 配备胜任的人员,包括所要求的资格。

f) 若输出结果不能由后续的监视或测量加以验证,应对生产和服务提供过程实现策划结果的能力进行确认,并定期再确认。

g) 采取措施防止人为错误。

h) 实施放行、交付和交付后活动。

【理解要点】

(1) 生产和服务提供,对于提供产品的组织,通常是指其产品加工、制造、安装、交付或包括交付后的过程;对于提供服务的组织,是指其提供、实施服务的过程。

(2) 生产和服务提供过程直接影响产品或服务的质量,因此条款 8.5 要求组织应确定要求,针对产品或服务的性质,对所有与生产和服务提供过程相关活动进行考虑和有效控制。组织应结合产品和服务性质,确定在生产和服务提供过程中采取哪些具体的措施,确保过程能力和输出结果满足要求。在许多组织中这些控制措施通常可以以工艺文件、内部指令、图纸、生产计划、服务规范、服务质量标准以及作业指导书等来体现。为使受控条件与组织的产品和组织的实际情况相适应,采取以下措施。

① 获得表述产品、活动和服务特性的成文信息。

本条款的输入应是标准 8.2 条款的输出所确定的产品和服务的特性。

产品和服务的特性通常可以具体的产品技术规范、图样、样板、服务规范、生产计划等形式表述。对过程通常可以用工艺流程、服务流程等形式表述(标准 8.1 中策划的过程准则)。对服务特性而言,由于服务是在与顾客接触中提供的,可让顾客观察、体验并评价其有形或无形的特性,包括服务人员、服务设施和环境、服务范围、服务程序、服务技巧和服务礼仪等。

② 获得表述结果的成文信息。结果的范畴比较宽泛,超出了产品、活动和服务过程特性本身,也可用其他特征描述,如生产率、合格率、损耗率等。

③ 应获得和使用生产和服务提供过程所需要的监视和测量资源,以便在生产和服务提供的过程中及时监控相应的产品、服务和过程特性的变化,将它们控制在规定的范围内(见标准7.1.5)。

④ 在适当阶段实施监视和测量。生产和服务提供过程的监视测量活动包括对产品特性、过程参数、作业人员、作业过程活动、工作环境等方面的监控。如按照工艺文件规定对热处理过程的温度、时间等参数进行的监控,宾馆对重要场所的远程监控,机加工过程中对工件尺寸的测量,焊接过程中对焊接电流、电压等的监控等。

⑤ 为过程的运行提供适宜的基础设施和环境。组织应为生产和服务提供过程配置适宜的基础设施和运行环境。这里的基础设施和环境范围见本版标准 7.1.3 和 7.1.4 的内容。

⑥ 过程实施的人员应是有能力的,如机加工的熟练操作人员、特种作业的持证上岗人员。

⑦ 能力确认。标准要求对于输出结果不能由后续的监视或测量加以验证时,需要进行过程能力确认和再确认,以证实过程具有实现策划结果的能力。这些过程在不同的行业和不同的组织是不同的,需要根据实际情况来确定。通常可能包括如下情况:

——不能立即得出过程输出是否满足要求的结论。如大体系混凝土浇筑后,其强度只有在 28 天后才可确定。

——在测量过程中会导致产品损坏。如焊接件的强度经过破坏试验才能确定。

——汽车性能测试中的碰撞试验是破坏性试验。

——不易直接进行监视测量的外包过程。一些外包过程,组织很难进行全过程的监视测量,为了保证外包过程或服务满足组织的要求,也可以采取对过程进行确认的方法进行外包方控制。

对能力进行确认和再确认的方式,常常是对影响过程结果的若干过程要素(人、机、料、法、环)的确认。一般是在这些要素发生变化后,需要进行再次确认。

⑧ 防止人为错误。人为错误,是指人员在生产、工作和服务过程中导致实际要实现的功能与所要求的功能不一致,其结果可能以某种形式给生产、工作和服务带来不良影响的行为。在绝大多数过程中,人的参与和操作是不可避免的。对那些更多依赖人的过程,应有防错措施。组织应识别这些过程,并制定必要的防错措施,如提醒、报警装置等。

⑨ 实施放行、交付和交付后活动。组织根据规定要对产品或服务放行、交付和交付后的

活动进行控制。这里讲的"放行",是指生产和服务过程各阶段产品的转序,最终产品的交付等;"交付"是指组织与顾客交接产品的有关活动;"交付后活动"包括售后服务,如销售成套设备的安装调试等。

对于上述的活动,组织均应按策划的要求,开展相应的管理控制活动,如转序产品所需要的检验或验证活动、产品和服务交付前的检查验收等。

许多产品和服务都承诺提供售后服务和维护,这种承诺也是合同的一部分,组织应按承诺的要求进行相应的策划安排。

【标准条款】

> 8.5.2　标识和可追溯性
>
> 需要时,组织应采用适当的方法识别输出,以确保产品和服务合格。
>
> 组织应在生产和服务提供的整个过程中按照监视和测量要求识别输出状态。
>
> 当有可追溯性要求,组织应控制输出的唯一性标识,且应保留所需要的成文信息以实现可追溯。

【理解要点】

(1) 本条款对过程输出、监视和测量状态、可追溯性等三类对象需要根据要求,进行标识,并确定要采取哪些控制措施。组织应在过程策划时,考虑这些需要,采用最适合组织的标识方法。

(2) 过程的输出既可以是最终的产品和服务,也可以是某一过程的结果。过程的输出的标识不是必需的,当不加以标识会引起输出的混用、错用时,应加以标识。

(3) 输出的监视和测量状态的标识是必需的,目的是防止不合格的输出的非预期使用。在组织生产和服务全过程的所有活动中,监视和测量状态(结果)都必须能够被识别,以防止不同状态的混淆,尤其是防止未经检验或不合格产品被错误地放行或使用。监视和测量状态通常包括待检、已检待定、合格和不合格等。

(4) 标识的方法和手段取决于输出的特性,如:可以用一个代码、标题或组合来区分不同的合同或采购订单;用一段数字、图形或其他形式的标记或标签区分和追溯产品或服务信息。如在酒店内设置用于标识布草清洗状态的指示、提示等。

(5) 标识的方法多种多样,如编号、条码、记录、颜色、区域、版本等。

(6) 如果法律法规或顾客或组织自身管理需要实现可追溯时,组织应控制输出的唯一性标识,且应保留实现可追溯性所需的成文信息,如汽车发动机号、食品企业采购原材料的溯源要求、食物留样等。

【标准条款】

> 8.5.3　顾客或外部供方的财产
>
> 组织应爱护在组织控制下或组织使用顾客或外部供方的财产。
>
> 对组织使用的或构成产品和服务一部分的顾客和外部供方财产,组织应予以识别、验证、保护和防护。
>
> 若顾客或外部供方的财产发生丢失、损坏或发现不适用情况,组织应向顾客或外部供方报告,并保留发生情况的成文信息。

> 注：顾客或外部供方的财产可能包括材料、零部件、工具和设备以及场所，知识产权和个人资料。

【理解要点】

（1）在许多情况下，组织会有顾客或供方财产，例如组织租赁使用的汽车、外部供方给组织送货时使用的包装周转箱等是供方的财产；顾客来料加工、汽车 4S 站维修的顾客的汽车、顾客到组织提货的汽车等是顾客财产；服务行业的顾客财产可能包括大量的个人信息和资料等；如在顾客现场进行维修作业时，顾客的场所也构成顾客财产。

（2）除非另有约定，对组织控制或使用的顾客和外部供方的财产实施保护是组织的义务。

（3）组织要充分识别在组织的生产和服务过程中涉及的顾客和外部供方的财产，这些财产可能是有形的，也可能是无形的，如材料、零部件、工具和设备以及场所，知识产权和个人信息、资料等。

（4）对顾客或外部供方的财产组织应实施接收验证、控制和使用中的监督、防护或保护。通过管理控制，保证这些财产不受损失。

（5）若顾客或外部供方的财产发生丢失、损坏或不满足使用或质量要求（如来料加工的不合格品）时，组织应向顾客或外部供方通报，对于通报的内容及处置方式等应做好记录。

【标准条款】

> 8.5.4　防护
> 组织应在生产和服务提供期间对输出进行必要的防护，以确保符合要求。
> 注：防护可包括标识、处置、污染控制、包装、储存、传输或运输以及保护。

【理解要点】

（1）本条款要求组织应根据产品和服务的性质确定在生产和服务提供期间对输出进行必要防护，防止生产和服务提供中的任何输出受到损坏，以确保符合要求。

（2）输出防护的范围包括从组织内部生产和提供到交付至顾客指定地点期间的所有过程，组织应充分识别哪些"输出"需要予以防护，以及使用什么样的方法予以防护。

组织应结合产品和服务特点采用适宜的方法对其"输出"予以防护，如软件行业对其编制的程序、电子文档的防护；设计院对其设计图纸的防护；服务行业对其服务过程使用的工具、文件资料的防护，以及对服务对象的保护等。

在产品的生产过程中的防护，可能有必要确定对将组成最终产品（如制造或组装）的任一部件或元器件进行防护。

在最终产品的仓库中，防护方法可确保存储、搬运或运输等特定阶段或过程的产品完整性、标识或安全性。

外包过程中的防护，如组织将产品运输委托给外包方，又如在食品的销售过程中对顾客选择时的无污染要求，产品的防护还可能涉及外部供方和顾客。

（3）根据组织所提供产品和服务的具体情况，防护可以包括很多种形式或这些形式的组合，通常防护可包括：

① 标识。建立并保持与组织的产品和服务相适宜的防护标识，如施加必要的包装标识、运输过程中的防护标识，如产品包装上的易碎标识，可以用来向有关人员和顾客说明运输和搬

运中的防护性要求。

② 处置。采取措施对产品进行处理,如使用食用蜡对水果表面进行打蜡处理,使水果保持水分,防止萎蔫、皱缩。

③ 污染控制。对那些在生产和服务提供过程中输出结果可能会受到污染的情况进行控制,如在乳制品生产过程中对原料、半成品和成品要采取措施防止微生物、化学和物理的污染;医院抽血检查用的针头、器械等要避免交叉感染病毒等。

④ 包装。针对产品和服务要求,考虑有利于产品的运输和储存的要求,选样适宜的包装材料和控制方法,确保产品在顾客接收时符合要求。某些涉及国家有关强制性要求的产品包装容器和包装标识,应引起足够的重视。如易燃易爆物品的包装要求使用特定的容器,否则不允许运输。

⑤ 储存。建立仓储制度,对储存产品进行必要的标识、出入库保管、在规定的温度下冷藏保存。如果产品容易变质或遭受污染,应对存放的产品进行定期检查。如牛肉加工厂对牛肉的储存等。

⑥ 传输或运输。当组织的输出是数据和信息时(如网站内容、网上信息、电子邮件附带的数据、电子邮件中的信息等),应当注意到数据和信息在传输过程中丢失的风险,应采取有效措施防止在传输过程的失窃、失密或损坏。

⑦ 保护。在产品和服务实现的过程(必要时包括交付过程)中,采取合适的措施防止产品受到伤害或损坏。如建筑施工过程中,对水泥做好防潮处理等。

【标准条款】

8.5.5 交付后活动

组织应满足与产品和服务相关的交付后活动的要求。

在确定所要求的交付后活动的覆盖范围和程度时,组织应考虑:

a) 法律法规要求;

b) 与产品和服务相关的潜在不良的后果;

c) 产品和服务的性质、使用和预期寿命;

d) 顾客要求;

e) 顾客反馈。

注:交付后活动可包括保证条款所规定的措施、合同义务(如维护服务等)、附加服务(如回收或最终处置等)。

【理解要点】

(1) 本条款要求组织应满足与产品和服务相关的交付后活动的要求和在确定所要求的交付后活动的覆盖范围和程度时,组织应考虑的相关因素。

(2) 交付后活动的要求可以是组织向顾客承诺的提供售后服务和维护,也可以是顾客向组织提出的要求,这些要求也是合同的一部分。组织如果承诺满足这些要求,则需要对提供哪些服务项目、由谁提供服务、如何提供服务、必须配备哪些设备等作出安排。

(3) 在确定交付后活动时,组织应考虑已知的要求,包括法律法规要求,顾客要求,产品和服务的性质、用途和预期寿命,还应考虑产品或服务非预期使用产生的风险及需要的后续措施、顾客反馈(即顾客感受),如组织未考虑潜在或规定的交付后活动,将增加顾客不满意或失去潜在机会的风险。

【标准条款】

> 8.5.6 更改控制
> 组织应对生产和服务提供的更改进行必要的评审和控制,以确保持续地符合要求。
> 组织应保留成文信息,包括有关更改评审的结果、授权进行更改的人员以及根据评审所采取的必要措施。

【理解要点】

(1) 本条款主要是要求对生产和服务提供的更改进行必要的评审和控制,防止变更的非预期影响,确保生产和服务提供的完整性。

(2) 变更的原因和情况很多,如外部供方的变更请求(例如延迟交货或产品和服务质量问题)、内部因素(例如生产计划变更、关键设备失效、反复出现不合格输出)、外部因素(如新的或修改的顾客要求或法规要求的变更)等。组织应在策划活动期间就意识到这一点(见条款 6.3 和 8.1)。

(3) 更改控制的典型活动包括实施前的确认和验证、适用时的批准(包括顾客授权实施相应措施)。

(4) 对变更评审的内容见标准 8.2.3.1 的有关内容;在特定情况下,实施变更的结果可能成为设计和开发活动的输入(见 8.3.1 和 8.3.6)。

(5) 在变更活动控制中,组织应保留有关变更评审、变更授权人员及任何必要行动结果的成文信息,确保实施 8.2.4 的要求的措施。

(七)产品和服务的放行

【标准条款】

> 8.6 产品和服务的放行
> 组织应在适当阶段实施策划的安排,以验证产品和服务的要求已得到满足。
> 除非得到有关授权人员的批准,适用时得到顾客的批准,否则在策划的安排已圆满完成之前,不应向顾客放行产品和交付服务。
> 组织应保留有关产品和服务放行的成文信息。成文信息应包括:
> a) 符合接收准则的证据;
> b) 授权放行人员的可追溯信息。

【理解要点】

(1) 本条要求根据策划的产品和服务接收准则(如采购、过程、成品检验规程、服务验收规范等,见 8.1、8.3.5 条),在产品和服务放行和交付前,检查产品和服务是否合格。

(2) 在组织生产和服务全过程的适当阶段,包括最终产品的服务,均应按策划的接收准则进行验证,以确保符合相应的输出要求。

(3) 通常情况下,在所有策划安排的验证活动没有得以完成并获得符合要求的结果之前,产品或服务不得交付给顾客。如果由于某些原因,在所策划安排的某些验证活动或过程没有完成之前就需要向顾客放行或交付产品和服务时,应经过组织内有关授权人员的批准;在合同或口头约定的情况下,或只有顾客同意才能提前放行或交付的情况下,这种放行或交付还需要得到顾客的批准,以确保这种放行或交付不会影响最终产品和交付的服务的质量。例如,设计院应顾客要求,在全部工程设计未完成前,经授权人员批准,提前将工程基础图纸交付给顾客。如宾馆的服务承诺中包括每日更换床单被罩等,但如果顾客可以接受不更换,将"绿色环保标识"放在床上,示意同意服务员的环保建议也可以不实施这项服务承诺。

(4)有些行业是不允许这种提前放行的,因为一旦不完成所有的过程,将对后续的过程、产品和服务质量带来巨大影响,造成严重的后果。需要注意的是,对哪些产品和服务可以提前放行和交付给顾客,判断的依据应与法律法规要求及其后果相适应。如新药研发过程中必须经过相应的药物临床试验,这不但是药品审批过程中的法规要求,也是人体安全性和验证疗效的需要。

(5)在对产品和服务进行验证时,组织应依据接收准则来判断是否合格,并应保留相应的成文信息(如检验记录等),以证实产品和服务符合规定的要求。成文信息应包括符合接收准则的证据,授权放行人员(如该产品的质检员等)的可追溯信息。这些人员应对其做出的监视和测量结果的真实性、可靠性承担责任。

(八)不合格输出的控制

【标准条款】

8.7　不合格输出的控制

8.7.1　组织应确保对不符合要求的输出进行识别和控制,以防止非预期的使用或交付。

组织应根据不合格的性质及其对产品和服务的影响采取适当措施。这也适用于在产品交付之后,以及在服务提供期间或之后发现的不合格产品和服务。

组织应通过下列一种或几种途径处置不合格输出:

a)纠正;

b)隔离、限制、退货或暂停对产品和服务的提供;

c)告知顾客;

d)获得让步接收的授权。

对不合格输出进行纠正之后应验证其是否符合要求。

8.7.2　组织应保留下列成文信息:

a)描述不合格;

b)描述所采取的措施;

c)描述获得的让步;

d)识别处置不合格的授权。

【理解要点】

(1)本条款旨在防止不合格输出流入下一阶段或交付给顾客。不符合的对象是组织运作全过程中任何不符合要求的输出,包括采购的产品、过程中的产品和最终提供给顾客的产品中识别出来的不合格品,也包括服务行业的不合格服务过程和产品交付后、服务提供时或服务提供后发现的不合格产品和服务。

(2)由于不合格输出的性质和影响程度不同,组织在确定对不合格的处置方式时应结合

自身特点,对不合格的输出的处置可采取以下或它们的组合:

① 纠正,采取措施消除已经发现的不合格输出,如返工等,但应对其再次验证,以证实其是否符合要求。因为采取措施后,不合格的产品不一定就变成合格品,如果措施不当,可能结果更坏。

② 隔离、限制、退货或暂停对产品和服务的提供,防止原预期使用或应用。其中限制使用包括对不合格品的降级使用或改作他用,但应符合行业要求。

③ 通知顾客,使其了解不合格输出的性质和影响,便于顾客作出应对或对已经交付的产品和服务的非预期使用。

④ 让步使用、放行或接收不合格的输出,需要按 8.6 条的规定,得到批准。

⑤ 道歉、赔偿,这主要是针对服务行业,如餐厅服务员和顾客发生了冲突,对这样一个不合格输出采取的措施可以是道歉、赔偿等,而不可能是制造业的返工、返修、退货。

⑥ 有些不合格品或服务是在交付给顾客之后或在产品使用后才被发现的。在这种情况下,组织应根据不合格输出已经造成的影响或可能会继续造成的影响,来决定所采取的措施,如维修、召回等。

(3) 组织应保留包括以下事项的细节成文信息:

① 不合格输出的具体情况描述,应包括不合格特性、特征和类型,便于判断其已经造成的影响和后续影响的严重程度。

② 对不合格输出采取的措施。

③ 获得批准的让步接收,如与顾客达成协议,放行存在不符合的产品或服务。

④ 以上记录应可以追溯到对采取这些措施实施判断和决定的授权人。

组织保留有关以上内容的成文信息可以帮助组织实现过程的改进和优化;调整有关过程控制;将信息传达给组织内部和外部的相关人员。这些成文信息还可用作不符合趋势分析的依据。

九、绩效评价

标准第 9 章明确了对质量管理体系绩效评价的要求,要求组织通过监视、测量、分析和评价,内部审核以及管理评审活动对质量管理体系进行评价。本章内容是 PDCA 循环中承上启下的过程,是质量管理体系运行过程中非常重要的环节。

(一) 监视、测量、分析和评价

【标准条款】

---

9. 绩效评价

9.1 监视、测量、分析和评价

9.1.1 总则

组织应确定:

a) 需要监视和测量什么;

b) 需要用什么方法进行监视、测量、分析和评价,以确保结果有效;

c) 何时实施监视和测量;

d) 何时对监视和测量的结果进行分析和评价。

> 组织应评价质量管理体系的绩效和有效性。
>
> 组织应保留适当的成文信息，以作为结果的证据。

【理解要点】

（1）本条款旨在确保组织开展监视、测量、分析和评价活动，以使组织确定是否正在实现预期结果。

（2）本条款要求组织确定需要进行监视和测量的内容，以及确定在分析和评价质量管理体系的绩效有效性时所使用的方法。"绩效"是指组织可测量的结果；"有效性"是指所策划的活动和结果实现的程度；"监视"是确定体系、过程、产品、服务或活动的状态，可以通过检查、监督或密切观察等方式进行；"测量"是确定数值的过程。

（3）标准明确要求评价 QMS 的绩效和有效性。

（4）本条款对监视和测量的内容并没有明确，也没给出监视和测量的具体方法，组织在对此进行策划时应考虑来自其他条款的要求，组织应结合自身的性质、特点和自身的需求确定监视和测量的内容和方法以及所需要的资源（7.1.5）。

在监视和测量的内容方面，组织应考虑其他条款中需要采取的措施，如建立质量管理体系及其过程（条款 4.4）、质量目标（条款 6.2.1）、运行策划和控制（条款 8.1）、顾客满意（条款 9.1.2）、分析和评价（条款 9.1.3）、内部审核（条款 9.2）和管理评审（条款 9.3）中的措施。

（5）监视和测量方法。不同的过程和对象，可使用的监视、测量、分析和评价方法各有不同，组织也应对此进行策划，明确规定具体的方法。监视、测量、分析和评价的方法示例可以包括：

——验证培训方案的效果；

——进行化学分析；

——检查过程、产品和服务是否达到要求；

——过程能力分析；

——统计过程控制图等；

——测量尺寸；

——校对出版物；

——时间、速度、温度等过程参数的监视和测量等。

（6）时机和频次。对不同的过程，需要实施监视、测量、分析和评价的时机和频次是不同的，组织应对此进行策划并作出明确的规定，例如有的组织在年底对顾客满意信息进行一次分析，而有的组织一年进行多次；对产品特性的检验，有的组织实施全数检验，有的组织实施抽样检验等。

（7）职责和权限。组织应明确监视、测量、分析和评价的职责和权限，包括人员的能力和资格。

（8）组织应决定需要保留哪些成文信息，即需要保留哪些记录作为结果的证据。并非所有的监视和测量活动都需要保存记录，例如一些生产设备的监视和测量仪表的数据并不一定需要全部记录下来。组织应根据需要明确规定需要保留的记录，如检验试验记录、监视顾客满意信息的记录、对生产加工过程的过程参数的监控记录、对服务过程的检查记录、过程能力分析记录、统计过程控制图等。

【标准条款】

> 9.1.2 顾客满意
>
> 组织应监视顾客对其需求和期望已得到满足的程度的感受。组织应确定获取、监视和评审该信息的方法。
>
> 注：监视顾客感受的例子可包括顾客调查、顾客对交付产品或服务的反馈、顾客座谈、市场占有率分析、顾客赞扬、担保索赔和经销商报告。

【理解要点】

(1) 本条款要求组织关注对顾客反馈的监视，以评价顾客满意程度并确定改进的机会。顾客反馈为理解顾客对组织的产品和服务的感受以及顾客的需求和期望是否得到满足提供了途径。

(2) 组织需要基于其运行的性质，根据顾客的类型策划不同的获取、监视和评审顾客满意信息的方法（如调查、组织对组织、组织对顾客、公共服务、政府、电子商务等）。这些方法包括但不限于：

——意见调查；

——顾客沟通（见 8.2.1）；

——顾客对交付产品或服务质量的数据；

——市场占有率分析；

——投诉；

——担保索赔；

——经销商报告；

——社交媒体，如网站和留言板；

——单据查询；

——公开的信息，如报纸或期刊。

组织可以选择在交易完成后请每一顾客给予反馈，或者按目标销量，按重复订购的顾客或新顾客，分别选取代表性样本。这些做法可持续进行或按照组织所确立的具体的频次进行。

在对监视结果进行分析和评价后，组织应策划和确定顾客满意程度的方法，得出顾客满意的总体结论，并基于这些信息采取措施。这些信息应作为管理评审的输入，评价用于确定是否需要采取措施增强顾客满意。

(3) 需要理解的是，满意的顾客和不满意顾客的反应并不是截然对立的。如果顾客不满意，他们可能作出强烈的负面反应，然而，满意的顾客通常会作出中性反应，但还有些不满意的顾客也可能选择根本不予回应。在这些情况下，他们只是将他们的业务转到另一家供方。此外，顾客没有抱怨或者投诉并不代表顾客满意，有时即使产品质量很好，顾客也不一定满意，如顾客可能对产品满意，但对送货服务不满意。如果组织没有对顾客满意的信息进行持续的监视，或者采用的方法不当，这些中性或不明显的反应就不易为组织所察觉，所获取的信息就可能没有真实地反映实际情况。如果组织希望持续地改进质量管理体系的有效性，就需要持续地监视各类顾客对组织提供产品和服务的满意程度，研究如何满足各类顾客的需求，以不断增强顾客满意度。

【标准条款】

> 9.1.3　分析与评价
>
> 组织应分析和评价通过监视和测量获得的适当的数据和信息。
>
> 应利用分析结果评价：
>
> a) 产品和服务的符合性；
>
> b) 顾客满意程度；
>
> c) 质量管理体系的绩效和有效性；
>
> d) 策划是否得到有效实施；
>
> e) 针对风险和机遇所采取措施的有效性；
>
> f) 外部供方的绩效；
>
> g) 质量管理体系改进的需求。
>
> 注：数据分析方法可包括统计技术。

【理解要点】

(1) 本条款要求分析和评价从监视和测量结果中获得的数据和信息，以确定过程、产品和服务是否满足要求，并确定所需采取的措施和改进的机会。

(2) 对于质量管理体系以及产品和服务所可能开展的任何改进来说，分析和评价是必不可少的活动，是"循证决策"原则的具体体现。如果不对监视和测量活动所获得的数据和信息进行分析和评价并将其转化为有用的决策和建议，监视和测量活动本身是毫无意义的。分析数据不是目的，重要的是使用分析的结果。

(3) 为证实质量管理体系的符合性、有效性和充分性，组织应确定评审所需的适当的数据。数据来源的示例包括但不限于：

① 产品方面。如产量、对特定要求的符合性（如顾客和法律法规要求）、不合格率、报废和返工、准时交付、完成的订单。

② 服务绩效。如等候时间、解决顾客问题的表现、是否易于获取、清洁状况、客房服务、态度是否友善。

③ 对顾客感受的监视结果及顾客抱怨。

④ 项目按计划交付的情况（如预算和时间规划）。

⑤ 风险和机遇应对措施的评审（如会议纪要）。

⑥ 外部供方按时交付及质量情况（如拒收）。

⑦ 质量目标的实现状况。

(4) 对上述信息进行分析和评价，发现趋势性信息，特别是当发现不良趋势信息时，意味着质量管理体系存在问题，并显示需要改进的方面。按标准要求，应评价以下方面的趋势信息：

① 产品和服务的符合性。如产品合格率的趋势变化情况。

② 顾客对组织提供的产品和服务的满意程度。组织应对获取的顾客满意的情况进行分析和评价，确定顾客满意度，组织应根据这些信息采取必要的措施。对于顾客满意的方面，组织应予以保持，而对顾客不满意的方面，组织应特别予以关注。例如，如果某个组织的业务流失情况严重，无疑反映出顾客满意度呈下降趋势。

③ 质量管理体系运行的绩效和有效性的现状。组织应基于监视和测量的结果,对质量管理体系运行的绩效和有效性的现状进行分析和评价,特别是在管理评审时更应关注质量管理体系运行的绩效和有效性的现状。

④ 组织的各个过程运行是否满足组织的质量管理体系策划的要求并有效实施。

⑤ 组织所策划的应对风险和机遇的措施的实施情况和有效性。组织应对风险和机遇的识别以及策划的应对措施的充分性、实施效果等进行评价;对措施是否继续适应组织内外环境和相关方的需求的不断变化进行评价。若通过评价认为之前的策划和实施存在问题,则应考虑对所策划的措施进行必要的变更。

⑥ 组织的外部供方、外包方、合作伙伴等的绩效。可以包括外部供方提供的产品质量的信息、外包过程的质量信息、外部供方保持其按要求提供产品的能力的信息等,这些信息可作为组织调整、改进、增进与外部供方合作关系的依据,并帮助组织对外部供方实施更有效的控制。

⑦ 质量管理体系的改进需求。通过对分析结果的评价,组织也可能会发现一些活动尽管现在有效,但仍然存在需要进一步改进的地方,这将有助于组织作出改进决策。

(5) 组织应考虑以什么样的频率分析和评价数据更有助于识别需要改进的区域并实施改进。这取决于组织获取和分析数据和信息的能力,如利用电子信息技术检索和分析数据和信息的能力(相对于人工准备数据)。组织需确保分析和评价数据的方法适宜有效,确保分析和评价结果无偏倚、完整、准确,可为管理决策提供有用的信息。

(6) 本条款明确了分析数据的方法,包括统计技术,组织应重视和发挥统计技术的作用,组织可以参考 ISO/TC 176 发布的关于统计技术的指南性标准,结合自身运行过程的特点性质和需要识别、选择适宜的统计技术和方法进行使用。

(7) 分析和评价的输出通常是成文信息,如趋势分析或报告、平衡记分卡、管理展示板等,这些输出应作为管理评审的输入,因此,其格式应能够让组织确定是否需要采取措施以改进质量管理体系。除了在管理评审活动中进行分析评价外,组织也可以通过日常会议、周例会、季度例会等进行数据和信息的分析评价。

【标准条款】

> 9.2　内部审核
> 组织应按照策划的时间间隔进行内部审核,以提供有关质量管理体系的下列信息。
> a) 是否符合:
> 1) 组织自身的质量管理体系要求;
> 2) 本标准的要求。
> b) 是否得到有效的实施和保持。

【理解要点】

(1) 内部审核(以下简称"内审"或"审核")的目的是从公正的角度获取有关质量管理体系绩效和有效性的信息,确保达成策划的安排,有效实施和保持质量管理体系。内部审核是评价质量管理体系符合性和有效性的一个重要手段,它能够识别质量管理体系的薄弱环节和潜在的改进机会。它也是对最高管理者的一个反馈机制,能够就体系是否符合 GB/T 19001 的要求为最高管理者和其他相关方提供保证。

（2）内审的目的是确定质量管理体系的符合性和有效性（通常称之为两性），即是否符合组织自身的质量管理体系要求、ISO 9001 标准的要求，是否得到有效的实施和保持。

① 通过内部审核来确定质量管理体系是否符合 GB/T 19001 标准的要求和组织自己的质量管理体系的要求。如体系的运行情况是否符合组织的内部程序要求，组织的生产和服务提供过程是否符合相应的作业指导书、图纸、规范、产品和服务标准、顾客需求、法律法规的要求等。

② 通过内部审核来确定质量管理体系是否得到有效的实施和保持。检查质量管理体系的实施是否获得预期的结果，以及时发现问题并采取纠正措施持续改进质量管理体系的有效性。

（3）内审方法包括直接观察、与相关人员面谈和审核成文信息（如内部程序、图纸、规范、标准；顾客需求；法律法规要求；组织的企业管理体系等）。

（4）组织应根据质量管理体系实施运行的具体情况和运作的特点，对审核的时机和频次进行策划，例如以一年作为一个期间间隔周期，一年进行一次或多次内部审核。

【标准条款】

> 9.2.2 组织应：
>
> a）依据有关过程的重要性、对组织产生影响的变化和以往的审核结果，策划、制定、实施和保持审核方案，审核方案包括频次、方法、职责、策划要求和报告；
>
> b）规定每次审核的审核准则和范围；
>
> c）选择审核员并实施审核，以确保审核过程客观公正；
>
> d）确保将审核结果报告给相关管理者；
>
> e）及时采取适当的纠正措施；
>
> f）保留成文信息，作为实施审核方案以及审核结果的证据。
>
> **注**：相关指南参见 GB/T 19001。

【理解要点】

（1）本条款要求组织应建立、实施和保持审核方案。

审核方案确定了在特定时间段内进行的已策划的一系列单项或多项审核的安排，并应以确保质量管理体系的绩效和有效性为导向，使组织明确规定实施内审的具体方案、程序、方法和步骤，检查质量管理体系的实施效果是否达到了规定的要求和策划的安排并有效实施和保持，以及时发现问题并采取纠正措施持续改进质量管理体系的有效性。

（2）审核方案应确定组织审核开展的频次（如按月、季度、年度，或根据区域或过程而有所不同的年度计划表），包括了组织所有审核的策划、组织和实施活动，如考虑审核时间的安排、一定时间段内审核的频次、审核范围、审核的目的和重点、审核员的安排等。

① 审核的过程和区域

在对审核方案进行策划时，组织应运用基于风险的思维，应重点关注那些重要的过程和区域，关注对组织可能产生影响的内外部变化及受到影响的过程和区域，以及对以往审核发现问题的区域，应适当加强审核的力度，如增加频次和时间，派出较强的审核员，不能搞平均主义。

② 审核的频次

审核方案应根据组织质量管理体系实施运行的具体情况和运作的特点确定审核开展的时机和频次,可以一年进行一次也可以一年进行多次。这可以通过建立审核进度计划(月度、季度、年度)来体现。在确定审核频次时,组织应考虑过程运行的频次、过程的成熟度或复杂度、过程变更以及内审方案的目标。组织在策划审核时可考虑以下因素确定审核的时机和频次:

——过程的重要性;

——管理的优先顺序;

——过程绩效;

——影响组织的变更;

——以往的审核结果;

——顾客投诉趋势;

——法律法规问题。

③ 审核方案还应确定审核方法

审核方法可包括面谈、观察、抽样和信息评审。组织应依据项目或过程的质量管理体系要求策划和实施审核,而不应机械地依据质量管理体系标准的特定条款来实施审核。

(3)标准强调在安排开展审核的人员时,应确保审核过程的客观性和公正性。

如果可行,内审员不应审核自身工作,但在某些情况下,尤其是中小型组织或公司的领域需要特定的岗位知识时,内审员可能会审核自身的工作领域。在这种情况下,组织可让内审员与同事一起审核或让同事或管理人员评审审核结果,以确保审核结果的公正性。

(4)组织应确定每次内审的准则和范围。审核准则可以是具体的标准或要求,范围可以是具体部门、生产线、工艺或设施。

在一个特定的时间段内,通常应覆盖组织所有与质量相关的产品和服务、活动、过程以及质量管理体系标准的所有要求,但并非每次审核都需要覆盖所有的内容,只要确保在组织规定的时间段内能覆盖所有内容就可以了。

(5)在每次内审结束后,审核组应将结果汇报给相关管理层。根据发现的不符合的严重程度,可能需要采取适当的纠正或纠正措施。

通常审核组长会编制审核报告列出所有的审核发现及要采取的措施。组织应建立准则,规定根据不符合的严重程度确定何时需要采取纠正措施及完成时间,确保及时解决了所发现的不符合。

(6)在审核期间,可能观察到一些尽管满足了要求,但可能是质量管理体系的潜在不足的情况,审核组可将这一信息纳入审核报告,它可为管理层提供信息,以决定是否采取进一步的改进行动。

(7)当审核显示有不符合标准或不符合质量管理体系要求时,与该不符合有关的区域/部门的管理者应按建立的准则,针对不合格及时地进行原因分析,本着举一反三的原则采取必要的纠正措施,以消除不合格及其原因,确保纠正措施能及时付诸实施,以避免问题再次发生,或在其他地方发生。

(8)组织应保留内审结果的相关记录,作为审核方案得以有效实施的证据。有关内审结果的相关例子可以包括审核报告、采取的纠正或纠正措施的证据(如培训的记录、更新的管理体系的文件、改造的设施等)。

(9)GB/T 19001 提供了内审的指南,组织可以参照实施。

（二）管理评审

【标准条款】

> 9.3　管理评审
>
> 9.3.1　总则
>
> 最高管理者应按照策划的时间间隔对组织的质量管理体系进行评审，以确保其持续的适宜性、充分性和有效性，并与组织的战略方向一致。

【理解要点】

（1）本条款要求组织的最高管理者应实施管理评审。管理评审是对质量管理体系的重要评价方式，目的是确保质量管理体系的适宜性、充分性和有效性并与组织的战略方向一致。

（2）管理评审是最高管理层根据组织的战略方向开展的活动。管理评审的目的在于确定质量管理体系是否：

① 适宜。适宜性是指质量管理体系与组织所处的客观情况的适宜程度。这种适宜程度应是动态的，即质量管理体系需具备随内外部环境的改变而作出相应调整或改进的能力，以实现规定的质量方针和质量目标。

② 充分。充分性是指质量管理体系对组织全部质量活动过程覆盖和控制的程度，即质量管理体系的要求、过程展开和受控是否全面，也可以理解为体系的完善程度。

③ 有效。有效性是指质量管理体系实现质量目标的程度，即质量管理体系实施过程对于实现质量目标的有效程度。

④ 与发展战略相一致。方针目标是否仍能继续支持战略目标的实现。

（3）组织应对管理评审的时机和频次进行策划，可以是：

① 定期的管理评审。组织应规定两次管理评审之间的时间间隔，如每隔 12 个月或每隔 6 个月进行 1 次等。

② 特殊情况下应随时策划，增加管理评审活动。这样的时机应包括：内、外部环境出现重大变化时，出现重大质量事故或出现重大顾客投诉时，其他研究和决定质量管理本系的重大改进时等。

（4）管理评审的方式。组织可将管理评审作为单独的活动来开展，也可以和其他业务活动一起协调安排，如战略策划、商业策划、年会、运营会议、其他管理体系标准评审等，以增加价值并避免管理层重复参会，但是计划应体现如何满足 ISO 9001 管理评审的要求。

虽然越频繁的会议越能快速地对问题和机会作出反应，但半年或一年一次的评审却因有更充裕的时间而更有利于收集关键绩效指标的信息、评估趋势、检查改进项目的执行状况，以及分析对顾客反馈的处理结果。

（5）评审的方法。评审的方法应与组织的实际情况相适应，例如可以是：正式的面对面会议；其他方式的会议，如电话会议或互联网会议等。也可以是组织范围内不同层次的局部评审，并将结果向最高管理者汇报，由最高管理者对所提交的各局部评审报告进行评审等。

【标准条款】

> 9.3.2　管理评审输入
>
> 策划和实施管理评审时应考虑下列内容：
>
> a) 以往管理评审所采取措施的情况。
>
> b) 与质量管理体系相关的内外部因素的变化。
>
> c) 下列有关质量管理体系绩效和有效性的信息,包括其趋势：
>
> 1) 顾客满意和有关相关方的反馈；
>
> 2) 质量目标的实现程度；
>
> 3) 过程绩效以及产品和服务的合格情况；
>
> 4) 不合格及纠正措施；
>
> 5) 监视和测量结果；
>
> 6) 审核结果；
>
> 7) 外部供方的绩效。
>
> d) 资源的充分性。
>
> e) 应对风险和机遇所采取措施的有效性(见6.1)。
>
> f) 改进的机会。

【理解要点】

(1) 本条款规定了组织在进行管理评审,评价质量管理体系的绩效和有效性时需要考虑的各项输入。管理评审的输入实际上就是管理评审应评审的内容,应由各部门在管理评审前,结合工作职责和所负责的标准条款(参见各组织的职能分配表)的要求,进行相关资料的收集、汇总、整理、分析、评价、总结,以便作出与质量管理体系有关的决策并采取措施。充分的输入信息,是实施有效管理评审的基础。

(2) 管理评审输入与标准其他条款直接相关,针对本条款 a)至 f)的要求,一次完整的,集中进行的管理评审的输入应包括以下全部信息,而专题或分阶段进行的管理评审可涉及以下的一种或几种信息。

① 以往管理评审所采取措施的情况,包括以往管理评审时提出的决定或措施的贯彻落实情况以及有关改进措施的实施情况及其有效性方面的信息。

② 外部和内部因素的变化(4.1),可以包括外部经济因素、社会因素、政治因素、技术因素、市场因素、法律法规、行业要求等外部因素的变化；还可以包括组织的整体绩效、资源、人员、知识、过程等内部因素的变化信息。

③ 质量管理体系绩效和有效性的信息及趋势。这些信息可以包括：

——顾客满意和相关方的反馈(9.1.2)。可以包括顾客的需求和期望及改进的信息,顾客对组织的意见和报怨,来自对顾客满意的监视和测量活动的结果等。

——质量目标的实现程度(是否正在实现目标)(6.2)。包括考虑质量目标的适宜性、可操作性,为实现质量目标所制定的行动计划或实施方案的执行情况(见6.2.2),质量目标、指标的变化趋势等。

——过程绩效和产品与服务的合格情况(4.4和8.6)。这些输入主要是指质量管理体系运行现状、产品和服务质量方面的信息。可以包括：过程的实施与过程准则的符合程度及其效果,产品和服务的质量特性与相应的接受准则、技术要求或规范的满足情况(如一段时间内的不合格率等),过程的绩效、产品和服务质量与组织以往水平或同行业水平对比情况及发展变化趋势,过程、产品和服务的监视和测量结果的数据及其分析结果等方面的信息。

──不合格及纠正措施(10.2)。针对质量管理体系实施运行过程中发现的不合格所采取的纠正措施的实施情况及其效果方面的信息,特别是那些较重大的改进措施或日常改进措施的实施情况和效果等方面的综合信息。

──监视测量结果(9.1.1)。这些结果可以包括对质量管理体系各个过程的监视和测量结果。

──审核结果(9.2)。可以包括内部审核和/或第二方审核和/或第三方审核的结果。

──外部供方的绩效(8.4)。

对于以上的趋势信息,组织可用相关的图表,简明扼要地表示当前的水平及发展的趋势,一目了然。

④ 资源充分性(7.1),包括基础设施、过程运行环境及组织的知识方面的支持作用。

⑤ 应对风险和机遇所采取措施的有效性(6.1)。在条款9.1.3中要求组织针对所识别的风险、机遇和所策划的应对措施及其实施的有效性进行分析和评价,这些分析和评价的结果应提交给管理评审,通过管理评审对这些措施实施的有效性作出评审结论,并根据结论,作出是否对所策划的措施进行必要的变更。

⑥ 改进机会。需要改进和变更的方面(10.1),可以包括:涉及组织的产品、过程、质量管理体系、资源等方面的各种改进需求、意见和建议,可能引起质量管理体系变更的各种信息。

(3)组织的管理评审也可包括其他项目,如新产品介绍、财务结果、新商机,来自产品使用或服务提供的信息,市场中存在问题或机会的相关信息,以确定组织现在是否有能力以及将来是否继续有能力实现其预期结果。

【标准条款】

> 9.3.3　管理评审输出
>
> 管理评审的输出应包括与下列事项相关的决定和措施:
>
> a) 改进的机会;
>
> b) 质量管理体系所需的变更;
>
> c) 资源需求。
>
> 组织应保留作为管理评审结果证据的形成文件的信息。

【理解要点】

(1)本条款要求管理评审能够提供关于质量管理体系的绩效和有效性以及所需的任何决策和措施方面的输出和信息,包括对质量管理体系持续的适宜性、充分性和有效性的评价和改进决策,是组织实施改进的基础,也是组织对质量管理体系乃至经营方针作出战略性决策的重要基础。

(2)管理评审的输出具体应包括:

① 作出有关改进机会相关的决策和提出措施(10.1)。组织的最高管理者根据评审输入的信息,针对质量管理体系及其过程的运行实施状况及其发展变化需求,可能会提出改进组织现有的质量管理体系及过程的有效性的决定和措施。例如:新产品的开发,对技术、设备或过

程的改进,老产品的更新换代,产品某一特性的改进提高等。

② 确定质量管理体系需要的变更(6.3)。例如对质量方针和质量目标的调整,对组织结构、职责、权限、质量管理体系文件的更改等。

③ 确定资源需求(7.1)。最高管理者针对组织当前的资源状况进行评审,并充分考虑内、外部环境、条件和要求的变化而对资源产生的新需求,包括实施改进措施时所需的资源,可能会提出调整、补充、改进资源需求方面的决定和措施。例如:对人力资源的补充调整、购置新的设备设施、对过程运行环境的改造等。

(3) 组织针对管理评审期间识别的改进需求应制定相应的改进措施并予以实施,如果管理评审的措施没有予以实施,则管理评审是没有意义的。为确保及时采取措施,组织可持续监控和评审这些措施的状态,这些措施的实施状态也是下一次管理评审活动的输入。

(4) 组织应保留管理评审的相关记录,以作为管理评审结果的证据。这些信息可包括评审计划、演示文稿、会议纪要、评审报告、改进措施以及改进措施的实施状况等。

十、改进

标准第 10 章明确了对质量管理体系实施改进的要求,是"改进"原则的具体体现,对整个质量管理体系而言它也是 PDCA 循环中的"处置"过程。

(一)总则

【标准条款】

> 10. 持续改进
>
> 10.1 总则
>
> 组织应确定并选择改进机会,并采取必要措施,以满足顾客要求和增强顾客满意。
>
> 这应包括:
>
> a) 改进产品和服务,以满足要求并应对未来的需求和期望;
>
> b) 纠正、预防或减少不利影响;
>
> c) 改进质量管理体系的绩效和有效性。
>
> 注:改进的例子可包括纠正、纠正措施、持续改进、突变、创新和重组。

【理解要点】

(1) 本条款是对改进的总体要求,要求组织确定改进机会,以及策划并切实地实施相关措施,以实现预期结果和增强顾客满意。通过改进产品和服务,纠正、预防和减少不利影响,以及提高质量管理体系的绩效和有效性,帮助组织满足顾客要求和增强顾客满意。

(2) 改进的方法可以有多种,可以是被动的(如纠正、纠正措施)、渐进的(如持续改进)、跳跃式的(如突变)、创造性的(如创新)或重组(如转型)等多种形式。纠正措施是识别问题原因并采取措施避免再次出现类似问题的适宜方法,而持续改进则是反复实施商定的解决措施的过程。组织可以在此基础上考虑采取其他的改进方式,如创新、重组等。组织采用何种方式实施改进,与组织质量管理体系的成熟度、所面临的风险和机遇、所需的资源与成本等有关,组织应充分考虑这些因素确定改进的优先次序,采用不同的改进方法,如:

① 采取措施避免再次出现不合格;

② 在现有过程中开展渐进的持续的改进活动;

③ 引导创新,修改和改进现有过程或实施新过程的突破性项目,如引入颠覆性的新技术或新变革。

(3) 改进不仅指对质量管理体系的改进,还包括对产品和服务、质量管理体系的绩效的改进,再一次突显对质量管理体系绩效的关注。

(4) 本条款明确"纠正、避免或减少不利影响"也是改进的方法之一,组织应确保系统地评审其过程、产品和服务以及质量管理体系,识别改进的机会,并有效地实施适宜的改进措施。

(二)不合格和纠正措施

【标准条款】

> 10.2　不合格和纠正措施
>
> 10.2.1　当出现不合格时(包括来自投诉的不合格)组织应:
>
> a) 对不合格作出应对,并在适用时做到以下两点:
>
> 1) 采取措施以控制和纠正不合格;
>
> 2) 处置后果。
>
> b) 通过下列活动,评价是否需要采取措施,以消除产生不合格的原因,避免其再次发生或者在其他场合发生:
>
> 1) 评审和分析不合格;
>
> 2) 确定不合格的原因;
>
> 3) 确定是否存在或可能发生类似的不合格。
>
> c) 实施所需的措施。
>
> d) 评审所采取的纠正措施的有效性。
>
> e) 需要时,更新在策划期间确定的风险和机遇。
>
> f) 需要时,变更质量管理体系。
>
> 纠正措施应与不合格所产生的影响相适应。

【理解要点】

(1) 本条款要求组织处置不合格并在适用时实施纠正措施。

(2) 不合格来源包括但不限于:

——审核发现,包括内审、第二方审核和第三方审核;

——监视和测量结果(如检验、产品或服务缺陷);

——不合格输出;

——顾客投诉;

——不符合法律法规要求;

——外部供方的问题(如按时交付,进货检验);

——员工发现的问题(如通过意见箱);

——质保索赔;

——上级或负责人的观察或过程巡查。

(3) 当出现上述任何的不合格,组织应采取以下方面的行动。

① 对不合格作出应对,首先应采取措施以控制和纠正发现的不合格问题,防止问题的蔓延和扩展,并对不合格造成的后果予以及时处置。例如由于设备问题导致产品不合格率增加,

可考虑先停止使用该设备,然后再查找设备问题的原因,修复设备。

② 组织在采取措施控制或纠正不合格的同时,应继续对问题的原因进行调查。必要时,组织可能还需要联系顾客或外部供方,让他们知晓不符合,并提供这些不合格对已提供的产品或已交付的服务的潜在或实际影响的相关信息。

——组织应评审和分析不合格,以确定所发生的不合格的原因以及该不合格是否还存在于其他区域/部门,是否可能再次出现或可能在其他区域/部门出现。组织应根据不合格的潜在影响确定所需采取的措施范围,并根据评审结果实施所需采取的措施。

——采取措施的方法,包括但不限于:根本原因分析、八步问题解决法(eight disciplines problem solving,8D)、失效模式与影响分析(failure mode and effects analysis,FMEA)、因果分析图等。

③ 确定并实施所需要的措施。如经评价认为需要采取纠正措施,组织应在考虑此不合格造成的影响程度的基础上,针对分析评价找出的原因,制定切实可行的、适宜的纠正措施,并实施所确定的纠正措施。为确保纠正措施及时有效地完成,可为完成纠正措施设定时限。确定和实施纠正措施时应确保组织在一个领域采取的纠正措施不会给其他领域造成不利影响。

④ 在实施纠正措施之后,组织应评审纠正措施的有效性,以验证所采取的纠正措施是否已将不合格的原因消除,是否能防止不合格再发生。可通过观察过程绩效、确认已实施措施或已采取纠正的证据或评审成文信息来验证纠正措施的有效性。评审纠正措施的有效性时,首先要看实施的纠正措施活动是否按计划和要求完成;其次再看实施的纠正措施是否达到预期目的,是否已将不合格的原因消除,是否能够防止不合格再次发生。如经评价认为措施不够有效,则组织应考虑确定并实施更为有效的纠正措施。

⑤ 条款 6.1.2 要求组织应策划应对风险和机遇的措施,这些措施也包括组织针对可能出现的不合格所策划的必要措施。当组织在运行质量管理体系过程中实际出现了这些不合格并实施了所策划的应对措施,在对不合格的处置过程中,经过评审和分析,认为之前针对可能出现的不合格所策划的应对措施不充分、不适宜时,组织应及时更新这些内容。

⑥ 如果所做的纠正措施可能会涉及对组织的质量管理体系的变更,如对质量管理体系的成文信息的修改,如需要,组织应实施对体系的更改。

(4) 组织应根据不合格对组织的潜在影响大小,确定需要采取的措施的程度,当在某个区域采取纠正措施时还应考虑是否会对其他区域产生负面影响。不需要花费很大费用去解决一个给组织带来很小损失的问题。为确保能有效地实施纠正措施,组织可确定完成措施的适当的时间周期,根据所发现的不合格的特点、性质以及解决不合格的难易程度和所需的资源数量,时间周期可能有所不同。

【标准条款】

10.2.2　组织应保留成文信息,作为下列事项的证据:
a) 不合格的性质以及随后所采取的措施;
b) 纠正措施的结果。

【理解要点】
(1) 本条款要求组织应保留证实组织针对不合格所采取的措施及其结果的成文信息,以便为已按要求完成的纠正或纠正措施提供证据。

（2）组织保留适当的成文信息，以证明采取了哪些纠正或纠正措施，包括不合格的相关情况，如不合格事实，严重程度，发生的时间、地点区域和过程，以及随后所采取控制和纠正的情况。

（3）组织还应保留纠正措施及相关结果记录，如根本原因分析、制定的纠正措施计划、责任部门/人、措施启动时间和完成时间、措施效果及验证等。

（4）记录的形式可以是不合格报告单、纠正措施表、数据库等，组织可以结合自身实际和需求策划具体的记录表单和形式。

（三）持续改进

【标准条款】

10.3　持续改进

组织应持续改进质量管理体系的适宜性、充分性和有效性。

组织应考虑分析和评价的结果以及管理评审的输出，以确定是否存在需求或机遇，这些需求和机遇应作为持续改进的一部分加以应对。

【理解要点】

（1）本条款要求组织质量管理体系的适宜性、充分性和有效性。

（2）持续改进是改进的一种重要方式，是一种循环的活动，是为实施已协商一致的解决方案而反复循环采取措施的过程。当发现了改进机会并有必要进行改进时，需要根据可获得的资源，决定如何改进。当发现多个改进机会同时存在时，可能还需要确定改进的优先次序。持续改进可包括加强对过程输出与质量和服务的一致性，以提升合格输出的水平、减少过程的变异。这是为了提高组织的绩效并为顾客和相关方带来正面收益。

（3）组织在考虑持续改进的信息输入时要求考虑分析和评价过程（条款9.1.3）和管理评审（条款9.3）的结果，结合风险和机遇的识别及相关的应对措施要求，确定是否需要实施持续改进的措施。

（4）组织在改进的过程中，应关注如何识别适宜的改进方法和工具，结合组织实际加以选用，如六西格玛方法、"精益"计划、标杆对比、自我评价模型、根本原因分析、8D、FMEA等。

即测即练

（5）组织应注重持续改进活动的结果和效果，这些效果应体现在组织的产品、服务、过程的改进提高和质量管理体系绩效与有效性的改进和提高。

【复习与练习】

一、单项选择题

1. 只有（　　）并都能做好本职工作，整个组织的产品和服务质量才能有保证，得出顾客满意的输出。

　　A. 全员参与

　　B. 有关管理人员、质检员和有关生产服务人员

　　C. 有关管理人员、质检员和所有生产服务人员

　　D. 全部管理人员

2. ISO 9001：2015 强调（　　）这一核心概念。

　　A. 基于风险的思维　　　　　　　　　　B. 质量第一

C. 顾客是上帝 D. 服务质量

3. 新版 ISO 9001 标准中,大多数要求更加关注(　　)、关注实现预期结果、关注绩效。

A. 资源 B. 工作环境

C. 产品质量 D. 输出

4. 以下属于纠正措施的是(　　)。

A. 对顾客投诉进行赔偿

B. 对凉的饭菜进行加热

C. 对工人记不住过程控制有关要求而制定文件

D. 岗前培训

5. 以下哪一个不是质量管理体系审核的依据?(　　)

A. ISO 9001 标准和法律法规 B. 质量管理体系文件

C. ISO 9004 标准 D. 合同

6. 以下不属于对不合格作出应对的是(　　)。

A. 采取措施予以控制 B. 纠正

C. 纠正措施 D. 处置产生的后果

7. GB/T 19001—2015 标准中"设计和开发"术语可包括(　　)的设计和开发。

A. 产品和服务 B. 过程

C. 质量管理体系 D. 以上全部

8. 在确定不合格输出的控制的适当措施时,应考虑(　　)。

A. 不合格的性质 B. 不合格对产品和服务的影响

C. A+B D. A 或 B

9. 在质量管理体系中人员的能力,应从以下(　　)方面体现和评价。

A. 教育、培训、经历 B. 教育、培训、经验

C. 培训、技能、意识 D. 教育、技能、经验

10. 在组织和顾客之间未发生任何交易的情况下,组织生产的输出是(　　)。

A. 产品 B. 过程 C. 服务 D. 活动

二、多项选择题

1. 能用来认证的标准包括(　　)。

A. ISO 9001 B. ISO 14001 C. ISO 9004 D. ISO 19001

2. 关于纠正措施,说法正确的是(　　)。

A. 任何不合格都应采取纠正措施

B. 处置不合格产生的后果(影响)是纠正措施不可缺少的一部分

C. 采取纠正措施可能导致变更质量管理体系

D. 纠正措施应与所产生的不合格的影响相适应

3. 确定是否存在持续改进的需求或机会,应考虑(　　)。

A. 潜在的风险 B. 管理评审的输出

C. 合同评审的结果 D. 分析、评价结果

4. 内部审核的目的是确定质量管理体系是否(　　)。

A. 符合组织质量管理体系要求 B. 符合 ISO 9001 标准的要求

C. 提高了过程的效率 D. 得到有效的实施和保持

5. 处置不合格输出的途径包括( )。

    A. 纠正

    B. 对提供产品和服务进行隔离、限制、退货或暂停

    C. 赔偿顾客

    D. 获得让步接收的授权

6. 以下哪些方面体现了质量管理体系的绩效和有效性?( )

    A. 顾客投诉   B. 质量目标的实现程度

    C. 产品和服务发生的不合格   D. 管理制度的完善情况

7. 对顾客或外部供方的财产,组织应( )。

    A. 识别   B. 验证   C. 保护   D. 维护

8. 组织应保留关于不合格的形成文件的信息包括( )。

    A. 有关不合格的描述   B. 所采取措施的描述

    C. 获得让步的描述   D. 处置不合格的授权标识

9. 依据 GB/T 19001—2015 标准 8.4.3,与外部供方沟通的信息包括( )。

    A. 所提供的过程、产品和服务要求

    B. 对供方人员能力的要求

    C. 对外部供方绩效的控制和监视要求

    D. 组织或其顾客拟在外部供方现场实施的验证或确认活动

10. 组织应保留的设计和开发更改的形成文件的信息有哪些?( )

    A. 设计和开发变更

    B. 评审的结果

    C. 变更的授权

    D. 为防止不利影响而采取的措施

三、判断题

1. 质量检验能起到控制和预防不合格输出产生的作用。 ( )

2. 统计质量管理是保证产品质量、预防不合格输出产生的唯一有效方法。 ( )

3. 只要组织获得了顾客满意,就可以在市场竞争中获得快速发展。 ( )

4. 依据 GB/T 19001—2015 标准,组织至少应指派一名管理者代表。 ( )

5. 依据 GB/T 19001—2015 标准,组织应对所有产品和服务的外部提供方进行现场审核。 ( )

6. 内部质量审核允许审核在不同部门不同区域以不同的审核频率进行。 ( )

7. GB/T 19001—2015 标准并没有特别要求质量经理参与产品要求的评审。 ( )

8. 某组织按 GB/T 19001—2015 标准建立了质量管理体系,制定了质量目标和标准所要求的其他方面的成文信息,但是没有实现质量目标的措施的成文信息,因此不符合标准的要求。 ( )

9. 组织没有提供对其某项销售合同进行评审的证据。因此可以断定,组织在签订合同前,没有对这项合同进行评审。 ( )

10. 组织依据 GB/T 19001—2015 标准建立质量管理体系时应按标准逐条要求编制质量手册。 ( )

第五章

质量管理体系建立与认证实践

ISO 9001《质量管理体系要求》标准是国际质量管理先进理论与实践发展相结合的产物，是国际先进的管理理念、先进的完善组织基础管理的实用工具。所谓的科学管理，实际就是利用这些先进的管理理念、管理工具进行管理。ISO 9001 标准开篇就明确：采用质量管理体系是组织的一项战略决策，能够帮助其提高整体绩效，为推动可持续发展奠定良好基础；明确了组织根据本标准实施质量管理体系具有的潜在益处。

但是，这些"绩效""基础""益处"的取得的前提是通过体系标准的有效应用，建立和实施有效的质量管理体系，而不是"形式上的""纸面上的"和"两张皮的"管理体系。对质量管理体系标准"形式上的""纸面上的"和"两张皮的"应用，丝毫达不到标准要求的预期目的。

建立有效的质量管理体系的预期结果是通过提供持续稳定地满足顾客和法律法规要求的产品和服务、达到顾客满意和提高顾客忠诚，应对与其环境和目标相关的风险和机遇的目的。而通过质量管理体系认证，则可以向相关方传达对组织的信任。

本章主要针对组织在日常的贯标认证工作中的一些问题的思考和总结、经验和体会，介绍如何建立和实施有效的质量管理体系，如何达到体系的预期结果和如何开展认证工作等相关知识。

第一节　建立有效的质量管理体系

本节尽量用通俗易懂的语言讲述如何建立有效的质量管理体系，克服贯标工作中的一些不正确的思维和方法。

一、质量管理体系认证的预期结果相关问题及方法

组织通过贯标认证，所期望的预期结果是什么？体现在哪些方面？这是需要首先搞清楚的问题。一些组织就是因为这个问题没有搞清楚，所以贯标认证工作也没有努力的方向。

（一）已建立了适宜于其产品和服务特征的质量管理体系

组织的质量管理体系，应与其产品和服务性质、规模和人员的能力相适应。体系建立后，组织应具有各职能、岗位目标明确，责权利清楚，流程顺畅，资源有保障，重点关键过程监控到位，改进机制健全等特征的高效运作的管理体系，主要体现在：

1. 方针、目标应有针对性、适宜性和管理体系的系统性

（1）适宜的方针有助于实现组织的战略，解决组织面临的问题

根据 ISO 9000 的定义，建立质量管理体系就是为了建立质量方针和目标并实现质量目标。组织应以质量方针为框架建立质量目标。ISO 9001 标准（以下简称标准）明确要求，质量

方针应有满足要求的承诺,这个要求就是要针对每个组织的具体产品和服务的特征,具有适宜性、针对性。组织的质量方针,还应适应内外环境,特别是市场环境,与组织发展战略相一致,突出关键重点,在实际工作中贯彻实施。

组织可以结合其发展战略,根据实现战略目标和上级要求(有上级主管的组织)的需要,制定中长期的质量方针,在此方针的指导下,结合年度工作重点,制定年度工作方针和目标,体现组织的战略决策。

组织的年度工作重点是根据市场环境、政策法规环境、竞争环境、技术环境(如行业新技术的出现等)、顾客需求等外部环境分析预测,结合组织自身需要解决的问题确定的。

分析和预测的一个重要方面是组织如何应对可能的风险和面临的机遇。

组织以方针为框架制定的质量目标,应分解到各有关的部门和岗位。目标一定要清晰明确,有针对性,同时系统地评审现有的,需要补充完善的确保目标实现的措施、方法、职责和完成时间等要素,这样,就把整个管理体系与组织的工作实际完全结合起来,并且实现了系统化,能确保方针、目标的实现,也逐年解决了组织需要解决的问题。体系的其他过程均应围绕方针、目标的实现进行逐级分解落实,也就是说,整个管理体系都应围绕方针目标的实现进行策划。这样,通过多年不断的工作和持续改进,实现组织的战略目标和上级的要求。

总之,质量方针是质量管理体系的"纲",纲举目张。

(2) 部分组织方针、目标管理方面的问题

组织贯标认证时,如果方针目标有较大的缺陷,则会为组织的整个管理体系带来先天不足的缺陷。部分组织方针、目标管理方面的问题是:

① 方针无针对性。

部分组织建立如像"产品合格、顾客满意、遵纪守法、持续改进"等方针,这样的方针在任何组织都可以使用,对提升组织的管理没有针对性和指导性。

② 方针、目标只是停留在纸面上,并且与实际脱节。

部分组织对于自己建立的方针内涵并不清楚,甚至连最高管理者都不清楚,更谈不上学习、宣传和贯彻。有些组织的目标没有以方针为框架,如某组织的质量方针为"追求国际一流",但其目标中没有相关的指标体现。什么是国际一流,如何追求国际一流,组织并不清楚。也有部分组织的质量目标与实际考核指标完全是两套东西,这就造成了"两张皮"。

③ 目标无激励作用。

组织的质量目标应是具有挑战性的,需要经过努力才能实现的。然而部分组织的质量目标、指标甚至低于组织实际完成的目标、指标,不需要努力,已经完成了,那么,就没有了建立体系的出发点和立足点。

④ 目标完成情况无考核。

举例来说,一些组织每年上下级之间都签订目标责任书,其中也都规定了考核、奖罚办法,但提供不出考核的证据,更不用说分析、评价和改进。一部分组织说只要没有出现质量事故就算完成,没有具体的考核结果。这样就不能发挥目标体系的作用。

⑤ 方针、目标与体系无关联、系统性。

某些组织建立了比较好的方针、目标,但是查阅其手册、程序文件等体系文件,多数还是通用的,除个别作业指导书外,其他文件均看不出如何确保其方针、目标如何实现,基本没有什么关联和系统性。

2．如何建立适宜的方针目标和相关联的质量管理体系

举例来说，20世纪90年代末，国内某钢锉厂在建立质量方针时，认真分析了当时其内外环境，特别是市场环境、产品和服务质量特性，主要有以下方面：

（1）工厂的钢锉产品作为以金属锉削为主的常用手工具，其使用性能要求其必须有一定的硬度、锉削时手感锋利省力等主要特点；

（2）产品生产过程属于低值大批量、技术密集型和劳动密集型兼具（如钢锉的硬度和韧性是一对不易解决的矛盾，还包括表面处理、锉齿的锋利性等技术要求较高）的特点，其生产过程质量控制相对较难；

（3）正因为是劳动密集型产品，所以西方发达国家因为人力成本较高而处于夕阳产业，但西方兴起的"自己动手热"而又很需要这种产品，而我国人力成本相对较低，因此，当时西方很多国家到中国寻找代工厂，也就是"贴牌"，出口市场大有可为；

（4）经过仔细分析后又发现，西方人买了锉刀后，除了工业使用以外，很多是因为"自己动手热"而需要在家庭中使用，因此，对于产品的美观度有很高的要求；

（5）国家大力鼓励产品出口争创外汇；

（6）劳动密集型产业的发展，可以安置大量的就业人员。

基于以上的分析，该工厂制定了质量方针："美硬锋利是根本，过程控制是关键，持续改进求发展"。

该方针制定后，公司对全体员工进行了大量的宣传培训，并在每个主要车间以大条幅悬挂在显眼位置，使工厂广大员工都明白了自己生产的产品的主要追求。与此同时，工厂将影响产品"美硬锋利"的因素都找出来，如锉坯的轧制、锻造、机械加工、热处理、表面处理，锉刀齿纹的深度、角度等因素，制定成质量目标和指标进行关键控制，体现在相关程序文件、工艺及检验规程中；在过程控制方面，通过应用SPC等统计技术随时掌握热处理后硬度及产品尺寸变化等质量特性，分析产品特性趋势；在持续改进方面，工厂不断对各主要生产工序，如轧制、锻造、热处理、表面处理等进行工艺、设备技术改造和工艺参数优化。而以上所有工作都纳入了体系管理。

通过这些扎实的工作，钢锉产品再不是过去那种"黑粗脏"的形象，而是所有产品均呈均匀银灰色，美观又清洁，在提高产品质量的同时，还大大提高了生产效率，节约了大量的能源和人力消耗。通过以上的工作，工厂获得了较快的发展，合格产品全部出口到世界各国。

当然，标准要求方针应包括满足要求的承诺，其中也包括遵守法律法规和其他要求的承诺。所以，组织理解法律法规和监管要求也很重要。

（二）正确分析并理解顾客、利益相关方特别是顾客的需求和期望，理解其产品和服务的相关法律法规和监管要求

准确理解市场和顾客是组织作出正确战略决策、经营决策的基础。

上面第（一）项的内容是从方针制定和体系建立角度部分说明建立适宜质量管理体系应正确理解组织环境及相关方特别是顾客的要求。这里，从组织战略、品牌等角度日常运行方面进一步说明。

按2015版ISO 9001标准要求的质量实际上已经是大质量的概念。标准要求把与质量有关的方方面面都要加以考虑，如组织要充分、正确理解所处的内外部环境（见ISO 9001 4.1注中的相关因素）的方方面面，特别是外部环境中的市场和与产品和服务相关的法律法规要求、政府部门的监管要求等。同时也要正确理解组织内部环境，明确组织的优势与劣势，在同行业中的地位,找出与竞争者、行业标杆的差距,制定正确的发展战略,做到扬长避短,规避风险,利用机遇。一个组织只有适应不断变化的内外部环境的要求,遵从党和国家的方针政策,朝党和国家鼓励的方向发展,才能在激烈的市场竞争中处于不败地位。如当前的淘汰落后产能、供给侧改革、"一带一路"建设及日益严格的环保和安全政策及监督等带来的风险和机遇。

正确理解与质量有关的相关方的需求和期望(见 ISO 9001 4.2),特别是顾客的需求和期望,对于制定组织的发展战略和市场定位、市场战略、品牌战略都具有非常重要的意义。这些决策的正确也是建立有效的质量管理体系的前提。只有正确理解顾客的期望,才能满足顾客要求,也才能做到适销对路,同时也要争取超越顾客的期望,才能达到顾客满意,促进组织的发展。

组织是为顾客提供产品和服务的,确保满足顾客和利益相关方的需求是从为顾客提供的产品和服务上面体现的。组织只有充分了解顾客所需要的产品和服务的特性(见 ISO 9001 8.2),才能正确地提供顾客所需要的产品和服务。从理解产品和服务的特性出发,达到向顾客提供一致的、稳定合格的产品,以此为出发点,建立的质量管理体系就有针对性、适宜性,也容易使质量管理体系与组织经营业务更好地融合。

不同组织的顾客不同,产品和服务的特性有很大的差异。比如生产制造企业与学校。生产企业的产品主要特性是有形的,一般是以硬件产品为主。而学校,则是属于服务行业,服务于国家、社会对合格建设人才的需求,服务于学生家长对于子女学到可用的知识、本领和健康成长的要求,而对服务对象即学生本人,他们可能希望在一个相对舒适、宽松、安全的环境中学到可用的知识;而且大学、中学和小学的家长对于服务的要求在不同的环境和历史时期也是不同的。所以,正确地理解顾客、相关方对于产品和服务的特性的要求非常重要。

举例来说,对于农产品企业,需要正确分析国内和西方顾客在消费方面的需求和期望是有区别的。国内消费者现在希望消费绿色、有机、环保和无公害食品,喜欢"土"食品,如"土猪""土鸡蛋""大河鱼""农家菜"等,并不太认同所谓的"科学养殖"和"科学种植",这点与西方国家是有区别的。如果组织的产品不能正确细分和定位市场,采取反向的战略、品牌和宣传策略,恐怕只能适得其反。

不过,需要说明的是,强调理解上述的相关方的需求和期望,并不表明组织员工这个相关方不重要。正确理解组织员工的需求和期望,调动全员的积极性和创造性,这对于组织健康发展,对于组织文化建设也是很重要的。在实际中,部分组织强调对外的满足,而忽视了对内的工作,而导致不能成功的例子也是很多的。

(三)已确定了实现预期结果(合格的产品和服务及顾客满意度的提高)所需要的过程

通俗地理解过程方法,就是我们做每一件事都是按步骤一步一步完成的,而每一步骤都需要利用一定的条件(输入)通过适当的方法来达到预期的结果或目的(输出)。大的工作步骤中包括小的工作步骤,小的工作步骤还有小的工作步骤,需要根据具体工作进行确定。对于组织实现合格的产品和服务,提高顾客满意度也是这样的。例如:任何一个组织,从大的工作步骤来说,应是从标准4.1和4.2特别是从确定产品和服务要求包括法规要求(其中又可以分为很多具体步骤)开始,到为顾客提供合格的产品和服务,到售后服务,甚至到产品寿终正寝结束。

利用过程方法,我们需要考虑这些工作步骤之间的关系,确定每一步的作用,去掉那些不需要的或效率低下的工作步骤,优化工作步骤;识别关键、重点的工作步骤(工序)并加以重点管理,对这些工作步骤及其所取得的结果(输出)进行监视、测量、分析和评价以不断纠偏,从而高效地达到预期的结果(输出)。

完成工作步骤所需要的支持条件就是标准中第7章"支持"中所列明的。这些支持条件可以支持我们完成所需要的工作步骤,同时支持条件的不足往往又制约我们的发展。当然,不同的工作步骤所需的条件不同。

适当的方法包括标准8.1"运行策划和控制"中要求的建立的过程运行准则及标准第6章中所策划的应对风险和机遇的措施。过程运行准则如工艺规程、服务规范、作业规范、作业指导书、操作规程、工作要求等。

预期的结果(输出)就是我们的目标。如产品和服务合格率、采购合格率、采购及时率、检验正确率、漏检率、检验及时率、顾客满意度、项目验收合格率、设备完好率、设备使用率、返修率、返工率、一次检验合格率等,完全可以根据工作职责、工作任务的内容、性质等进行确定。

各工作步骤之间的关系,可以这样理解,接受上一工作步骤结果(输出)的就是内部顾客。按照标准的理念,我们也要让内部顾客满意,要为下一工作步骤的工作者着想,要让他们满意。上一工作步骤没有达到要求,不向下一工作步骤交付结果。比如采购人员要为生产人员着想,要尽量采购合格的产品和服务,不让外部提供的产品和服务质量对其后续使用者产生不良影响。如果组织内人人都树立起内部顾客的理念,人人都为他人着想,管理效率就提高了。

对这些工作步骤及其所取得的结果(输出)进行监视、测量、分析和评价的依据和方法也很多,包括标准8.1中所说的接收准则。如各种检验和验收规程、服务评价准则、工作监督检查、工作考核、指标考核、工艺检查、统计分析等。在这方面,使用统计技术中的新老"七种工具"是很好的办法(鉴于很多书籍中都有相关知识介绍,本书中不做这方面的知识讲解)。监视、测量、分析和评价工作很重要。一部分组织建立规章制度很多,但贯彻执行得很不到位,甚至相当的规章制度没有得到贯彻执行,违规违章的事只要没有造成后果基本没有人过问,还停留在传统的、经验的管理方法,不合格产品或服务效率得不到改善,管理效率得不到提高,组织面貌长期依旧,一个很重要的原因,就是监视和测量或者叫监督检查不到位。

以上的这些内容,完全可以根据组织的工作实际加以规定,没有统一的格式的范本。符合组织实际而且具有指导意义的就是最好的。组织在建立质量管理体系时,采用上述方法,进行了各种工作的步骤分析,理顺了工作步骤的关系,并找出关键步骤后,对照标准要求,对原有的成熟的管理办法(过程运行准则和接收准则、应对风险和机遇的措施等)加以继承、发扬,对于需要改进的加以完善,对于缺项的加以补充。这样建立的质量管理体系,就是符合组织实际的、有指导性的、具有可操作性的、能够落地的质量管理体系。

(四)已确保了对这些过程的运作和监视提供支持所必需的资源的可用性

质量管理体系建立和运行的资源包括有能力的人员、基础设施、运行环境、过程运行环境、监视和测量资源和组织的知识等(见标准7.1)。组织各项工作(步骤)过程只有获得各项充足的资源保障(支持条件),才能取得过程的期望的输出。在质量管理体系建立和运行工作中,学习和正确、深入理解标准要求,特别是在实际工作中能够贯彻标准要求,懂得组织的关键运作流程和技术是很重要的支持条件。一部分组织一方面在学习和理解标准方面很少投入,而又期望能取得好的贯标认证效果,这个不太可能。从资源可用性来说,一部分组织能省就省,监视和测量设备(或者叫计量器具)、特种设备等不按要求定期检定、检验,主要生产或服务设施得不到及时的维护保养。这些都是需要克服的。

一部分组织贯标认证的效果不好,主要还是认识不到位。他们的最高管理者没有系统地学习和了解过相关认证认可的知识,不了解如何应用这些先进管理理念、工具,认识不到其对组织提高管理和效率会带来潜移默化的好处;或者急功近利、随大流,把认证看成是"办证",

认为是下面某一个人或某一个部门的一项工作,自己忙于日常事务没有时间管,等等。所以,对于社会来说,提高认证认可的有效性,还需要从宣传教育抓起。

(五) 对所确定的产品和服务特性进行监视和测量

对于在组织内部的过程产品,在向下道工序交付前进行产品特性的监视和测量,确保不合格产品不转交下道工序,避免后续加工的资源浪费;对于产品和服务在向顾客交付前进行监视和测量,确保不合格的产品和服务不向顾客交付,则是为了防止不合格产品和服务的非预期使用或交付,防止因不合格产品和服务对企业形象、信誉等造成不良损失,并且也可以最大限度地降低顾客在退换货物方面的时间和金钱损失。

(六) 以预防不符合为目标,并具有系统的改进过程

"工欲善其事,必先利其器",管理工作和其他技术、生产、服务工作一样,要提高管理水平和效率,也需要有先进的工具。组织要把质量管理体系整体作为一个预防工具使用好,发挥其预防产生包括不符合在内的各种非预期结果的作用。要加强对与质量有关的各项业务过程的监视和测量,建立对监视和测量中发现的问题持续改进的机制。

(七) 已实施了内部审核和管理评审过程

组织按标准要求切实做好内部审核通常又叫内审工作,实际上就是按策划规定的周期,由组织自己(组成内审组)对于体系范围内的运行所涉及的各部门、岗位的工作情况,对照标准和体系文件及相关要求,就体系是否符合标准与组织自身体系的要求,各项要求是否得到有效实施进行一次系统、全面的审核和检查。通过审核和检查,发现不足之处加以改进。这是一个很好的改进机制。

组织按标准要求切实抓好管理评审工作,实际上就是按策划规定的周期,由组织的最高管理者亲自主持,对质量管理体系的充分性、适宜性、有效性进行一次全面总结和评审,作出相关的决定,以确定组织的质量管理绩效状况和其他方面可以或需要改进的机会,实现持续改进。这应是组织最高的一级改进机制。

客观地说,目前一些认证组织,对于内审和管理评审改进机制的作用发挥是不够的。

内审不到位,就其原因,一是对标准的学习不够,理解不到位;二是最高管理层不重视,对于内审的作用认识不足;三是内审员的能力不足甚至没有这方面的能力。成功有效地实施内审并发挥内审机制的作用,取决于内审员的能力。部分组织安排工作任务较闲的或者刚来的没有多少事的人进行内审,结果是既不懂标准,又不了解组织业务实际,只能机械模仿式地应付了事。当然,纯粹在纸面上做内审和管理评审而没有开展实际活动,那就更不用说有什么效果,相反是一种浪费。

为了提高质量管理水平,组织应加强对质量管理团队的建设,包括内审员队伍建设。组织的最高管理者,应为提升内审员能力提供相应的资源,比如采取培训,提供内审或外审机会等。

对于管理评审来说,除了学习、认识不到位的原因外,就是会前不做充分准备,开会走形式,不结合标准的要求、体系文件的情况和企业的现状做深入的分析与研究,草草收场了事等。

(八) 监视、测量和持续改进其质量管理体系的有效性

质量管理体系的有效性是指完成策划(计划)的活动并得到策划结果的程度。包括活动和结果两个方面。为了达到计划的目标要求,必须通过对各项活动和活动的结果进行监控。如果没有监控机制或者监控机制不完善,就很难判断要求的活动完成和达到结果的程度。要尽

量避免会而不议、议而不决、决而不行的情况，也要尽力避免文件天天发，面貌依旧的情况。部分组织领导层的决策、方针，不能得到很好的贯彻实施，一个重要原因是因为监督机制不够。没有强有力的监督机制，就可能没有好的执行力。

二、建立有效管理体系的原则

（一）领导重视

体系建立、运行的持续改进是一个"一把手工程"。当前，党和政府都高度重视，经济发展要从速度型向质量效益型转变。组织的最高管理者没有理由不重视。重视是一方面，但是具体如何抓又是另一方面。有些组织的最高管理者也重视，有想抓好的愿望，但是不知道如何抓，缺少科学的方法。何为科学管理？科学管理就是采用先进的管理理念、先进的管理方法和工具进行管理。而 ISO 9001 标准正是一个很好的、现成的先进管理工具。组织领导可以通过以下方面抓好工作：

（1）组织的最高管理者应建立学习型组织，除了自己带头学习、领会这个标准外，还要组织公司的与产品和服务质量有关的岗位人员学习、讨论、领会标准要求。只有这样，才能正确使用这个工具，发挥其作为管理工具的作用。就像一部再高档的智能手机，如果不会用，也就不高档了。

（2）做好组织工作，加强领导，亲自参与。按 ISO 9001 标准第五章规定的要求，切实履行最高管理者的作用和承诺，逐节逐条加以落实到位；亲自主持管理体系的建立工作，其中最为关键的是做好组织环境和相关方的需求和期望分析，制定正确的战略决策，明确一段时间的工作重点和需要重点应对的风险、可以利用的机遇，在方针中加以体现；方针通过纵向到位、横向到边的目标体系加以落实；对目标进行切实考核和评价、分析，落实奖罚措施；明确各部门、岗位的职责，根据职责要求赋予一定的权限，提供必要的人、财、物资源，发挥组织的各级管理人员和全员的作用和智慧，调动全员的积极性，方能达到效果。

有的组织，最高管理者平时都不参与组织的体系建设工作，也不了解标准要求，日常的体系工作，叫下面的人去抓，让一个部门或人去做，还希望达到好的效果，这是不可能的。

（二）全员参与

全员参与是指组织所有与质量有关的岗位，都应充分履行好职责，发挥好作用。全员参与的关键一是要有好的组织文化，能够调动全员的积极性。二是要组织全员学习、讨论、领会标准要求，增强质量意识，提高贯标工作的积极性和主动性。通过教育培训，使所有与质量有关的人员都明白自己岗位在质量管理和产品、服务质量中的重要性，明白和达到自己工作要求的受控条件并切实遵守。具体方法如下：

（1）动员全员参与体系建设工作，如参与公司方针、目标的制定，参与体系文件特别是岗位相关文件的学习和讨论，提出建设性意见，公司加以采纳并对合理化建议给予鼓励。通过员工亲自参与制定、学习和讨论体系文件，就能够把体系要求与岗位实际更好地结合，也能使员工更加清楚、明白体系文件对于岗位工作的要求，提高员工的主人翁意识，也为后续的贯彻实施打好基础，同时也方便体系部门的工作。不能认为这个贯标认证就是相关部门、相关人的事，与自己没有关系，事不关己，高高挂起，这种不正确认识一定要克服。一个部门（人）是管不好质量，管不好体系的。

（2）加强内部沟通和协调。管理体系是一个系统，各相关要素之间是相互关联、相互作用的。不能搞"铁路警察各管一段",让各级各岗位人员明白需要相互协同、配合的关系,才能达到 $1+1>2$ 的效果。

(三)遵循法律法规和其他要求

组织结合体系建立,必须同时贯彻执行组织适用的法律法规、政策要求和其他要求。其他要求包括组织适用的产品标准、规范等。在建立组织的第三层次文件,如作业指导书、操作规程、工艺规程、检测规程、服务规程等的时候,应依据组织的产品和服务适用的标准、规范等,结合实际加以规定,贯彻落实到相关工作岗位中。

组织有必要学习认证认可的相关法规。一些组织通过采用招标的方法选择认证机构和签订认证合同,这个做法本身没有错。但是由于不懂认证认可的相关法规和要求,把选择认证机构当作当初选择材料供应商,在招标书中提出一些不符合认证认可法规的要求,如必须保证在什么时候前取证把认证合同当成货物买卖合同,如组织付了费就一定要取证,等等。还有一些组织在招标书中对贯标认证效果等提出很高的要求,而又搞最低价中标,往往是没有实力机构中标。另有个别组织提前已预定了认证机构,但是要走程序,找三家以上的机构去陪标,这是对陪标机构的严重不尊重,这些都是认证机构有时放弃投标的原因,也是经常有一些招标流标的原因。当然,也有个别认证机构,为了中标,组织的任何条件都可以答应。

(四)搞好两个结合

1. 外部指导与组织自身相结合

有的组织自身不努力,希望请一个外部咨询指导团队来达到目的。他们希望通过外部咨询团队的一段时间的工作,大幅提高组织的管理,而组织没有或少有人来配合,这也是不现实的。这样,咨询团队只好闭门造车,搞了一堆不适宜的东西。组织应明白,组织自身的管理,外部团队是代替不了的,一切的规章最终是要靠组织自己来运作的,外因只有通过内因才能起作用。只有咨询团队与组织团队很好地结合起来,团结协作,扬长避短,互相配合,互动互助,以内因为主(内因起决定性作用),以外因为辅,双方互相讨论,不断切磋,共同完成体系建设任务,才能达到目的。如果组织的全员不能很好地理解体系的要求,没有自觉运行体系的积极性,光靠外部因素是不行的。

2. 标准的要求与组织的实际相结合

ISO 9001 标准是国际通用标准,是全世界任何国家、任何组织,无论规模大小和性质,都可以适用的通用要求,不是行业或企业标准。因此,标准规定的内容只是要求。至于每个组织如何达到标准的要求,则完全要根据组织所在地区、行业及自身情况,特别是产品和服务的特性,作出切合实际的规定,包括达到要求的途径和办法。从这一点来说,没有什么通用的体系文件,因为没有两个完全一样的组织。

三、建立有效质量管理体系的步骤

建立质量管理体系分为五个阶段,如图 5-1 所示。本节主要介绍动员准备、标准培训、体系策划阶段的内容。文件编写和发布将在本章第 2 节中专门介绍。

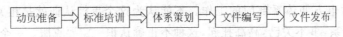

动员准备 ⇨ 标准培训 ⇨ 体系策划 ⇨ 文件编写 ⇨ 文件发布

图 5-1 质量管理体系建立阶段

（一）动员准备

这一阶段，主要开展以下工作：

本阶段主要是为建立质量管理体系配备人力等相关资源，进行前期的准备工作。

成立贯标领导小组，设立工作机构，统一领导协调质量管理体系建立工作。

明确各部门在质量管理体系建立工作中的主要职责，制定责任奖罚办法等工作。

也可以召开一次贯标动员大会，让大家明确贯标认证的目的和意义，提高对贯标工作的认识和参与的积极性。

（二）标准培训

对于组织包括最高管理层在内的全体管理人员，进行标准的宣贯培训。

1. 培训内容

首先应进行 ISO 9000 的基础和术语培训，包括建立质量管理体系的基本概念和原理、质量管理体系模式、常用的质量管理术语和定义等内容。不理解这些内容，就不能完整、准确地理解 ISO 9001 标准的要求。

接下来进行 ISO 9001 标准要求的培训，包括的核心理念、思维和方法等。如有必要，结合开展相关的法律法规、规范和标准的培训等。

2. 培训方式

在开展全体人员统一的培训基础上，然后按部门和岗位职责、业务类型等，进行针对性的分层培训和讨论，开展学习心得交流、标准知识竞赛等活动。通过这些活动明确标准的条款和要求如何结合岗位工作实际理解、贯彻实施，这是很好的办法。然后在以后的贯标工作中，结合工作实际不断加深对标准的理解。不应指望一次培训就能达到效果。

（三）体系策划

本阶段是质量管理体系建立的重点阶段，主要内容包括：

（1）确定质量管理体系的范围。

（2）分析和理解组织内外环境（包括适用法律法规和其他要求），确定组织的优势、劣势、机遇、风险，确定应对这些风险和利用机遇的措施，同时考虑应对这些措施的有效性。

（3）确定组织的相关方，列出主要、关键相关方，识别他们的需求和期望，明确这些需求和期望中具有哪些风险和机遇，确定应对这些风险和机遇的措施。

在分析内外环境、相关方的需求和期望时，组织可以采取自下而上的方法。各部门及相关岗位人员都应先对自己所涉及的内外环境问题进行分析，确定风险和机遇，并策划应对措施，因为相关部门都有不同的内外接触对象。比如采购部门接触供方，销售部门接触顾客，人力资源部门研究员工的相关问题等。

在各部门分析并策划的基础上，组织再汇总完善策划，最后制定适宜的措施和分析评价方法，下发执行。

组织还可以鼓励各部门随时分析，如接触到相关信息及时在组织内反馈、传递，以不断修正和完善应对措施。

（4）明确部门和岗位的工作职责。

（5）组织质量管理现状诊断。

此阶段应对组织的管理和业务流程进行梳理和优化，明确对产品和服务质量有影响的关键过程。各部门收集现有各种文件、记录，特别是与关键过程的过程准则和接收准则有关的文件和记录,形成文件、记录清单。

(6) 完善体系文件。

对照 ISO 9001 标准的条款,将现有的每个文件、记录根据内容纳入标准的相应的条款中,并按照标准的条款要求进行文件评审。如果文件符合标准要求且行之有效的,继续保留;如果文件行之有效,但按照标准要求还需要补充完善的,则进行补充完善;如果标准的某个条款需要保持或保留成文信息,但实际上还没有的,则需要编制新的文件或记录;如果发现某个条款有重复的文件或记录,则应进行合并和精简。然后列出需要补充、完善、修改、精简和创建的文件和记录清单,各部门按职能分工自行补充、完善和提高,组织最后评审定稿。这就比如标准就像一个书柜,每一个条款就是一格,我们按格往里面装文件,这样就会实现文件管理的系统和有序。否则,可能就会造成文件的混乱。比如有一组织就同一件事的规定,拿出几个文件,而几个文件的规定也是不一致,那么,到底哪个文件有效,哪个文件无效,应该执行哪个文件,往往他们自己也说不清楚。

需要强调的是,建立质量管理体系,一定要结合组织的原有基础,不是完全推倒重来,只有这样,才能生根落地。

(7) 制定或完善方针目标、体系文件。

在上面进行了体系文件的完善和提高工作以后,组织已有了比较好的体系基础上,组织再次对方针和目标进行评审,确保管理体系的系统性。

这里需要强调的是,质量管理体系的策划工作的几个重要和需要注意的方面:一是方针目标的策划。二是应对风险和机遇的措施。三是针对具体产品和服务实现的过程,特别是关键过程的过程准则和接收准则的策划;策划时还需要注意其与方针、目标的关系,关键是确保组织的方针和目标得以实现的措施。

第二节 体系文件的编写和发布

一、文件的价值和作用

文件的价值在于能够传递信息、沟通意图、统一行动。

记录是一种特殊类型的文件,是阐明所取得的结果或提供所完成活动的证据的文件。文件的形成本身并不是目的,它应是一项增值的活动。

文件的主要作用:用于作业、操作和工作指导(特别是对于复杂的过程,如工具书)、组织知识和经验的积累、组织大量信息的积累、培训的需要;质量管理体系绩效、有效性和持续适宜性分析评价的依据,需要时实现可追溯性,并为验证纠正措施提供客观证据。

在组织每次成功和失败的案例发生后,或是遇到质量问题并采取措施加以解决后,及时总结经验教训,对相关作业文件进行修改,长久如此,若干年后,这些作业文件就是组织的经验和知识积累,就是组织的财富,也可以清楚地追溯组织发展的历史。

另外,对于一些复杂的过程,由于有作业指导书的存在,就不会由于人员的更替而造成工作上的被动。

有相当一部分企业和人员,他们只重视实际操作,不太重视文件特别是记录的作用,经常是做了而需要的记录没有,或者记录是应付了事,这些都是不对的。组织应重视文件和记录的作用。

二、对质量管理体系文件的基本要求

（一）系统性

组织在建立质量管理体系文件时，应按照标准的要求和规定，通过各级文件系统地回答我们如何达到标准的要求，各层次文件应分布合理、相互协调、互相印证，特别是上级文件应对相关的文件。下级进行引用，提供同一过程相关文件的查询途径，达到系统性，实现文件的有序管理。不要出现游离于体系之外的文件。

（二）协调一致性

各层次体系文件的相关规定应一致，不互相产生矛盾；上一个过程的输出与下一个过程的输入相符；体系文件应与有关技术标准、规范相互协调；处理好部门、过程之间的各种接口关系，引用适当，避免不协调或职责不清。如同一本手册，其中关于文件、记录和档案管理的归口管理部门，一会儿规定由办公室负责，一会儿规定由技术部负责，而且手册和程序文件中的规定也不一致，这就是文件的不协调、不一致。应避免对同一事项在不同文件中相互矛盾的规定。

（三）唯一性

每一个组织都是唯一的，所以，其质量管理体系包括体系文件也是唯一的。也就是说，对于同一个过程或同一件事，应只有一个文件进行规定。文件要通过清楚、准确、全面、简明扼要的表达方式，实现唯一的理解；这样才能发挥文件的作用。对于文件的管理，采用版本标识和前面说到的"书柜"控制方式进行，是比较有效的办法。

（四）适用性和可操作性

简单地说，适用性就是要适合各个岗位的工作实际，内容正确清楚和简明扼要。遵循"最好、最实际的方式"原则编写各类文件；所有文件的规定都应保证在实际工作中能完全做到；追求"任何时候、任何部门都适用"的文件是不可能的；编写任何文件都应依据标准的要求和组织的现实。对于岗位的作业文件，尽量避免穿靴戴帽，尽量简单清楚明白，在实际工作中可行、资源有保障；要求岗位人员做什么和如何做，就1234地列出来；不要模棱两可、引起歧义，产生误解和混淆，同时方便监督检查，方便岗位工作人员记忆和使用。

体系文件的适宜性是指文件符合ISO 9001标准、符合组织适用法规及其他要求，符合组织及其所在行业的特点，符合组织的产品和服务特性，符合组织的管理和经营工作实际情况，具有针对性和可操作性。体系文件的充分性是指文件的规定对于组织来说是全面的、完整的，重要的关键过程、关键环节无遗漏。体系文件的有效性是指能对组织的实际运作起到较好的指导作用，对于实现组织的方针、目标和日常运作、控制能达到预期的结果。

所以，在贯标认证过程中，不能图省事而照抄照搬别人的文件。

总之，衡量一套体系文件好不好的标准就是文件的适宜性、充分性和有效性。编制质量体系文件的关键是讲求实效，不要走形式。既要从总体上和原则上满足ISO 9000系列标准，又要在方法上和具体做法上符合本单位的实际。

三、文件结构

（一）三层的文件结构

组织的管理体系文件包括与质量实际运作有关的所有文件。根据我国认证认可工作的实际,目前体系文件一般由三个层次构成,如图 5-2 所示。

一级文件是质量管理体系的总体描述,通常以《质量手册》的形式出现,当然也可以是其他形式,如质量管理体系说明等。其中一级文件是对组织的质量管理体系的总体概括性描述,不涉及具体操作层面;是组织质量管理应长期遵循的纲领性文件;是由组织最高管理者批准后发布的、有权威的、实施各项质量管理活动的基本法规和行动准则。一级文件在有需要时可以提供给外部相关方,比如顾客、政府部门和认证机构,以证明组织质量体系存在,具有质量保证能力,取得相关方的信任,同时也为质量管理体系的评价和审核提供依据。

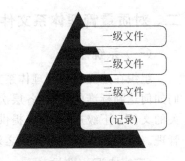

图 5-2　体系文件层次图

一级文件的内容包括组织基本情况,如组织机构、职能分配;质量管理体系的范围,包括任何不适用的细节和理由;质量管理体系过程之间相互作用的表述,实际就是如何实现、达到标准的每一条要求的纲领性的概述文件。通常一级文件可以引用所有二级文件。在小型组织里,一级文件可以描述组织与质量管理相关的所有过程,也可以将二级文件合并到一级文件中。

ISO 9001:2015 版标准中已没有了编写手册的要求,主要考虑的是强调要符合组织的实际,同时继承组织原有的好的做法,不要像过去那样编制出千篇一律的管理手册来,给予了组织更大的灵活性。但在实际贯标工作中,多数组织仍然编制了手册。

二级文件可以是程序文件,也可以是管理规章制度,是规定完成某项过程或活动的方法和途径的文件。二级文件主要是针对与质量管理相关的过程制定,比如工艺管理过程、设计开发过程,产品和服务实现的某一过程(如铸造、机械加工、热处理等)等。二级文件针对过程明确职责、权限、相互关系,对过程中影响质量的各种因素作出规定,作为执行、验证和评审质量活动的依据。比如检验过程中的过程准则和产品和服务接收准则等。

过去程序文件主要是对应标准的条款要求进行编制,现在提倡过程方法,组织可以按照产品和服务实现的主要过程和管理过程进行编制(比如按项目管理的要求编制)。

三级文件通常又称为支持性文件或作业文件,主要针对相关作业岗位进行编制,用于阐明过程或活动的具体要求和方法,是指导岗位员工为某一具体过程或某项具体活动如何进行作业的指导文件。它既是对程序文件的支持性文件,也是对程序文件的进一步细化与补充。它比程序文件规定的内容更详细、更具体、更单一,而且更便于操作。

由于一些过程相对较为复杂,一个大的过程中又包含了很多小的过程,一个程序文件往往还不能全部规定清楚,这时就需要有若干个三级文件来支持了。比如生产组织的产品的监视和测量过程,至少包括采购产品、外协产品、过程产品、成品等的监视和测量及检测出的不合格品处置等过程,这时,可能就需要具体的作业文件来对每个过程进行规范和指导,如原材料进厂检验规程、过程产品检验规程、成品检验规程等,而每一个规程中需要策划好相关的记录。

不是所有过程都需要编制三级文件,比如旅行团的导游对于某一个景点游览的进出时间安排,由于十分简单,只需要口头程序就可以了。

(二)三层次文件内容关系

当各层次文件分开时,可相互引用从而构成一个整体的文件系统;各层次间文件合并还是分开,可由组织根据自己的习惯和过程复杂程度需要决定。各层次文件的内容不应相互矛盾;下一层次文件应比上一层次文件更具体、更详细。

举例如下：

质量手册：……所有产品在出厂前均应依照《检验与试验控制程序》进行检验，合格后方可向顾客交付，……

程序：……在产品出厂前，质检部质检员依照《产品出厂检验规程》的规定进行产品质量检验……

作业文件(《产品出厂检验规程》)：……组批……，抽样方案，接收质量限(Acceptable Quality Limit，AQL)1.0，功能测试项目：规格尺寸、硬度、齿纹深度、角度，……，合格判定方法。

记录：产品出厂检验报告，记录上述项目的测试结果，并判定该批物料是否合格，有权放行产品的人员等。

记录：检验报告，记录上述项目的测试结果，并判定该批物料是否合格。

四、文件清楚表达的要素

从第二层次文件开始，文件清楚表达要写清楚 5W1H2R，即：

Why(为什么做？目的)、What(做什么？内容)、Who(谁做？职责)、Where(在哪里做？岗位)、When(时间/时限)、How(如何做？方法)、Resource(支持条件？资源)、Record(记录)。

文件在表达上述要素的时候，一定要清楚明确，才有可操作性，不能含混不清。比如在一些组织的作业文件中规定，"定期进行工艺检查""定期进行质量教育""定期进行记录和档案的归档"，等等，那么，何为定期？多长时间为定期？三年、五年检查一次算不算定期检查？

五、建立体系文件的原则

(一) 体系文件的多少和详略得当的原则

文件不是越多越长越好，不同组织的质量管理体系文件的多少与详略程度可以不用统一。其主要取决于：

——组织的规模和活动的类型；

——过程及其相互作用的复杂程度；

——人员的能力。

文件可采用任何形式或类型的媒介。

(二) 在组织现有的管理基础上建立的原则

建立体系，是在组织现有的管理经验和发展基础上，按照标准要求进行体系的补充、完善和提高。建立体系不是完全推倒重来，不是不顾组织原有的管理基础和文化沉淀另搞一套。一些组织已有了数年以上的发展，已有了一些好的管理制度或规范，也有了一定的文化沉淀，只有在继承和发扬好的传统和经验的基础上进行补充、完善、改进和提高，才能让我们的体系有较好的基础，才能生根落地，也才能将管理体系要求与业务实际工作结合起来。通过对现有管理体系的分析和评价，凡是现行有效的管理规章，在经过清理、对照和补充完善的基础上，都可以纳入体系文件中继续贯彻实施，这样的体系才有坚实的基础，才能落地生根。

(三) 实现质量目标需要的原则

编写体系文件，要围绕贯彻组织的质量方针、实现质量目标需要。我们建立体系的目的就是为了实现质量目标，要针对影响目标实现的各种关键过程、应对风险、利用机遇等措施进行规定。并结合 ISO 9001 标准的条款要求建立管理体系文件,通过过程方法和基于风险的思维,达到质量管理体系的预期结果。

举例来说,如果组织的质量方针的内容之一是要建成国际一流品牌企业,且围绕这一方针制定了相应的质量目标体系,那么我们的体系文件应针对这个目标体系建立,从而确保实现这个目标。

六、体系文件的编写方法

系统的质量管理体系文件,需要提供文件的查询途径。实现查询途径的方法是上级文件引用下级文件,逐级引用。质量管理体系文件系统如图 5-3 所示。

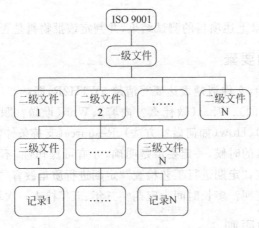

图 5-3　质量管理体系文件系统图

对于各级文件的作用,本节前面已有介绍,组织可以采用图 5-3 的方式进行文件的系统化管理。建立质量管理体系,通常有两种方法:从上到下和从下到上。一套好的质量体系文件需要经过自上而下和自下而上的多次反复。

(一)从上到下建立体系的方法步骤

(1)依据标准的要求,先编制一级文件,原则概要地回答如何达到标准的每一条要求。一级文件要按照标准的要求,结合组织及所在行业的实际,组织的产品和服务的特点,对如何实现、达到标准的每一条要求做出纲领性文件,总体的描述。

(2)按照一级文件的框架,也就是标准的条款,清理组织现有的过程文件,将行之有效的文件引用到适合的标准条款中,作为二级文件。不足的根据需要进行修订、补充或完善。

(3)按照二级文件所规定的过程,清理组织的三级文件(支持或作业文件),将其引用到二级文件中。不足的根据需要进行修订、补充或完善。

(4)清理组织现有的所有记录,将其引用到相关的三级文件或二级文件中。不足的根据需要进行修订、补充或完善。

(5)在上述的工作中,将组织原有的重复的文件、记录进行合并;将组织原有的不适用的文件、记录进行剔除。将组织原有的不完善、不充分、不适宜的文件记录补充完善。如果发现标准规定的某一个过程没有文件、记录而又需要的,则补充制定文件记录。从而把组织的所有文件实现系统化的管理。

此方法利于上一层次文件与下一层次文件的衔接,但要求文件编写人员对标准和组织产品的了解较深,对于组织的情况较为熟悉和了解;编写文件所需时间较长;可能需要有较多次数的反复修改。

(二)从下到上建立体系的方法步骤

这种方法刚好与上面的方法相反,是组织先对现有的文件记录加以清理,然后再结合现有的文件来编制二级文件和一级文件。此方法适用于原管理基础较好的组织,文件编写人员先从自己所熟悉的工作开始写,较易为文件编写人员所接受。

此方法的优点是上一级文件以下一级文件为依据,方便对下级文件进行总结归纳,同时在编制上一级文件的时候,还可以对下一级文件进行评审。但如果无文件总体方案设计,专业人员指导易出现混乱。

(三)从中间向两边扩展的编写方法

先编写二级文件,再开始一级文件和三级文件的编写;此方法的实质是从分析过程,确定过程开始;要求有较好的策划和组织能力;此方法可缩短文件编写时间。

不管采用哪种方法,都可以达到使组织的文件、记录实现系统化的管理,完善组织的体系文件并便于后续的管理。

文件(包括记录)的创建和管理,包括文件的编制、审批、更改、发放、使用、作废、保存保护等均按 ISO 9001:2015 标准 7.5 的规定进行。

七、体系文件的发布

按照上述的工作建立起体系文件后,应组织培训、学习、讨论和沟通,使员工真正明白清楚体系文件的要求。对于讨论中提出的问题,根据需要进行更改和进一步完善,达成一致后,则可以对文件进行一次全面的评审,主要是评审文件的符合性、适宜性和充分性。如果评审表明,体系文件符合 ISO 9001 标准的要求,也基本符合组织的实际,具有指导性和操作性,规定基本全面,则可按公司成文信息管理的规定进行批准发布,体系就可以进入试运行阶段了。

有些组织在体系文件发布时,召开发布动员大会也是一种很好的方法。

第三节 体系的试运行

质量管理体系试运行就是贯彻实施上面第二节编制的体系文件,按规定做好相关的记录,通过一段时间的试运行,在实际运用中检验这些文件的适宜性和有效性,同时也可以让各个部门、岗位进一步熟悉文件。在试运行中要特别关注过程与过程之间的接口关系,或者说各部门、各岗位之间的协调关系。

一、试运行中发现问题的处理

实践才是检验真理的唯一标准,体系文件的完善程度也只有通过在管理实践中运用才能得到检验。体系文件在试运行过程中必然会出现一些问题,比如记录表格等不尽合理,部门之间、岗位之间不够协调,职责规定不全面等。全体员工应将文件贯彻执行中发现的问题和改进意见如实反映给有关部门,组织的贯标部门也应定期收集并记录在案,如果没有大的问题,可以集中到管理评审中进行评审,作出更改体系文件的决定。对于迫切需要解决的问题,则可以按照组织的成文信息的管理规定,进行报批程序后以换页、文件更改通知单等方式进行文件和记录的更改,以实现体系的持续改进。但在文件和记录没有修改前,仍应按原文件和记录执行,以体现文件的严肃性。

体系文件的完善和提高是一个随着组织发展和内外环境变化而不断进行的持续改进的过程,没有终点。

二、体系的验证

初次按 ISO 9001 标准建立的质量管理体系,在经过一段时间的试运行(一般是三个月)之后,体系的符合性、适宜性、充分性和有效性究竟如何,是否达到标准的要求和组织所需要的预期结果?这时,组织应通过内部审核(简称内审)和管理评审进行验证。内审和管理评审也是体系试运行和运行中的重要工作,是 ISO 9001 标准要求的重要的改进机制。

(一)内审

内审是针对质量管理体系的活动和有关结果是否符合标准、组织质量管理体系文件和适用法规的要求,是否得到了有效贯彻实施等内容进行的系统的、独立的并形成文件的评价过程。

内审特点在于它的客观性、系统性和独立性。内审分为文件评审和现场审核两个阶段。文件评审是评价组织编写的体系文件是否符合标准的要求、适用法规和其他要求和实现质量目标的需要,文件的适宜性及可操作性是否满足要求等。现场审核是评价实际的质量管理活动是否符合标准、体系文件、适用法规和其他要求等文件的规定,及这些规定是否得到有效贯彻实施及实施的效果是否达到要求。一次完整的内审需覆盖标准的所有条款、组织的所有部门和全部质量管理过程。

内审是 ISO 9001 标准设计的一个非常好的改进机制。在体系试运行期间,内审频次视情况可以较多,通过将每次内审发现的问题进行纠正来逐渐达到标准要求;体系正常运行后,内审方式可以分为集中审核或滚动审核。前者是集中全面审核,每年至少一次且两次审核之间的时间间隔不超过 12 个月;后者是按计划陆续开展,每次审核一个或几个部门或活动,全年至少覆盖所有部门和标准的所有条款一次。

内审有效性的关键一是领导高度重视内审机制的作用,提供相应的资源,按程序和要求切实开展内审活动,将内审中发现的不能满足审核准则要求的问题,切实整改达到效果;二是需要培养既懂标准、又熟悉组织实际技术业务工作的内审员。如果内审人员能力不足,则不能很好地发挥内审的作用。

鉴于 ISO 9001 标准模式已是我国大多数组织质量管理的主流模式,相当多的组织也开展了质量管理体系认证工作。在这些组织中,每年定期开展内审工作是必需的,这对于质量管理相关专业的学生来说,掌握内审知识和相关技能,将来能够对所在组织的管理体系进行内部审核,就显得很有必要了。

由于内审的知识比较多,我们将在本书第六章中专门介绍。

(二)管理评审

管理评审是组织最高管理层主持开展的活动,目的是评价组织质量管理体系的持续的适宜性、充分性和有效性。管理评审是对质量管理体系评价的重要方式,是质量管理体系改进循环中最高层次的、非常重要的活动。管理评审应考虑战略方向,而不仅仅是质量方针和目标。组织应按标准要求,切实开展管理评审活动,达到持续改进组织质量管理体系的适宜性、充分性和有效性的目的。

1. 管理评审的流程

管理评审的流程如图 5-4 所示。

图 5-4　管理评审的流程

2. 管理评审策划

（1）确定管理评审的时机和频次。

确定管理评审的时机和频次，可以采用两种方式。

① 定期的管理评审。组织应规定时间间隔，如每隔 12 个月或每隔 6 个月进行一次等。但一般要求每年至少进行一次全面的评审，相邻两次的时间不超过 12 个月。虽然越频繁的会议越能快速地对问题和机会作出反应，但半年或一年一次的评审却因有更充裕的时间而更有利于收集关键绩效指标的信息、评估趋势、检查改进项目的执行状况，以及分析对顾客反馈的处理结果。

另外需要注意的是，由于管理评审中需对内审结果进行评价，如果采取一年集中进行一次管理评审工作的话，通常是在内审工作全部结束（包括不符合的整改和措施验证）后再进行管理评审。

② 特殊情况下应随时策划，增加管理评审活动。这样的时机应包括：体系试运行期间，内、外部环境出现重大变化时，出现重大质量事故或出现重大顾客投诉时，其他研究和决定质量管理体系的重大改进时等。

（2）确定管理评审的方法、方式。

管理评审可以单独进行，也可以和其他业务活动一起协调安排，如战略策划、商业策划、年会、运营会议、其他管理体系标准评审等，以增加价值并避免管理层重复参会。评审的具体方式应与组织的实际情况相适应，例如可以是：正式的面对面会议，包括会议议程、会议纪要、正式确定的措施。其他方式的会议，如电话会议或互联网会议等不同范围、不同层次的局部评审，将结果向最高管理者汇报，由最高管理者对所提交的各局部评审报告进行评审等。

（3）职责。应通过策划规定主管部门及其他部门、单位负责收集、准备管理评审输入资料的工作职责。

（4）对于每次管理评审活动，应提前策划，确定评审的目的、工作职责、具体的时间和评审方式，并提前下发，以方便各部门和单位按管理评审输入要求提前准备资料以供评审。

（5）策划的结果可以是管理评审会议通知、管理评审计划等，可以是表格和文字方式。

管理评审计划示例见拓展阅读。

拓展阅读

3. 评审准备

准备阶段的工作主要是各部门收集资料，进行分析评审和准备管理评审输入资料。

管理评审的输入是组织评审质量管理体系的适宜性、充分性、有效性的依据，充分的输入信息，是实施有效的管理评审的基础。

（1）管理评审的输入应来自其他过程的输出，包括条款 9.1.3 中的数据分析和评价的结果。输入应易于用于确定趋势,以便作出有关质量管理体系的决策和采取措施,通常管理评审的输入信息应由公司最高管理层及各相关职能部门和负责人对管理评审覆盖的时间段的信息进行收集、整理、分析,汇总后形成输入材料,做好评审的准备,例如生产管理部门负责整理与生产过程和产品符合性相关的信息,销售部门整理顾客满意相关信息等。

(2) 一次完整的、集中进行管理评审的输入应包括以下全部信息,而专题或分阶段进行的管理评审可涉及以下的一种或几种信息。

① 公司战略及方针的适宜性;目标的实现情况,包括公司战略目标的实现情况、方针与战略方向的一致性、阶段性目标的实现情况等。

② 之前的管理评审的措施的实施状态,包括以往管理评审时提出的决定或措施的贯彻落实情况以及有关改进措施的实施情况及其有效性方面的信息。

③ 内外部因素的变化(ISO 9001 4.1)。可以包括外部市场及汇率的波动、党和国家的方针政策、国家政策和经济走向、通货膨胀预测、社会因素(例如失业率、安全感、教育水平)、政治经济形势的变化、新兴技术和市场的出现、顾客需求和期望的变化、法律法规要求的变化发展等外部信息,还可以包括组织愿景、文化和价值观的变化发展、服务质量状况、财务状况、资源和基础设施状况、组织的知识现状、生产或交付能力现状、质量管理体系绩效、组织机构和管理模式的变化等内部信息。

④ 质量管理体系绩效和有效性的信息及趋势,这些信息可以包括:

——顾客满意和相关方的反馈(9.1.2),顾客的需求、期望和改进的建议,顾客对组织的意见和报怨,来自对顾客满意的监视和测量活动的结果等。

——质量目标的实现程度(是否正在实现目标)(6.2),包括考虑质量目标的适宜性、可操作性,为实现质量目标所制定的行动计划或实施方案的执行情况(6.2.2),即组织是否正在实现目标,抑或离目标的实现还相去甚远。

——过程绩效和产品与服务的符合性(4.4 和 8.6)。这些输入主要是指质量管理体系运行现状和产品和服务质量方面的信息。可以包括:过程的实施与过程准则的符合程度及其效果方面的信息;产品的质量特性与产品接受准则、产品技术要求的满足情况方面的信息(如一段时间内的不合格品率);过程的绩效和产品质量与组织以往水平或同行业相比方面的信息;过程绩效和产品的符合性的发展变化趋势方面的信息;过程和产品的监视和测量方面的数据及其分析结果;等等。

——不合格及纠正措施(10.2)。针对质量管理体系实施运行过程中发现的不合格所采取的纠正措施的实施情况及其效果方面的信息,特别是那些较重大的改进措施或日常改进措施的实施情况和效果等方面的综合信息。

——监视测量结果(9.1.1)。这些结果可以包括对质量管理体系各个过程的监视和测量结果。

——审核结果(9.2)。可以包括内部审核和/或第二方审核和/或第三方审核的结果。

——外部供方的绩效(8.4),如外部供方的产品、服务合格率及趋势、及时率等。

⑤ 资源充分性(7.1),如内部资源条件是否构成严重制约,有哪些可以外部供用的资源等。

⑥ 应对风险和机遇采取的措施的有效性(6.1)。在标准条款 9.1.3 中要求组织针对所识别的风险、机遇和所策划的应对措施及其实施的有效性进行分析和评价,这些分析和评价的结果应提交给管理评审,通过管理评审对这些措施实施的有效性给出评审结论,并根据结论,决

定是否对所策划的措施进行必要的变更。基于风险的思维贯穿在整个标准之中,而面对当今日益复杂多变的内外部环境,各类组织也越来越重视对风险和机遇的识别和应对,重视质量管理体系绩效和有效性,因此组织在准备管理评审输入时应特别关注"应对风险和机遇所采取措施的有效性"方面的信息以及"质量管理体系绩效和有效性"方面的信息。

⑦ 改进机会。需要改进和变更的方面(10.1),可以包括:涉及组织的产品、过程、质量管理体系、资源等方面的各种改进需求、意见和建议,可能引起质量管理体系变更的各种信息。

(3) 组织可以通过管理评审,评审新产品推广、财务结果、新商机等其他项目,以便帮助组织更好地实现预期结果。

(4) 输入资料应简明扼要,尽量以图表方式表达。

4. 评审实施

(1) 实施

在评审准备工作完成以后,按计划开展管理实施评审工作,如举行管理评审会议等。管理评审会议是一次正式的会议,会前各参会人员应签到。

会议一般由最高管理者主持并做主题讲话,然后由各部门、各单位负责人按准备的资料和就本部门工作职责与管理评审相关的内容进行提要式的发言。管理评审会议不是论功行赏的会议,对于以图表等方式表达的一些趋势性问题可以简单展示,重点阐述对质量管理体系的适宜性、充分性和有效性有影响的方面和改进的建议。

对于各部门所提出的需要改进的方面,会议上需要留出一部分时间,供大家讨论。经过讨论达成一致的方面,最高管理者应作出最后的决定。对于决定需要改进的方面,可以通过评审报告、会议纪要等方式确定下来。

管理评审的输出是对质量管理体系持续的适宜性、充分性和有效性的改进决策,组织实施改进的基础,也是组织对质量管理体系乃至经营方针作出战略性决策的重要基础。管理评审的输出应包括:

① 作出有关识别改进机会(10.1)的决策和措施,组织的最高管理者根据评审输入的信息,针对质量管理体系及其过程的运行实施状况及其发展变化需求,可能会提出改进组织现有的质量管理体系及过程的有效性的决定和措施。例如:新产品的开发,对技术、设备或过程的改进,老产品的更新换代,产品某一特性的改进提高等。

② 确定质量管理体系需要的变更(6.3),例如对质量方针和质量目标的调整,对组织结构、职责、权限、质量管理体系文件的更改等。

③ 确定是否需要其他资源(7.1),最高管理者针对组织当前的资源状况进行审核,并充分考虑内外部环境、条件和要求的变化发展而对资源产生的新需求,包括实施改进措施时所需的资源,可能会提出调整、补充、改进资源需求方面的决定和措施,为质量管理体系持续的适宜性、充分性和有效性提供资源保证。例如:对人力资源的补充调整、购置新的设备设施、对过程运行环境的改造等。

(2) 结果

管理评审会议应控制会议节奏,要避免会而不议,议而不决,决而不行的情况。管理评审会议应根据会议讨论和达成一致情况的结果,形成相关的决定(评审输出)。输出的方式可以是管理评审报告、会议纪要等方式。

管理评审报告(或会议纪要)的内容一般包括:评审目的,评审时间,评审地点,参加会议的人员,评审情况总体描述(针对评审计划中的主要内容进行,包括组织的战略及方针适应内外部变化的情况、目标实现情况、质量管理体系绩效及趋势性信息、对内审结果的总体评价等），对质量管理体系的适宜性、充分性和有效性的总体评价结论，重点仍然是改进的决定。

管理评审报告（或会议纪要）经组织最高管理者审批后发放到各部门。发放的方式可以是纸质的，也可以是电子的（如邮件、公司内部网站）等。

5. 后续措施

组织在针对管理评审期间识别的改进需求应制定相应的改进措施计划并予以实施。如果管理评审的措施没有予以实施，则管理评审是没有意义的。组织应保留管理评审的相关记录，以作为管理评审结果的证据。这些信息可包括演示文稿、评审计划、会议纪要、评审报告、改进措施计划以及改进措施的实施状况等。

为确保及时采取措施，组织可持续监控和评审这些措施的状态。这些措施的实施状态也是下一次管理评审活动的输入。

第四节　质量管理体系认证注册

质量管理体系认证是指由取得认证资格的第三方认证机构，依据正式发布的 ISO 9001 质量管理体系标准，对组织的质量管理体系实施评定，评定合格的由认证机构颁发质量管理体系认证证书，并给予注册公布，以证明其企业质量管理体系符合相应标准的要求的合格评定活动。

组织进行和获得质量管理体系认证的作用和意义在于：通过认证机构的专业审核服务，可以对组织的质量管理体系进行一次全面的检视，发现其不完善和需要改进的方面。通过这种促进手段，强化和提高组织的管理系统，提高人员素质和企业文化，也是对组织形象的提升。向组织的现有和潜在顾客等相关方传递对组织质量管理过程控制及结果符合要求的信息，使其确信组织能够稳定地提供合格产品或服务，以增强其信任，从而放心地与组织订立供销合同，扩大组织的市场占有率。随着国际认证认可的发展，国际互认规则日益完善，质量认证结果被世界上越来越多的国家和地区接受和采信，组织获得了认证证书，相当于获得了国际贸易的"通行证"，能消除国际贸易壁垒，方便出口市场的开拓。组织获得 ISO 9001 认证后，相对可以降低第二方审核的频率，节省了第二方审核的精力和费用。

在组织经过内部审核确认其质量管理体系符合标准和体系文件及相关法律法规的要求，实施基本有效；经过管理评审评价确认其管理体系基本适宜、充分和有效后，即可向认证机构申请认证注册。

质量管理体系认证程序应遵守《质量管理体系认证规则》的规定。国家认监委于 2016 年 8 月 5 日以 2016 年第 20 号公告发布了新的《质量管理体系认证规则》，用于规范依据 GB/T 19001/ISO 9001《质量管理体系要求》标准在中国境内开展的质量管理体系认证活动。主要由适用范围、对认证机构的基本要求、对认证审核人员的基本要求、初次认证程序、监督审核程序、再认证程序、暂停或撤销认证证书、认证证书要求、与其他管理体系的结合审核、受理转换认证证书、受理组织的申诉、认证记录的管理、其他等共 13 章构成。下面根据《质量管理体系认证规则》的规定，介绍组织的认证工作程序。

一、认证申请受理

组织可选择认证机构，并向其提出认证申请，按认证机构提供合同评审的相关资料，主要包括：

（1）认证申请书，申请书应包括申请认证的生产、经营或服务活动范围及活动情况的说明。

（2）组织法律地位的证明文件的原件扫描件或复印件。若质量管理体系覆盖多场所活动，应附加每个场所的法律地位证明文件的复印件（适用时）。

（3）质量管理体系覆盖的活动所涉及法律法规要求的行政许可证明、资质证书、强制性认证证书等的复印件。

（4）组织的质量管理体系成文信息。

认证机构对申请组织提交的申请资料进行评审，根据申请认证的活动范围及场所、员工人数、完成审核所需时间和其他影响认证活动的因素，综合确定是否有能力受理认证申请。但是对被执法监管部门责令停业整顿或在全国企业信用信息公示系统中被列入"严重违法企业名单"的申请组织，认证机构不会受理其认证申请。

认证机构经过合同评审，对符合受理要求的，作出受理认证申请决定；对不符合受理要求的，认证机构应通知申请组织补充和完善，或者不受理认证申请。

二、签订认证合同

在认证机构决定受理组织的认证申请后，会与申请组织订立具有法律效力的书面认证合同。按现行的《质量管理认证认可规则》的要求，认证合同应至少包含以下内容：

（1）申请组织获得认证后持续有效运行质量管理体系的承诺。

（2）申请组织对遵守认证认可相关法律法规，协助认证监管部门的监督检查，对有关事项的询问和调查如实提供相关材料和信息的承诺。

（3）申请组织承诺获得认证后发生以下情况时，应及时向认证机构通报：

① 客户及相关方有重大投诉的。

② 生产、销售的产品或提供的服务被质量、市场监管部门认定不合格的。

③ 发生产品和服务的质量安全事故的。

④ 相关情况发生变更的，包括：法律地位、生产经营状况、组织状态或所有权变更；取得的行政许可资格、强制性认证或其他资质证书变更；法定代表人、最高管理者变更；生产经营或服务的工作场所变更；质量管理体系覆盖的活动范围变更；质量管理体系和重要过程的重大变更等。

⑤ 出现影响质量管理体系运行的其他重要情况。

（4）申请组织承诺获得认证后正确使用认证证书、认证标志和有关信息，不利用质量管理体系认证证书和相关文字、符号误导公众认为其产品或服务通过认证。

（5）拟认证的质量管理体系覆盖的生产或服务的活动范围。

（6）在认证审核实施过程及认证证书有效期内，认证机构和申请组织各自应当承担的责任、权利和义务。

（7）认证服务的费用、付费方式及违约条款。

三、接受认证机构审核

认证机构初次审核又叫初审。认证机构按 ISO 的相关规则，中国国家认证认可监督管理会、中国合格评定国家认可中心的要求，对申请组织的质量管理体系进行审核。组织应接受审核,做好配合协调,提供方便进行现场审核的后勤和工作条件。按《质量管理体系认证规则》的规定,认证审核包括初审、监督审核和再认证审核。现介绍相关审核过程中的工作和要求。

(一)初次认证审核

初次认证审核,分为第一、二阶段实施审核。

第一阶段审核的主要内容,至少包括下列方面:确认申请组织实际情况与质量管理体系成文信息描述的一致性,特别是体系成文信息中描述的产品和服务、部门设置和职责与权限、生产或服务过程等是否与申请组织的实际情况相一致;审核申请组织理解和实施 GB/T 19001/ISO 9001 标准要求的情况,评价质量管理体系运行过程中是否实施了内部审核与管理评审,确认质量管理体系是否已运行并且超过 3 个月;确认申请组织建立的质量管理体系覆盖的活动内容和范围、体系覆盖范围内有效人数、过程和场所,遵守适用的法律法规及强制性标准的情况;结合质量管理体系覆盖产品和服务的特点识别对质量目标的实现具有重要影响的关键点,并结合其他因素,科学确定重要审核点;与申请组织讨论确定第二阶段审核安排。

一阶段审核中,如果发现申请组织的质量管理体系成文信息不符合现场实际、相关体系运行尚未超过 3 个月或者无法证明超过 3 个月的,以及其他不具备二阶段审核条件的,认证机构会给出不予实施二阶段审核的结论。

下列情况下,认证机构可以作出第一阶段审核可以不在申请组织现场进行的决定:申请组织已获本认证机构颁发的其他有效认证证书,认证机构已对申请组织质量管理体系有充分了解;认证机构有充足的理由证明申请组织的生产经营或服务的技术特征明显、过程简单,通过对其提交文件和资料的审查可以达到第一阶段审核的目的和要求;申请组织获得了其他经认可机构认可的认证机构颁发的有效的质量管理体系认证证书,通过对其文件和资料的审查可以达到第一阶段审核的目的和要求。

认证机构第二阶段审核在申请组织现场进行。重点是审核质量管理体系符合 GB/T 19001/ISO 9001 标准要求和有效运行情况,如在第一阶段审核中识别的重要审核点的过程控制的有效性,为实现质量方针而在相关职能、层次和过程上建立质量目标是否具体适用、可测量并得到沟通、监视;对质量管理体系覆盖的过程和活动的管理及控制情况;申请组织实际工作记录是否真实,对于审核发现的真实性存疑的证据进行记录并在给出审核结论及认证决定时予以考虑;申请组织的内部审核和管理评审是否有效等。

如果发生以下情况,认证机构的审核组经向认证机构报告,经认证机构同意后可以终止审核。

受审核方对审核活动不予配合,审核活动无法进行。

受审核方实际情况与申请材料有重大不一致。

其他导致审核程序无法完成的情况。

(二)审核报告

审核组完成审核后,会对审核活动形成书面审核报告,由审核组组长签字。审核报告的主要内容有:

申请组织的名称和地址。

申请组织活动范围和场所。

审核的类型、准则和目的。

审核组组长、审核组成员及其个人注册信息。

审核活动的实施日期和地点,包括固定现场和临时现场;对偏离审核计划情况的说明,包括对审核风险及影响审核结论的不确定性的客观陈述。

叙述各项要求的审核工作情况,对质量目标、过程和管理体系绩效等情况进行评价。

审核发现中的不符合项。

审核组对是否通过现场审核的意见建议。

认证机构应在作出认证决定后 30 个工作日内将审核报告提交申请组织,并保留签收或提交的证据。

对终止审核的项目,审核组将已开展的工作情况形成报告,认证机构将此报告及终止审核的原因提交给申请组织,并保留签收或提交的证据。

(三) 不符合项的纠正和纠正措施及其结果的验证

对审核中发现的不符合项,认证申请组织应分析原因,并提出纠正和纠正措施。对于一般的轻微的不符合,认证机构一般要求在一个月内提交整改资料并进行验证。对于严重不符合,申请组织在最多不超过 6 个月期限内采取纠正和纠正措施。认证机构对申请组织所采取的纠正和纠正措施及其结果的有效性进行验证。如果未能在第二阶段审核结束后 6 个月内完成对严重不符合实施的纠正和纠正措施的验证,认证机构会评定该申请组织不符合认证要求,以书面形式告知申请组织并说明其未通过认证的原因,或者在申请组织整改后重新实施第二阶段审核。

(四) 认证决定

认证机构在对审核报告、不符合项的纠正和纠正措施及其结果进行综合评价基础上,作出认证决定。如果申请组织有不能满足认证要求等情况,认证机构评定该申请组织不符合认证要求,以书面形式告知申请组织并说明其未通过认证的原因。认证机构在颁发认证证书后,应当在 30 个工作日内按照规定的要求将认证结果相关信息报送国家认监委。

(五) 监督审核

认证机构对持有其颁发的质量管理体系认证证书的组织(以下称获证组织)进行有效跟踪,监督获证组织是否持续运行质量管理体系并符合认证要求。认证机构根据获证组织的产品和服务的质量风险程度或其他特性,确定对获证组织的监督审核的频次。作为最低要求,初次认证后的第一次监督审核应在认证证书签发日起 12 个月内进行。此后,监督审核应至少每个日历年(应进行再认证的年份除外)进行一次,且两次监督审核的时间间隔不得超过 15 个月。超过期限而未能实施监督审核的,应按暂停或撤销处理。

获证企业的产品在产品质量国家监督抽查中被查出不合格时,自国家质检总局发出通报起 30 日内,认证机构应对该企业实施监督审核。监督审核在获证组织现场进行。由于市场、季节性等原因,在每次监督审核时难以覆盖所有产品和服务的,在认证证书有效期内的监督审核需覆盖认证范围内的所有产品和服务。

监督审核时至少审核以下内容:

上次审核以来质量管理体系覆盖的活动及影响体系的重要变更及运行体系的资源是否有变更。

已识别的关键点是否按质量管理体系的要求在正常和有效运行。

对上次审核中的不符合所采取的纠正和纠正措施是否有效。

质量管理体系覆盖的活动涉及法律法规规定的,是否持续符合相关规定。

质量目标及质量绩效是否达到质量管理体系预期要求。如果没有达到,获证组织是否运行内审机制,是否识别了原因、是否运行管理评审机制确定并实施了改进措施。

获证组织对认证标志的使用或对认证资格的引用是否符合《认证认可条例》及其他相关规定。

内部审核和管理评审是否规范和有效。

是否及时接受和处理投诉。

针对体系运行中发现的问题或投诉,及时制定并实施了有效的改进措施。

在监督审核中发现的不符合项,认证机构应要求获证组织分析原因,在规定时限内完成纠正和纠正措施并提供纠正和纠正措施有效性的证据。认证机构应采用适宜的方式及时验证获证组织对不符合项进行处置的效果。

监督审核的审核报告,应按审核内容中列明的审核要求逐项描述或引用审核证据、审核发现和审核结论。认证机构根据监督审核报告及其他相关信息,作出继续保持或暂停、撤销认证证书的决定。

(六)再认证审核

认证证书期满前,若获证组织申请继续持有认证证书,认证机构应当实施再认证审核,并决定是否延续认证证书。在认证组织的质量管理体系及获证组织的内部和外部环境无重大变更时,再认证审核可省略第一阶段审核。

对再认证审核中发现的严重不符合项,认证机构应规定时限要求获证组织实施纠正与纠正措施,并在原认证证书到期前完成对纠正与纠正措施的验证。

认证机构经过评定作出再认证决定,获证组织继续满足认证要求并履行认证合同义务的,向其换发认证证书。

(七)暂停认证证书

获证组织有以下情形之一的,认证机构应在调查核实后的 5 个工作日内暂停其认证证书。

(1)质量管理体系持续或严重不满足认证要求,包括不满足质量管理体系运行有效性要求的。

(2)不承担、履行认证合同约定的责任和义务的。

(3)被有关执法监管部门责令停业整顿的。

(4)持有的与质量管理体系范围有关的行政许可证明、资质证书、强制性认证证书等过期失效,重新提交的申请已被受理但尚未换证的。

(5)主动请求暂停的。

(6)其他应当暂停认证证书的。

认证证书暂停期不得超过 6 个月。认证机构应以适当方式公开暂停认证证书的信息,明确暂停的起始日期和暂停期限,并声明在暂停期间获证组织不得以任何方式使用认证证书、认证标识或引用认证信息。

(八)撤销认证证书

获证组织有以下情形之一的,认证机构应在获得相关信息并调查核实后 5 个工作日内撤销其认证证书。

(1)被注销或撤销法律地位证明文件的。

(2)被国家质量监督检验检疫总局列入质量信用严重失信企业名单的。

（3）拒绝配合认证监管部门实施的监督检查，或者对有关事项的询问和调查提供了虚假材料或信息的。

（4）拒绝接受国家产品质量监督抽查的。

（5）出现重大的产品和服务等质量安全事故，经执法监管部门确认是获证组织违规造成的。

（6）有其他严重违反法律法规行为的。

（7）暂停认证证书的期限已满但导致暂停的问题未得到解决或纠正的（包括持有的与质量管理体系范围有关的行政许可证明、资质证书、强制性认证证书等已经过期失效但申请未获批准）。

（8）没有运行质量管理体系或者已不具备运行条件的。

（9）不按相关规定正确引用和宣传获得的认证信息，造成严重影响或后果，或者认证机构已要求其纠正但超过 2 个月仍未纠正的。

（10）其他应当撤销认证证书的。

撤销认证证书后，认证机构应及时收回撤销的认证证书。若无法收回，认证机构应及时在相关媒体和网站上公布或声明撤销决定。认证机构暂停或撤销认证证书应当在其网站上公布相关信息，同时按规定程序和要求上报国家认监委。认证机构应采取有效措施避免各类无效的认证证书和认证标志被继续使用。

四、体系认证证书和标志的使用

申请组织获得体系认证注册后，可以按规定使用认证证书和标志。

（一）概念

1. 认证证书

质量管理体系认证证书是由认证机构颁发的对受审核组织质量管理体系符合认证要求（ISO 9001 标准要求）所颁发的证明文件，有效期三年。

2. 认证标志

体系认证标志与强制性产品认证标志是不同的。我国 CCC 强制性认证标志是全国统一的。而体系认证标志通常是由各认证机构按不同体系设计的。由于各认证机构设计的认证标志均不相同，下面以北京世标认证中心有限公司（World Standards For Certification Center Inc.，WSF）的认证标志和规定进行介绍，其他认证机构的认证标志使用规定可到其官方网站查询。

北京世标认证中心有限公司设计的认证标志如图 5-5 所示。

QMS	EMS	QHSMS	FSMS
世标认证 ISO9001	世标认证 ISO14001	世标认证 OHSMS	世标认证 ISO22000
WSF ISO9001	WSF ISO14001	WSF OHSMS	WSF ISO22000

图 5-5　体系认证标志

3. 认可标志

如果认证机构在相关认证体系的认证能力被中国合格评定国家认可委员会（CNAS）认可，认证证书上会有认可标志；反之，认证证书上将没有认可标志。认可标志如图 5-6 所示。

4. 国际互认标志

国际互认标志是指获准国家认可资格的认证机构使用的国际认可论坛多边承认协议（IAF）集团互认标志，如图 5-7 所示。

中国合格评定国家认可委员会
(CNAS)认可标志

CNAS

体系认证
CNAS C038-M

图 5-6　认可标志

图 5-7　IAF 国际互认标志

（二）认证证书和认证标志的使用

获证组织可在对内、对外的各种宣传场合中使用认证证书和标志，以增加市场竞争力，但应遵守以下规定。

（1）获证组织在宣传认证结果时应符合 WSF 的要求，不得使 WSF 和（或）认证制度声誉受损，失去公众信任。

（2）获证组织不作出或不允许作出有关其认证资格的误导性说明，不以或不允许以误导性方式使用认证文件或其任何部分。管理体系认证只能证明其体系符合了特定标准或其他引用文件，不允许在引用其管理体系认证资格时，暗示 WSF 对产品（包括服务）或过程进行了认证，并确保使用的认证标志与组织管理体系依据标准一致；不得暗示认证适用于认证范围以外的活动和场所。

（3）可在传媒（如互联网、宣传册或广告）或其他文件（如文件、信笺、名片和有关宣传等材料）中使用认证证书影印件。

（4）可在宣传材料、产品包装上或附带信息中声明管理体系通过认证的管理要求。产品包装的判别标准是其可从产品上移除且不会导致产品分解、碎裂或损坏。附带信息的判别标准是其可分开获得或易于分离。型号标签或铭牌被视为产品的一部分，其上面不得声明。声明决不应暗示产品、过程或服务以这种方式得到了认证。声明应包含对下列内容的引用：

——获证客户的标识（例如品牌或名称）；

——管理体系的类型（例如质量、环境、职业健康安全、能源等）和适用标准；

——颁发证书的认证机构。

（5）对于检验和校准实验室的管理体系的认证，由于检验/校准/检测报告或实验室报告被视作产品，因此认证标志不能使用在这些报告上。

（6）认证标志不能应用于产品或消费者所见的产品包装上。

（7）获证组织可单独使用 WSF 认证标志，在使用认证标志时需在其下方注明注册号。如

QMS 获证组织使用 **WSF** 认证标志示例如图 5-8 所示。

（8）获证组织在其认证证书被撤销或认证到期但未发放再认证证书时，应立即停止使用所有引用认证资格的广告材料；在认证范围被缩小时，应及时修改所有的广告材料。

（9）为防止错误地使用认证证书和标志，获证组织在广告宣传材料上使用认证标志时，应按要求将使用方案报认证机构备案，经认证机构核查符合规定后，准予备案并发放批准通知，获证组织的方案经批准备案后方可使用。如未经认证机构批准备案，获证组织因不当或不规范使用认证标志而造成的法律责任由获证组织承担。

认证注册号：××××

图 5-8　QMS 获证组织使用
WSF 认证标志

（三）认可标志的使用

（1）只有在认可机构认可的业务范围内通过了体系认证时，获证组织方可将认可标志与认证机构的认证标志同时使用。简单的判断方法是，组织的管理体系认证证书上面如果有认可标识，那么可以使用；反之就不能使用。获证组织在使用 CNAS 认可标志时，应将 CNAS 认可标志、认可注册号和 WSF 的认证标志一起使用（**注**：获证组织不能单独使用 CNAS 认可标志）。两个标志排列方式如图 5-9 所示。

认证注册号：××××

体系认证
CNAS C038-Q

图 5-9　QMS 获证组织认可标志（CNAS）和认证标志使用排列方式

（2）如果获得认证的组织需要使用认可标识，应按上述要求使用，并将使用信息告知 WSF，世标认证/WSF 将监督标志使用情况。

（3）认可标志的使用不应以任何误导的方式使人误认为认可委员会（CNAS），中国政府或任何政府部委对获证组织的活动进行了认证或批准。

（4）在桌牌、铜牌及其他场所使用认可标志时，其使用期限等同于认证证书的有效期。

（5）标志在有关文件、广告等宣传材料上使用时，标志必须完整、清晰，标志可按同比例放大/缩小并保持原色，但不得将其变形使用。

（6）如果 WSF 的认可被中止，按照 WSF 采取的所有合理的步骤和要求，获证组织应立即停止使用任何带有认可标志的文件和宣传广告材料。

（7）认证证书有效期内，获证组织需定期接受 WSF 对其证书有效性的确认，出现以下情况之一的，获证组织应提出书面申请及有关证实材料，报 WSF 合同评审，根据情况采取书面评审或现场审核的方式予以证实，经认证决定后予以换证：

——依据的标准变更；

——证书持有者变更；

——体系覆盖范围变更；

——上级主管部门对认证证书内容的有关规定变更；

——引起证书内容发生变更的其他情况。

(8) WSF 对获证客户名录、认证证书、认证标志、审核报告等拥有所有权和控制权。当获证客户或其他相关方错误引用认证状态,错误使用认证证书、认证标志和审核报告时,WSF 将采取以下措施:

——要求其立即停止错误引用或使用;

——要求其采取纠正措施,并经公司验证其有效性;

——暂停或撤销其认证资格;

——公告其违规行为并向 CNCA、CNAS 报告;

——必要时采取法律措施。

在每年的监督审核中,审核组应重点检查获证客户使用认证证书、认证标志的情况,发现有违反相关规定的行为时,应及时向 WSF 报告,以便 WSF 采取相应的处理措施。

(四) 国际互认标志的使用

获证组织可通过宣传、展示认证证书并介绍 IAF 国际互认标志,但不得单独使用 IAF 国际互认标志。

第五节 我国质量状况及发展

当前,我国质量已进入了新发展阶段。早在 2014 年 5 月,习近平总书记在河南考察时提出了"三个转变",其中之一是中国速度向中国质量转变。十九大报告中明确:"我国经济已由高速增长阶段转向高质量发展阶段,必须坚持质量第一、效率优先"。贯彻新发展理念要以提升发展质量和效益为中心。

改革开放以来,我国经济快速发展,我国社会生产力水平总体上显著提高,取得了举世瞩目的成就,但发展质量还有待提升。党的十八大以来,提出了质量强国的战略。

一、我国经济增长宏观质量

国家经济发展的质量,应从质量、效益、效率等方面体现。微观方面的质量是指各类组织、行业的质量,二者既有联系又有区别。宏观质量对微观质量具有指导、引领作用,微观质量支撑宏观质量。

宏观经济增长质量主要从以下方面体现。

资源配置效率:党的十八大提出"更大程度更广范围发挥市场在资源配置中的基础性作用",让市场决定资源配置,减少低效、无效配置,让资源要素顺畅流动,促进劳动力、资本、技术跨区域、跨行业、跨部门顺畅流动。

要素生产率:包括劳动生产率、投资回报率、企业利润率、资源利用率、全要素生产率等。

创新基础和能力:包括科技水平、企业创新能力、人力资本、质量水平和竞争力。

经济发展活力:包括民营经济发展、创新、创业、新经济和传统产业升级等。

绿色可持续发展:包括环境保护、低碳循环经济、生态文明、区域协调发展、可持续发展以及经济开放、人民收入水平等。

从 2014 年开始,国家质检总局设立公益专项,组织开展制造业质量效益研究,专门研究制造绩效。这个项目以制造业出口产品为切入点,研究了 198 个国家质量提升与效益提升的关系,经过比较构建的量化评价模型,研究质量与效益提升的路径,取得了阶段性成果。根据出口商品质量溢价,测算得出主要国家的出口商品质量对该国 GDP 的贡献。德国、美国、日本的出口商品质量对本国的 GDP 的贡献较大,而中国的出口商品质量对 GDP 尚未产生正向贡献,但总体保持了上升态势。基于 2015 年的数据,对出品产品结构进行比较,德国、日本等发达国家呈质量竞争型,而中国是价格竞争型。比如,中国汽车产品配置多于竞争车型,由于质量品牌差异,售价明显偏低。

当今世界,品牌影响力主要通过品牌价值体现。而品牌价值主要由美、英等工业国家相关机构主导。2016 年,世界品牌价值评价实验室发布的全球最佳品牌 100 强中,美国高居榜首,多达 52 家,其中制造业 24 家,而中国只有 2 家。

党的十九大报告明确指出,我国经济已由高速增长阶段转向高质量发展阶段,正处在转变发展方式、优化经济结构、转换增长动力的攻关期。我国经济发展的战略目标就是要在质量变革、效率变革、动力变革的基础上,建设现代化经济体系,提高全要素生产率,不断增强经济创新力和竞争力。

二、我国的微观质量现状

总的来说,我国目前的产品和服务质量与我国经济大国的地位还不相称,虽然有像华为、格力、海尔等品牌企业,但在很多方面,质量状况不容乐观,尤其是在食品、药品方面,已经严重影响到国人生存、安全与健康。如近年来,诸如"毒大米""毒奶粉""瘦肉精""问题疫苗""甲醛超标"等质量问题时有所闻。

三、我国质量问题的主要原因

造成我国目前的产品和服务质量与经济大国地位不相称的原因,据分析,主要是我国部分组织缺乏质量提升的动力和能力。

(一) 在提升质量的动力方面

(1) 市场经济制度不完善。在市场经济环境中,产品或服务提供组织是质量提升的主体。组织提升质量需要成本。如果组织提升质量,那么一定要能够从提升质量当中去获利,去赚钱,这样就会产生提升质量的动力;反之,如果组织提升质量不能赚钱,或者说赚钱很少,不提升质量也能赚钱,自然就没有了提升质量的愿望。实际上,在我国过去多年的发展过程中,市场没有形成让高质量组织获利,让低质量组织难以生存,甚至于退出市场的机制。以品牌、质量为基础的市场公平竞争机制尚未形成,组织缺乏提升质量和品牌的内在动力和外部压力。

(2) 组织质量意识不足。部分组织质量意识不高,对质量问题的认识深度不够,没有发展的长远目标、规划和品牌意识,短期效益思想严重。在一部分中小企业,老总集销售、生产、质量管理、质量于一身,习惯于传统营销模式或以不正当手段获取利益,遇到产品质量问题就简单返工应付,完全忽视了质量管理机制的建立和质量管理团队的建设。

(3) 市场成熟度不高。在市场经济初期,收入和消费水平较低的低端需求规模大,消费者对价格敏感、对质量要求不高。如一些招投标,部分组织恶意竞标,价低者得,质次价低者得以生存,对于产品和服务本身的质量不加关注,造成劣币驱逐良币的恶性竞争机制。

(4) 行业技术标准水平低甚至缺失、适用性差。

(5) 行业协会发挥行业自律和监督作用相对较弱。

(6) 政府监管不到位。政府质量监督管理体系不完善,机制不健全,手段落后等。

(7) 部分产品和服务没有形成全国统一市场,一定程度上一些地方存在地方保护主义,对本地区的一些低质企业,存在不公平竞争的嫌疑。

(8) 市场信用体系尚未建立。

部分组织诚信意识缺失,如随意不履行合同义务,虚假广告盛行等。在认证行业,不履行认证合同的组织占有相当的比例,每年都有相当多的认证证书因为认证组织不履行合同义务而被暂停或撤销;一些组织初次认证后就希望认证证书用三年,甚至向顾客展示、宣传暂停、失效认证证书;一些未取得认证许可的组织,到处宣传可以认证,发放认证证书。

(9) 一些相关的法规不完善和执法难,如商标、专利保护、产品召回法律和机制、消费者权益保护等。

(二)在提升质量的能力方面

(1) 质量提升投入不足。有一些组织主观上也想提升质量,但是能力受限。特别是一些中小组织,面临的现实问题,就是产品和服务质量不高,利润低,效益差,融资难,资金缺乏,导致对于质量相关的研发投入严重不足。

(2) 组织自身专业能力不足。部分组织缺少相关的专业技术和人才,专业技术能力和人才严重不足。一些小型组织人才流动相当频繁和不稳定,质量、技术管理人才更是无从谈起。

(3) 管理水平不高。一些组织自身的质量意识和管理水平不高,存在大量的粗放式管理;自身的质量管理体系不完善甚至缺失,以取得认证证书为目的的认证,走了形式和过场。

(4) 创新能力不足。组织的质量提升与技术创新、工艺创新和管理创新密切相关。2014年我国进行了第一次全国创新调查。此次被调查的企业共64.6万个,其中工业企业37.8万个,建筑业企业0.9万个,服务业企业25.8万个,分别占被调查企业总数的58.5%、1.4%和40.1%;规模以上工业企业占全部被调查企业的半数以上。

从调查的情况来看,大型企业中开展创新活动的企业比重高达76.2%,中型企业则为67.9%,小型企业的比重最低,为53.6%。从创新活动的类型看,在大型企业和中型企业,开展产品或工艺创新企业的比重高于开展组织或营销创新的企业,而小型企业则正好相反。我国高新技术企业创新活跃程度较高,58.8%的高新技术企业开展了各种创新活动,而所调查的全部企业中仅有41.3%的企业开展创新活动。

新产品产出规模小幅增加,国际市场竞争力未显著提升。随着企业技术创新活动的不断开展,规模以上工业企业的新产品销售收入规模持续扩大,2014年企业新产品销售收入达到14.29万亿元,比2000年增加了14倍多,与此同时,新产品销售收入在主营业务收入中的比重却上升缓慢,2014年为12.9%,仅比2000年的11.1%小幅上升1.8个百分点。

从市场竞争力来看,企业开发的新产品仍以国内市场为主,在国际市场中的竞争力并未得到显著提升。2014年,企业新产品出口占新产品销售收入的比重为18.8%,仅比2000年的18.5%提高了0.3个百分点,比2008年的24.7%则下降了近6个百分点。由此可见,目前我国工业企业仍主要依靠传统竞争优势,在将技术创新成果转化为实际市场竞争力,特别是在国际市场上的竞争力方面仍亟待加强。内资企业新产品产出规模和国际市场竞争力均不及三资企业。

在被调查的企业中,对最主要的主营产品拥有品牌所有权的工业企业还不足1/3,其中自主研发该品牌的企业比重为27.6%。

大型企业拥有品牌所有权的企业比重最高,为57.9%,比中型企业高16.2个百分点,比小型企业高29个百分点。在拥有品牌所有权的大型企业中,独立研发该品牌的企业比重为52.2%,明显高于中型企业(36.8%)和小型企业(25.2%)。

内资企业对主营产品拥有品牌所有权的企业比重为 31.2%,低于港澳台商投资企业(32.1%)和外商投资企业(35%),其中国有企业拥有品牌所有权的企业比重仅为 25%。从品牌独立研发情况来看,内资、港澳台商投资和外商投资企业独立研发品牌的企业比重都约为28%,而国有企业独立研发品牌的企业比重只有 20.8%。

从调查的 37.8 万家规模以上工业企业来看,2014 年的总体平均利润率为 6.22%,而有创新活动的工业企业平均利润率却仅为 6.28%,有技术创新活动的工业企业平均利润率也仅为6.32%。在现场的市场环境下,创新影响不大,认为"没有创新的必要"的企业占比达 18.3%。在工业领域,小企业(15.3%认为无创新必要)比大企业(7.7%认为无创新必要)的创新动力更弱。小型企业的创新呈现投入低,原始创新能力不足,创新不赚钱的特征。

(5) 大环境方面,国内质量研发和技术能力不足,质量基础设施支撑能力不足。

四、质量提升的社会经济条件发生变化

世界著名质量管理专家约瑟夫·朱兰说:"21 世纪是质量的世纪,质量将成为和平占有市场最有效的武器,成为社会发展的强大驱动力。"质量,国家的实力、形象所在,民族的素质、精神所存。

(一)党和国家高度重视

当前,我国的质量管理和发展也已进入了新的阶段,我国质量提升的社会经济条件发生了深刻的变化。

党的十八大以来,以习近平同志为核心的党中央洞悉发展大势,把握发展规律,把质量摆到了前所未有的重要位置,对质量工作作出一系列重大决策部署。我国质量发展规划和政策体系基本完善,开启了新篇章,迈入了新时代。

"增长必须是实实在在和没有水分的增长,是有效益、有质量、可持续的增长。""我们追求的发展必须是提质增效的发展"……。党的十八大以来,"质量"频频出现在党和国家的重大会议和文件上,"质量"之声成为党和国家领导人发出的中国"好声音"。

2012 年底,党的十八大之后召开的第一次中央经济工作会议上,习近平总书记就强调指出,要"以提高经济增长质量和效益为中心"。此后的历次中央经济工作会议,质量都被写入新年度经济工作指导思想,特别是 2014 年、2016 年,又先后强调"以提高经济发展质量和效益为中心"。习近平总书记不仅强调宏观质量,还在多个重要会议上强调消费品、食品农产品、建筑工程、武器装备等具体质量问题。

2016 年 8 月 1 日,国家质检总局、国家标准委、工业和信息化部发布关于印发《装备制造业标准化和质量提升规划》的通知(国质检标联〔2016〕396 号)。规划指出:

装备制造业是经济社会发展的支柱性、基础性产业,是提升我国综合国力的基石。标准是产业发展和质量技术基础的核心要素,是装备制造业行业管理的重要手段。标准是装备设计、制造、采购、检测、使用和维护的依据,标准的先进性、协调性和系统性决定了装备质量的整体水平和竞争力。坚持标准引领,用先进标准倒逼装备制造业转型和质量升级,建设制造强国、质量强国,是结构性改革的重要内容,有利于改善供给、扩大需求,促进产品产业迈向中高端。经过多年发展,我国装备制造业标准化和质量取得了长足进步。我国现行国家标准和行业标准中,装备制造业标准占总数的 50%以上,基本形成了适应产业发展的标准体系。装备制造业标准水平不断提升,与国际接轨程度进一步提高,国际标准转化率达到 70%以上,重大装备国产化程度大幅提高,产品整机质量与可靠性水平明显提升。装备制造业标准化在提升产品

质量、扩大国际贸易、促进技术进步和创新等方面发挥了积极作用,产生了显著的经济和社会效益,有力支撑了装备制造业的发展。但是,随着新一代信息技术和装备制造业深度融合,标准体系存在系统性和协同性不强、服务产业跨界融合的适应性较差等问题;智能制造、绿色制造等高端装备制造业相关标准缺失,标准国际化水平不高,装备制造业质量发展的基础相对薄弱,造成装备在质量一致性、稳定性、可靠性、安全性和耐久性等方面差距较大,质量品牌竞争力不强,装备制造业标准和质量的整体水平亟待提升;迫切需要组织实施装备制造业标准化和质量提升规划,重点推进工业基础、智能制造、绿色制造等标准化和质量提升工程,充分发挥标准对制造业发展的支撑和引领作用,推进装备制造业转型和质量升级。

《规划》的主要目标是:到 2020 年,工业基础、智能制造、绿色制造等标准体系基本完善,质量安全标准与国际标准加快接轨,重点领域国际标准转化率力争达到 90% 以上;到 2025 年,系统配套、服务产业跨界融合的装备制造业标准体系基本健全,装备制造业标准和质量的国际影响力大幅提升。

《规划》的主要内容包括 4 个方面:一是提升装备制造业标准化和质量创新能力;二是实施工业基础、智能制造、绿色制造三大标准化和质量提升工程;三是围绕新一代信息技术、高档数控机床和机器人、航空航天装备、海洋工程装备及高技术船舶、先进轨道交通装备、节能与新能源汽车、电力装备、农业装备、新材料、高性能医疗器械十大重点领域,提出标准化和质量提升要求;四是加快推进装备制造业标准国际化,开展制造业领域标准化比对分析、外文翻译、标准互认,推动中国装备、技术、产品、服务走出去。

2016 年 9 月 6 日,国务院办公厅关于印发《消费品标准和质量提升规划(2016—2020 年)的通知》(国办发〔2016〕68 号)。规划针对我国消费品标准和质量难以满足人民群众日益增长的消费需求,呈现较为明显的供需错配,消费品供给结构不合理,品牌竞争力不强,消费环境有待改善,国内消费信心不足,制约国内消费增长,甚至造成消费外流等情况制定提升措施规划。目的是深化消费品供给侧结构性改革,提升消费品标准和质量水平,确保消费品质量安全,扩大有效需求,提高人民生活品质,夯实消费品工业发展根基,推动制造业迈向中高端,为经济社会发展增添新动力。

2017 年 9 月 5 日,中发〔2017〕24 号《中共中央国务院关于开展质量提升行动的指导意见》(以下简称《意见》)发布。这是中华人民共和国成立以来,第一次以中共中央、国务院关于质量提升联合发文。

《意见》进行了实施质量强国战略、开展质量提升行动的总体部署。

《意见》要求下最大力气抓全面提高质量,推动我国经济发展进入质量时代;以提高发展质量和效益为中心,将质量强国战略放在更加突出的位置,开展质量提升行动,加强全面质量监管,全面提升质量水平,加快培育国际竞争新优势,为实现"两个一百年"奋斗目标奠定质量基础。

《意见》提出的主要目标是:

到 2020 年,供给质量明显改善,供给体系更有效率,建设质量强国取得明显成效,质量总体水平显著提升,质量对提高全要素生产率和促进经济发展的贡献进一步增强,能更好地满足人民群众不断升级的消费需求。

产品、工程和服务质量明显提升。质量突出问题得到有效治理,智能化、消费友好的中高端产品供给大幅增加,高附加值和优质服务供给比重进一步提升,中国制造、中国建造、中国服务、中国品牌国际竞争力显著增强。

产业发展质量稳步提高。企业质量管理水平大幅提升,传统优势产业实现价值链升级,战略性新兴产业的质量效益特征更加明显,服务业提质增效进一步加快,以技术、技能、知识等为要素的质量竞争型产业规模显著扩大,形成一批质量效益一流的世界级产业集群。

区域质量水平整体跃升。区域主体功能定位和产业布局更加合理,区域特色资源、环境容量和产业基础等资源优势充分利用,产业梯度转移和质量升级同步推进,区域经济呈现互联互通和差异化发展格局,涌现出一批特色小镇和区域质量品牌。

国家质量基础设施效能充分释放。计量、标准、检验检测、认证认可等国家质量基础设施系统完整、高效运行,技术水平和服务能力进一步增强,国际竞争力明显提升,对科技进步、产业升级、社会治理、对外交往的支撑更加有力。

《意见》第一次提出要形成一批质量效益一流的世界级产业集群。从过去就质量抓质量,到抓质量促效益,是一项质量管理理念的重大发展,是质量目标指向的深刻变革。

2017年12月,中央经济工作会议提出,要围绕推动高质量发展,深化供给侧结构性改革,推进中国制造向中国创造转变,中国速度向中国质量转变,制造大国向制造强国转变;并提出加快形成推动高质量发展的指标体系、政策体系、标准体系、统计体系、绩效评价、政绩考核,创建和完善制度环境。

党的十九大报告明确提出,坚持质量第一,效益优先;推动经济发展质量变革、效率变革、动力变革。

党的十九大报告提出了质量变革的新要求。质量变革不仅是经济发展的目标导向,更是质量提升的动力源泉。在我国经济由高速增长阶段转向高质量发展阶段的攻坚期,质量变革具有关键性、决定性的作用。

质量的战略地位得到提升,"质量强国"进入"十三五"规划纲要。

2018年1月17日,国务院发布《关于加强质量认证体系建设促进全面质量管理的意见》(国发〔2018〕3号),显示出认证认可的独特作用。

(二) 质量变革

质量变革是一个系统,包括提升目标指向、质量技术与管理、国家质量基础设施建设,以及质量政策制度,还有质量提升推进思路,包括管理体系。

加快建设质量强国、制造强国,必须发展先进制造业,推动互联网、大数据、人工智能和实体经济深度融合,以新一轮科技革命为契机,推动质量技术与管理变革,培育竞争优势。

新一轮科技革命对质量技术与管理的变革带来机遇,包括智能质量理念、质量设计方法、生产方式的质量、质量检测控制、质量基础技术、质量管理模式的变革,比如智能质量、智慧城市等。

1. 智能质量理念变革

新一代智能制造终极目标是实现制造过程最优化,获得高效、优质、柔性、低耗、宜人等效果。"智能分析决策"和"智能制造系统构架"是新一代人工智能的核心部分,"智能质量"由此而生。

2. 质量设计方法变革

质量设计方法变革突出表现在虚拟研发领域,即在虚拟环境中制造模型,并进行实验和验证。模拟仿真对于减少失效率、提高质量、缩短产品研发周期具有重要作用。

3. 生产方式的质量变革

以3D打印为例,颠覆了传统制造业的生产方式,解决了制造业中极大极小、极重极轻以及特殊结构等方面的制造难题,大幅提升了生产效率和质量水平。同时也颠覆了传统的质量管理。

4. 质量检测控制变革

新一轮科技革命给质量检测控制方式带来深刻变革,质量检测的大数据实现了制造全过程各环节动态检测,并以此为基础,实现工艺化改进,大幅度提高产品质量水平,由此,深化了对质量的认识。质量是过程优化的结果,质量控制技术等于传感器＋软件。

5. 质量基础技术变革

新一轮科技革命引发质量技术基础的变革,实质是基准量子化、量传扁平化。由此,国际计量单位制将重新定义,计量技术体系正经历历史性变革,世界测量技术规则将予重构。数字化、网络化、智能化引发制造业的深刻变革,需要标准化支撑,从而带来标准理念和实践的变革。例如,通过精细化的模块化标准,对其产品结构、组织结构和程序结构进行优化,以最少的内部多样化改变,满足尽可能多的外部多样化需求,实现个性化定制、柔性化生产,从而获得更高质量、更快效率、更低成本。像海尔、格力,都在制定模块化标准,可以大大减少标准数量。

6. 质量管理模式的变革

通过数字化、网络化、智能化,构建产品全生命周期质量,实现项目闭环、设计闭环、制造闭环、服务闭环,用信息化来支撑质量管理。

(三)市场经济环境

我国改革开放 40 年来,制造业发展快速,在短短的时间内取得了令人瞩目的工业成就。经济又好又快发展,工业化体系完整建设,生产、集成、配套能力提高,已成为世界制造业大国之一;国家和企业技术能力明显提升;专业人才队伍壮大;新技术带来市场机遇增多。但同时,竞争压力增大:包括劳动力在内的成本上升,国际竞争加剧;市场经济不断成熟,人民收入提高,中高端市场扩大,民众环境保护和健康安全意识觉醒,追求高品质生活,对中高端产品和服务需要增加,对于产品和服务质量与品牌的敏感度增强,等等。这些社会经济、技术等条件的变化,有助于提高组织质量提升的动力和能力,支撑产业转型升级和价值链提升,提高组织的质量意识和品牌意识,提高高质量企业的市场收益,促进劣质产品与企业退出市场,弥补政府监管能力不足,逐渐消除劣币驱逐良币的现象;促进国内质量研发和服务的技术水平、市场化竞争、发展和改革的提高,促进高端产业集聚和区域创新发展。

综上所述,我国经过不懈的努力,必定会从经济大国迈向经济强国。

即测即练

【复习与练习】

一、判断题

1. 只要申请认证的组织向认证机构支付了合同约定的费用,认证机构就应向申请组织发证。　　　　　　　　　　　　　　　　　　（　　）

2. 认证合同中应包括申请组织获得认证后持续有效运行质量管理体系的承诺。（　　）

3. 为避免影响企业工作,认证机构在策划质量管理体系认证审核时,应考虑安排尽量少的人和审核时间。　　　　　　　　　　　　　　　　（　　）

4. 由于组织的质量方针是与战略有关的组织的宗旨和方向,因此,一般员工没有必要知道。　　　　　　　　　　　　　　　　　　　　（　　）

5. 由于 ISO 9001 是世界先进标准,因此按 ISO 9001 标准建立质量管理体系,不需要考虑组织原有的文件,最好重新编写新的。　　　　　　　　（　　）

6. 管理评审的准备工作就是提前安排、布置好会议室,确定参加人员。（   ）

7. 管理评审报告必须是纸质的。（   ）

8. 管理评审ISO 9001标准要求的正式活动,必须单独正规进行。（   ）

9. 只要组织的产品适销对路,顾客满意,就会获得发展,因此,不必关注员工的满意情况。

（   ）

10. 如果认证机构不能在第二阶段审核结束后6个月内验证对严重不符合实施的纠正和纠正措施,则应在推荐认证前再实施一次第二阶段审核。（   ）

11. 监督审核至少每个日历年进行一次,初次认证后的第一次监督审核应在认证决定日期起12个月内进行。（   ）

12. 认证机构享有对审核报告的所有权。（   ）

13. 认证机构在确定第一阶段和第二阶段的间隔时间时,应考虑受审核方解决第一阶段识别的任何需关注问题所需的时间。（   ）

14. 对申诉的决定应由认证机构负责人作出,或经其审查和批准,并应告知申诉人。（   ）

二、填空题

1. 组织应以（   ）为框架建立质量目标。

2. 按2015版ISO 9001标准要求的质量实际上已经是（   ）的概念。

3. 组织应制定相应的管理办法,对关键过程进行管理,在关键过程的实施中以（   ）为目的进行有效的治理,并不断改进关键过程,确保关键过程的有效性和效率。

4. 文件的价值在于（   ）。

5. 质量变革是一个系统,包括提升目标指向、质量技术与管理、国家质量基础设施建设,以及质量政策制度,还有（   ）。

6. 党的十九大报告明确指出,我国经济发展的战略目标就是要在质量变革、效率变革、动力变革的基础上,建设（   ）,不断增强经济创新力和竞争力。

7. 组织建立质量管理体系时,组织应对现有文件、记录进行诊断后对照ISO 9001标准的条款要求进行（   ）。

8. 组织可以结合其（   ）,根据实现战略目标和上级要求（   ）的需要,制定中长期的质量方针,在此方针的指导下,结合年度工作重点,制定年度工作方针和目标。

9. 组织的管理体系文件包括（   ）。

10. 质量管理体系中的二级文件可以是（   ）,是规定完成某项过程或活动的方法和途径的文件。

11. 在编制审核计划时,审核组长不必考虑（   ）。

12. 当组织的管理体系或管理体系的运作环境有重大变更时,再认证审核活动可能需要（   ）。

13. 在监督审核中缩小审核范围的条件不包括（   ）。

14. 认证审核组可以识别改进机会,（   ）提出具体解决办法的建议。

15. 认证证书的认证范围由（   ）决定。

三、多项选择题

1. 对过程的结果(输出)进行监视、测量、分析和评价的依据和方法包括（   ）等。

  A. 检验和验收规程　　　　　　　　B. 工作监督检查

  C. 过程准则　　　　　　　　　　　D. 海关对出口产品质量抽查

2. 组织建立有效的质量管理体系的支持条件包括( )。

    A. 正确、深入理解标准要求　　　　　B. 基础设施

    C. 运行环境　　　　　　　　　　　　D. 名牌产品

3. 提升组织的创新能力应主要从( )方面入手。

    A. 创新动力　　　　　　　　　　　　B. 创新能力

    C. 创新时间　　　　　　　　　　　　D. 创新领导

4. 认证机构审核策划的内容主要有( )等。

    A. 节约成本　　　　　　　　　　　　B. 审核时间

    C. 组成审核组　　　　　　　　　　　D. 制订审核计划

5. 认证审核组可以由( )组成。

    A. 审核员　　　　　　　　　　　　　B. 技术专家

    C. 实习审核员　　　　　　　　　　　D. 领导干部

四、问答题

1. 申请组织申请质量管理体系认证时，应向认证机构提供哪些资料？

2. 申请组织申请质量管理体系认证时，哪些情况认证机构不会受理其申请？

3. 发生哪些情况，审核组应向认证机构报告，经认证机构同意后终止审核？

4. 组织在建立有效的质量管理体系时，为什么需要正确理解相关方，特别是顾客的需求和希望？

5. 编写有效的质量管理体系文件的方法有哪些？

6. 管理评审的输入中的过程绩效和产品与服务的符合性包括哪些内容？

第六章

内部审核

本节主要根据 GB/T 19011《管理体系审核指南》，介绍相关管理体系内部审核知识。GB/T 19011《管理体系审核指南》适用于所有使用者（包括中小型组织），主要注重通常所说的"内部审核"（第一方审核）和"由顾客对其供方所进行的审核"（第二方审核）。那些与管理体系认证有关的审核应遵守 GB/T 27021 的要求。

第一节　有关审核的术语

本节介绍 GB/T 19011《管理体系审核指南》中常用的术语。

一、审核

【标准条款】

> 审核(audit)
> 为获得审核证据并对其进行客观的评价，以确定满足审核准则的程度所进行的系统的、独立的并形成文件的过程。
> 注1：内部审核，有时称第一方审核，由组织自己或以组织的名义进行，用于管理评审和其他内部目的（例如确认管理体系的有效性或获得用于改进管理体系的信息），可作为组织自我合格声明的基础。在许多情况下，尤其在中小型组织内，可以由与正在被审核的活动无偏见以及无责任关系的人员进行，以证实独立性。
> 注2：外部审核包括通常所说的第二方审核和第三方审核。第二方审核由组织的相关方，如顾客或由其他人员以相关方的名义进行。第三方审核由独立的审核组织进行，如监管机构或提供认证或注册的机构。
> 注3：当两个或两个以上不同领域的管理体系（如质量、环境、职业健康安全）被一起审核时，称为结合审核。
> 注4：当两个或两个以上审核组织合作，共同审核同一个受审核方(3.7)时，这种情况称为联合审核。

【理解要点】

（一）审核的概念

审核的英文为"audit"，我国在管理体系标准中，将 audit 译为"审核"。《辞海》中解释："审"是详知，明悉，详查、细究的意思；"核"是仔细查对。因此审核可理解为详细地进行查对的一个过程。

（二）管理体系审核的类型

1. 按审核主体划分

按审核主体来划分，管理体系审核分为三种类型。

（1）第一方审核：用于内部目的，由组织自己或以组织的名义进行，可作为组织自我合格声明的基础。第一方审核通常称为内部审核，简称"内审"。内审通常由经过培训，具备能力的内部审核员（简称内审员）进行，是组织自身评定其质量管理体系的符合性和有效性，发现体系的薄弱环节和改进机会，实现持续改进的重要机制之一。

内审的主要作用：

——质量管理体系的要求。组织用于判断其质量管理体系是否符合 ISO 9001 标准的要求和运行的有效性。

——组织保持、完善和改进其质量管理体系的需要。组织通过内审对管理体系进行全面、系统的检查评价，确定其符合性和有效性方面存在的不足并加以改进，使管理体系满足标准要求，达到持续改进的目的。

——为迎接第二方或第三方审核做好准备。组织在接受第二、三方审核前，通过内审，及时发现一批问题，加以纠正，为顺利通过第二、三方审核做好准备。

（2）第二方审核：由组织的顾客或由其他方以顾客的名义进行，又常称为二方审核。

二方审核的作用：

——当有建立合同关系的意向时，作为对外部供方进行选择评价的依据；

——在已建立了合同关系的情况下，验证外部供方的质量管理体系是否持续满足规定的要求并有效运行，作为考核和调整合格供方的依据，也可用于对外部供方进行管理诊断或指导；

——沟通供需双方对产品和服务的要求并达成共识。

（3）第三方审核：通常是由经认可的，独立于一方、二方以外的第三方审核服务组织进行并提供符合要求的证明。第三方审核通常又称为外部审核，简称"外审"。

质量管理体系认证审核是典型的第三方审核，认证审核通常由经认可的，具有能力的认证机构进行。质量管理体系认证审核的作用：

——对符合要求的组织提供认证注册，以向顾客和相关方传递信任；

——减少社会重复审核；

——促进组织目标的实现和内部管理的改善。

2. 按审核目的划分

按审核目的划分，分为文件审核和现场审核。

（1）文件审核。管理体系的文件审核通常是审核组织建立的体系文件是否符合标准要求，是否符合组织的实际；文件规定的充分性、适宜性和文件规定的一致性（文件之间的内容是否协调一致）等。

（2）现场审核：是在文件审核的基础上，通过运用合格评定功能法，对组织管理体系运行是否符合审核准则的要求，是否达到预期效果进行评价。

（三）审核的特点

审核具有以下特点。

（1）客观性。审核的过程就是收集客观证据的过程，将所收集的证据与审核准则进行比对并评价其符合程度,从而得出审核发现,汇总审核发现形成审核结论,并经过复核作出决定。

（2）正规性。审核是一种依据确定的审核准则进行的检查活动,有确定的判断标准,不是随意的检查。

（3）系统性。首先该过程中的相关活动如审核的策划、审核计划的编制、审核的实施等彼此之间有较强的关联性,而且是一项正式的活动;其次,任何特定的审核都要依据其预期实现的目的,通过事先周密的策划有重点、有主次地展开。

（4）独立性。即实施审核的人员与被审核方之间不应存在利益关系,这种利益关系可能包括利益上的冲突、共享、分配等。如果存在这些利益关系,将很难保证审核结论的客观性。内审人员一般不应审核自己的工作。

（5）形成文件。一般是指要建立与审核的策划、实施以及后续活动等方面相关的实施程序和记录,使审核更为规范,其结论可重复、可追溯。

以上的审核特点决定了,任何的审核都会包括审核的实施人员、审核的规则、审核的对象、符合性方面的判定和审核结论等五要素。

（四）内审与自我评定的区别

组织的自我评定是一种参照优秀管理模式（如卓越绩效模式）对组织的活动和结果所进行的全面和系统的评审。

自我评定可提供一种对组织业绩和管理体系的成熟程度总的看法,它还有助于识别组织中需要改进的领域并确定优先开展的事项。评审的依据需要事先确定。作为一个长期应当遵守的准则,这种准则的制定,往往依据优秀的管理模式和组织自身的特点。评价的结果往往可以用一个数值来度量,便于和历史数据进行对比。

内审是依据管理体系标准（如 ISO 9001）的规定要求,对组织的管理体系进行评审,用于反映其符合性和有效性。内审结果通常是定性的,也可以是定量的。内审通常是组织自我评定的一个方面。

（五）内部审核与日常监督检查的区别

内部审核与日常监督检查的区别,如表 6-1 所示。

表 6-1 内部审核与日常监督检查的区别

比较项目	监 督 检 查	内 部 审 核
目的	组织的规定及上级要求等各项制度和要求的实施和符合情况	组织的管理体系的符合性和有效性
范围	往往针对具体的过程和事项,包括管理和具体的作业过程、事项	整个管理体系,包括方针、目标、过程、程序、资源、组织机构、人员等
频次	临时性、计划性、日常性等,频次高	按体系策划的要求进行,频次相对较低
方式	上级检查下级、分职能检查、自查等,可以检查自己的工作	系统的、独立的、形成文件的审核过程和正规的审核程序
人员	各级管理人员、工作人员均可	有能力、有一定审核的方法技巧的内审员
结果	检查记录、纪要、总结及整改通知等	内审检查表、内审报告、不合格报告等
后续措施	监督改正,验证	纠正措施及效果验证

二、审核准则

【标准条款】

审核准则(audit criteria)

用于与审核证据进行比较的一组方针、程序或要求。

注：如果审核准则是法律法规要求，术语"合规"或"不合规"常用于审核发现。

【理解要点】

(1) 审核准则又称为审核依据。

(2) 在管理体系内部审核和外部审核中，审核准则通常包括：

① 一组方针，如质量方针、目标、指标及与质量有关的政策、承诺。

② 一组程序，如与质量管理体系有关的成文信息、作业指导书。

③ 一组要求，包括明示的，如与质量有关的形成文件的标准规范(如产品标准)、合同、计划等要求；通常隐含的要求，如与质量有关的并未形成文件但可确定的潜在要求或预期要求；必须履行的要求，如与质量有关的适用于组织的法律法规和其他要求等。

三、审核证据

【标准条款】

审核证据(audit evidence)

与审核准则有关并能够证实的记录、事实陈述或其他信息。

注：审核证据可以是定性的或定量的。

【理解要点】

审核证据是在审核过程中，依据审核准则和相关认证规则要求所搜集到的相关信息。从证据的属性讲，审核证据应是与审核准则有关的客观证据描述，应是可追溯、可重现并可验证的。内审人员的职责是客观地查核事实、记录事实。客观证据必须以事实为基础，记录是审核证据之一，但不是唯一证据。

一般来说，客观证据应包括可追溯的时间、地点、人物、事件及相关事件的结果等五要素。

审核证据来源于：审核组所观察到的、存在的客观事实；被审核的负有责任的人员的陈述；现有的、有效的文件和记录等。

四、审核发现

【标准条款】

审核发现(audit findings)

将收集的审核证据对照审核准则进行评价的结果。

注1：审核发现表明符合或不符合。

注2：审核发现可引导识别改进的机会或记录良好实践。

注3：如果审核准则选自法定或其他要求，审核发现可表述为合规或不合规。

【理解要点】

审核组在审核过程中通过使用合格评定功能法,选取、收集审核证据,确定所收集的审核证据与审核准则的符合性,综合评价得出符合、不符合和观察项等审核发现。审核发现的三要素是:审核证据、审核准则、比较评价。

在内审过程中得出符合性的审核发现,特别是特点明显、效果显著的符合性发现,可以将其作为良好实践案例,加以记录、总结和推广,获得更好更广泛的效果。

在内审中发现体系与审核准则之间的差距、运行有效性方面的问题(包括不满足法定要求),引导受审核部门识别改进的机会,并采取纠正,纠正措施,避免相同、相似问题再次发生,或在其他地方发生,从而提高管理体系的符合性和有效性。这是内审的主要目的,而不是为了发现不符合。

五、审核结论

【标准条款】

> 审核结论(audit conclusion)
> 考虑了审核目标和所有审核发现后得出的审核结果。

【理解要点】

(1)审核结论是在综合考虑了所有审核发现后,针对审核目标所得出的。不同审核目的会得出不同的审核结论。

① 一般的内审结论是,体系是否符合标准要求,运行是否有效和/或是否具备第三方认证审核的条件。

② 二方审核的结论:当顾客以对供方选择、评价为目的时,通常是列为合格供方、不列为合格供方或整改验证满意后列为合格供方;当顾客以对合格供方进行指导为目的时,通常是评价供方管理体系符合审核准则程度,确定改进重点。

③ 第三方审核,分为预审(一阶段审核)和认证注册审核。一阶段审核的结论通常是:评价组织 QMS 在审核范围内符合审核准则的程度和是否具备第二阶段审核的条件;认证注册审核的结论通常是推荐认证注册、不推荐注册、推迟推荐认证注册等。

一阶段审核可以是现场审核或非现场审核两种方式之一,需由认证机构依据相关规则确定。

(2)审核准则、审核证据、审核发现和审核结论之间的关系

审核组通过收集和验证与审核准则有关的信息获得审核证据,并依据审核准则对审核证据进行评价获得审核发现,在综合汇总分析所有审核发现的基础上,考虑此次审核目的得出最终的审核结论。由此可见,审核准则是判断审核证据符合性的依据,审核证据是获得审核发现的基础,审核发现是得出审核结论的基础。

六、审核员、审核组和技术专家

【标准条款】

> 审核员(auditor)
> 实施审核的人员。

> 审核组(audit team)
>
> 实施审核的一名或多名审核员,需要时,由技术专家提供支持。
>
> **注1**:审核组中的一名审核员被指定作为审核组长。
>
> **注2**:审核组可包括实习审核员。
>
> 技术专家(technical expert)
>
> 向审核组提供特定知识或技术的人员。
>
> **注1**:特定知识或技术是指与受审核的组织、过程或活动以及语言或文化有关的知识或技术。
>
> **注2**:在审核组中,技术专家不作为审核员。

【理解要点】

(1) 按审核程序实施系统的、独立的审核过程的人员即为审核员。

(2) 审核员的主要职责在于利用合格评定功能法和一定的审核技能、技巧,按审核计划的安排,独立、客观、公正地收集审核证据、得出审核发现,并在审核组内外如实沟通审核发现。

(3) 在一次特定的审核中,实施审核的一名或多名审核员组成的团队是审核组。在审核组中,由1名审核员作为组长对审核进行策划与组织。审核组长对被审核项目负责。

(4) 根据审核类型的不同,审核员一般可以分为内部审核员(内审员)、二方审核员以及第三方审核员(外审员),其中第三方审核员的专业能力与资格认定由第三方认证机构和/或特定的管理机构实施。在我国,目前外审员需取得在中国认证认可(CCAA)协会注册资格。

(5) 在某些情况下,审核组可能还会引入技术专家来提供特定专业领域的技术支持,实习审核员也是审核组的成员。技术专家是审核组成员,但不承担审核任务。实习审核员不能承担独立的审核任务。

七、审核委托方和受审核方

【标准条款】

> 审核委托方:要求审核的组织或人员。
>
> **注1**:对于内部审核,审核委托方可以是受审核方或审核方案的管理人员;对于外部审核,可以是监管机构、合同方或潜在用户。
>
> 受审核方:被审核的组织。

【理解要点】

(1) 审核委托方是提出审核要求的组织或人员。不同的审核类型,其审核委托方和受审核方有所不同。例如:

① 第一方审核,审核委托方是组织的管理者,受审核方是组织自身。

② 第二方审核,审核委托方是组织的相关方(如顾客),受审核方是组织。

③ 第三方认证审核,审核委托方是认证机构,受审核方可以是申请认证的组织。

(2) 受审核方可以是被审核的一个完整组织,也可以是组织的一部分(例如:某次内审可能仅审核组织的一些部门或车间、某一分公司或分厂等)。

(3) 在某些情况下,审核委托方可以是受审核方。例如,某组织请某审核组织进行第一方审核,此种情况下,该组织既是审核委托方,又是受审核方。

(4)在某些情况下,审核委托方可以是依据法律法规或合同有权要求审核的组织。例如,某行业主管部门向某审核组织提出对其管辖的一些组织进行审核的要求,则该行业主管部门是审核委托方,接受审核的组织是受审核方。又如,某飞机制造厂依据与其配件厂的合同,对配件厂提出进行第二方审核的要求,则该飞机制造厂是审核委托方,配件厂是受审核方。

(5)在第三方认证时,提出认证申请并与认证机构签订认证合同的组织不是审核委托方,而是认证委托方(或称认证合同方),这时的审核委托方应是向审核组提出审核要求的认证机构。在第三方认证时,受审核方可以是申请认证的组织,也可以不是申请认证的组织。例如,某集团公司向某认证机构提出申请,要求该认证机构对该集团公司下属的某一个分公司进行认证,则该集团公司是申请认证的组织,但不是受审核方,这时的受审核方是接受审核的分公司。

(6)审核委托方的作用可包括:

① 确定审核的需要和目的,并提出审核要求;

② 确定审核组织;

③ 确定审核的总体范围,如审核依据何种管理体系标准或文件进行;

④ 接受审核报告;

⑤ 必要时,确定审核后续活动,并通知受审核方。

(7)受审核方的作用包括

① 根据审核的目标和范围组织有关人员,接受审核;

② 指派审核组向导,并向审核组提供所需要的资源(如临时办公场所、交通、通信等);

③ 为审核组提供所需证据资料,需要时,提供有关设施使用的便利;

④ 配合审核组达成审核目标;

⑤ 按审核委托方的要求,实施审核后续活动(如确定并实施纠正措施)。

八、审核方案

【标准条款】

> 审核方案:针对特定时间段所策划并具有特定目标的一组(一次或多次)审核安排。

【理解要点】

(1)审核方案是一组具有共同特点的审核及其相关活动(如审核策划、组织和实施审核等的)审核安排。

(2)根据受审核组织的规模、性质和复杂程度,一个审核方案可以包括一次或多次审核。一个组织可以建立一个或多个审核方案。

(3)审核方案包括"特定时间段"内需要实施的和具有"特定目的"的一组审核。"特定时间段"可以根据不同组织的不同特点和需要来确定,例如,某组织的审核方案包括该组织在某一个年度内需要实施的多次内部审核。由于在特定时间段内需要实施的一组审核可以有不同目的,因此,一个审核方案需要考虑这一组审核的总体目的,例如,某组织可以针对一个年度内需要实施的以选择、评价供方为目的的第二方审核建立一个审核方案。

(4)审核方案是对特定时间段内具有特定目的的一组审核进行"策划"的结果,策划时应考虑到这一组(一次或多次)审核(包括策划、组织和实施审核)所必要的所有活动。因此,审核方案的内容应包括与一组(一次或多次)审核有关的诸多活动及这些活动的安排,这些活动及活动的安排可以形成文件,也可不形成文件,不能简单地将审核方案理解为一个文件。

九、审核计划

【标准条款】

> 审核计划:对一次审核活动和安排的描述。

【理解要点】

(1)审核计划描述的是一次具体的审核活动及活动的安排。审核计划是对一次具体的审核活动进行策划后形成的结果之一,通常应形成文件。

(2)审核计划内容的详略程度与一次具体审核的范围和复杂程度有关。

(3)审核计划和审核方案的区别如表6-2所示。

表6-2 审核计划和审核方案的区别

项 目	审 核 计 划	审 核 方 案
内容范围	一次特定审核的活动和安排	特定时间段内具有特定目的的一组审核安排。审核方案中包括对审核计划的制订和实施的管理,还包括为实施一次特定审核提供资源所必要的所有活动和安排
性质	文件	一组具有共同特点的审核及其相关活动的集合
编制	审核组长	审核方案的管理人员

十、审核范围

【标准条款】

> 审核范围:审核的内容和界限。
>
> 注:审核范围通常包括对实际位置、组织单元、活动和过程以及所覆盖的时期的描述。

【理解要点】

(1)审核范围是指审核的内容和界限,也就是审核所覆盖的对象。审核范围的大小与审核的目标、受审核方的规模、性质、产品、活动和过程的特点等多方面的因素有关。

(2)审核范围通常包括实际位置、组织单元、活动和过程及所覆盖的时期。

"实际位置"是指受审核方所处的地理位置或其活动发生的场所位置,包括固定的、流动的和临时的位置。例如,某化工厂坐落的地址,汽车客运公司的汽车运输车辆;某施工单位的施工现场等。

"组织单元"是指受审核的管理体系所涉及的部门、岗位、场所等,如某工厂的车间、仓库、管理部门、门市部等。

"活动和过程"是指受审核的管理体系所覆盖的与产品相关的活动,如设计、生产、安装、销售和服务,以及管理体系标准所覆盖的过程,如产品实现过程、监视测量活动等。

"所覆盖的时期"是指实施审核所需覆盖的时间段。例如,某组织每年进行一次内审,则其每次内审所覆盖的时期至少为一年。又如,第三方认证审核的初次审核所覆盖的时期通常是从受审核方的质量体系实施之日起至初次现场审核之间的时间段。

审核范围通常应包括所覆盖的时间段内管理体系实施和运行所涉及的地理位置、组织单元、活动和过程。

（3）组织的管理体系涉及的过程和活动、实际位置、组织单元等都直接或间接地与组织提供的产品和服务相关,在确定审核范围时要考虑组织提供的产品和服务类别。例如,某组织生产家用电冰箱和空调器,其内部审核的范围可以包括与家用电冰箱和空调器有关的所有活动和过程、部门/场所、实际位置。

第二节　审 核 原 则

GB/T 19011 标准提出了六项审核原则。审核过程的特征在于其遵循了这些原则,审核原则使审核活动成为支持评价组织管理方针和控制的有效性和可靠性的一种方法,并为组织提供可以改进其绩效的信息。遵循审核原则是获得相应的适宜而充分的审核结论的前提,也是审核员独立工作时,在相似的情况下得出相似结论的前提。

（1）诚实正直原则。此原则是审核员职业的基础。审核员和审核方案的管理人员应:

① 以诚实、勤勉和负责任的精神从事自己的工作;

② 了解并遵守任何适用的法律法规要求;

③ 在工作中体现自己的能力;

④ 以不偏不倚的态度从事工作,即对待所有事务保持公正和无偏见;

⑤ 在审核时,对可能影响其判断的任何因素保持警觉。

审核员在审核中应主动遵守国家的适用法律法规和审核委托方、受审核方的规章制度;不应局限于已有的经验和知识,应以发展和变化的眼光和态度看待事物的发展,并作出客观、公正的判断,不带偏见。

（2）公正表达:真实、准确地报告的义务。审核发现、审核结论和审核报告应真实和准确地反映审核活动。审核员在审核过程中应客观公正、忠实地履行职责和真实、准确报告的义务,从收集审核信息和审核证据到形成审核结论的过程中,审核员的言行均要公正,不偏不倚,遵循"以客观证据为依据,以审核准则为准绳"的基本要求,真实、准确地报告审核证据、审核发现和审核结论,以及在审核中遇到的重大障碍和在审核组与受审核方之间没有解决的分歧意见。在审核组内外沟通中应真实、准确、客观、及时、清楚和完整。

（3）职业素养:在审核中勤奋并具有判断力。审核员应勤奋、不断进取,努力学习并不断理解新知识,并具有敏锐的判断力,对所承担审核任务的重要性认识清晰;感知审核委托方和其他相关方对自己的信任;具备完成审核任务必需的能力。审核员应在对大量的审核信息进行有效的识别和分析的基础上,作出正确而客观的判断。

（4）保密性:审核员应以专业的方式处理审核中的信息,保守受审核方经济、技术和管理的秘密,审慎使用和保护在审核过程中获得的信息。审核员或审核委托方不应为了个人利益,或以损害受审核方合法利益的方式不适当地使用审核信息。

（5）独立性:审核的公正性和审核结论的客观性的基础。审核员应独立于受审核的活动（只要可行时）,并且在任何情况下都应不带偏见,没有利益上的冲突。在整个审核过程中,保持客观的心态,基于审核证据客观、准确地形成审核发现和审核结论。对于内部审核,审核员应独立于被审核职能的运行管理人员。审核员在整个审核过程中应保持客观性,以确保审核发现和审核结论建立在审核证据的基础上。对于小型组织,内审员也许不可能完全独立于被审核的活动,但应尽一切努力消除偏见和体现客观。

(6) 基于证据的方法:审核员应理解、运用合格评定功能法,所获取的审核证据建立在信息样本的基础上,可证实;抽样具有代表性、合理性;审核结论真实可信、可重现,并且能够验证。

第三节 内部审核管理工作

依据 ISO 9001:2015 标准 9.2.2 条的规定,组织应策划、制定、实施和保持审核方案,保留作为实施审核方案以及审核结果的证据的成文信息。所以,内部审核工作的管理首先要依据标准要求,结合组织的产品、服务和管理工作实际,策划管理方案,然后按方案实施。

内审的主要工作流程是:审核的策划与准备(包括确定审核的目的和范围—组成审核组—文件审核—编制审核计划—审核组工作分配—准备工作文件等)—计划下达—实施审核(通常包括举行首次会议—文件评审—审核中的沟通—信息的收集和验证—形成审核发现—准备审核结论—举行末次会议)—审核报告的编制—审核报告的分发—审核的后续活动的实施等。

一、内审策划

(一) 策划的内容

按照标准的要求,内审的目的是评审组织质量管理体系的符合性和有效性。组织应围绕实现内审的目的进行策划,主要考虑以下方面:

(1) 明确管理重点或关键过程,确定内审范围,考虑拟审核的过程(内容)和区域(地点)的状况和对产品、服务质量影响的重要性,上次审核(内审/外审)的不合格项的纠正措施的实施情况;

(2) 实现经营意图的需要;

(3) 管理体系标准的要求;

(4) 法规和合同要求;

(5) 顾客和其他相关方的要求;

(6) 应对组织潜在的风险的需要;

(7) 明确内审的范围。

(二) 策划的输出

内审策划的输出是审核方案或审核计划。

对于大型组织,一次完成所有内审工作可能需要较长的时间和较大的工作量,这时就需要策划一个方案,规定按月、按地域或按相似产品和服务等进行滚动审核;而对于小微型的组织,每年可能只需集中进行一次例行的内部审核,这时,可以直接制定内审实施计划。

审核方案或审核计划应包括以下内容:

(1) 审核目的;

(2) 审核范围;

（3）审核准则；

（4）审核的时机和频度。一般情况下，两次完整的相邻审核之间的时间间隔不超过12个月；

（5）审核单元的划分（需要时）；

（6）审核人员的组成，通常包括内审组长和组员的人选等；

（7）审核的资源保障；

（8）审核的时间等。

策划的输出应经过批准后实施。

二、内审职责与资源管理

组织高层领导的重视、合格的审核组长和审核员队伍及其各自职责的履行，构成了内审职责与主要资源。

（一）最高管理者的职责

（1）领导重视是做好内部审核的关键，最高管理者领导作用的发挥是内审效果的关键，应将审核工作摆到一个适当的位置，可能时领导亲自参加培训和审核是一个好办法。

（2）任命有审核、组织管理和沟通能力的内审组长，清楚规定审核组的职责，授予适宜的权限。

（3）任命审核组成员。

（4）正确对待内审的结果，督导对审核中发现的问题采取纠正措施，实现持续改进。

（5）提供资源保障，包括组建一支合格的内部审核员队伍，不断增强审核员的能力，让他们既懂组织的实际运作，又懂标准、懂审核；既懂技术，又懂管理，这对于组织的体系建设和管理都是大有好处的。任命一批具备资格和能力的审核员组成审核组，提供实施审核活动所需要的财力、物力资源，满足交通、膳宿供应等要求。

（二）审核组长的职责

（1）对审核委托方负责，领导审核组按策划的要求完成内审工作，有权对审核工作的开展和审核观察结果作最后决定。

（2）制订本次审核的具体计划，准备工作文件，给审核组成员分配审核工作任务。

（3）同受审单位建立联系，最终确定日程。

（4）评审有关成文信息，确定其适宜性。

（5）主持首末次会议。

（6）协调受审核方与审核组成员之间的关系，使之融洽地工作。

（7）与受审核部门和单位沟通审核中遇到的重大障碍，必要时向最高管理者报告。

（8）主持审核组内部沟通，汇总审核发现，得出审核结论。

（9）及时向受审部门和单位报告审核发现。

（10）清晰明确地报告审核结论，不应无故拖延。

（11）向领导层报告审核情况。

（三）审核员的职责

（1）配合并支持组长的工作。

（2）遵守相应的审核要求，熟悉审核程序和有关文件。

（3）向受审核方传达和阐明审核要求。

（4）有效率地策划审核工作，做好审核准备，在计划规定的时间内有效完成审核任务。

（5）正确记录审核发现。

（6）报告审核结果。

（7）收存和保护与审核有关的文件。

关于受审核方的职责和作用，本章第一节中已有描述，此处不再重复。

第四节 审 核 准 备

一、与受审核方建立联系

审核组长应与受审核方就审核实施相关事宜进行正式或非正式的联系并建立沟通渠道，以便：

（1）确认实施审核的权限；

（2）确认有关审核目标、范围、方法；

（3）请求有权使用用于审核策划和准备的相关文件和记录；

（4）确定与受审核方的活动和产品相关的适用法律法规要求、合同要求和其他要求；

（5）确认与受审核方关于保密信息的披露程度和处理的协议；

（6）对审核作出安排，包括具体日程安排；

（7）确定特定场所的访问、安保、健康安全、后勤或其他要求；

（8）针对具体审核，确定受审核方的关注事项。

二、准备阶段的文件评审

审核准备阶段的文件评审应根据审核目的和审核方案的要求，收集受审核方的相关成文信息。其目的一是通过对文件内容的评审，可以初步判断这些文件与 GB/T 19001 标准以及相关的法律法规要求的符合程度；二是熟悉受审核方在其质量管理体系有关的文件中描述的质量方针、质量目标、组织结构、职责分配、资源、过程及过程之间的相互关系和相互作用等信息，了解受审核方质量管理体系的基本信息，明确重要或关键过程、活动，为有效地策划和准备现场审核（包括编制合理可行的审核计划、有针对性的检查表）提供依据。

文件评审的结果应初步形成文件审核报告。

三、编制审核计划

审核计划是指对一次具体审核的审核活动和安排的描述。对审核组而言，审核计划明确了审核的具体内容和要求，为审核的实施提供了预先的安排和参照。对受审核方而言，审核计划使其了解审核活动的内容和安排，以便提前做好有关的准备。

审核计划中确定了现场审核的人员、审核活动、审核时间安排和审核路线。审核组长在编制审核计划时应确保审核计划便于审核活动的安排与协调，以提高审核工作效率。

审核计划由审核组长负责编制并经授权人员批准后实施。在现场审核前，审核计划应提交给受审核方确认，如果受审核方提出异议，可对审核计划进行适当调整和修改。

审核计划采用表格、文字等形式均可。

（一）编制依据

内审计划的编制依据主要有：

（1）组织制定的审核方案；

（2）本次审核的目的、范围和纳入审核的部门的职能分工；

（3）组织的体系文件，包括职能分配；

（4）标准和法规要求、合同要求等。

（二）审核计划的内容

（1）审核目的：

——确定管理体系与审核准则的符合程度；

——评价管理体系在实现质量目标、满足法律法规和合同要求的能力方面的有效性；

——识别潜在的改进机会等。

（2）审核范围：指组织管理体系所覆盖的部门、场所、产品。

（3）审核准则。

主要有：

——ISO 9001 标准；

——组织的体系文件；

——组织的产品和服务适用的法律法规、标准、规范等。

（4）审核小组成员名单及分工。

（5）审核日期及具体的时间安排。

（6）受审核的单位、部门或项目及相关的条款或过程。

（7）首末次会议时间等。

（三）确定审核路线

编制审核计划时，首先应确定审核路线，通常是：按过程审核、按部门审核、顺向追踪、逆向追溯四种；其次考虑审核顺序及其逻辑性；再考虑是顺向追踪，还是逆向追溯审核。目前 ISO 提倡过程审核，内审有按过程方法实施审核的方便条件。按过程审核能更好地体现 ISO 9001 标准的过程方法、思路及系统性。

1. 按过程审核

按过程审核是以过程为中心实施审核的方式。通俗简单地理解过程审核，可以是按产品线、项目、专题的审核。举例来说，对某一个（类）产品（项目），可以按如图 6-1 的思路进行审核。

图 6-1 表明针对某类产品有关过程的审核思路，从确定相关方对产品的要求开始，接着进行相关的设计开发、外部提供、实现策划、实现过程等直到不断改进提高的过程进行审核的思路。

上述的审核思路体现了以产品和服务的结果、过程结果和顾客要求为导向，包括了产品或服务实现的全过程。当然，这每一个过程中还有小过程，审核时应围绕这些过程中对产品和服务质量有影响的关键过程、关键要素控制的符合性和有效性进行，容易发现管理和控制中的薄弱环节，而且审核思路非常清晰。

2. 按部门审核

按部门审核是以部门为中心实施审核的方式。这种审核效率较高，但是一个部门往往会

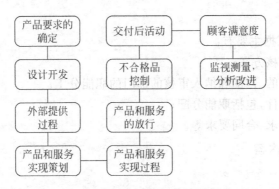

图 6-1 过程审核示意图

涉及多个过程,容易发生重复或疏漏的现象,这要求在审核准备时充分考虑到过程且对审核组的内部沟通和配合提出较高的要求。

3.顺向追踪

顺向追踪是按照质量管理体系过程的实施运行顺序进行审核的方式。如从文件内容查到实施情况,按生产或服务实施过程的先后顺序进行审核,从确定与产品有关的要求查到产品交付后活动的控制等。

这种方式可以系统地了解质量管理体系实施的整个过程,查证其过程间协调性,但耗时较长。

例如:对"文件控制"过程进行审核时,审核员可以先到文件的综合管理部门查阅文件的总目录或清单,其中一般有文件的编号、名称、最新版次、编制部门、发放到的使用部门等信息,可在总目录或清单中选择若干样本,到使用部门去核查是否有有效版本,作废版本是否已从现场撤走,文件中的修改是否符合程序等。

4.逆向追溯

逆向追溯是按照质量管理体系过程实施运行的反方向审核的方式。如从实施情况查到文件规定,从交付后活动的控制查到确定与产品有关的要求,从过程的结果查到过程的策划等。

这种方式有较强的针对性,切实具体,但在问题复杂且审核时间有限时,不易达到预期的审核目标。

例如:对"监视和测量设备的控制"进行审核时,审核员可以先在各车间或使用监视和测量设备的其他现场调查,选择一批监视和测量设备作为样本,再到监视和测量设备的主管部门去了解这些监视和测量设备的校准/检定及管理情况。

(四)审核分工

审核组长可在审核组内协商,将对具体的过程、活动、职能或场所的审核工作分配给审核组每位成员。分配审核组工作时,应考虑审核员的独立性和能力、资源的有效利用,应将具有专业能力的审核员,安排审核相应的专业过程(如设计和开发、生产和服务提供过程的控制、生产和服务提供过程的确认、产品的监视和测量等)。适当时,审核组长应适时召开审核组会议,以落实工作分配并决定可能的改变。为确保实现审核目标,可随着审核的进展调整所分配的工作。

(五)计划编制注意事项

(1)编制审核计划时应充分利用与受审核方的初步联系、文件评审和/或初访时所得的信息。

（2）按过程审核编制的审核计划中应写明过程涉及的主要职能部门或场所。

（3）按部门审核编制的审核计划中应写明该部门需审核的主要过程（相应的质量管理体系标准条款、组织的职能分配表可作为主要依据）。

不论是按部门审核还是按过程审核，最终都要落实到过程，按照过程方法进行审核。对生产或服务提供过程的审核应在相关现场进行。按部门审核时，审核组应加强沟通和协作，以免发生对某些过程、活动的重复审核或遗漏，因此编制计划时，应对部门的相关过程和活动作出合理安排。

（4）审核计划中的审核路线和审核思路应尽量按过程方法展开，充分考虑所审核的过程和过程之间的相互关系、相互作用和逻辑性。

（5）审核计划中不应遗漏审核范围内的部门和过程。

（6）针对不同过程或部门的特点和重要性安排适当的审核时间。

（7）审核计划应经受审核方的确认，包括在首次会议上的确认。审核计划在实施过程中可以具有一定灵活性，这种灵活性体现在现场审核活动中随着审核活动的进展，可以根据具体情况进行适当的调整和修改。

作为教学案例（不是推荐的格式），一个简单的审核实施计划见拓展阅读。

四、编制审核检查表

审核组成员应按审核计划的分工，收集和评审与其承担的审核工作有关的信息，并准备必要的工作文件，用于审核过程的参考和记录审核证据。这些工作文件可包括：

——检查表；

——审核抽样方案；

——记录信息（如支持性证据、审核发现和会议记录）的表格。

以上的表格通常也可以合并到一个表中。

（一）检查表的作用

（1）保持审核目标的清晰和明确

审核员在对具体审核任务进行策划时应始终围绕着审核目标展开，体现审核思路，参照检查表可以保持思路并起到备忘录的作用。

（2）保持审核内容的周密和完整

由于审核的内容会涉及多个部门、场所、活动和过程及标准、法规的要求，仅凭审核员的经验或记忆难免会有遗漏之处，如果审核员能在现场审核前对所承担的审核任务进行策划，将需要审核的内容全面地体现在检查表中，就可以在现场审核时确保审核内容的周密和完整。

（3）保持审核路线的清晰和逻辑性

审核员要在有限的时间内有效地完成审核任务，要求审核员在策划、编制检查表时，应充分考虑审核任务中有关联的审核活动及其逻辑顺序，以确定合理的审核路线。因此，检查表可以帮助审核员保持清晰的审核路线。

（4）保持审核时间和节奏的合理性

审核过程是一项高节奏而紧张的活动，由于审核时间的限制，不允许在某一个条款、某一场所或部门逗留过长时间，因此，审核员会根据审核活动的重要性和工作量安排合理的时间，并将要审核的内容列成检查表,这样有助于保持审核时间和节奏的合理性。

(5) 保持审核方法的合理性,减少审核员的偏见和随意性。

审核员会针对审核内容的特点,策划合理的审核方法(包括抽样方案),以便于现场审核时有效地收集审核证据。另外,事先编制好检查表后再按检查表进行审核,可以减少由于审核员的特长、兴趣、偏好、情绪等因素而对审核的公正性和客观性造成的不良影响,减少可能出现的偏见和随意性。

(二) 编制检查表的依据

编制检查表的依据同审核准则。

(三) 检查表的内容

检查表的内容主要是依据合格评定功能法和审核准则,列出"审核内容"(即审核的项目和要点)和"审核方法"(即审核的步骤和具体方法,含抽样方案),除此之外,检查表还可以包括受审核部门、审核时间、审核员、审核记录等。检查表的主要内容可以包括:

(1) 审核对象(即"查谁")。

(2) 审核内容(即"查什么")。

——依据审核准则逐项列出审核的项目和要点;

——注意审核项目和要点的逻辑顺序。

例如:按部门审核时,可考虑按照部门的职责、目标、主控职责相关活动和过程的策划、实施及控制、检查、改进等逻辑顺序列出审核的项目和要点;按要素审核时,可考虑按照该要素的控制职责、策划、实施及控制、检验/测量、改进等逻辑顺序列出审核的项目和要点。

(3) 审核方法(即"怎么查",包括抽样方案)。

——列出"去哪查",即去哪个部门、哪个区域检查;

——列出"找谁查",即找哪些人面谈;

——列出"如何查",即要查阅哪些文件、资料、记录等证据,现场观察哪些具体活动和过程的实施状况等。

(四) 抽样方案

抽样是审核的基本方法。审核是一个抽样调查的过程,因此,审核员在编制检查表时就需要策划抽样方案。

由于审核时间的限制,审核员通常不可能检查到审核范围内的所有的活动、操作、过程、文件或记录和人员,而只能通过选取适当的、足够的样本来证实相应的审核对象是否符合要求,因此抽样是具有一定局限性的,通过抽样发现了不符合并不能表示整个质量管理体系都不符合,在样本中没有发现不符合也并不能说完全没有问题,抽样具有一定风险性。为了降低抽样的局限和风险,就要求审核员通过精心地策划,选定适当的信息源,并抽取具有代表性的、足够的样本,以保证审核的系统性和完整性。审核员在编制检查表时需要策划抽样方案。

审核员在编制检查表时,通常审核的对象和总体是比较明确的,但是总体量的多少却不能确定,因此,在检查表中策划的抽样量通常也是估算的结果,一般不会十分确定,例如"抽3~7份文件查其批准的证据"。审核员只有到现场审核时,才能知道审核对象的实际情况和总体量的多少,才能确定具体的样本和抽样量的多少。

在策划抽样方案和现场审核抽样时应注意以下几个方面的问题。

（1）亲自抽样：审核员应亲自确定样本，不能由受审核方抽好样再审核。审核是一个抽样的过程，抽样要有代表性，不能只抽好的样本。

（2）随机抽样：随机抽样是指在一个总体中的所有子样被抽取的概率是相同的。要做到随机抽样，使抽取的样本具有代表性并保证足够的样本量，使样本不受主观的影响，更具代表性。

（3）明确总体从中抽样：抽样的对象应是总体，否则不具有代表性。

（4）足够的样本：如3～12个。不同的样本总量就应有不同的抽样量。总量很大，抽样量很少，样本不能代表总体的质量。

（5）分层抽样：确保每个具有代表性的层次能被抽样上，以充分反映不同层次的情况。如政府质量奖评审时，在组织的中层管理人员和一线人员中分别抽样座谈就属于分层抽样。

（6）适度均衡：应考虑不同区域、不同情况、不同层次的均衡抽样，以反映样本的代表性。

（五）编制检查表的要点

审核员在编制检查表时应注意以下要点。

（1）依据审核计划的安排编制

审核组成员应按审核计划的分工编制检查表。分工编制的检查表应依据审核组长在审核计划中的审核思路，如以过程审核为主的检查表，应重点列出到哪些与该过程有关的主要部门、场所的审核内容和审核方法。检查表和审核计划具有一定的逻辑性和相关性。

（2）依据审核准则编制检查表

在编制检查表之前，审核员应认真阅读受审核方的质量管理体系成文信息，了解受审核部门主要职责、主要过程的特点，体系文件对该部门或过程的各项要求和规定；查阅标准、体系文件及有关的法律法规、规范和标准的相关要求，依据这些审核准则的要求来编制检查表。

（3）运用过程方法

内审工作应遵循 ISO 9001 标准的过程方法进行。检查表中应关注每个过程的目标和要求、过程预期的输出和要求的输入、过程和活动的准则、过程之间的相互关系和作用。

（4）重点关注关键过程

无论是按部门或按过程编制检查表，均应选择典型的质量问题，突出拟审核部门的主要职能或关键过程。例如：审核库房时，应重点审核 8.5.2、8.5.4 条款；而审核生产车间时就应重点审核 8.5.1、8.5.2 等条款。

（5）已有知识和经验的应用

编制检查表时应考虑审核员已有的经验、知识等，通常不熟练的审核员需要编制较为详细的检查表。

（六）编制检查表时常见的问题

审核员（特别是不熟练的审核员）在编制检查表时应尽量避免以下问题：

（1）将审核准则（如质量管理体系标准）的要求原封不动地由陈述句变成疑问句作为检查表。

（2）只列出审核内容，而忽视对审核方法和抽样方案的策划。

（3）仅按审核准则的要求和规定编制检查表，不能结合受审核方（部门）的产品和过程的特点。

（七）检查表的使用

有了检查表，虽然可使审核工作有序、按计划进行，并提高效率，但也容易陷入机械呆板的泥坑。所以有经验的审核员在按照检查表审核的同时，也十分注意灵活使用检查表，并高度重视在现场审核中发现的检查表以外的内容。

（1）不应只采用"是或否"问答的模式，否则会导致审核失败。

审核员如果按是或否提问，受审核方往往回答一个字：是，那么你准备的 20 个问题可能 1 分钟就问完了，这样不利于收集证据。

（2）不应机械地按检查表的问题顺序去宣读一个个问题，应该把提问、评价、记录相结合并判定是否符合要求。

（3）检查表上所列的内容没有重要遗漏，此时，检查表相当于是一个备忘录。

（4）保持审核节奏，时间上留有余地，以便及时调整，按时完成审核任务。

（5）填写检查表是收集审核证据的关键环节，而审核证据是关于事实的可验证的信息、记录或陈述。所以对收集到的证据要做好记录，审核记录应客观、真实、具体、完整，有可追溯性；对于符合审核准则的证据可作简要记录；对不符合审核准则的证据的事实（包括相关事件、人员、时间、地点、结果等）描述清楚，以便于不符合项的判定、描述和整改。

（6）要保证审核的水平，除了要按照正规的审核程序进行外，审核员对体系要求的理解和熟悉是关键。只有理解和熟悉了标准的实质要求，才能把标准与组织的管理实际相结合，才能把握审核的重点。如果把"审核的技巧"和"理解标准"的重要程度进行比较的话，比例可能是 2：8。没有内容的形式只能是一种浪费。因此审核员应不断地结合实际学习和领会标准的要

拓展阅读

求，在实践中不断提高。同样，检查表的编制和使用也是一个熟能生巧的过程。

（7）检查表是审核员的工作文件，可不必向受审核方披露。

（八）检查表的示例

一个将检查表和审核记录相结合的示例，见拓展阅读。

第五节 现场审核

审核组在受审核方现场实施审核活动，通过现场审核，查证受审核方质量管理体系运行情况，对其运行状况是否符合审核准则，运行效果是否达到策划的要求作出客观判断，以形成审核发现，得出审核结论。

现场审核实施的活动主要包括：召开首次会议，现场审核，收集和验证信息，获得审核证据，形成审核发现，准备和形成审核结论，审核过程中的沟通，召开末次会议等。

一、首次会议

首次会议是现场审核活动的序幕，是审核组与受审核方中高层管理人员见面和介绍现场审核活动的第一次会议，标志着现场审核活动的正式开始。审核组成员应以恰当的言谈举止开始审核活动。

（一）首次会议的时间、目的

首次会议主要是建立双方的联系，明确双方的责任以及具体的审核日程安排。

首次会议应按审核计划安排的时间,在正式实施现场审核前召开。会议由审核组长主持,会议时间一般不超过 30 分钟。通常,与会人员需签到,审核组保留签到和会议记录。

在很多情况下,首次会议是审核组第一次和受审核方见面,按服务认证的概念,这个是服务接触的关键时间、真实瞬间,在初次平均接触的短短 15 秒内,就决定了受审核方对审核组的印象(见本书第八章内容)。所以首次会议的成功是关键。审核组长讲话应思路清晰、口齿清楚、言简意赅、重点突出。留给受审核方的一个好的印象是成功的一半。

首次会议往往能起到烘托气氛的作用,应在融洽、坦率、透明和正规的气氛下进行。内部审核由于权威性差,往往不被受审核单位重视,气氛松懈,一个严谨、正式的首次会议能够使内部审核严肃起来。

首次会议的目的是确认审核计划,简要介绍实施审核活动的方法和程序,确认审核中的沟通渠道,向受审核方提供询问的机会等。

(二)参加人员

首次会议的参加人员一般是全体审核组成员,受审核方主要领导,各部门单位的主管,项目或分厂、车间的领导等。简言之就是受审核方中层以上管理人员和内审员、其他需要的人员等。

(三)首次会议的议程

首次会议的内容和程序如下,在实施中可能会根据具体情况进行调整或适当简化。一般是审核组长先宣布首次会议开始,然后:

(1)人员介绍

审核组长介绍审核组成员并说明他们在审核中各自承担的主要职责;受审核方介绍与会管理层成员及其职务。

(2)确认审核目标、范围和准则

审核组长应在首次会议上申明此次审核的审核目标、范围和准则的基本信息,说明为什么要进行审核及要达到的目的,说明审核时覆盖的产品、过程和部门/区域。

审核组长应说明审核依据何种质量管理体系标准或其他引用文件,确认受审核方提供的质量管理体系文件是否为现行有效版本。

(3)与受审核方确认审核日程及其他相关安排

审核组长应简要说明审核的日程安排及其他相关的安排(如与受审核方管理层之间的沟通渠道和安排、末次会议的日期和时间等),请受审核方确认这些安排的可行性。

如果因特殊情况需要对这些安排进行变更时(如受审核方提出合理的变更要求),审核组长可以对审核计划进行适当调整。

(4)介绍审核所用的方法和程序

审核组长应简要介绍审核组实施审核的方法和程序。审核组长应说明审核的基本方法是抽样,审核组成员会通过面谈、查阅有关文件和记录、现场观察、需要时实际测量等方式收集与审核准则有关的审核证据,审核员收集的审核证据是建立在可获得的信息样本的基础上的,因此,审核中会存在不确定的因素,有一定的局限性,审核结果只对抽取的样本负责。说明不符合项的记录、报告和确认方法(包括不符合项的分级),以及如何正确对待不符合项。审核组长应强调审核的公正性和客观性,说明审核组将尊重客观事实,在审核中不提供咨询,并请受审核方予以配合和支持。

（5）说明审核中与受审核方的沟通和可能导致终止审核的情况

审核组长应说明审核中将及时地向受审核方报告审核的进展情况,向受审核方说明可能导致终止审核的情况,说明当审核组获得的审核证据表明不能达到审核目标时,审核组长将会及时地与受审核方报告理由,并协商确定适当的措施。

（6）说明陪同人员的作用和职责,落实审核所需的资源和设施

审核组长应确认受审核方为审核组指派的陪同人员,并说明其作用和职责,落实审核组所需的办公场所、交通、可能需要的设施设备及食宿安排等事宜的安排。

（7）确认对审核活动的限制条件和相关要求

请受审核方说明对审核活动及审核组的限制条件和相关要求,如审核中不能或在限制条件才能进入的清洁区、保密区,审核员应注意的安全事项,应遵守的规章制度和要求等。

（8）申明保密原则

审核组长应代表审核组申明审核人员的保密原则,说明审核组成员将会对受审核方的技术、管理和经营诀窍以及本次审核的有关信息进行保密。

（9）说明对审核的实施和结果的申诉渠道

审核组长应说明,受审核方如果对审核组实施的审核活动和给出的审核结果有异议,可以向审核委托方进行申诉,并告知进行申诉的渠道和方法。

（10）确认其他有关问题,并澄清疑问

审核组长还可就与审核有关的其他问题进行确认（如审核所使用的语言等）,并对受审核方有疑问的问题予以澄清。

审核组长在确认有关问题全部明确或澄清后,在请受审核方领导简短讲话后,应向受审核方表示谢意,结束首次会议。

（四）首次会议易出现的问题

（1）在审核组方面,首次会议过分松懈,使审核流于形式;或过分紧张,造成气氛对立。这两种形式都不好,审核员应当树立正确的指导思想,审核为了帮助对方,而不是要压倒对方。

（2）在受审核方方面,有可能会出现一些非常情况,审核组应能正确处理,比如单位负责人或技术负责人不在,这时应要求有人能代表,最好审核组在进入现场之前要确认主要人员在现场。又如受审核方领导滔滔不绝,审核组长应适时打断,控制会议时间;审核活动应由审核人员主持,所以组长要事先限定时间;如审核中出现严重障碍,审核组长应及时请示主管领导,必要时可以推迟审核。

二、现场审核

首次会议结束后,审核组成员即开始进行现场审核。现场审核过程中使用抽样的方法,收集并验证与审核目标、范围和准则有关的信息,获得审核证据。现场审核在整个审核工作中占有非常重要的地位。审核发现以及最终的审核结论都是依据现场审核的结果得出的,因此,在现场审核过程中,运用适宜的审核方法收集并验证信息,获得能够证实的审核证据是成功审核的关键。在这个过程中,审核员的个人素质和审核技能可以得到充分发挥并将对审核结果起到非常重要的作用。

审核过程中应主要控制审核进度、审核气氛、审核质量和审核态度四个方面。审核技巧主要有面谈、倾听、抽样、观察、分析、验证等方面。目的是获得充分有效的证据,为得出审核结论提供基础。

1. 信息的收集和验证

在审核过程中,只有能够验证的信息方可作为审核证据。导致审核发现的审核证据应予以记录。在收集证据的过程中,审核组如果发现了新的、变化的情况或风险,应予以关注。审核中信息获得方式,也叫审核方式,通常是"谈、查(察)、看、听、问"的方式。

(1) 面谈

审核员进入某一区域审核,首先是从面谈开始的,通过面谈,双方建立起轻松友好的沟通方式和渠道,所以审核员应掌握面谈的技巧:

——面谈可以从请有关人员介绍工作职责和运行情况等开始,以便把握关键环节和明确每个过程审核的重点。如可以询问受审核的工作人员是如何工作的,工作的主要要求是什么?是否有工作的指导和依据文件?如有,对文件能否正确理解等。

——面谈的对象应是实施或负责受审核的活动、过程的相关职能和层次的人员。例如审核员在审核产品的最终检验过程时,其面谈的对象应选择实施或负责最终检验活动的检验人员。

——面谈最好选择在被面谈人正常工作时间和正常工作的地点进行。

——面谈前,审核员应向对方解释面谈及记录面谈信息的原因。

——面谈中,审核员会针对审核的内容向对方提出一些问题,从对方的陈述和回答中获取相应的信息,从而了解审核对象的职责、过程、活动、地点、时间、原因等,确认和验证某些事实。提问的方式很多,审核员应根据不同情况,灵活地运用不同的提问方法(如封闭式提问、开放式提问、澄清式提问等),以获取所需的信息。审核员在提问过程中,应避免提出有倾向性答案(即引导性提问)的问题,以免误导对方。也不要有指引性问题,有些问题本身就提供了答案!例如,你们对不合格品是否进行了评审,答案肯定会是"是",不管事实是真的还是假的。审核员应多用"在哪里"及"告诉我"等字眼,因为上述字眼的问题很难用"是"或"否"来回答。在使用"为何"时要小心,因为它可能导致一些评论或是反感。通过提问应当能够对受审核人员对体系文件和管理过程、管理对象的管理技能有一个全面的认识,如果一个受审核者不能准确地回答和解释一些问题,他通常是不能很好地执行的。但反之并不成立。

——在面谈前和面谈过程中,审核员应尽量营造和保持轻松、和谐的气氛,使对方能够在轻松的状态下进行交流。

——面谈过程中,审核员应仔细倾听对方的陈述和/或回答,并作出适当的反应,当对方误解或答非所问时,应客气并及时地加以引导,不能粗暴打断。

——面谈结束时,审核员应与对方总结和评审面谈的结果,并感谢对方的参与和配合。

总而言之,面谈可以使审核员通过与受审核方人员的沟通,直接而迅速地了解与审核对象有关的信息,但审核员应注意面谈对象的代表性及其提供信息的权威性,必要时应对面谈时获得的信息进行验证,面谈时应运用正确的交流方法,控制好审核时间和节奏。

(2) 观察

观察是获取信息的重要渠道,有些信息只有通过观察才易于获取。现场观察可以使审核员直观地了解和感受被审核活动、场所的实际情况,有助于验证面谈和查阅文件、记录无法确认的实际运行控制状况。但现场观察的方法对审核员的观察能力和专业能力有较高的要求。

审核员应针对不同过程的特点,通过观察获取有益的信息,例如,观察审核现场的环境、设备运行状态、产品标识、过程和活动的实施运行状况、面谈人员的神态以及现场人员的工作状态;可能时,观察现场人员执行作业文件的情况,判断实际作业与文件规定的一致性;记录所使用的文件编号、规范、图纸、测量与试验设备的状态,以进一步验证它们的控制有效性等。

(3) 查阅文件和记录

由于受审核时间的限制,受审核组织的很多质量管理活动不可能在审核时现场开展,这时只能依赖相关记录来提供证据。审核员会针对审核对象的特点,查阅与受审核活动有关的文件和记录,以获得受审核方对相关活动和过程的具体职责、要求、实施和控制方法和结果等方面的信息。在查阅文件和记录时,通常应掌握以下方面的技巧:

——查阅的文件和记录应与需要审核的活动直接相关。

——在明确了与审核对象有关的文件和记录的总体后,审核员可以根据需要,运用抽样技巧抽取足够数量的样本文件和记录,而没有必要查阅每一份文件和记录。

——查阅文件时应关注文件的有效性及其内容的充分性,关注文件中对具体活动和过程的职责划分、接口关系、具体要求、实施和控制的方法和程序以及记录的要求等方面的信息,还应关注文件中描述的内容与实际活动状况的适宜性。

——查阅记录时应关注记录内容的完整性和真实性,还应关注记录中体现的内容与相关文件的规定以及实际活动状况的一致性。

审核员通过查阅文件和记录,可以系统地了解、验证受审核方质量管理活动,是否持续有效地实施和运行。审核员应注意抽样的代表性和记录的可靠性。

(4) 沟通与聆听

审核员一般花 80% 时间在收集资料上,大部分从交谈中得到,其余则通过阅读及观察所得。对于聆听我们一般都不擅长,对于听到的东西最后只能保留所听的 25%,我们曾受训练如何去书写及阅读,但我们很少接受聆听的训练。因此作为一个好的审核员,必须要有好的聆听技巧,最重要的是专心。以下的情况会妨碍好的聆听结果:

——认为主题欠缺趣味;

——评论讲者,而不是其讲话内容;

——太易投入感情。

在审核期间,可能有必要对审核组内部以及审核组与受审核方、审核委托方、可能的外部机构(例如监管机构)之间的沟通作出正式安排,尤其是法律法规要求强制性报告不符合的情况。审核组应定期讨论以交换信息,评定审核进展情况,以及需要时重新分配审核组成员的工作。在审核中,适当时,审核组长应定期向受审核方、审核委托方通报审核进展及相关情况。在审核中,收集的证据显示,如果受审核方存在紧急或重大的风险,应及时报告受审核方,适当时向审核委托方报告。对于超出审核范围之外的引起关注的问题,应予记录,向审核组长报告,以便可能时向审核委托方和受审核方通报。

(5) 验证信息,获得审核证据

审核要抽查足够数量的证据,来证实相关的活动是否按照规定进行。这些证据表现形式可能是报告、台账、标签、记录等。但审核员务必注意,审核不是为了搜集资料,而是为了判断受审核区域的管理体系的适宜性、符合性、有效性。

审核证据是与审核准则有关的能够证实的记录、事实陈述或其他信息。在审核过程中,审核员通过运用适宜的方法和技巧收集到的信息很多,但只有与审核准则有关并且能够证实的信息才能成为审核证据。当然,在实际审核中不要求也没必要对获得的信息进行逐一证实,但在需要时这些信息应该是能够被证实的,以确保审核证据是真实、客观存在的。道听途说、假设、主观臆断、猜测等不能证实的信息不能作为审核证据。

为获得审核证据,审核员在需要时应对收集的信息进行验证,验证方法通常可包括:

——验证记录或文件,如将现场记录参数、方法等与监视和测量设备的显示参数对照、与操作文件规定的方法对照等。

——通过对活动和过程的观察证实面谈或查阅记录时所获得信息的准确性和真实性。

——除了被审核者的回答之外,审核员还可以说"请给我看"。

——通过必要的实际测量来证实活动和过程的结果或记录的符合性、有效性和真实性,但在实际测量前应征得受审核方同意,并在其指导下进行。

——其他适用的证实方法。例如,对比分析来自不同职能和层次的对同一活动或过程的信息,以验证信息的真实性等。

2.记录审核证据

审核员应如实记录审核中获得的审核证据。证据的要素可包括审核取证的时间、地点、人物(面谈或观察的对象)、主题事件(包括主要过程和活动实施概要和结果、观察到的事实)、支持审核结论的凭证材料、文件、记录等。

记录时应注意以下几个方面:

——记录的审核证据应全面反映审核的情况。不应只记录有问题的信息,也应记录能够证实受审核方质量管理体系符合要求、有效运行的信息,特别是主要关键过程的符合性和有效性信息,为审核报告相应的评价和结论提供依据。

——对于审核中发现有问题的有关信息,审核员应确保所记录的反映不符合事实的主要情节清楚,能够实现可追溯、可再现、可重查,方便产生不符合的部门和单位有针对性地采取纠正和纠正措施,也有利于在对不符合有争议时以事实服人,以理服人;否则,受审核方难以理解。是否需要记录具体数据,由审核员根据不符合事实的性质决定。不能像有些组织的内审资料那样,对于每一个条款的记录只有"是""符合""有"等几个字,这样的记录不能作为证据。只有完整、准确的信息才能作为正确判断的依据。

3.审核过程中的文件评审

在审核的全过程中,均可结合其他审核活动评审受审核方的相关文件,以确定:

——文件所述的体系与认证标准、相关法律法规、规范的符合性;

——文件和组织实际运行情况的适宜性;

——文件的可操作性;

——文件之间的一致性和协调性。

4.现场审核中的注意事项

为了在有限的时间内有效地完成审核任务,在现场审核活动中需要注意以下事项:

(1)审核计划的跟踪管理

通常情况下,审核组应按审核计划实施现场审核,这是审核组长和审核组成员的共同责任,但在审核过程中,也可能会遇到原来没有预料到的特殊情况而需要调整审核的安排,这时应与受审核方及时协商,适当调整审核计划,以确保审核任务的完成,但总的审核时间一般情况下不宜变更。

保证审核按计划实施的关键是要掌握好对每个部门或过程的审核时间,审核员要注意控制审核节奏,不要偏离审核线索。

(2)抓住关键过程

在同一环境条件下,能否快速抓住关键过程,是审核员的能力的重要方面。

一个组织的质量管理体系是由一组相互关联、相互作用的过程构成的。不同的过程对质量管理体系实现质量方针和质量目标的有效性、持续提供满足要求的产品和服务的能力有着不同的影响,因此,审核员应通过审核准备、查阅文件、观察和验证等活动,确定其关键过程,加以重点关注。如装配企业的关键过程可以是"采购""装配"和"产品的监视和测量"等过程;如果是来料加工厂,其关键过程可以是"顾客财产控制""加工"等过程;而如果是食品生产企业,则工作环境的卫生、清洁、消毒等规程显得特别重要。

(3)识别关键因素

审核员应能辨别影响过程能力的关键因素,并掌握评定这些因素是否处于受控状态的方法。一般来说,影响过程能力的因素有人、机、料、法、环、测等,但是对某一具体过程而言,这些因素并非同等影响,应辨别其中影响过程能力的关键因素。例如某机械加工过程,影响该过程能力的主要因素可能是人员的技能、设备的加工能力、原材料的符合性以及加工方法等因素,而环境条件和测量水平对此过程的影响可能相对较小。而对某产品的测量过程来说,影响该过程能力的因素可能是检验人员的能力、检验方法、环境条件、测量水平和测量设备能力等因素。

(4)注重收集体系有效运行证据

组织质量管理体系运行有效性的证据,主要从活动、过程的控制效果、产品和服务质量的控制效果等方面来体现,通过对这些审核证据的比较和评价,来证明体系运行的有效性。

(5)重视控制效果,避免主观武断、形式主义

由于行业、产品和过程的特点不同,不同的组织对质量管理体系各过程、活动的控制方法是不一样的。有的审核员局限于自身的经验,习惯于某一特定的控制方式方法和自身的思维习惯,往往会对受审核方规定的控制方法提出异议,主观武断地要求受审方按自己认为好的方式控制,这不利于保持审核的公正性和客观性,也背离了审核准则。因此,审核员不应以自己的想法或经验为审核准则,把自己的想法和经验强加给受审核方,而应以标准,受审核方的质量管理体系文件,适用的法律法规、标准和规范作为审核准则,重视受审核方质量管理体系的控制效果,避免主观武断、形式主义。如果受审核方的质量管理体系各过程、活动的控制效果良好或未发生失控、失效的现象,且不违背审核准则的要求,审核员就应当接受、理解受审方的控制方法,而不应予以否定。

ISO 9000 系列标准本身就是一个科学体系,审核员应系统、全面地理解标准要求,从系统的角度审视组织质量管理体系的符合性和有效性,不能就某一个条款孤立地望文生义地理解标准要求。如某审核员开出的不符合报告是:查××年度"质量目标展开表"未考虑采取的措施、需要的资源等。这样的不符合报告真是贻笑大方。组织建立质量管理体系不就是为了实现目标吗?凭什么说人家没有考虑呢?整个管理体系的措施,包括对资源的管理不都是为了实现质量目标?这是典型的望文生义,没有全面理解标准要求,凭望文生义和主观感觉而开的不符合报告,这样的不符合报告是经不起推敲的。又如某审核员开出的不符合报告:×××施工合同没有评审,这也是不了解施工组织实际运作和管理实际工作的人所开,凭想象,凭感觉乱开一气。试想,在市场经济条件下,没有哪一个组织在签订营销合同,特别是重要业务合同的时候,不经过郑重的考虑、审视,而随便签订。后来,经过了解,组织是召集了相关人员,对这个合同逐字逐句地进行了研究和讨论并与甲方沟通后才签订的合同。管理标准本身就是对管理工作中大量重复发生的工作进行总结、归纳而制定的。对于合同管理来说,ISO 9001 标准就是把合同签订前的一系列考虑工作总结成标准的语言,称为"合同评审"。哪能轻易说人

家没有合同评审呢？这是典型的主观武断、形式主义和对标准没有系统地理解和望文生义的结果。正确的开法是"未提供×××施工合同评审的证据"或"未保留×××合同评审结果的成文信息"。有的审核员仅把有"目标"字样的才当作是目标，但是目标还有很多其他的表现形式，如"预期结果"等，可见，要成为一个好的审核员是不容易的。

（6）注意相关影响

现场审核活动往往需要分组进行，通常一人一组或多人一组，因而每位审核员在审核中所接触的只是受审核方质量管理体系的一部分。每位审核员不仅要关注与本人承担的审核任务有关的审核证据的收集及其对质量管理体系的影响，还应特别关注过程和活动之间的相互作用和关系，分析其他审核员所获信息与本人所获信息的相互影响、因果关系、共性问题等，以便对受审方质量管理体系的建立、实施、保持和改进等方面作出全面而综合的评价。基于这些方面的因素，在现场审核活动中，审核组成员之间应及时沟通，交流审核中所获得的信息，并在需要时相互协助证实有关的信息。

（7）始终营造良好的审核气氛

审核过程中营造良好的气氛是十分重要的，这是审核组全体成员的职责。在审核过程中，应尊重受审核方，正确对待受审核方的各种态度。审核员应始终保持耐心和礼貌，不介入受审核方的内部矛盾，态度诚恳、实事求是，努力保持审核的客观性和公正性。

（8）始终保持团结协作的工作作风和良好的个人能力和素质

审核组是一个集体，审核任务靠审核组全体成员共同完成、审核组成员之间应具有团结协作的工作作风，只有及时交流和沟通、相互协作和支持才能顺利实现审核的目标。审核员应守时、客观、公正，并能遵守保密承诺，不介入冲突和利益竞争，不应受到来自权利、利益或其他方面的影响而偏离审核行为准则的要求。审核员应注意审核所在地的风俗习惯，遵守受审核方的规章制度。审核员在审核过程中还应保持沉着、冷静、不骄不躁的态度，不能急躁、主观或潦草行事，也不能畏难而退，避免由于个人情绪或喜好而影响审核质量。审核组长应时刻注意控制审核工作的进展情况，并关注审核员的表现，一旦发现有违反审核纪律或不利于审核正常进行的言行应及时提醒改正，对审核中不应该出现的紧张气氛或过于潦草等情况，应及时采取适当措施进行纠正。

第六节　形成审核发现

审核发现是对照审核准则评价审核证据得到的结果。评价的结果可能是符合审核准则的，也可能是不符合审核准则的两个方面。

一、评审和汇总审核发现

在现场审核的适当阶段（如每天审核结束后和（或）全部审核活动完成后），审核组成员应共同参与评审审核发现，这是审核组内部沟通的一项重要内容。

通常情况下，每天现场审核活动结束后，应预留一定时间，将当天审核活动和审核发现与受审核方进行简短的沟通，并且在审核组内部也应进行内部沟通，评价当天审核中收集的审核证据。当全部现场审核活动完成后，审核组成员会依据审核目标、对照审核准则对收集到的审核证据进行全面的、总结性的汇总、比较、分析和评价，以确定审核发现。评价、汇总和确定审核发现通常可采取以下方法。

（1）审核组的每位成员按照审核计划分工承担的审核任务，在现场审核中将获得的审核证据对照审核准则进行评价和判断，初步确定审核发现。

（2）审核组内部沟通时，每位审核组成员分别介绍其审核工作范围内所涉及的过程、活动、部门、场所、现场等方面的审核情况，收集到的审核证据，以及初步确定的审核发现。审核组成员之间沟通需要相互印证的信息和证据，并就审核中的疑点和分歧进行讨论，包括可能需要进行验证或跟踪的问题。

（3）审核组将每位审核员获得的审核证据进行汇总分析，包括来自不同审核员在不同职能和层次上收集的，对同一审核对象或过程（如文件控制、质量目标建立和考核、内部沟通等）的信息和证据进行汇总分析、综合评价，以共同确定审核发现（包括符合的和不符合的）。审核组确定的审核发现应形成记录，以为给出审核结论提供充分而详细的信息。这些信息是审核记录的重要组成部分，其内容通常可包括：审核覆盖的区域、场所、活动或要素，审核的路线，具体的审核发现（包括符合和不符合的审核发现及其支持性审核证据）等。

二、符合审核准则的审核发现

在评审审核发现的基础上，审核组应汇总分析所有满足要求、运行有效的审核发现，指明相关的审核场所、职能或过程，为审核组对受审核方的质量管理体系进行总体评价提供正面的信息基础，也为审核组得出适宜的审核结论提供依据，同时还可以鼓励受审核方，更好地开展体系建设工作。

三、不符合审核准则的审核发现

当有不符合审核准则的审核发现时，审核组通常会将其确定为不符合项，形成"不符合报告"。

1. 不符合项的形成

在质量管理体系审核过程中，以下任何一种情况均可以形成不符合项：

（1）质量管理体系文件不符合 GB/T 19001 标准或适用的法律法规要求，或与相关活动或过程的实际状况不相适宜，即文件不符合。

（2）质量管理体系的实施运作不符合 GB/T 19001 标准、质量管理体系文件或适用的法律、法规、标准、规范的要求，即实施不符合。

（3）质量管理体系的运行结果未达到预定目标要求，即实施效果不符合。

注意：不符合和不合格品是有区别的，不符合是指管理环节中的问题，不合格品一般是指产品质量未达到要求。

2. 不符合的严重程度分级和判定

不符合项可以按其严重程度和造成的影响或后果进行分级。一般来说，不符合的严重程度分为"严重不符合"和"一般不符合"。

（1）严重不符合

出现下列情况之一，即构成严重不符合。

——质量管理体系系统性失效。例如：某一过程或关键的子过程重复、多次发生不符合，又未能采取有效的纠正措施加以消除；标准的某一个条款或几个条款在所有的部门都没有得到贯彻实施等。

——质量管理体系区域性失效。例如：标准的所有条款在某一个部门或几个部门没有得到贯彻实施。

这种情况比较典型的如施工企业只在公司机关贯标，没有将相关要求贯彻落实到项目部，造成项目部的区域性失效。而如一个组织的大多数部门和人员都不清楚其质量方针、目标和管理体系的主要要求，这既是系统性失效，也是区域性失效。

——对产品和服务质量或质量管理体系运行效果造成严重不良影响或后果的不符合；

——严重违反适用法律法规、标准、规范要求的。

例如：某组织对于生产的产品未按产品接收准则进行检验就向顾客交付，以至于因产品质量问题引起顾客的严重投诉。

（2）一般不符合

一般不符合常见的是：

——对满足质量管理体系过程或文件的要求而言，所发现的不符合是个别的、偶然的、轻微的问题，如某一个文件发放前没有经过批准等；

——对产品质量或质量管理体系运行效果的影响轻微的问题等。

3．不符合报告的内容

不符合报告是记录不符合审核准则的审核发现的一种常用的方法，其内容一般可包括：受审核方名称，受审核的部门或不符合发生的地点及其相应的负责人，审核员，审核日期，不符合事实的描述（即不符合项的支持性审核证据），不符合的审核准则（如标准、文件等）的名称和条款，不符合项的严重程度，审核员签字，审核组长认可签字和受审核方确认签字，不符合的原因分析、纠正措施计划及预计完成日期，纠正措施的完成情况及效果验证等。

4．不符合项的确认

现场审核过程中，如果审核员发现了不符合事实，应首先请当事人确认，使对方理解并对不符合事实的存在达成共识，同时也给对方一个解释的机会，以确保不符合事实准确，促进其采取纠正措施，以解决和消除不符合。这种方式体现了审核的公正、透明和规范，也考验了审核员的工作质量。只要不符合事实中有任何虚假失实之处，受审核方都有理由拒绝签字确认，这有助于提高审核员的素质，养成一丝不苟的科学态度和工作作风。此外，每个审核员还应把自己发现和确认的不符合事实，和审核组其他成员沟通和评审，以达成共识。

审核员根据审核组共同评价的结果，针对不符合审核准则的审核发现编写不符合报告。编写后的不符合报告通常需要得到审核组长的签字认可。

在现场审核活动结束前，审核组通常会以不符合报告的形式将确定的所有不符合项提交给受审核方，请受审核方的代表确认不符合事实。在确认不符合事实的过程中，如果受审核方与审核组之间对审核证据或审核发现有分歧时，审核组应采用适宜的方法解决分歧。

如果由于受审核方的误解或对不符合事实不理解而不确认不符合事实时，审核组应说明需要受审核方确认的只是不符合事实，并耐心地作出解释。需要时审核组应详细说明或展示有关的审核证据，以证实所提出的不符合是建立在充分的证据基础上的，以使受审核方理解、确认不符合事实。假如当某一不符合项被判定为严重不符合，受审核方出于误解，认为此严重不符合项，可能会影响到审核结论，因而拒绝在不符合报告上签字确认。如果发生这种情况，审核组长应向受审核方代表说明，需要受审核方确认的，只是"不符合事实"的准确性，而不符合的严重程度、不符合的条款和结论，是审核组根据审核准则判断得出的。这些都是审核组的职责，不需要受审核方确认。

如果受审核方提出补充证据证明审核组提出的不符合事实有误或证据不准确时，审核组应进行必要的补充调查核实,如经核实确属不符合事实有误或不准确,审核组应勇于修正错误,修改不符合事实的内容或撤销该不符合项,同时,审核组也应查明该补充证据没有在现场审核时提供的原因。

如果对某一有分歧的不符合项,经过审核组和受审核方的沟通,还是不能得到解决,审核组应记录未解决的分歧,必要时应向审核委托方说明有关情况,请审核委托方作出仲裁。

5. 编写不符合报告

对一个审核员来说,编写不符合报告是必须掌握的基本技能。审核员在编写不符合报告时应遵循以下方面的要求:

（1）不符合事实的描述应准确具体,不遗漏任何有益信息,具有重查性和可追测性。

（2）观点和结论从不符合事实的描述中自然流露,不应带有评论性意见。

（3）文字表述力求简明精练,尽可能使用行业或专业术语。

（4）不符合审核准则的条款判断准确,如果判断不准确,会导致纠正措施的方向发生偏差。

（5）不符合项的严重程度判定准确。

不符合报告示例,见拓展阅读。

第七节　准备和形成审核结论

一、准备审核结论

末次会议前,审核组长组织审核组成员进行沟通,针对审核目标,对文件评审和现场审核中确定的所有审核发现、审核中收集到的可能会影响审核目标实现的其他适当信息进行汇总、分析、评价和总结,在此基础上对受审核方的质量管理体系的有效性进行总体评价,最终确定审核结论。

（一）汇总分析符合审核准则的审核发现

审核组应汇总分析符合审核准则的审核发现,明确受审核方的哪些过程和活动、哪些职能和场所是符合和有效的,以确定受审核方质量管理体系的优势环节,作为肯定受审核方质量管理体系符合要求和有效运行的依据。通过审核,能够发现受审核方在质量管理方面的长处和亮点并加以鼓励,这也是审核组能力的体现。

（二）汇总分析不符合审核准则的审核发现

审核组应汇总分析不符合审核准则的审核发现,明确受审核方的哪些过程和活动、哪些职能和场所是需要改进的重点,作为提出受审核方质量管理体系的薄弱环节和改进需求的依据。

通常情况下,审核组会对不符合项进行统计,包括:不符合项的数量和严重程度的统计,并绘制成不符合项分布表。从不符合项分布表上可非常明确地看出不符合项在各过程和各部门的分布情况。审核组可以根据不符合项的严重程度和实际分布情况,分析这些不符合项对受审核方的相关过程、部门体系运行的状况和有效性的影响;明确需要重点改进的过程、部门;分析质量管理体系的整体符合性和有效性。

不符合项分布表的示例见表6-3。

表 6-3　不符合项分布表（示例）

过程	领导层	供销部	综合部	生产部	技术部	质检部	钣金车间	机加车间	装配车间	合计
7.1.5						△1				1
7.5			△2							2
8.1				△1	△1					2
8.2		△1								1
8.3					△1					1
8.4		△1								1
8.5				▲1			△1	△1	△1	4
8.6				△1		△1				2
8.7										
9			△1							1
合计		2	3	3	2	2	1	1	1	15

备注：▲表示严重不符合；△表示一般不符合

从表 6-3 可知，共发现 15 项不符合，其中 14 项是一般不符合，1 项是严重不符合。从分布的部门来看，综合部和生产技术部最多，各有 3 项不符合项，而生产部还有 1 项严重不符合；从分布的过程来看，在体系策划的相关条款，如第 6 章，未开不符合，说明体系策划基本到位，但在 8.1 中有两项不符合，说明对具体的产品和服务的运行策划和控制还需要加强；"文件控制过程""设计和开发过程"和"生产和服务提供控制过程"均有不符合项，其中在"生产和服务提供控制过程"中共有 4 项不符合，其中包括 1 项严重不符合项。从这些不符合项及其分布情况来看，文件控制是质量管理体系有效运行的基础，而设计过程和生产、服务提供过程会直接影响产品质量的符合性，是关系到质量管理体系有效运行的重要过程，这些过程出现不符合项（尤其是严重不符合项），对整个质量管理体系的有效运行影响较大。从本次审核情况来看，组织的质量管理体系处于初步建立过程中，体系的贯彻落实还远远不够，体系的运行还不成熟，还需要改进。

二、形成审核结论

审核结论是在对受审核方的管理体系综合评价的基础上得出的，通常需要评价以下方面。

1. 质量管理体系符合性和有效性评价

审核组根据所有审核发现的汇总分析，对受审核方质量管理体系的符合性和有效性作出评价。评价通常可以从以下几方面进行。

（1）合规性。主要评价受审核方符合合规义务要求的情况、主要岗位人员对合规义务及相关知识的理解情况。

（2）管理体系的策划及运行情况，包括：

——最高管理者是否发挥了应有的作用。

评价最高管理者在确保质量方针和质量目标与组织环境相适应，与战略方向相一致；确保质量管理体系要求融入组织的业务过程；促进组织使用过程方法和基于风险的思维；确保提供质量管理体系运行所需的资源；沟通有效的质量管理和符合质量管理体系要求的重要性，确保质量管理体系实现其预期结果；促使人员积极参与，指导和支持他们为质量管理体系的有效性作出贡献；推动改进，支持其他相关管理者在其职责范围内发挥领导作用等方面是否发挥了领导作用。

——管理者和员工的质量意识。

主要评价高层管理者和广大员工是否认识到建立、实施、保持和改进质量管理体系的重要性,是否具有以顾客为关注焦点、领导作用和全员参与的意识,包括员工对质量方针的认识和了解,方针是否能起到引领作用;员工是否明确自己的努力方向和工作目标,是否积极参与组织质量管理体系的策划、实施、保持和改进活动,对贯彻 ISO 9001 标准采取的态度是持之以恒,还是形式主义、表面文章等。

——质量方针和质量目标的适宜性和实现情况。

评价受审核方的质量方针和质量目标是否适宜组织的内外环境和相关方的需求和期望,是否与组织的战略相一致;方针是否能体现组织的管理、产品和服务的特点及顾客的期望;方针的承诺是否能在实际管理工作中得到贯彻落实;质量目标的实现程度、质量管理体系的实施和改进是否具备实现质量方针和质量目标的能力等。

——管理体系的策划及策划要素的实施情况。

包括管理体系的成文信息的建立,内外部因素的确定、监视和评审,利益相关方的需求和期望的确定、监视和评审,方针、目标及实现目标的措施和对其的监视测量方法及落实,过程及其相互作用识别和策划,需要应对的风险和机遇的确定及其措施的策划,职责和权限,变更策划等。

——主要过程和关键活动达到预期结果的情况。

组织与"产品和服务提供"的相关过程,特别是关键过程,包括确定和评审产品和服务的要求、产品和服务的设计和开发、外部提供过程、产品和服务的控制、生产和服务提供控制、产品和服务的放行、不合格输出等控制的有效性、是否达到预期的结果。

——各类资源配置的适宜性和充分性。

包括组织人员、基础设施、过程运行环境、监视与测量资源及组织的知识等资源配备情况;从事影响管理体系绩效和有效性的工作的人员的能力和意识情况;在实现组织质量方针、目标,提供合格的产品和服务方面是否有明显的资源制约因素。

——内外部沟通情况。

组织是否及时接受和处理顾客和其他相关方的申投诉,有无受到政府的处罚和新闻媒体的曝光等。

——产品和服务质量符合要求的程度和稳定性,内、外部失效的情况。

主要评价产品和服务的主要质量指标是否满足与其相关的标准、规范的要求,合格率水平及其发展变化趋势;产品和服务实现过程中的内部失效的情况(如不合格品率高低及其分布、处置不合格品的付出等)、外部失效的情况(如顾客申投诉、索赔及产品的退、换、修等);国家、行业或地方对产品质量监督检查结果及组织信誉情况等。

——顾客满意程度。

主要依据顾客对受审核方提供的产品和服务质量的反馈信息、组织的履约能力、顾客申投诉与索赔、老顾客的稳定、业务的流失、市场占有份额、质量方面所获得的荣誉等综合评价顾客对组织的产品和服务的满意程度。

2. 持续改进机制是否建立和有效

主要通过日常工作中的不符合纠正、内部审核、管理评审、纠正措施以及运用数据分析决策改进等活动的实施情况及效果,评价受审核方是否建立了自我发现问题、改进质量管理体系有效性的机制,是否能促进质量管理体系自我完善和持续改进。

3.审核结论

审核组在对上述的各项信息综合分析、评价的基础上,结合审核目标,得出审核结论。

对于内部审核,审核结论主要针对质量管理体系的符合性和有效性方面得出。对于第三方审核,一般有确定的审核结论的划分方法和判定标准。审核员在审核过程中,应按委托其实施审核的认证机构的规定执行,审核结论通常为"推荐通过认证""有条件推荐通过认证""不推荐通过认证"三种之一。

值得注意的是有些组织内审后,对体系的符合性和有效性不做评价,特别是没有找出体系的薄弱环节,只是摆出了一些或很少的不符合项,从而达不到内审的改进目的。

第八节 末 次 会 议

末次会议是现场审核的总结、结论性会议,通常在审核组完成了现场审核活动、获得了审核发现并得出了审核结论之后进行。

为确保末次会议的顺利有效召开,末次会议前的准备工作应充分,如:审核组的不符合报告已开具完毕,已对受审核方的质量管理体系进行了全面、准确、公正、客观的分析评价并达成共识;已与受审核方进行良好的沟通,澄清疑问并解决了所有分歧等。

末次会议由审核组长主持,参加会议的人员应包括审核组的全体成员和受审核方的首次会议的参加人员,需要时还可包括审核委托方的代表。

末次会议通常在受审核方所在地召开,时间一般不超过 1 小时。通常,与会人员需签到,审核组应做好并保持会议记录(包括人员签到记录)。

末次会议是正式的会议,应保持正规、严谨和谐和融洽的气氛。

末次会议通常可以包括以下几个方面的内容。

(1)感谢受审核方的配合和支持。

审核组长宣布末次会议开始后,应首先代表审核组感谢受审核方的配合和支持,使审核工作顺利完成。

(2)重申审核的目的、准则和范围。

重申审核的目的、准则和范围。末次会议通过重申这些信息向受审核方及其他与会人员表明,审核组的审核过程始终是遵循审核的目标、准则和约定的审核范围实施的。如果在现场审核时,由于种种原因导致审核的目标和范围发生了改变,审核组长应说明改变的原因,申明改变之后的审核目标和范围,并得到受审核方的确认。

(3)提出审核发现。

审核组长总体说明审核的大概情况,宣布审核发现,主要包括符合和不符合两方面。

在符合性方面,对在审核中发现的受审核方在质量管理方面的优势、长处和有独到的特点方面,在贯标认证工作中所做的大量工作,审核组应简明扼要地给予其正面的评价和鼓励,以增强他们进一步做好工作的信心。

在不符合方面,审核组应在会上宣读不符合报告,指出其体系中的薄弱环节和主要问题。

不符合报告可由审核组长指派审核组成员宣读,审核组成员可以对相关内容作出必要的解释和说明。对受审核方不理解或有疑问的内容进行解释和澄清,以使受审核方理解和认同。如果受审核方对审核发现有不同的意见,双方应进行讨论和澄清,尽量解决分歧达成共识;如果未能解决,审核组应记录所有的意见。

（4）宣布审核结论。

审核组长宣布本次审核的结论。审核组长可就审核结论作出适当解释，如果受审核方对审核结论有不同的意见，双方应进行讨论和澄清，尽量解决分歧达成共识；如果未能解决，审核组应记录所有的意见。如果受审核方的人员不接受审核组的不合格项，有不同意见。审核组应积极说服，只要是事实，就应坚持；对不能认可的不符合项，又不同意采取纠正措施的，应提请审核委托方仲裁。审核组要把握内部审核的末次会议的严肃性。

（5）说明可能降低审核结论可信程度的情况。

由于审核是抽样核对的过程，且在审核中可能会出现一些异常或特殊情况，这些都有可能降低审核结论的可信程度。必要时，审核组长应对这些情况作出说明。例如：说明审核是一种抽样检查的活动，存在一定的局限性和风险，在审核中发现不符合项的部门、过程未必是出现问题的唯一部门、过程，没有发现不符合项的部门、过程未必不存在问题，而审核组只是依据获取的样本提出的审核发现、得出的审核结论。审核组长还应说明，尽管抽样存在一定的风险和局限，但审核组在审核过程中抽取了足够的样本，尽量做到抽样的代表性和合理性，从而保证审核发现和审核结论的公正、客观和准确。

（6）适当时，提出纠正措施的要求。

当审核组提出了不符合项时，审核组应提出纠正措施要求。双方可就纠正措施的时间安排（包括提交纠正措施计划时间和完成纠正措施的时限）、纠正措施有效性验证的方式等进行讨论并达成一致。

（7）适用时，其他需要说明的内容，例如：针对受审核方质量管理体系中存在的潜在问题，指出受审核方的改进方向、重申保密承诺等。

（8）请受审核方领导做简短致辞。

（9）再次感谢受审核方的合作，宣布本次会议结束。

第九节　审　核　报　告

审核报告是对本次审核工作的总结文件。审核组长应对审核报告的编制和内容负责。审核报告的格式没有统一的规定和要求，报告的内容应当提供完整、准确、简明和清晰的审核信息。审核报告应报告审核中发现的受审核组织的主要优势、长处和值得发扬的方面，同时也应指出其体系的薄弱环节和需要改进的方面，为体系的进一步建设指明方向。如果是服务机构对受审核方进行的审核，一份优质的审核报告是服务价值的体现。

一、审核报告的内容

审核报告包括或引用以下方面的内容。

（一）审核目标

报告中应写明此次审核的目标，如果因为现场审核中发生的异常或特殊情况发生了改变，应在审核报告中明确改变后的审核目标，并说明改变的理由。

（二）审核范围

报告中应写明经审核组现场审核确认后的审核范围，明确受审核方的组织主要过程等信息。如果因为现场审核中发生的异常或特殊情况而导致审核范围改变，应在审核报告中写出改变后的审核范围,并说明改变的理由。

(三)审核准则

报告中应写明此次审核所依据的审核准则。

(四)审核组成员

报告中应写明此次审核的审核组成员。

(五)现场审核活动实施的日期和地点

报告中应写明现场审核活动的起止日期(通常是首次会议至末次会议的起止日期),包括受审核方及其所在地址。

(六)审核过程综述

可包括:

(1)文件评审和现场审核的概括性描述,如文件评审的主要内容及其结果;本次审核所涉及的主要部门、过程、人员;现场审核所涉及的信息源、收集信息和证据的方法、审核的抽样量等。

(2)不符合项及分布统计,如不符合项的总数、严重不符合项的数量、一般不符合项的数量以及不符合项的分布情况(不符合报告和不符合项的分布表可以直接作为引用文件)。

(3)审核中可能降低审核结论可信度的不确定因素及其他有关的情况,如抽样的局限性、审核中收集的信息和证据可能存在的不真实或不充分的情况等。

(七)审核发现

报告应依据审核准则,以归纳总结的形式描述审核组获得的正面和负面的审核发现,包括审核组确定的不符合项。有关的检查表、审核记录和不符合报告可以直接作为该部分内容的引用文件。

(八)对受审核的质量管理体系的总体评价意见

评价意见包括两方面:组织质量管理工作的特点,需要坚持、发扬的方面和薄弱的、需要改进的方面等。

(九)审核结论

审核报告依据审核组汇总分析和评价的结果,得出明确的审核结论。

(十)对不符合的纠正措施要求

报告可以明确对后续的纠正措施等提出要求,如提交纠正和预防措施计划的时间、完成纠正和预防措施的限定时间、验证纠正措施的方式等。

(十一)适当时,其他有关内容

审核报告除了包括以上内容之外,适当时,还可以根据需要包括或引用以下内容:审核组与受审核方之间没有解决的分歧意见,对受审核方质量管理体系中潜在的问题提出改进的方向。

二、审核报告的示例

审核报告没有固定格式要求。审核报告的示例。

三、审核报告的批准和分发

审核组长按规定按时向审核委托方提交审核报告,经批准后,下发各部门。

第十节　纠正措施的制定、实施和验证

一、纠正措施的制定与实施

关于不符合的原因分析和纠正措施,应注意以下几点:

(1) 产生不符合的责任单位或部门负责对发生的不符合分析原因,针对原因制定纠正措施计划,予以实施和记录,并报告审核组进行有效性验证。

(2) 认真调查分析,找准不符合产生的根本原因,是针对原因制定正确的纠正措施的前提。原因分析不能就事论事,而应举一反三。没有找准原因,或没有针对根本的原因制定措施,那么,纠正措施的效果是难以达到的。

(3) 针对根本原因采取措施以消除问题发生的原因。纠正措施的效果的最终体现是相同或类似的问题,不应在一个部门重复出现,也不会在其他部门或场所重复发生。实际审核工作中经常出现,受审核方的原因分析只是换一种方式将不符合事实再重述一遍,这是不对的,不利于采取有效的纠正措施。

如:某企业内审员在某机加工车间审核时,发现数台加工设备的皮带轮均未有防护罩而开出不符合。

不到位的原因分析:由于车间工作忙,未及时将皮带轮防护罩装上。这实际上是对发现的不符合换一种方式重述了一遍。

正确的原因分析思路是:公司或车间有没有设备管理或维护保养的规定? 如有规定,车间或相关人员是否知晓、理解? 如知晓、理解,为什么没有按照规定执行? 公司的监督检查机制是否有效? 监督检查为什么没有发现或提出等? 逐层分析根本的原因是什么。工作忙的理由不能成立,工作忙就可以不执行公司的规章?

(4) 不符合的责任部门制订的纠正措施计划,应按组织的管理程序,经批准后按照计划认真实施。纠正措施实施完成后,责任单位经过初步评估,达到效果要求后,将相关资料和措施落实情况报告审核组。

(5) 不能潦草行事,这是内审有效性的关键。花费巨大精力建立体系并组织进行审核,发现问题正是改进的机会,因此必须认真对待,对每一个不符合项应当立项跟踪予以落实。

二、纠正措施的验证

接到不符合责任单位的报告后,审核组通过文件审核、现场检查、效果评估等方式对纠正措施效果进行验证。纠正措施验证完毕,则本次审核工作全部结束。

(1) 是否找到了不合格的根本的原因;

(2) 纠正措施是否针对原因制定;

(3) 纠正、纠正措施是否得到有效实施;

(4) 实施是否达到效果。

三、审核组的后续工作

纠正措施效果验证完成后,本次内审所有工作基本结束,后续的主要工作是向审核委托方汇报,特别是重大问题;收集并提交本次内审的所有文件和记录,包括审核实施计划表,审核检查表,会议签到表,审核记录表,审核报告,不符合项报告及其分析、整改的相关证据资料,内审报告等所有与本次内审相关的资料,交档案管理部门归档保存。

第十一节   内部审核员

一、内外审比较

包括 ISO 9001 在内的国际管理体系标准设置内审要求,并通过认证将内外审结合,是非常科学的。内审与外审相比较,有以下的优势和不足。

(1) 内审不受时间、次数、人日数量限制

如果组织非常重视体系建设,发挥体系在管理中的作用,利用好体系标准工具的作用,那就一定要重视内审的作用。可以在一年内安排多次内审;也可以针对某些重点事项如项目、过程进行专项审核,发挥内审的系统性检查的独特作用。而外审是在规定的时间、人日条件下的审核,相对受限。

(2) 内审人员对自己组织的运作情况最为熟悉

组织运作、管理过程中发生的任何问题,都有其前因后果和背景条件,只有深入地了解这些情况,才能知道问题的根本。这在外审是不容易做到的,也许外部审核时,审核员看到的一些问题,只是一些表层的现象,内在的东西不是一两天能了解清楚的。

(3) 内审员的专业优势

不懂技术,不知道质量的关键影响因素、关键控制点和关键控制参数(关键控制参数也会随条件的变化而变化),是管不好质量的。外部审核员在这方面是有劣势的,特别是像一些新型的行业、创新的产品方面,比如歼 20 飞机、登月工程、我国的航空母舰,外部机构是很难知道其关键技术的。在这方面,内审员无疑有得天独厚的优势。到目前为止,还不能要求每一个外审员都是所审核的每一个组织的专家能手。当然,外审员的优势是审核过的行业比较多,所谓见多识广,但深度受到限制。当然,我国认证人员注册机构,如中国认证认可协会等,也在不断地采取措施提高外审员各方面的能力。

(4) 内审员的提高

目前情况看,有少数行业和组织,内审员的水平也是比较高的,甚至还培养了很多的有水平的外审员,比如中国石化等。但是,大多数的组织,内审员对管理体系标准知识,包括标准的基本概念、理念、要求等不熟悉,对审核的方式方法、合格评定的功能法不甚了解,或者根本不了解。一些组织的内审工作最多只是依瓢画葫芦,甚至葫芦也不画。在这方面,大多数外审员与内审员相比有优势,他们对标准的概念、理念、要求理解得比较到位,有较深入的认识。

基于上述的分析,如果认证组织要充分发挥内审的作用,实现持续改进,通过培养一批既懂管理体系标准,又懂组织的特有技术;既懂管理,又懂组织实际运作的复合型人才,是重要途径之一。

内审员审核技巧的提高也是一个循序渐进、熟能生巧的过程。组织可以通过经常性扎实、

认真的内审工作,切实评价管理体系、应对风险和机遇的措施的符合性、有效性,找出管理中的薄弱环节。这样,既提高了管理,又锻炼了内审员的能力,能促进组织获得长期健康发展。

所以,内外审结合,充分发挥审核机制的作用,对组织质量管理的作用将是不可小视的。

二、内审员的基本条件

一个单位的审核员通常表现为内审组长、内审员。审核是一个跨部门的工作,对各单位的工作影响较大,对业务流程和管理制度都将产生重大的影响,因此组织应当慎重选择内审员。内审员通常应当具备下列条件,组织可以适当调整:

(1) 具有中专以上学历和初级以上技术职称;

(2) 从事三年以上相关管理工作,关键是懂得所在组织的运作和关键技术;

(3) 具有一定的组织管理和综合评价能力;

(4) 接受具有培训资格的机构的内审员培训,取得合格证书或能够胜任工作;

(5) 在实际工作中联系工作实际不断学习、领会、应用标准的要求并不断提高;

(6) 遵纪守法,坚持原则,实事求是,作风正派;

(7) 熟悉组织适用的标准、法规;

(8) 具备一定的审核技能和经验。

三、内审员工作的问题

实际工作中内审员的问题主要有:

(1) 认识方面的问题。部分内审员认为内审就是自己查自己,或者自己在组织的地位不高,不好查别人的工作;或者担心查出问题太多会得罪其他部门或领导,工作不能放手干,以至于内审走了形式和过场,不能挖掘深层次和系统性问题,使内审质量受到影响。

(2) 内审员不熟悉本单位管理和业务工作,很难客观地指出问题。一些组织安排平时工作任务较轻或者刚到单位,其他工作还没有上手的人来担当内审员工作。这些人员对标准和组织的体系文件的要求不能正确理解,审核中希望尽快结束以交差了事,审核技巧差,审核的结果不能被很好地分析等。

(3) 由于内审员大都是兼职的,加之日常工作繁忙,组织未建立激励机制,部分内审员对标准和体系文件的学习缺乏主动性,造成对内审工作的依据、程序和方式不了解,开展现场审核时不知如何切入,显得很被动,甚至难以开展审核工作。

(4) 对不符合整改跟踪验证不到位等。

四、对策和措施

(1) 领导重视是关键。领导重视不能停留在口头上,也不是一般的号召,需要采取切实措施,提供良好的内部审核环境和条件,如领导亲自参加审核,或者对审核过程及其结果直接过问,使审核员和受审核方认识到组织对审核工作的真实态度;同时授予审核组充分的职责和权限,要求审核人员提高工作责任心和责任感,解除思想顾虑,鼓励审核员的发展。

(2) 内审员是内审的主体,内审的质量取决于内审员的水平和工作质量。内审员应是经培训合格、熟悉本单位管理体系的运作,精通业务,善于观察,具有很强的判断和分析能力的人员。有条件的组织可以鼓励内审员向外审员发展,多参与一些外审工作,提高审核技能和技巧。

(3) 建立内审员沟通交流机制。内审员之间应当经常交流。组织应当建立一种内部交流制度,鼓励内审员之间互相交流、学习和提高。新内审员向有经验的老内审员学习,老内审员帮助新内审员提高,做好传、帮、带工作。学习交流的内容包括:标准的理解,提问、沟通的技巧,选取、确定的方法,检查表的编写和使用,不符合项报告的编写方法等,以不断提高审核员队伍的整体水平。

(4)建立竞争机制。组织需要建立内审员的竞争机制,这通常需要对审核员的能力进行分级,通常可以分成高级审核员、审核员、见习审核员;制定确定审核员升级的方法和准则;根据审核员的工作评价审核员的能力;根据评价结果与工作绩效考核,职务晋升挂钩,建立激励机制。

即测即练

【复习与练习】

一、判断题

1. 某机械制造公司委托某第三方机构对下属五家工厂进行第三方质量管理体系认证审核,审核目的应由审核委托方确定。 ( )

2. 组织应确保外包过程控制在质量管理体系范围内,确定外部供方的评价、选择、绩效监视以及再评价的准则,并加以实施。 ( )

3. 根据 ISO 19011 标准,关于审核的沟通,当审核证据显示有紧急的和重大的质量风险时,应当及时向审核委托方报告,同时报告受审核方。 ( )

4. 对审核后续活动,如需采取纠正、预防或改进措施,此类措施通常由受审核方确定并在商定的期限内实施,并视为审核的一部分。 ( )

5. 审核组与受审核方讨论不符合的目的是不符合得到理解。 ( )

6. 审核实施阶段的文件评审是为了确定文件实施的有效性。 ( )

7. GB/T 19011 标准提供关于审核方案管理和管理体系审核的策划和实施以及审核员和审核组能力的评价指南,这里所提及的能力是指应用知识和技能获得预期结果的本领。

( )

8. 审核员审核受审核方的监视和测量设备校准情况时,抽样的样本应来源于用于验证产品符合确定要求的所有测量设备。 ( )

9. 审核组应当与受审核方一起评审不符合,以为末次会议顺利召开做准备。 ( )

10. 质量管理体系审核中一般采用抽取产品送认可的实验室检测的方法收集证据。

( )

二、填空题

1. 应当对纠正措施的完成情况及有效性进行验证,验证方式取决于( )。

2. ( )对产品质量特性无直接影响。

3. 按( )来划分部门是目前最普遍采用的一种划分方法。

4. 内审现场审核的首、末次会议必须由( )主持。

5. 检查表是审核员( )的结果。

6. 审核准则、审核证据、审核发现三者之间的关系是审核证据对照( )形成审核发现。

7. 根据 GB/T 19011—2013 标准,受审核方在审核中因以下理由提出申请更换审核组成员,其中哪一项不是合理理由? ( )

8. 审核方案和审核计划都是( )的结果。

9. 审核员现场审核过程中观察到机加工操作人员加工零件的方法和相应的作业指导书

的规定是一致的,这属于质量管理体系审核的( )。

10. 当受审核方对审核计划提出异议时,正确的做法是( )。

三、单项选择题

1. 关于审核的完成,以下说法正确的是( )。
    A. 现场审核末次会议的结束,审核即告结束
    B. 分发了经批准的审核报告,审核即告结束
    C. 受审核方不符合项整改通过审核组验证,审核即告结束
    D. 当所有策划的审核活动已经执行或出现与审核委托方约定的情形,审核即告结束

2. 受审核方指派的向导应当协助审核组并且根据( )的要求行动。
    A. 受审核方　　　　B. 审核委托方　　　C. 审核组长　　　　D. 认证机构

3. 关于信息的收集和验证,以下说法错误的是( )。
    A. 应通过适当的抽样收集并验证与审核目标、范围和准则有关的信息
    B. 与职能、活动和过程间接有关的信息
    C. 导致审核发现的审核证据既可以做记录,也可以不做记录
    D. 只有可证实的信息方可作为审核证据

4. 在现场审核活动开始前,以下说法正确的是( )。
    A. 审核计划无须取得审核委托方同意便可提交给受审核方
    B. 受审核方对审核计划的任何异议应当现场审核前予以解决
    C. 任何经修改的审核计划在继续审核前不必征得各方的同意
    D. 审核计划在审核启动后不能再修改

四、多项选择题

1. 关于审核证据的获取,说法正确的是( )。
    A. 导致审核发现的审核证据应予以记录
    B. 只有验证的信息方可作为审核证据
    C. 信息获取的方法应包括面谈、观察、文件评审
    D. 对过程之间的接口有关信息不必收集

2. 审核员应怎么使用检查表?( )
    A. 将检查表提前交给受审核方,以便他们做好准备
    B. 将检查表作为审核的工具
    C. 严格按检查表中所列的问题逐个提问,然后进行核查
    D. 检查表的使用不能限制现场审核活动的内容

3. 内部审核中,以下哪些情况可以被划分为严重不符合?( )。
    A. 产品质量不满足产品标准的要求
    B. 未能满足质量管理体系的一项或多项要求
    C. 使人对质量管理体系实现其预期结果的能力产生重大怀疑的情况
    D. 某一生产工艺未按要求进行控制

4. 以下属于与审核有关的原则的是( )。
    A. 基于证据的方法　　B. 公正表达　　　　C. 独立性　　　　D. 职业道德

5. 依据 GB/T 19011 标准,审核抽样的方法可以采用( )。
    A. 条件抽样　　　　B. 序贯抽样　　　　C. 统计抽样　　　　D. 连续抽样

下 篇

中国强制性产品认证(CCC)
与服务认证

本篇主要从实际应用角度介绍中国强制性产品认证 CCC 和服务
认证的概念、知识、规则和程序等知识。

第七章

中国强制性产品认证(CCC)

中国强制性产品认证(China Compulsory Certification),简称 CCC 认证,或 3C 认证,它是政府主管部门为保护广大消费者人身安全和健康、保护环境、保护国家安全,而对相关产品强制性实施的评价其是否符合国家规定的技术要求(标准和(或)技术规范)的产品认证制度。

其主要特点是:国家公布统一的目录,确定统一适用的国家标准、技术规则和实施程序,制定统一的标志标识,规定统一的收费标准。凡列入强制性产品认证目录的产品,必须经国家指定的认证机构认证合格,取得相关证书并加施认证标志后,方能出厂、进口、销售和在经营服务场所使用。

强制性产品认证制度在推进国家各种技术法规和标准的贯彻,规范市场经济秩序,打击假冒伪劣行为,促进产品的质量管理和保护消费者权益等方面,具有其他工作不可替代的作用和优势。认证制度具有科学性和公正性,被国际上广泛采用;特别是作为市场准入的手段,成为国际通行的做法。

第一节 中国强制性产品认证(CCC)的产生和发展

为全面适应我国市场经济发展和加入 WTO 的需要,发挥我国认证认可制度的总体效应,2001 年 3 月 20 日国务院决定将原国家质量技术监督局和原国家出入境检验检疫局合并组建国家质量监督检验检疫总局国家认证认可监督管理委员会和国家标准化管理委员会。同年,新成立的国家质检总局 2001 年 12 月 3 日公布了《强制性产品认证管理规定》,规定由国家认监委指定认证机构负责强制性产品认证工作的具体实施,生产者、销售者和进口商以及经营服务场所的使用者对生产、销售、进口、使用的产品负责;国家认监委指定的标志发放管理机构负责发放强制性认证标志并审批使用方案。

2002 年 5 月 1 日,中华人民共和国强制性产品认证制度开始正式实施。新的国家强制性产品认证标志为"CCC"(如图 7-1 所示)。国家质检总局和国家认监委公布了第一批实施强制性产品认证的认证产品目录,包括家用电器、汽车、摩托车、安全玻璃、医疗器械、照明设备、电线电缆等 19 大类 132 种产品。为保证新的强制性

图 7-1 我国强制产品
认证标志

产品认证制度的顺利实施,国家认监委先后指定了 9 家认证机构和 76 家检测机构承担第一批强制性产品的认证和检测工作。从 2003 年 5 月 1 日起,原有的"长城"标志和"CCIB"标志停止使用,所有列入强制性产品认证目录的产品,统一为新的"CCC"认证。实施强制性产品认证,标志着我国在按照国际通行规则建立新的认证认可管理体制方面迈出了重大步伐。

2009 年 7 月 3 日,国家质量监督检验检疫总局又发布了新修订的《强制性产品认证管理规定》,这是我国目前实施强制性产品制度的基础性文件。根据规定,我国强制性认证实行统

一的认证认可管理制度,即"四个统一":统一标准和技术法规、统一目录、统一收费、统一认证标志。

其后,实施强制性产品认证的认证产品目录经过了多次调整,国家认监委 2007 年第 9 号公告《强制性认证产品目录描述与界定表》将认证产品范围扩展为 22 大类 159 种,2012 年又扩大为 22 大类 157 种产品。目前执行的有效版本是国家认监委于 2014 年发布的《强制性产品认证目录描述与界定表》,共 20 大类 158 种产品。

目前,我国已经建立起较为规范的强制性认证运作体系,目前的 20 大类 158 种强制性产品也基本覆盖了有关人身健康、公共安全等重要领域的主要产品,且产品目录还在根据需要不断地更新调整,一个保障居民基本的人身安全,维护基本的公共安全的强制性产品布局已经初步完成,它在保障居民生命财产安全、维护公共安全等方面发挥了重要作用。

第二节　中国强制性产品认证(CCC)的法律框架

中国强制性产品认证的法律文件框架见图 7-2。

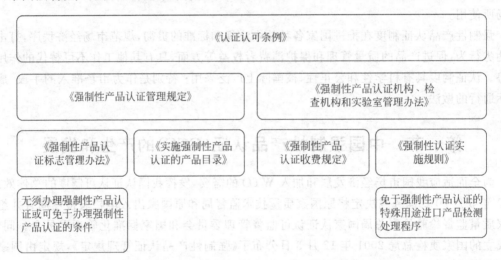

图 7-2　中国强制性产品认证的法律文件框架

一、中华人民共和国认证认可条例

(2003 年 8 月 20 日国务院第 18 次常务会议通过,2003 年 9 月 3 日中华人民共和国国务院令第 390 号公布施行根据 2016 年 2 月 6 日《国务院关于修改部分行政法规的决定》第一次修正)

《中华人民共和国认证认可条例》第十七条规定国家根据经济和社会发展的需要,推行产品、服务、管理体系认证。

第二十八条　为了保护国家安全、防止欺诈行为、保护人体健康或者安全、保护动植物生命或者健康、保护环境,国家规定相关产品必须经过认证的,应当经过认证并标注认证标志后,方可出厂、销售、进口或者在其他经营活动中使用。

第二十九条　国家对必须经过认证的产品,统一产品目录,统一技术规范的强制性要求、标准和合格评定程序,统一标志,统一收费标准。

统一的产品目录（以下简称目录）由国务院认证认可监督管理部门会同国务院有关部门制定、调整，由国务院认证认可监督管理部门发布，并会同有关方面共同实施。

第三十条　列入目录的产品，必须经国务院认证认可监督管理部门指定的认证机构进行认证。

列入目录产品的认证标志，由国务院认证认可监督管理部门统一规定。

第三十一条　列入目录的产品，涉及进出口商品检验目录的，应当在进出口商品检验时简化检验手续。

第三十二条　国务院认证认可监督管理部门指定的从事列入目录产品认证活动的认证机构以及与认证有关的检查机构、实验室（以下简称指定的认证机构、检查机构、实验室），应当是长期从事相关业务、无不良记录，且已经依照本条例的规定取得认可、具备从事相关认证活动能力的机构。国务院认证认可监督管理部门指定从事列入目录产品认证活动的认证机构，应当确保在每一列入目录产品领域至少指定两家符合本条例规定条件的机构。

国务院认证认可监督管理部门指定前款规定的认证机构、检查机构、实验室，应当事先公布有关信息，并组织在相关领域公认的专家组成专家评审委员会，对符合前款规定要求的认证机构、检查机构、实验室进行评审；经评审并征求国务院有关部门意见后，按照资源合理利用、公平竞争和便利、有效的原则，在公布的时间内作出决定。

第三十三条　国务院认证认可监督管理部门应当公布指定的认证机构、检查机构、实验室名录及指定的业务范围。

未经指定，任何机构不得从事列入目录产品的认证以及与认证有关的检查、检测活动。

第三十四条　列入目录产品的生产者或者销售者、进口商，均可自行委托指定的认证机构进行认证。

第三十五条　指定的认证机构、检查机构、实验室应当在指定业务范围内，为委托人提供方便、及时的认证、检查、检测服务，不得拖延，不得歧视、刁难委托人，不得牟取不当利益。

指定的认证机构不得向其他机构转让指定的认证业务。

第三十六条　指定的认证机构、检查机构、实验室开展国际互认活动，应当在国务院认证认可监督管理部门或者经授权的国务院有关部门对外签署的国际互认协议框架内进行。

二、强制性产品认证管理规定

现行的《强制性产品认证管理规定》于 2009 年 5 月 26 日由国家质量监督检验检疫总局局务会议审议通过，自 2009 年 9 月 1 日起施行。

《强制性产品认证管理规定》是根据《中华人民共和国认证认可条例》（以下简称认证认可条例）等法律、行政法规以及国家有关规定制定的，是我国实施强制性产品认证制度的基础文件。

《强制性产品认证管理规定》共六章，分别为：总则、认证实施、认证证书和认证标志、监督管理、罚则、附则，共计 62 条。主要内容包括：

（1）国家强制性产品认证制度的产品范围是涉及人体健康、动植物生命安全、环境保护、公共安全、国家安全的产品；凡列入《强制性认证产品目录》的产品，无论国内生产还是国外进口，在国内销售的产品均需获得 CCC 认证才能出厂、销售、进口或在经营性活动中使用，除特殊用途的产品外（符合免于 CCC 认证的产品）。未列入《强制性认证产品目录》中的产品，则不需要强制认证。国家质检总局、国家认监委会同国务院有关部门制定和调整《强制性认证产品目录》,由国家质检总局、国家认监委联合发布,并会同有关方面共同实施。目录已经过几次调整,目前列入目录中的共 20 大类 158 种产品。凡列入《强制性认证产品目录》产品的生产者或者销售者、进口商(以下统称认证委托人)应当委托经国家认监委指定的认证机构(以下简称认证机构)对其生产、销售或者进口的产品进行认证。委托其他企业生产列入目录产品的,委托企业或者被委托企业均可以向认证机构进行认证委托。

(2) 强制性产品认证制度以"四个统一"为基本原则;统一产品目录(以下简称目录),统一技术规范的强制性要求、标准和合格评定程序,统一认证标志,统一收费标准。

(3) 强制性产品认证的技术依据:国家强制性标准或国家技术规范中的强制性要求。

(4) 强制性产品认证制度基本框架包括三部分:一是认证制度的建立,二是认证的实施,三是对认证实施有效性的行政执法监督。强制性产品认证制度的建立由中央政府负责。国家认监委负责按照法律法规和国务院的授权,协调有关部门按照"四个统一"的原则建立国家强制性产品认证制度。指定的认证机构在授权范围内承担具体产品的认证任务,向获证产品颁发 CCC 认证证书;地方质量技术监督局和各地出入境检验检疫局负责对列入《目录》内的产品施行监督工作,未获得认证的列入《目录》的产品不得进入本行政区域内。对于特殊产品,如消防产品,国务院有关行政主管部门按照授权职能,承担相应的监管责任。

(5) 强制性产品认证的实施体系是:国家认监委统一建立并组织实施;指定的认证机构和为其服务的检测、检查机构负责认证的受理、检测、检查和证书的颁发以及获证产品的监督;地方质检机构负责对列入目录的产品及生产者、进口商和销售商进行监督检查;指定的机构负责认证标志的发放;列入目录的产品的具体认证规则程序要求,认证证书以及认证证书的暂停、注销和撤销要求;目录内产品的生产者、销售商、进口商在强制性产品认证制度实施中的权利和义务;违反本规定的行政处罚要求等。

强制性产品认证基本规范由国家质检总局、国家认监委制定、发布,具体各类产品的强制性产品认证规则由国家认监委制定、发布。组织需要时可到国家认监委网站查询。

(6) 强制性产品认证模式。强制性产品认证模式适用以下单一认证模式或者多项认证模式的组合。具体模式包括:

① 设计鉴定;

② 型式试验;

③ 生产现场抽取样品检测或者检查;

④ 市场抽样检测或者检查;

⑤ 企业质量保证能力和产品一致性检查;

⑥ 获证后的跟踪检查。

产品认证模式应当依据产品的性能,对涉及公共安全、人体健康和环境等方面可能产生的危害程度,产品的生命周期,生产、进口产品的风险状况等综合因素,按照科学、便利等原则予以确定。

(7) 认证规则。强制性产品认证规则(以下简称认证规则)由国家认监委制定、发布。认证规则包括以下内容:

① 适用的产品范围;

② 适用的产品所对应的国家标准、行业标准和国家技术规范的强制性要求;

③ 认证模式;

④ 申请单元划分原则或者规定;

⑤ 抽样和送样要求；

⑥ 关键元器件或者原材料的确认要求(需要时)；

⑦ 检测标准的要求(需要时)；

⑧ 工厂检查的要求；

⑨ 获证后跟踪检查的要求；

⑩ 认证证书有效期的要求；

⑪ 获证产品标注认证标志的要求；

⑫ 其他规定。

三、强制性产品认证实施规则

依据《国家认监委关于明确强制性产品认证实施规则类文件调整方案及要求的通知》(2013 年 8 月 6 日),强制性产品认证实施规则类文件,分为强制性产品认证实施规则(以下简称实施规则)和强制性产品认证实施细则(以下简称实施细则)两个层级。指定认证机构开展强制性产品认证时,实施细则与实施规则一并使用。

1. 实施规则

实施规则规定强制性产品认证的基本要求、基本目标,由国家认监委制定、发布。按照要规范的对象,实施规则又分为通用实施规则和具体产品认证实施规则两种。

(1) 通用实施规则涉及所有产品实施强制性认证时需予规范并明确的通用性要求。目前,已经正式发布的通用实施规则包括 CNCA-00C-001《强制性产品认证证书注销、暂停、撤销实施规则》、CNCA-00C-002《强制性产品认证实施规则中涉及 ODM 模式的补充规定》、CNCA-00C-006《强制性产品认证实施规则工厂检查通用要求》等 7 个。

(2) 具体产品认证实施规则是对特定产品实施强制性认证时需予规范并明确的特殊要求。国家认监委结合强制性认证产品风险分析与定级结果,以产品固有安全风险特点及企业普遍采用的生产工艺为基础,以生产企业诚信自律、有效管理、稳定生产为前提,相关规则从原则上仅规定具体类别产品实施强制性认证的基本认证模式,以及认证依据、单元划分、认证各环节程序及要求、认证证书和认证标志、收费、认证责任等要求。对于那些需要指定认证机构在实施细则中予以细化的重点要素及内容,实施规则也将明确提出接口要求。

具体产品认证实施规则可在国家认监委网站查询,作为示例,可见拓展阅读 CNCA-C18-01：2014《强制性产品认证实施规则火灾报警产品》。

拓展阅读

2. 实施细则

具体产品的实施细则由指定认证机构编制并报我委备案后发布。实施细则是指定认证机构结合自身风险控制能力及认证管理实际水平,对具体产品实施强制性认证做出进一步细化的认证方案和要求。实施细则须根据实施规则编制。根据产品特点及认证管理需要,在特定产品的认证实施规则下,认证机构可细化产品分类制定相应的实施细则,即多份实施细则对应一份实施规则。

四、《强制性产品认证机构、检查机构和实验室管理办法》

2004 年 4 月 30 日国家质量监督检验检疫总局令第 65 号公布了《强制性产品认证机构、检查机构和实验室管理办法》,自 2004 年 8 月 1 日起施行。

管理办法规定强制性产品认证机构、检查机构和实验室应当符合条例及其他法律、行政法规规定的条件和能力,经国家认监委指定后,方可从事强制性产品认证活动和从事与强制性产品认证有关的检查、检测活动。办法同时还规定了对这些机构的指定条件和程序、行业规范要求等。

五、《强制性产品认证标志管理办法》

《强制性产品认证标志管理办法》由国家认监委于 2001 年 12 月 3 日发布,自 2002 年 5 月 1 日起施行。《强制性产品认证标志管理办法》适用于《中华人民共和国实施强制性产品认证的产品目录》中产品的认证标志的制定、发布、使用和管理;国家认证认可监督管理委员会统一制定、发布认证标志,对认证标志实施监督管理;列入《实施强制性产品认证的产品目录》的产品,必须获得国家认证认可监督管理委员会指定的认证机构(以下简称指定认证机构)颁发的认证证书,并在认证有效期内,符合认证要求,方可使用认证标志;列入《实施强制性产品认证的产品目录》的产品必须经认证合格、加施认证标志后,方可出厂、进口、销售和在经营活动中使用。办法同时对认证标志的式样,认证标志的使用,认证标志的制作、申请和发放,认证标志的监督管理等进行了规定。

六、强制性产品认证收费标准

目前执行的是 2009 年 4 月 21 日国家发展改革委发布的《关于重新制定强制性产品认证收费标准的通知》,自 2005 年 4 月 1 日起实施。见拓展阅读。

《通知》明确规定了强制性产品认证收费项目和收费标准。

收费项目包括申请费、产品检测费、工厂审查费、批准与注册费、监督复查费、年金、认证标志等。

拓展阅读
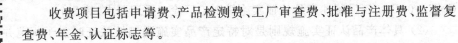

《通知》明确:按照国际惯例,审核人员往返交通费用由申请认证的企业负担,食宿费用由认证机构负担,不得向申请认证企业收取食宿费。在企业获得的质量管理体系认证证书有效期内,应免于对与强制性产品认证的质量保证能力相同部分的管理体系的审查,并免收相应的工厂审查费。

具体的收费标准可到国家认监委网站查询相关的信息。

七、无须办理强制性产品认证或可免于办理强制性产品认证的条件

国家认监委 2005 年第 3 号公告《无须办理强制性产品认证或可免于办理强制性产品认证的条件》

根据《强制性产品认证管理规定》,针对出厂销售、进口和经营性活动中的特殊情况,对于《实施强制性产品认证的产品目录》中的产品无须办理强制性产品认证或可免于办理强制性产品认证的条件如下。

(1) 无须办理强制性产品认证的包括以下情况:

① 外国驻华使馆、领事馆和国际组织驻华机构及其外交人员自用的物品;

② 香港、澳门特区政府驻内地官方机构及其工作人员自用的物品;

③ 入境人员随身携带入境的自用物品;

④ 政府间援助、赠送的物品。

符合以上条件的《实施强制性产品认证的产品目录》中的产品,无须申请强制性产品认证

证书,也不需加施中国强制性产品认证标志。

(2) 以下情况可免于办理强制性产品认证:

① 为科研、测试所需的产品;

② 为考核技术引进生产线所需的零部件;

③ 直接为最终用户维修目的所需的产品;

④ 工厂生产线/成套生产线配套所需的设备/部件(不包含办公用品);

⑤ 仅用于商业展示,但不销售的产品;

⑥ 暂时进口后需退运出关的产品(含展览品);

⑦ 以整机全数出口为目的而用一般贸易方式进口的零部件;

⑧ 以整机全数出口为目的而用进料或来料加工方式进口的零部件。

符合以上条件的《实施强制性产品认证的产品目录》中的产品,生产厂商、进口商、销售商或其代理人可向有关质检机构提出申请,并提交相关的申请书、证明符合免办条件的证明材料、责任担保书、产品符合性声明(包括型式试验报告)等资料,经批准获得《免于办理强制性产品认证证明》后,方可出厂销售、进口和在经营性活动中使用。

以上两种情况的相关生产厂商、进口商、销售商或其代理人有义务配合质检机构开展对无须和免于办理强制性产品认证事宜的监督、调查工作。

(3) 违规处罚。

对于《实施强制性产品认证的产品目录》中的产品,有下列情况之一的,依照《中华人民共和国认证认可条例》及配套法规进行处罚:

① 不符合本公告条件而借口无须办理强制性产品认证擅自出厂销售、进口和在经营性活动中使用的;

② 符合本公告条件但没有获得《免于办理强制性产品认证证明》擅自出厂销售、进口和在经营性活动中使用的;

③ 编造虚假材料骗取《免于办理强制性产品认证证明》的;

④ 获得《免于办理强制性产品认证证明》后不按原申请目的使用的。

八、《关于调整免予强制性产品认证检测处理程序的公告》

国家认监委 2008 年第 38 号公告发布《关于调整免予强制性产品认证检测处理程序的公告》,公告明确对未获得认证且不符合国家认监委 2005 年第 3 号公告免于办理强制性产品认证条件的进口强制性产品认证目录内产品,各地出入境检验检疫机构应劝其退运,未经检测处理程序的,不得进口;为保证贸易需求,并借鉴国际上的实施经验,对确因特殊用途或因特殊原因而未获得强制性产品认证的小批量用于生产和生活消费的进口产品可以按照《免于强制性产品认证的特殊用途进口产品检测处理程序》进行处理。并对免于强制性产品认证的特殊用途进口产品检测处理程序进行了规定。

九、《强制性产品认证标志管理办法》

《强制性产品认证标志管理办法》由国家认监委以 CNCA 2001 年第 1 号发布,自 2002 年 5 月 1 日起实施。办法主要规定了认证标志的式样,认证标志的使用,认证标志的制作、申请和发放,认证标志的监督管理等内容。

第三节 中国强制性产品认证(CCC)的程序

各类产品的认证程序和认证要求均按国家认监委发布的产品认证实施规则进行了规定。现以 CNCA-C18-01:2014《强制性产品认证实施规则火灾报警产品》(以下简称实施规则)为例进行说明。

一、认证的申请

(一)申请单元划分

申请组织应按实施规则附件《火灾报警产品强制性认证单元划分及认证依据标准》的规定划分产品单元,按单元申请认证。产品单元划分相同且安全结构设计和对产品安全性能有影响的元器件均相同、仅型号不同的产品可作为一个单元申请认证。

不同工厂的产品不能划在同一单元。

(二)申请文件

申请组织应按认证机构的规定提交申请资料。

认证申请是认证程序的起始环节。列入目录产品的生产者或者销售者、进口商(以下统称认证委托人)应当委托经国家认监委指定的认证机构(以下简称认证机构)对其生产、销售或者进口的产品进行认证。

委托其他企业生产列入目录产品的,委托企业或者被委托企业均可以向认证机构进行认证委托。

认证委托人应当按照具体产品认证规则的规定,向认证机构提供相关技术材料。

销售者、进口商作为认证委托人时,还应当向认证机构提供销售者与生产者或者进口商与生产者订立的相关合同副本。委托其他企业生产列入目录产品的,认证委托人还应当向认证机构提供委托企业与被委托企业订立的相关合同副本。合同中应就资料审查、样品检测、工厂审核、标志使用以及获证后的监督等事项作出安排。

二、型式试验

型式试验是认证程序的核心环节。型式试验由指定的实验室(以下简称实验室)按照认证实施规则和认证机构的要求具体实施。认证机构应当按照认证规则的要求,根据产品特点和实际情况,采取认证委托人送样、现场抽样或者现场封样后由认证委托人送样等抽样方式,委托经国家认监委指定的实验室对样品进行产品型式试验。认证委托人应当保证其提供的样品与实际生产的产品一致,认证机构应当对认证委托人提供样品的真实性进行审查。

三、工厂检查

工厂检查是确保认证有效性的重要环节。需要进行工厂检查的,认证机构应当委派具有国家注册资格的强制性产品认证检查员依照具体产品认证规则进行检查。工厂检查包括两部分内容,一是生产产品与型式试验样品的一致性检查,包括产品结构、规格型号、重要材料或零部件等。二是工厂的质量保证能力。原则上,工厂检查将在产品试验完成后进行。特殊情况,根据申请人的要求，认证机构也可安排提前进行工厂检查。对获得授权认证机构认可的管理体系认证证书的工厂，有关质量保证能力部分的检查可以简化或者省略。工厂检查时，为确保产品的一致性和对标准的符合性，必要时可对产品进行抽测。

四、认证机构评价与批准

认证机构对于完成产品型式试验和工厂检查后符合认证要求的产品，作出认证决定并通知委托人。原则上，自受理认证委托起 90 天内向认证委托人出具认证证书。对于不符合认证要求的，应当书面通知认证委托人，并说明理由。

五、获证后的监督

认证机构可以通过现场产品检测或者检查、市场产品抽样检测或者检查、质量保证能力检查等方式，对获证产品及其生产企业实施分类管理和有效的跟踪检查，控制并验证获证产品与型式试验样品的一致性、生产企业的质量保证能力持续符合认证要求。认证机构应当按照认证规则的规定，根据获证产品的安全等级、产品质量稳定性以及产品生产企业的良好记录和不良记录情况等因素，对获证产品及其生产企业进行跟踪检查的分类管理，确定合理的跟踪检查频次。对于不能持续符合认证要求的，认证机构应当根据相应情形予以暂停或者撤销认证证书的处理，并予公布。

六、部分产品生产许可证转强制性产品认证

为贯彻中央经济工作会议深入推进"放管服"改革精神，落实李克强总理"全面清理工业产品生产许可证，加快向国际通行的产品认证管理转变"指示，根据《国务院关于调整工业产品生产许可证管理目录和试行简化审批程序的决定》（国发〔2017〕34 号）等文件要求，国家认监委积极推进部分产品生产许可证转强制性产品认证工作，国家认监委制定了相关的产品认证规则，如《摩托车乘员头盔产品认证实施规则》《家用和类似用途设备强制性产品认证实施规则》等，在征求意见的基础上发布实施。

七、强制性产品认证监管

我国的强制性产品认证形成了完整的法律法规体系，但是除此之外，还需要构建完善的 CCC 认证监管体系，才能保证产品认证制度的有效实施。为此，国家认监委构建了比较完善的 CCC 认证监管体系，其主要包括两个方面：一是对列入强制性产品认证目录的产品进行监管，二是对指定机构及工厂检查员进行监管。

对列入强制性产品认证目录的产品进行监管，是为了保证产品认证制度实施的权威性和有效性。监管方式主要是日常监督检查与专项检查相结合。监管的实施机构是各级地方政府质量技术监督部门和国家质量监督检验检疫部门（简称地方两局或称地方认证监管部门）。列入强制性产品认证目录产品在出厂、销售、进口和使用环节是监管的主要方面，未经 CCC 认证的产品、假冒 CCC 认证标志的产品、受到消费者投诉的产品是进行监管的主要对象。

对获证产品的专项检查分为三类，第一类是从生产环节抽取获证产品进行专项检查；第二类是从销售环节抽取获证产品进行专项检查；第三类是从进口环节抽取进口获证产品进行

专项检查。根据地方认证监管部门的职责分工,第一类和第二类专项检查任务由地方质量技术监督局具体实施,第三类专项检查任务由直属检验检疫机构具体实施。获证产品的检测由国家认监委指定实验室承担。

即测即练

【复习与练习】

一、填空题

1. 生产现场抽取样品检测或者检查属于强制性产品( )。

2. 工厂检查时有较多不符合项,构成系统不符合且直接危及产品质量的一致性时,结论是工厂检查( )。

3. 强制性产品认证实施规则由( )发布。

4. 颁发 CCC 证书的机构是( )。

5. 对 3C 认证组织的产品一致性检查的对象是( )。

6. "3C"或"CCC"的中文名是( )。

二、单项选择题

1. 以下 CCC 认证流程正确的是( )。

A. 申请——提交资料——形式试验——获得证书——工厂检查——购买标签

B. 申请——提交资料——形式试验——工厂检查——购买标签——获得证书

C. 申请——提交资料——形式试验——工厂检查——获得证书——购买标签

D. 申请——提交资料——形式试验——购买标签——工厂检查——获得证书

2. 不属于强制性产品认证检查准则的是( )。

A. 法律法规 B. 技术标准 C. 顾客要求 D. 合同

3. 为评价申请认证产品的符合性所进行的检验是( )。

A. 型式试验 B. 指定试验 C. 例行检验 D. 确认检验

4. 中国强制性产品认证的依据是( )。

A. 中华人民共和国认证认可条例 B. 质量管理体系认证规则

C. 中华人民共和国标准化法 D. 中华人民共和国安全生产法

5. 强制性产品认证证书的有效期为多少年?( )

A. 1 B. 3 C. 5 D. 7

三、多项选择题

1. 世界各国采用广泛的产品认证模式是( )。

A. 型式试验 B. 质量体系审核

C. 定期产品质量监督检验 D. 质量管理体系复审

2. 目前,我国已经开展了( )。

A. 3C 强制产品认证 B. 自愿性产品认证

C. 服务认证 D. 各种管理体系认证

3. 对于立志将来从事质量管理、认证认可的质量管理专业的学员来说,将来有可能成为( )工作人员中的一员,也可能成为各类组织贯标认证工作管理人员中的一员。

A. 认可机构 B. 认证机构

C. 实验室 D. 先进技术推广人员

4. 强制性产品认证应当适用以下单一认证模式或者多项认证模式的组合,具体模式包括
（　　）。

　　A. 设计鉴定　　　　　　　　　　　　B. 型式试验

　　C. 生产现场抽取样品检测或者检查　　D. 市场抽样检测或者检查

5. 下列关于确认检验说法正确的是（　　）。

　　A. 采用抽样的方法进行　　　　　　　B. 采用标准规定的方法进行

　　C. 可以在工厂进行　　　　　　　　　D. 可以委托外部实验室进行

第八章

服 务 认 证

在人类历史上,服务活动早已有之。但服务业作为一个完整概念被提出并予以系统研究,以及服务业作为一个产业在整体上的迅速发展,则是在19世纪末20世纪初才发生的。到20世纪70年代,服务经济在国民经济中所占的比重不断增长、空前繁荣,其增速远超农业经济时代和工业经济时代。服务业成为了经济命脉,它创造的价值直接或间接地提升了全人类的生活质量。而经济全球化进程的加速、国际贸易的日趋频繁以及信息通信技术的不断进步,加剧了全球产业结构的调整,诸如网络、通信、运输等基础服务成为了连接所有经济部门和终端消费者的纽带,从而使服务在任何社会中都处于经济活动的中心地带,也加速了人类从工业经济时代迈向服务经济时代的步伐。

第一节 概 述

一、服务的基本概念及其分类

(一) 服务的概念

服务是一种社会现象,由于其复杂程度、内容、方式的不同,有多种理解和含义。对服务开展研究,其首要任务便是对服务的定义进行研究。有关服务的定义不少,有来自经济学、管理学等,各有特点。为研究并满足服务认证要求,本书采用 ISO 9000:2015《质量管理体系基础和术语》给出的定义,服务即至少有一项活动必须在组织和顾客之间进行的组织的输出。

注:ISO 9000:2015 关于服务的定义请参见本书第四章第四节中 3.7.7。

该定义揭示了服务的实质。一般情况下,服务都是在组织和顾客之间互动的过程进行的,由服务提供者与顾客在接触过程中通过互动达到或超越顾客需求和期望的技术特性,具有普适性,为服务质量评价提供了切入点和抓手——服务接触过程的技术特性(简称服务接触特性)。通常,服务接触特性由服务技术标准来规定。

同时,该定义引出了关于服务的几个基本概念:

首先,服务是组织和顾客之间进行的活动,因此服务存在于组织与顾客接触的过程中,由此引出两个概念,一个是"接触点",另一个是"接触过程"。组织与顾客接触时的位置即为服务接触点,而将输入转化为输出的相互关联或相互作用的一组活动即为"接触过程"。

其次,是服务"接触面",即为上述众多的服务接触点和接触线共同构成的一个连续性的接触平面或曲面。

在上述接触过程中展现出来的,可以使顾客通过服务提供,直接观察体验并加以评价的一个或一组相互联系的有形或无形的可区分的特征,即为"服务技术特性"。

对组织而言,根据自身的承诺,由服务提供者和(或)服务系统通过服务接触过程向顾客兑现其所作的承诺,提供特定服务;对顾客而言,使用组织提供的服务,借助服务接触过程体验服务接触特性满足的程度,获得服务感知的结果,产生特定的信任感,决定是否再次选择使用该项服务。以上就是在 ISO 9000 对服务定义的框架内,对于服务机理的分析。

对于特定服务,有三大要素:"服务提供者""顾客"和"服务系统"。服务提供者和服务系统是两项影响服务接触特性满足程度的主要因素,即影响顾客对服务感知的结果。服务系统、服务提供者和接受服务的顾客是衡量服务优劣程度的三大要素。

随着科学技术的发展,尤其是信息技术,使服务提供者和服务系统的内涵和作用发生了革命性变化,服务提供者可能是一个人、一组人,也可能是一台设备、一套设施等。服务系统则主要包括服务的信息系统、保障系统、支持系统和(或)辅助系统等 4 个子系统。这 4 个子系统的实质可能包括规范守则、设施、设备和(或)环境的部分或全部,只是在特定服务中发挥不同作用而已,如乘坐地铁,车厢内的音响设备是一种向乘客报站、提供乘客便利信息的信息系统,或者是为乘客提供旅途音乐欣赏的辅助系统,但是在音乐厅聆听一场音乐会,音响设备则是一种向顾客提供音乐欣赏的保障系统。在特定服务中,服务系统是给定的。

(二) 服务的特征

GB/T 15624—2011《服务标准化工作指南》要求服务标准化工作应充分考虑服务的无形性、同时性、非储存性和主动性等服务特性,创新服务标准化工作的方法和手段,增强工作的有效性。综合起来,服务的特征主要有如下方面。

(1) 无形性

服务的产出是一种不能预先被品尝、感觉、触摸、看见或嗅到的特殊消费品,顾客在购买以前难以感知,他们必须参考许多意见与态度等方面的信息。再次购买则依赖先前的经验,根据看到的服务设施、人员、价格和环境来判断服务质量和效果。不仅如此,顾客享用服务后的利益也很难被察觉,或是要等一段时间后才能感受到其存在。

(2) 同时性(不可分割性)

服务本身是一系列活动或过程,消费者和提供者直接发生联系,服务人员为顾客提供服务之时,也正是顾客消费服务之时。提供过程也就是消费过程,服务的提供和消费是同时同地进行的。顾客具有而且必须加入到服务的生产过程中才能最终消费到服务。

(3) 非储存性

由于服务的产出不可感知以及服务生产与消费的不可分割,使得服务产品不可能像有形产品那样被储存起来以备将来出售或者消费。尽管提供服务的各种设备、劳动力等能够以实物形态存在,但它们只代表一种提供能力,而不是服务本身。当消费者购买服务时,服务产品即产生,但提供出来的服务如不及时消费,它就会消失,造成组织获利机会的丧失,这种损失不像有形产品损失那样明显,它仅表现为机会的丧失和折旧的发生。

(4) 主动性

顾客消费服务是有目的的,如学员参与培训是为了获得知识。大多数情况下,顾客和服务人员无须事先相识,离开了服务场所,他们一般不会有什么交互活动。在服务过程中,供需双方的信息交流往往会受到服务内容的限制。为了保证服务的高效率,服务人员与顾客在服务中的交互活动也需要遵循一定的行为规范,有些可能是约定俗成的,有些则需要服务人员向顾客做一些说明,服务双方各尽其职,如病人必须回答医生的提问并遵循医嘱。因此,在服务提供过程中,服务人员需要主动识别和了解顾客的需求和期望,并对其服务主动说明,达到供求一致。

（5）异质性。

基于服务的无形性，顾客参与了服务接触过程中的互动，成为一项影响服务接触特性满足程度的主要因素，特定服务往往因顾客不同，其服务接触特性的满足程度不同，具有典型的异质性。如聆听一场音乐会，不同顾客具有不同的音乐欣赏能力和兴趣爱好，或者座位号不同，就会获得不同的感知，直接影响顾客对该项服务接触特性满足程度的判断。服务与产品的衡量不同，产品特性的满足程度取决于产品本身的物理和化学等特性指标，与顾客无关，而服务特性的满足，则同时取决于服务系统、服务提供者以及顾客三者之间的共同作用，而通常情况下，顾客和部分服务提供者均为人，这就极大加剧了对服务特性满足程度影响的复杂程度。简而言之，即便是再标准化的某项特定服务，由不同的服务提供者与不同的顾客之间进行互动，其结果一定是千差万别的，这就是服务的异质性。

上述服务特性虽然普遍存在于服务中，但是在不同服务中所表现出的显著程度是不一样的，会随着特定服务产品含量的高低而有所不同。例如：有些服务含有较高的产品成分，如汽车整车销售服务，这种服务质量的高低很大程度上取决于"整车"这样的实物产品，因此其个性化程度相对较低（绝大多数整车销售过程中，仅允许顾客在整车基础上，进行少量的个性化定制），顾客对于此类服务的异质性、无形性的感知就相对较弱；而有些服务含有一定的产品成分，比如餐饮服务，这类服务中实物产品即餐厅提供的菜品、就餐环境、器皿、设施等，和餐厅提供的服务等一起共同构成整个服务，具有同样重要的作用，顾客对于此类服务的异质性、无形性、同时性和非储存性的感知就较为均匀；而有些服务几乎不含产品成分，如法律服务，这类服务主要依靠服务提供者和顾客之间的交流接触，而非依靠实物产品，因此顾客对此类服务的无形性、异质性等特性的感知就较为强烈。

但是在信息化高度发展的今天，"互联网＋"技术使得服务特性发生了一些新的变化。如网上营业厅通过可视化界面将服务全过程呈现在消费者面前，体现了有形性特点；电子银行、培训录像等体现了可存储性特点；而共享经济又体现了无须互动、可分离的特点。这些特点可能会给服务业带来新的机遇和挑战。

上述事例表明，服务业态是多样和复杂的，满足顾客期望和需求的过程往往存在不确定性，即风险。服务及服务业态存在着风险，与特定服务业态的服务实现的技术、能力、一致性、可信性（如可靠性、可补救性），以及产品含量等因素有关；特定服务则与顾客期望和需求、顾客互动、体验程度和感知等因素有关，为此，需要选择适用的风险评估技术和方法进行风险管理。

（三）服务分类

服务业包罗万象、错综复杂、行业跨度大，不同学者从理论角度、不同组织从实践运作角度，对服务业的业态和分类进行了大量的研究。国外经济学家、国际组织以及各国政府部门出于不同的需要，在服务业分类方面存在着较大的差异，比较具有代表性的理论主要有两种：一是"三分法"，二是"四分法"。

1. 三分法

卡托茨亚（M. A. Katouzian,1970）根据不同经济发展阶段的特点，把服务业划分为 3 类：新兴服务业、补充服务业和传统服务业。

新兴服务业，是工业产品大规模消费阶段以后出现并加速增长的服务业，主要包括教育、医疗、娱乐、文化和公共服务等。"新兴"不是指"新生"，因为这些服务业几乎在人类的各个发展阶段都存在,只是在工业化后期它们才出现加速增长的态势,成为具有普遍性消费需求的行业。

补充服务业,相对于制造业而言,这些服务业与工业化息息相关,是中间投入服务业,其需求主要来自工业生产的中间环节,并随着工业生产的进步而快速发展,在工业化后期进入稳定和成熟的发展阶段,如金融保险、交通运输、通信、法律服务、行政性服务等。

传统服务业,包括两层含义,其一,服务需求是传统的,即其需求在工业化以前就普遍存在。其二,指服务的生产方式是传统的。传统服务业,通常由最终需求带动,主要包括传统的家庭与个人服务、商业等消费性服务。

2. 四分法

1975 年经济学家布朗宁(Browning)和辛格曼(Singelman)在联合国标准产业分类(ISIC)的基础上,根据各服务行业的服务对象及其服务需求,将服务业分为:消费者服务业(包含招待与食品服务、私人服务、娱乐与消遣服务、杂项服务)、生产者服务业(包含企业管理服务、金融服务、保险服务、房地产服务)、分配服务业(包含运输与储藏、交通与邮电、批发与零售)三种类型。1978 年辛格曼在 1975 年分类的基础上,根据服务的性质、功能特征,对服务业重新进行了分类,将服务业分为流通服务、生产者服务、个人服务和社会服务四类。

后来,西方学者将布朗宁和辛格曼的分类法进行综合,提出了分配性服务业、生产性服务业、消费性服务业和社会性服务业的服务业四分法,其内容大体上与辛格曼的分类法相同,但在二级分类中存在细微差别。这种分类方法因其有较强的应用价值而被普遍接受和采用。

分配性服务业包括交通运输与仓储业、邮电通信业、商业、公用事业等。

生产性服务业包括金融业、保险业、不动产业、商务服务业等。

消费性服务业包括餐饮业、旅馆业、娱乐与休闲业、私人服务业等。

社会性服务业包括行政服务业、教育、健康、福利、国防、司法、军队和警察等。

二、我国服务业的发展

(一)服务业的发展趋势

在信息技术的支撑下,传统的产品开发、生产、交付的流程注入服务业发展模式中,现代服务业正朝着后台运营联合化、技术平台网络化、运作规程标准化、前台操作自助化的方向发展。

一是后台运营联合化。随着服务市场规模扩大、需求层次多元化、服务内容的复杂化,在单一企业提供面向客户的整体解决方案的同时,其不断整合服务产业链上的上下游资源,推进后台运营的联合化,形成服务产业链新的分工与协作。全球最大的企业管理软件供应商(System Applications and Products,SAP),通过整合专业咨询公司、IT 服务企业资源,为客户提供了一个系统的一体化 ERP(enterprise resource planning)系统解决方案。

二是技术平台网络化。互联网的商业化应用极大地改变了社会的生产和生活方式,未来的商业模式将更加充分地利用网络平台。软件产业正由销售软件产品向提供基于网络平台的软件即服务模式转变,远程教育正成为现代教育发展的基本形态,公共服务的网络化日益广泛和普及。

三是运作规程标准化。由于无形性、异质性等特点,服务业通常被认为是非标准化的行业,但是在信息技术和先进管理思想的支持下,现代服务业采用类似于工业的流水线作业方式,在内部管理、对外服务诸方面通过一系列的标准化和程序化设计提供质量稳定可靠的服务并降低生产成本。

四是前台操作自助化。市场规模的不断扩大,以及人工成本的不断提高,使得对每个顾客都提供一对一服务成为企业的难题。借助于信息技术,在提供标准化的前台环境基础之上,现代服务业企业逐渐在前台操作实行自助化,由用户自助完成全部或部分的服务活动,尽可能地满足顾客的需求。

在服务业中,不仅以金融、物流等为代表的生产性服务业受到信息化影响而产生了显著的效益,诸多传统服务业也都得益于信息化技术的高速发展,大大提高了生产效率,便利并改善了顾客体验。

此外,计算机和软件服务、电信服务和互联网服务等新兴高技术服务业也随着信息技术的发展而应运而生。信息化技术还催生了电子商务这样的全新业态,电子商务在大数据技术支撑下正以前所未有的速度迅猛发展,对各传统行业的渗透率不断提升,与公众日常生活发生着越来越紧密的联系,并日益以一种全新经济形态的面貌成为主要发达国家增强经济竞争力,赢得全球资源配置优势的有效手段。

(二)服务业的发展状况

我国服务业发展迅速,连续迈上新的台阶,2012 年服务业的增加值超过第二产业,2015 年服务业的增加值超过了 50%,GDP 比重超过了 50%,2016 年又进一步上升到 51.6%,而高收入国家"服务业增加平均 GDP"占比为 70% 以上,我国服务业还有巨大的发展空间。

我国服务业实现较快发展,对经济社会发展的支撑和拉动作用日益突出,规模效益不断扩大,在应对国际金融危机、扩大就业方面,服务业发挥了重要作用。然而,我国服务业的质量与庞大的经济体量相比极不相称,我国服务业发展面临着市场准入制度匮乏、服务标杆缺乏、市场信息不对称、诚信缺失,以及整体管理水平和服务质量水平不高、一致性差,甚至假冒伪劣,如虚假广告、金融诈骗、旅游景点生态破坏等,触目惊心,严重危害国家形象、民生利益和社会稳定。服务水平亟待提高。采用国际通行的合格评定技术和方法,开展服务标准化和服务认证,促进服务组织能够提供规范一致的服务,并获得持续改进机会,提高顾客满意水平,巩固市场地位;为消费者提供透明、可信和可靠的消费环境,提高服务信息对称性,增强消费意愿;为政府主管部门的监管工作提供可采信的公共数据平台和市场信息,从而促进服务品牌培育,服务"走出国门"战略和服务业开放政策,以及服务业有序、健康和快速发展。为此,全社会呼唤"服务标准化""服务认证"!

三、服务标准化的作用

在全球服务业的发展过程中,标准化已经成为各国保证服务质量,推动服务业发展的重要手段,标准化的作用得到了一致的认同。在服务标准化出现并迅速壮大的数十年中,其对于提升服务业整体水平、促进服务贸易繁荣、凝聚服务企业核心竞争力等方面所发挥的重要作用已被广泛证实,受到了国际范围的普遍认同。

有关服务标准的意义,ISO 解释"标准是文件化的协议,包括技术规范或其他特殊准则,目的是作为法规、指南或特性定义而系统地使用,以保证材料、产品、加工或服务适用其目的"。

服务标准是规定服务应满足的要求以确保其适用性的标准。

从宏观层面而言,通过开展服务标准化工作,可将在服务日常工作中积累的优秀经验和良好做法,结合国外先进实践,进行提炼、总结、固化,转化为一整套"可复制、能传播、易实施、好操作"的服务标准体系,作为实施服务活动的技术规范和监管依据,在全国范围内推广应用,将有效提升我国服务的规范化水平与整体质量。另一方面,通过密切跟踪国际服务标准化活动,参与制定服务国际标准,熟悉国际服务贸易游戏规则,将有效提升我国在服务贸易领域的话语权,进而在服务贸易竞争中掌握主动权,从而扩大出口份额。此外,在国内服务中积极采用国外服务先进标准,将国外服务的良好做法与先进模式以标准的形式引入我国,将为外国投资者与消费者营造熟悉、放心、踏实的服务投资环境,增强我国服务对国外投资的吸引力,带动国外资本注入,为切实推动服务贸易"走出去"战略提供强大支撑。

从微观层面而言,服务标准化对服务质量、品牌提高具有显著贡献。标准是对重复性事物和概念所做的统一规定,它以科学技术实践经验的综合成果为基础,经过有关方面协商一致,由主管部门批准,以特定的形式发布,作为共同遵守的准则和依据。服务标准通过对服务质量以内在的规章制度的形式加以固化,并公布于众,提高了服务质量,扩大了社会知名度。

标准浓缩了先进科技和管理经验,可以促进服务手段的科技化、服务过程的高效化、服务质量的优质化,进而成为进入、占领市场的钥匙和通行证。随着改革开放步伐的加快,服务业的竞争越来越表现为规模、人力资源、企业文化、品牌等实力的竞争。

服务标准化促进企业突出产业特色,提升企业经济效益。标准化的必然结果是产业规模的扩大和服务价格的下降,越来越多的消费者可以消费高质量的、可预期的服务;另一方面,标准化也使得同类型的服务企业趋于无差别化和行业利润平均化,为服务企业个性化发展提供了最为直接的动力。

服务标准化指导企业效益最大化,实现经济效益、社会效益双赢。标准化管理是源于工业化生产过程中的一种基本管理模式,可以大大降低整个企业的管理成本。标准化同样能够指导服务型企业效益最大化,同时服务标准化在微观层面上的运用为在整个社会即宏观层面上推行服务标准化、创造良好的宏观发展环境奠定了坚实的基础。

从目前国内外服务业标准化工作的整体情况来看,发展处于不平衡状态,有些服务业还处于起步阶段。服务业标准化工作在整个国际标准化业界都是一个新生事物。以国际标准化组织(ISO)为例,目前 ISO 开展的服务标准化领域涉及金融、个人理财、市场民意调查、旅游、教育、人力资源管理、心理评估、品牌评估、评级服务、网络服务记账、资产管理、服务外包等领域。显而易见,其中属于生产性服务业标准化范畴的只有金融服务、市场民意调查、服务外包等少数几个领域。并且,目前生产性服务业标准化工作的重点也普遍以技术标准制定为主,真正属于服务类的标准还很少。

就我国而言,服务标准化作为标准化的一个新领域,涉及经济、管理、社会发展等诸多方面,还缺乏服务标准化政策、方法的研究,导致服务标准化工作缺乏系统性、针对性和有效性。

从服务标准本身来看,内容、要求不尽相同。虽然我国在服务标准的制定上也取得了一定的成果,正式发布的服务业国家标准达到 3000 多个,但还不能满足我国服务业高速发展的需求。已发布的标准多为服务业管理类、保障类和规范行为类,部分标准存在着内容简单、原则性强、缺乏可操作性等问题,没有很好地反映服务质量要求和消费者的需求。

第二节　服务领域典型理论与技术

开展服务认证的根本目的是借助第三方合格评定手段传递服务组织与顾客之间的信任,增强消费意愿,强化服务管理,保障服务质量,提高顾客满意,提升服务组织的市场竞争能力,降低行政监管和利益各方成本,有效促进服务业发展,促进社会诚信水平提高。

服务组织获得服务认证的前提是需要达到特定服务的规定要求,或组织声称、承诺的要求,且与顾客体验的感知保持一致。不论是对服务质量进行有效的管理,还是对组织进行服务认证,掌握服务领域的典型理论、管理技术和质量管理方法,对于充分理解组织特定的服务产品特性,改善组织管理,提高顾客感知的满意度都是很重要的。本节只是对这些理论、技术和方法的简要介绍,学员可参照相关的书籍进一步地学习。

一、服务接触理论

按照 ISO 9000:2015 给出的定义,服务是至少有一项活动必须在组织和顾客之间进行的输出。通常,服务包含与顾客在接触面的活动,以确定顾客的要求。在商品短缺的卖方市场和信息技术、电子商务出现以前,服务基本上是人与人面对面的接触,对于顾客的感知并不留意。随着市场竞争的激烈加剧和买方市场,特别是信息技术、电子商务的出现,服务接触也不再只是面对面的接触。而为了竞争的成功,专家学者们越来越发觉顾客期望和感知的重要性,开始了服务接触的研究。

1978 年,R. B. Chase 最早提出了服务接触的概念,并在 1981 年建立了服务接触的理论基础和首个可操作的定义,即"顾客必须待在服务现场的时间占总服务时间的比重"。Calzon 将服务接触称为服务提供过程的"关键时刻"。

20 世纪 80 年代以来,已有诸多学者对服务接触的概念内涵提出了多种表述,从不同的角度阐述了服务接触的构成要素和关键特性,将服务接触界定为顾客与服务系统之间发生的互动行为。其中,服务系统包括服务提供人员(主要是前台服务员工)、服务设施和服务环境三类要素。顾客在服务接触过程中形成的质量感知,是决定顾客满意、行为取向及长期忠诚的关键因素。

随着服务经济时代的到来和信息技术的快速发展,顾客的主动消费和选择性消费意识不断增强,服务企业只有将越来越多的资源投入到与顾客的互动和关系维护上,不断增强顾客在每一个接触环节的良好质量感知,才能更有效地应对竞争,提高顾客满意度和忠诚度。

服务过程的核心就是买卖双方相互作用的真实瞬间,也就是机遇。关键时刻就是顾客与组织面对面交流时刻,这一时刻决定了企业未来的成败。

经过国外学者对航空公司研究,平均每位顾客接受其公司服务的过程中,会与五位服务人员接触;在平均每次接触的短短 15 秒内,就决定了整个公司在乘客心中的印象。因此,一般理论研究"真实瞬间"为 15 秒。

与顾客接触的每一个时间点即为"真实瞬间",通常从人员的外表、行为和沟通三个方面体现(这三方面给人的第一印象所占比例分别为外表 52%、行为 33%、沟通 15%,这些都是影响顾客满意度及忠诚度的重要因素),在服务经历中,顾客与服务组织的某个方面的交往并感受到服务质量,每一"真实瞬间"就是一次顾客评价服务质量的机会。"真实瞬间"是特定时间、特定地点向顾客展示服务质量的机会,如餐厅服务真实瞬间是为顾客提供餐饮服务的传递过程,从点餐开始到离开餐厅,餐厅服务员一句问候、引领、点餐、结算、中间布置、用品的传递等每一服务接触时刻都影响顾客感知。

"真实瞬间"直接影响服务质量评价,是服务质量关键因素,因此服务业应做好创造"真实瞬间"接触客户机会,同时也要把最好质量展现给顾客。从理论到实际总结可以得出,影响"真实瞬间"的因素包括服务人员的外表、人员言行、沟通的方式与技巧。由此可见,如何改进、提升一线员工的服务意识,以及如何培养强化员工的业务素质,不断引进并用先进的科学技术及管理方法,实现服务型企业的长期可持续增长,是服务型企业管理者应该思考的问题。

"真实瞬间"与组织企业文化、价值观、宣传、形象有关,优质的企业文化和形象会给顾客带来好的感受,"真实瞬间"的感受也与顾客期望有关。"真实瞬间"是服务质量的关键,也是认证组织评价服务质量的关键。

(一)服务接触的特征

服务接触是客户与服务系统之间产生的互动行为,是客户体验的"真实瞬间",具有同步性、互动性、瞬时性、辐射性四个基本特征。

同步性,服务的提供和消费同时进行、同时结束,这是服务接触的显著特征。服务的提供与消费的同步性减少了许多干预质量控制的机会,必须通过服务接触管理来保证服务质量。

互动性,顾客和服务提供者之间相互交流,共同完成接触。服务接触中的两个主要角色就是顾客和服务提供者,顾客需求是输入,服务提供者不论是服务人员还是自动设备,都必须有响应或输出来满足顾客需求。存在这种互动才可以称得上是接触。

瞬时性,服务接触被称为"真实瞬间",这反映出接触时间的短暂,可谓"瞬间即遇"同时它不可逆转,不可被复制,无法返工。服务管理中有服务补救的概念,但服务接触自身无法补救。因为时光不可能倒流,如果一次服务接触失败,即便采取了补救措施那也属于一次新的接触了。

辐射性,关键接触点会影响整个服务流程。服务接触是整个服务流程中的关键点,其影响会辐射整个服务。而且顾客在一个服务接触点出现不满意的情况,可能服务就终止了,整个服务流程无法完成。

(二)顾客感知

感觉和知觉合称为感知。感觉和知觉是认识活动的初级阶段,感觉是人们对于事物属性的反映,如事物的色彩、味道、温度等方面的信息在头脑中的反映,构成人们的感觉。不同的人用不同的方法同时看到同一事物的结论是不一样的。同样,同一个人在不同的时间用不同的方式看同一事物,结论自然也不同。

知觉是为了获得结果对输入的信息进行识别、分析和选择的过程。人们通过感官"看、听、闻、尝和摸"等接收信息。虽然获得了大量的零碎的信息,但只有一部分成为知觉。知觉是在感觉的基础之上,对事物属性的综合性反映。

消费者的感知心理活动是进行其他消费心理活动的基础。消费者的感知有时会和现实不一致,但是这个"感知"却对消费者的行为有重要意义。比如:中国古代"买椟还珠"的故事中,买者对于盒子的感知价值显然与盒子本身的实际价值有很大的差异。

顾客感知是客户与服务系统之间互动过程中的"真实瞬间",是一段服务经历,是影响客户服务感知的直接来源。服务质量很大程度上取决于客户感知,客户感知又以服务接触能力为基础。

顾客感知价值的核心是感知利益与感知付出之间的权衡。研究分析顾客感知就是为了识别目标顾客感知价值,找出顾客最关注的价值领域。

(三)服务接触模型

在顾客消费服务的过程中,可能是简单的一次性接触,如顾客在某饭店就餐;也可能是在一段时间内的系列接触,如旅途、餐饮、住宿以及景点等共同构成了一次旅游经历;或是重复性的相同接触,如慢性病人每隔一段时间回医院接受检查、治疗等例行接触。不管是哪种类型的接触,顾客都经由一些要素形成服务体验,产生服务质量感知。那么顾客经由哪些要素形成服务感知呢?主要的分析模型如下:服务剧场模型、服务接触三元组合模型、服务接触扩展模型、服务接触系统模型。

1. 服务剧场模型

Grove、Fisk(1983 年)提出了服务剧场模型,他们将服务的提供比喻成戏剧演出,服务的运营被一条可视线分为前台和后台两部分,可见要素即处于前台的要素。服务剧场的概念由Grove、Fisk 和 Bitter(1992 年)发展出一个完整的研究框架,以剧场演出的观念描述服务接触过程。服务剧场理论认为演出整体效果如何取决于演员(员工)、观众(顾客)、场景(服务环境与设施等)以及表演(前后台之间动态互动)的结果。服务剧场模型生动形象地体现了服务交互过程中创造服务体验价值的真实性和动态复杂性,表现了高度接触服务的基本特征,涵盖了服务互动中的主要因素,但是只强调了观众和演员之间的互动,忽略了其他重要的影响。

2. 服务接触三元组合模型

John E. G. Bateson(1985 年)提出服务接触三元组合模型,即服务接触包括三个构成要素:顾客、与顾客接触的员工和服务组织。

该模型中三要素在服务接触中扮演的角色和追求目标各不相同,理论上认为三者之间需要保持平衡与协同才能创造出最大利益,但实际可能会出现服务组织主导服务接触、员工主导服务接触、顾客主导服务接触等。服务组织主导服务接触虽然提高了效率,但是顾客只能从仅有的几种标准化的服务中选择;与顾客接触的员工主导的服务接触则通过赋予员工足够的自主权,减少其在满足顾客需求中的压力;顾客主导的服务接触则使得顾客可以完全控制所提供的有限服务,极端的标准化服务如自动服务和定制服务代表了顾客对服务接触的控制机会。因此满意和有效的服务接触应该保证三方控制需要的平衡。该模型由于便于服务组织设计和控制服务传递过程而广为应用,但是忽略了其余顾客及服务环境等要素。

3. 服务接触扩展模型

范秀成(1999 年)提出了服务接触的扩展模型,认为服务过程中,除了顾客与服务人员的交互以及顾客与设备的交互之外,顾客之间也存在着交互作用。这一模型将服务接触分为 7种:员工与客户的接触、客户之间的接触、客户与系统的接触、客户与环境的接触、员工与系统的接触、员工与环境的接触、系统与环境的接触。在这些交互作用中,人际交互具有特别的重要意义。参与交互过程的成员所起的作用也不同,在有的服务交互过程中服务组织占主导地位,而有些服务是服务人员主导型,也有的是顾客主导型。该模型将众多主要交互作用同时考虑进来,一经提出就受到国内众多学者的关注。

4. 服务接触系统模型

芬兰学者 Gronroos(1990 年)提出了服务接触的系统模型,该模型分为三个部分,即前台、后台和服务接触:前台,指所有顾客看得到的部分,如服务人员、设备和内外部设施;后台,指所有顾客看不到的,如核心技术和后勤系统等;服务接触,指在前台中与顾客直接产生互动部分的设计,通过服务生产系统中前台与后台的交互作用与相互支持,就形成了服务传递期间内在传递系统中服务接触所发生的种种互动事件。

该模型在上述三个模型的基础上,向服务组织内部和顾客两方面延伸。它把企业使命和服务理念看作服务设计的重要影响力量;把顾客带入服务接触过程的期望以及影响期望的先前体验、公司形象与市场沟通等相关因素均考虑在内。

(四)服务接触管理的分析模型

从顾客角度看,服务消费过程主要发生在服务接触的关键时刻,在短暂的接触过程中形成了企业服务质量好坏的评价。对服务提供方而言,每一次与顾客的接触都是影响顾客感知服务质量的良机。服务接触对服务质量的形成和感知具有至关重要的影响,主要体现在以下四方面。

(1)服务接触是抱怨、投诉的阻燃点。客户对服务质量问题的抱怨和投诉主要产生于服务接触过程,如果能够妥善处理,服务接触点是一个能够有效化解顾客怨气、避免顾客流失的阻燃点,但如果处理不当,也将成为激发矛盾,造成不良影响的引爆点。因此,接触点成为解决抱怨和投诉的关键点。

(2)服务接触是满意、忠诚的着力点。客户满意、客户忠诚是一种态度认同,它取决于客户的感知和体验,而感知和体验都在服务接触过程中获得。

(3)服务接触是服务质量提升和改进的管理点。服务接触过程是服务质量形成实现的过程,离开了对服务接触点的管理,服务质量就无法改进和提升。

(4)服务接触是和谐社会的培育点。服务接触具有辐射作用,对社会具有重要影响,因此是实现社会和谐的重要培育点。

既然服务接触如此重要,那么我们怎么进行管理呢?首先我们看一下服务接触管理的对象。服务接触区域即服务前台,就是服务接触管理的对象。服务质量形成于服务接触过程中,服务质量的提升和改进应从服务接触突破。

服务接触管理的目的是要准确、客观地测评服务接触过程的服务水平,确定过程改进方向与重点,保证服务系统持续稳定地提供满足客户需求的服务。服务接触分析和管理的主要内容包括:通过服务蓝图技术识别关键接触点,结合顾客需求形成关键质量特性,建立服务接触质量指标体系,获取与测量服务接触的质量信息,并在此基础上,构建服务接触质量测评模型,根据评价结果并结合顾客需求实施服务改进。

二、服务蓝图技术

服务蓝图分析结果是组织服务质量管理的重要输入。

建立服务接触管理的分析模型首先以服务接触蓝图为基础。服务蓝图就好比是服务业的产品图纸,是站在顾客角度详细描绘服务系统的图片或地图。服务蓝图不仅包括横向的客户服务过程,还包括纵向的内部协作,是描绘整个服务前、中、后台构成的全景图。

(一)服务蓝图的构成要素

服务蓝图清楚地表示了顾客行为、前台员工行为、后台员工行为和支持行为等服务过程中的四类主要行为,用3条分界线分开。如图8-1所示。

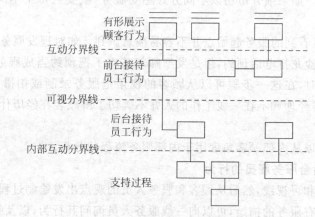

图 8-1 服务蓝图的结构

第一条是互动分界线,表示顾客与组织间直接的互动。一旦有一条垂直线穿过互动分界线,即表明顾客与组织间直接发生接触或一个服务接触产生。

第二条分界线是极为关键的可视分界线,这条线把顾客能看见与看不见的服务行为分开。在服务蓝图上面,可以清楚地表明有哪些服务是在可视线以上发生的,有多少在可视线以下发生,方便组织进行服务接触和接触特性分析。这条线还把服务人员在前台与后台所做的工作分开。典型的如剧场演出,除观众前台看到的,还有后台看不到的工作。

拓展阅读

第三条线是内部互动线,用以区分服务人员的工作和其他支持服务的工作和工作人员。垂直线穿过内部互动线表明会发生内部服务接触。

蓝图的最上面是服务的有形展示。最典型的方法是在每一个接触点上方都列出服务的有形展示。一个服务蓝图的示例见拓展阅读。

(二)服务蓝图的分类

服务蓝图分为概念服务蓝图和细节服务蓝图。

概念服务蓝图是反映服务的活动流程、反映顾客和服务系统的活动,把组织看作一个整体系统,描绘顾客的基本需求,组织一线部门如何满足顾客基本需求,以及二线部门和制度系统如何支持一线部门等,完整地展示企业的服务概念。

细节服务蓝图反映服务中的某一个细节,服务于相关工作岗位,如汽车入场检查蓝图。

(三)蓝图设计步骤

1. 识别需要制定蓝图的服务过程

概念蓝图从组织总的服务流程进行分析,按服务的主要过程进行分析设计,便于对总体服务进行分析。比如超市,从顾客进超市到出超市的主要活动过程进行分析设计,识别相关的四个主要行为,用3条分界线分开。而细节蓝图是基于细分市场的变量或特殊服务环节进行设计分析,比如快递服务,如果发现"货物分拣"和"装货"部分出现了问题和瓶颈现象,并耽误了顾客收件的时间,针对这两个步骤可以开发更为详细的子过程蓝图。总之,识别需要绘制蓝图的过程,首先要对建立服务蓝图的意图作出分析。

2. 从顾客角度描绘服务过程

从顾客的角度识别服务可以避免把注意力集中在对顾客没有影响的过程和步骤上。该步骤要求必须对顾客是谁(有时不是一个小任务)达成共识,有时为确定顾客如何感受服务过程还要进行细致的研究。如果细分市场以不同方式感受服务,就要为每个不同的细分部分绘制单独的蓝图。

有时,从顾客角度看到的服务起始点并不容易被意识到。如对理发服务的研究显示,顾客认为服务的起点是给沙龙打电话预约,但是发型师却基本不把预约当成服务的一个步骤。在为现有服务开发蓝图时,在这一步骤可以从顾客的视角把服务录制或拍摄下来,这会大有益处。通常情况往往是,经理和不在一线工作的人并不确切了解顾客在经历什么,以及顾客看到的是什么。

服务蓝图同样可以从内部顾客角度用于内部服务流程的分析。

3. 描绘前台与后台服务雇员的行为

首先画上互动线和可视线,然后从顾客和服务人员的观点出发绘制过程、辨别出前台服务和后台服务。对于现有服务的描绘,可以向一线服务人员询问其行为,以及哪些行为顾客可以看到,哪些行为在幕后发生。

4．把顾客行为、服务人员行为与支持功能相连

下面可以画出内部互动线,随后即可识别出服务人员行为与内部支持职能部门的联系。在这一过程中,内部行为对顾客的直接或间接影响方才显现出来。从内部服务过程与顾客关联的角度出发,它会呈现出更大的重要性。

5．在每个顾客行为步骤加上有形展示

最后在蓝图上添加有形展示,说明顾客看到的东西以及顾客经历中每个步骤所得到的有形物质。包括服务过程的照片、幻灯片或录像在内的形象蓝图在该阶段也非常有用,它能够帮助分析有形物质的影响及其整体战略及服务定位的一致性。

(四)服务蓝图的作用

服务蓝图具有直观性强、易于沟通、易于理解的特点。通过对概念蓝图或细节蓝图进行分析,可以找出接触关键点、顾客等待点、可能的服务失败点、员工判断点、顾客体验点、促销点等,为组织服务流程优化、薄弱环节分析、进行服务质量管理策划、改进服务质量、提高顾客感知提供依据。

三、排队理论

(一)排队现象

排队理论称随机服务系统理论。在人们的日常生活中常常会碰到拥挤和排队现象。去医院看病挂号、机场安检、在银行营业窗口等候服务、去商店购置东西等待结账等,这是有形排队。由于同时上网人数多,导致网速明显降低;互联网订票、抢红包的验证码等,这是无形排队。过去常有对某些服务因为排队时间太长的抱怨。

增加资源,如增加服务窗口,多设几条跑道,网站设备扩容等,可以减少顾客排队现象。但当顾客比较少时,必然会造成资源闲置。

(二)排队论的研究内容

排队论的研究内容主要包括:

(1)排队系统的性态问题,即各种排队系统的概率规律性,主要是研究队长分布、等待时间、分布和忙期分布等,包括瞬态和稳态两种情形。

(2)排队系统的最优化问题,又分静态最优和动态最优,前者指最优设计,后者指现有排队系统的最优运营。

(3)排队系统的统计推断,即判断一个给定的排队系统符合哪种模型,以便根据排队理论进行分析研究。

排队论的产生与发展来自实际的需要,其应用非常广泛。它适用于一切服务系统,尤其在通信系统、交通系统、计算机、存储系统、生产管理系统等方面应用最为广泛,在服务过程中对排队问题研究的实际需要也必将影响排队论今后的发展方向。

四、削峰填谷

随着服务经济的发展,以前在电力系统削峰填谷、提高效率的做法,渐渐被引入服务领域,通常的做法是从需求侧和服务侧两端开展,主要包括以下内容。

(一)需求侧:稳定需求

(1)采取服务预约的方式,来降低顾客到达分布的随机性。

（2）采取价格诱因的方式，例如工作日打折等，来鼓励和引导原本在"峰值"时段的顾客向"谷值"流动。

（3）对可预见的高峰期进行反向营销，例如在"双十一"之前就提醒顾客提早购物，或通过红包派送方式来鼓励顾客提早充值以及将所选购物品提前放入购物车等。

（二）服务侧：调整服务能力

（1）在高峰期使用临时工、实习生，但存在服务质量控制的风险，因此仅适用于一些低技术含量的服务业；

（2）根据"峰谷"安排工作班次，例如电信公司根据电话业务量安排班次，但仅适用于一些需求固定或需求较容易预测的服务行业。

（3）增加顾客自助服务的部分，例如增加自助购票设施等。

灵活应对服务的"峰"与"谷"，被证明可以有效地提高服务质量和顾客满意。但目前该项技术在服务领域的应用，还在不断地摸索、丰富和完善阶段。

五、服务质量差距模型

服务质量差距模型，简称 5GAP 模型。该模型提出："组织提供的服务""消费者等感受到的服务""消费者等对服务的期望"，三者之间存在着"不完全一致"，即差距。这种差距主要有五种，因此，服务质量差距模型，又简称 5GAP 模型。

在模型阐述的五种差距中，顾客差距（GAP5）即顾客期望与顾客感知的服务之间的差距是 5GAP 模型的核心。要弥合这一差距，就要其余四个差距进行弥合：差距 1，不了解顾客的期望；差距 2，未选择正确的服务设计和标准；差距 3，未按标准提供服务；差距 4，服务传递与对外承诺不相匹配。感知服务差距产生的原因可能是上述差距原因中的一个或者是多个的组合。当然，也有可能是其他未被提到的因素。

（一）管理层认识的差距（差距 1）

管理层认识的差距是指管理层未能够准确地感知客户的服务预期，形成了客户期望感知与管理者对客户预期感知之间的差距。管理层一旦缺乏对客户的服务预期的理解，则会导致严重的后果。产生的原因有：

（1）市场研究和需求分析中所获得的信息不准确；

（2）市场研究和需求分析中所获得的信息不准确，但理解有偏差；

（3）没有进行过需求分析；

（4）从组织与顾客联系的层次向管理者报告的信息失真或根本没有报告；

（5）臃肿的组织层次阻碍或改变了与顾客接触的一线员工向上级报告市场需求的信息。

（二）质量标准差距（差距 2）

质量标准差距指服务质量标准与管理层对质量期望的认识不一致。原因如下：

（1）服务计划失误或缺少系统的计划；

（2）管理层对服务计划过程重视不够；

（3）组织无明确的服务质量目标；

（4）服务质量的计划得不到最高管理层的支持和重视。

（三）服务传递差距（差距 3）

服务传递差距指服务与传递过程没有按照组织所设定的标准来进行。原因如下：

（1）标准太复杂或太苛刻；

（2）员工特别是一线员工没有认可这些具体的质量标准；

（3）新的服务质量标准违背了组织的现有企业文化；

（4）服务运营管理水平低下，内部营销不充分或根本没有开展；

（5）组织的技术设备和管理系统无助于一线员工按具体的服务质量标准开展服务。

（四）营销沟通的差距（差距 4）

营销沟通的差距指组织市场营销宣传中所作出的承诺与实际提供的服务不一致。原因如下：

（1）组织没能将市场营销传播计划与服务运营相结合；

（2）传统的市场营销和服务生产之间缺乏良好的协调；

（3）营销沟通传播宣传了组织服务质量承诺，但实际服务滞后，达不到承诺要求；

（4）组织着力夸大其服务质量，宣传信息承诺太多、太高的倾向。

（五）感知服务质量差距（差距 5）

感知服务质量差距指顾客感知的或实际体验的服务质量与其所预期的不一致。原因如下：

（1）顾客实际体验到的服务质量低于其预期的服务质量或者存在服务质量问题；

（2）组织或服务品牌口碑不佳；

（3）组织形象不好；

（4）组织服务质量失败。

六、服务质量模型

服务质量（service quality，SERVQUAL）是 20 世纪 80 年代，在服务质量模型（Service Quality Model，5GAP）的指导下，帕拉体拉曼（A. Parasuraman）、赞瑟姆（Vaarea Zeithamal）和贝利（Leonard Bery）等考察了信用卡、银行、证券交易和产品维修 4 个服务业，探讨服务质量要素的共性，发现服务质量主要由 5 个要素构成。在此基础上提出了一个专业的服务质量测评体系，即 SERVQUAL 模型。其理论前提是基于服务质量取决于顾客感知服务质量水平和期望服务质量水平之间的差别程度，因此 SERVQUAL 模型又称为"期望—感知"模型，由五个维度构成。

五个维度主要是：

有形性，指物质设施、硬件设备及服务人员等体现出来的服务能力；

可靠性，评价服务商可靠和准确地履行服务承诺的能力；

响应性，指服务人员是否能及时地为顾客提供服务；

移情性，关注服务人员关心顾客、为顾客提供个性化服务的表现；

保证性，衡量服务人员的知识、技能和理解能否使顾客产生信任感。

SERVQUAL 模型中包含的顾客评价服务质量的 5 个维度，具体划分为 22 个项目并设计调查问卷，问卷采用 7 分制。7 表示完全同意，1 表示完全不同意。服务质量问卷示例如表 8-1 所示。

表 8-1　服务质量问卷示例

调查问卷

尊敬的顾客：您好！非常感谢您抽出宝贵的时间，来填写这份问卷。

请根据您的期望质量对下面的问题如实填写，再次感谢您的支持与配合，谢谢！

1. 公司是否具有现代化设施？

　　很不满意□1 □2 □3 □4 □5 □6 □7 很满意

2. 公司的物理设施是否吸引人

　　很不满意□1 □2 □3 □4 □5 □6 □7 很满意

……

在具体实施过程中，分为两个阶段实施。第一阶段一般在服务开始时，运用调查问卷，调查记录顾客对特定服务的期望；第二阶段一般在服务结束时，调查记录顾客对本次服务中的感受。

最后将这两部分结果进行比较，就得到具体的"差距分值"。差距越小，表明顾客对服务的评价就越高。

数据统计计算方法如下：

SERVQUAL 计算公式：

$$SQ = P_i - E_i$$

式中：SQ 为质量满意值；P_i 为第 i 个因素（调查问题）在顾客感知方面的分数；E_i 为第 i 个因素在顾客期望方面的分数（$i=1,2,3,\cdots,n,n=22$）。

由上式获得的 SQ 是在五大维度同等重要条件下的单个顾客的总感知质量，如要根据行业或顾客调查确定了每个因素的权重，然后加权平均就得出了更为合理的 SERVQUAL 分数。

加权后的公式为：

$$SQ = P_i - E_i \quad (i = 1,2,3,\cdots,22, j = 1,2,3,4,5)$$

w_j 为第 j 个属性的权重。

将此时的 SQ 分数再除以因素数 $n(n=22)$，就得到单个顾客平均的 SERVQUAL 分数。

最后，将调查中所有顾客的 SERVQUAL 分数加总，再除以顾客数目 m，就得到某组织该项服务产品平均的 SERVQUAL 分数。

在现有的服务质量研究文献中，SERVQUAL 模型是使用最为广泛的服务质量评价量表。但其具有一定的局限性，而在此基础上，国内外学者提出了多种改进型模型。例如，鉴于顾客期望的不易测量性，美国学者 Cronin 和 Taylor 摒弃了期望—实绩的差距模型直接测量顾客对实际服务经历的评价，开发了 SERVPERF 模型，还有针对电子商务环境特点，Zeithaml 提出了 E-SERVQUAL 模型来测度电子商务服务质量等。

七、顾客满意模型

我国 2009 年颁发的 GB/T 19038《顾客满意测评模型和方法指南》，规定了采用结构方程模型实施顾客满意测评的方法，包括建立测评模型，设计抽样方案，选择数据收集方法，设计问卷，收集、统计与分析数据等。标准适用于组织采用结构方程模型方法实施的外部顾客满意测评，也可参照本标准采用其他模型方法实施顾客满意测评。测评的主要步骤如下。

（1）建立顾客满意测评模型；

（2）设计抽样方案；

（3）选用数据收集方法；

（4）设计问卷；

（5）收集统计与分析数据。

2000 年，国家质检总局质量管理司和清华大学中国企业研究中心在学习和借鉴美国顾客满意度模型基础上，根据中国国情对模型结构和测评指标体系进行必要的改造，提出了中国顾客满意度指数（China customer satisfaction index，CCSI）模型。

CCSI 基本模型包括 6 个变量，它们是品牌形象、预期质量、感知质量、感知价值、顾客满意和顾客忠诚。品牌形象有两个测量指标：品牌总体形象和品牌特征显著度。预期质量的四个测量变量是总体预期质量、顾客化预期质量、可靠性质量预期和服务质量预期。感知质量的测量变量与预期质量的四个测量变量相对应，它们是总体感知质量、顾客化感知质量、可靠性质量感知和服务质量感知。感知价值的两个测量变量是给定质量下的价格和给定价格下的质量。顾客满意的测量指标是总体的满意度、感知与期望的比较和同其他品牌比较。顾客忠诚采用两个测量指标：重复购买可能性与保留价格。保留价格是买方愿意接受的、购买有关商品的最高价格。

八、服务补救技术

服务的无形性、同时性及顾客深度参与的异质性等特性，决定了服务在提供过程中具有高度的不确定性，这使得服务过程中产生失败的概率非常之高，且发生这种失败的概率和服务提供者与顾客之间的接触程度高低成正比。因此，在提供服务的过程中，即使最优秀的企业也不可避免会出现服务的失败和错误。对于服务组织而言，服务失败必然会导致顾客满意度和忠诚度的下降，进一步导致顾客流失，因此，采取措施对服务失败进行补救已经是业界共识。但仅仅采取措施是不够的，重要的是服务补救措施的正确性和有效性。

（一）服务失败

自 20 世纪 80 年代初英国航空公司将"服务补救"引入服务营销领域，服务补救被定义的组织在发生服务失败后所采取的行动与反应，其目的是通过相关的补救行动，重新建立并保持顾客的满意和忠诚。

从服务提供和传递的角度来看，由于服务具有无形性、异质性、不可储存性等特性，因此顾客在接受服务时常常感到相当高的不确定性，尤其当他们面对复杂、不熟悉以及需长期传送的服务时，这种不确定性会更高。而这种不确定性即意味着服务失败及负面结果产生的可能性会发生在每一个服务接触的地方，在服务接触过程中的任何一个服务接触点上产生服务失败，都会使得顾客产生负面的反应。从顾客方面来看，当今顾客需求变化迅速，需求多样、多变造成了服务传递系统的更大不确定性而存在较大的风险。

（二）服务失败的成因

造成服务失败的原因是复杂的，一方面，服务具有无形性和异质性，服务产品的构成成分及其质量水平经常变化，很难界定。在大多数情况下，服务过程毫无担保和保证可言，服务产品的质量通常没有统一的标准可以衡量，服务质量具有不确定性。

另一方面，服务具有同时性，即服务提供者提供服务和交付服务的过程就是消费者消费服务的过程，消费者有且只有参与提供和交付服务的过程才能最终消费到服务。由此，企业服务的失败和错误是很难对消费者隐藏和掩盖的。有的服务失败和错误,是由服务提供者自身问题造成的,如由于员工的工作疏忽将一间空房同时租给两位顾客。而有的服务失败和错误,则是由不可控因素或顾客自身原因造成的,如飞机因天气恶劣而晚点或因寄信人将地址写错而导致的投递错误,则是不可避免的。顾客对组织提供的服务具有较高期望值,当今的顾客其需求愈来愈多,因顾客可以便利地获得许多资讯,所以问题发生时顾客更有主见,而这也是引起服务失败的原因,并且顾客购买产品或服务时愈来愈趋向价值导向,这也是侧面的影响因素。

(三)服务失败的类型

目前,业界和学界几乎一致认为,服务失败的类型主要分为两种:过程失败和结果失败。过程失败是指服务传递方式上的缺陷和不足;结果失败是指顾客实际从服务中得到的需要未被满足,即服务商没有实现基本服务内容。在过程失败中,组织的核心服务在某些方面有缺陷或不充分,如顾客在用餐时,服务人员态度粗鲁。在结果失败中,企业没有完成基本的服务需要或没有履行其核心服务,如一个旅店由于客满,而无房间供顾客入住。从社会交换的角度来说,结果失败主要是涉及经济性资源的卷入,而过程失败集中涉及符号性资源的卷入。实证研究表明,与结果失败相比,过程失败所带来的顾客不满意程度更大。

(四)服务失败的后果

服务失败的严重程度从轻微的服务失误,如服务迟缓,到严重的服务失误,如食物中毒之间跨度极大,因此服务失败给顾客造成的损失也各不相同,有的损失是有形的如货币的损失,有的损失是无形的,如身心的伤害或者服务价值的损失。

服务失败的后果包括两种:一种是显性的,即顾客的流失。显性的顾客流失会直接导致企业的收入减少。另一种则是隐性的,即不满意顾客向其他方传递这种不满意,甚至转投竞争对手的"怀抱"。西方营销学长达30多年的研究经验表明,顾客反馈和产品的口碑之间存在下列关系:

通常,对产品和服务不满意的顾客中,只有4%会直接对其提供组织直接抱怨,在其余96%不抱怨的顾客中,25%的顾客所购买的产品和(或)服务存在严重问题;4%抱怨的顾客比96%不抱怨的顾客,更有可能继续购买;如果抱怨的问题得到解决,那些抱怨的顾客中将有60%的人会继续购买,如果这些问题尽快得到解决,这一比例将上升至95%;1个不满意的顾客可能会把他们的经历告诉10~20个人;抱怨被解决的顾客会向5个人讲述其经历。

受到伤害的消费者,可能还会向消费者协会、质量监督部门投诉,甚至直接诉诸法律。如果有相关媒体参与其中,局面将会变得更加难以收拾。从另一个方面而言,如果顾客向企业抱怨,还会给企业一个弥补服务失败的机会,而恰恰绝大部分的顾客选择沉默,则企业也就没有机会进行及时的补救,以至于这个"漏洞"越来越大。

上述统计数据和经验告诉我们,服务失败造成的顾客对不满意的传递,严重破坏了组织形象和竞争力,可以说隐性的服务失败后果,造成的损失要比显性后果大得多。

(五)服务补救

在服务过程中,由于顾客的参与,一位经过训练的、灵活的员工可以采用服务补救技术,将一位潜在的或已经产生不满意的顾客变为一名忠实的顺客。一般而言,服务补救有四种基本策略:

(1)逐件处理法。这种方法基于一种认识,即强调"顾客的投诉各不相同"。这种方法容易执行且成本较低,但缺点是具有随意性,而这种随意性很容易产生不公平,例如,最固执或最好斗的投诉者经常会得到比那些通情达理的投诉者更令人满意的答复或更多的补偿。

（2）系统响应法。这种方法使用现有的规定来处理顾客投诉。由于采用了识别关键失败点和优先选择适当补救标准这一计划性方法，它比逐件处理的方法更加可靠。只要相应规定不断更新，这种方法就非常有益，因为它在保证服务补救一致性的同时，还保证了响应性。但反过来说，若无法保证及时更新，就会使规定僵化或不合时宜，无法保证响应性，服务在互联网环境下发展日新月异，在这样的大环境下，对相关规定更新的压力给企业的服务管理带来了巨大的挑战。

（3）早期干预法。该方法是系统响应法的另一项内容，它试图在影响顾客之前干预和解决服务流程问题。但这对企业的服务管理水平要求较高，要求企业有完整的服务补救策略和配套的应急机制。

（4）替代品服务补救法。该方法通过提供替代品来进行服务补救，通过替代品（可以财物等形式体现）可以完全或超额满足顾客的需求，来处理顾客投诉，此方法需要对一线员工进行一定的授权，运用得当，甚至能够使得顾客获取"魅力质量"，反而可以将服务失败转化成顾客忠诚度的提升。

基于服务的无形性、同时性、异质性和非储存性，某项特定服务体验的好坏受顾客主观性影响很强，所以在服务提供过程中，即便是再完美的服务保障和服务提供系统，各种难以预料的随机因素，都可能导致在服务接触过程中的潜在失败点发生服务失败的情况，此时服务补救技术就尤为重要，对顾客的不满和抱怨等服务失败作出迅速而有效的补救性反应，快速解决服务失败，是重新建立并巩固顾客满意和忠诚的重要途径。

第三节　服务质量管理及认证依据

一、有关服务及认证的术语和定义

在本书第四章第四节中已经介绍过的术语，本节不再介绍。本节重点介绍与服务及认证相关的典型术语。

（一）与服务相关的术语和定义

1．消费者（consumer）

为个人、家庭或家庭成员需要而购买或使用物品、房产或服务的个人。

2．用户（user）

使用服务提供者所提供服务的人。

3．产消者（prosumer）

部分或全部地承担服务提供者的职能或实施服务提供过程，并使用该项服务的人。

注：典型的如自产自用。

4．顾客服务（customer service）

在产品或服务的整个寿命周期内，组织与顾客之间的互动。

5．顾客满意（customer satisfaction）

顾客对其要求已被满足程度的感受。

注1：直到产品或服务交付之前，组织有可能不知道顾客的要求，甚至顾客自己对其要求也不很明确。为了实现较高的顾客满意度，可能有必要满足那些顾客既没有明示，而且，通常

还是隐含的或必须履行的要求。

注2：投诉是一种满意程度低的最常见的表达方式,但没有投诉并不一定表明顾客很满意。

注3：即使规定的顾客要求符合顾客的愿望并得到满足,也不一定确保顾客很满意。

6. **特性**（characteristic）

可区分的特征。

注1：特性可以是固有的或赋予的。

注2：特性可以是定性的或定量的。

注3：有各种类别的特性。如：

a) 物理的（如：机械的、电的、化学的或生物学的特性）；

b) 感官的（如：嗅觉、触觉、味觉、视觉、听觉）；

c) 行为的（如：礼貌、诚实、正直）；

d) 时间的（如：准时性、可靠性、可用性、连续性）；

e) 人因工效的（如：生理的特性或有关人身安全的特性）；

f) 功能的（如：飞机的最高速度）。

注4：摘自 ISO 9000：2015 条款 3.10.1。

7. **性能**（performance）

可测量的结果。

注1：性能可能涉及定量的或定性的结果。

注2：性能可能涉及活动、过程、产品、服务、体系或组织的管理。

注3：摘自 ISO 9000：2015 条款 3.7.8。

8. **服务特性**（service characteristic）

服务技术特性的简称。

9. **服务技术特性**（service technique characteristic）

由顾客服务体验感知的一项或一组可区分的特征,通常是无形的。

注1：服务技术特性可从功能性、安全性、时间性、舒适性、经济性、生态性等方面提出。

注2：服务技术特性,也称服务接触特性,可以是定性的或定量的。

10. **服务管理特性**（service management characteristic）

指挥和控制组织的服务提供过程的协调活动的一项或一组可区分的特征。

注1：服务管理特性,如管理绩效参数、提供过程参数、服务补救特性、顾客满意特性。

注2：服务管理特性可以是定性的或定量的。

11. **服务质量特性**（service quality characteristic）

服务技术特性（服务特性）、服务管理特性满足要求的程度。

12. **服务提供**（service provide）

提供特定服务所必需的、交付前的活动。

13. **服务提供者**（service provider）

提供服务活动的实体。

注1：实体可以是组织或个人。

注2：摘编自 GB/T 24620—2009 条款 3.3。

14. **服务管理**（service management）

为实现特定目标，组织针对与顾客接触过程实施指挥、协调和控制的活动。

（二）与合格评定有关的术语和定义

1. **服务认证**（service certification）

服务认证是对服务提供者的管理及服务水平是否达到相关标准要求的合格评定活动。

注1：相关标准可以是国际标准、国家标准、行业标准、地方标准、企业标准或规范、企业合同等。

注2：合格评定，"格"是标准的要求，是基准线，是承诺的履行和顾客的认可。

注3：管理和服务水平。管理是对互动过程的管理，不涉及其他的管理。服务认证和服务质量体系认证是不同的，两者应是互为补充的关系。服务认证是服务质量体系认证的结果和体现，服务质量体系认证是服务认证的保障。服务认证是对前台服务接触过程及其结果进行的认证，而服务的后台则由以 ISO 90000 为代表的体系认证来保障。

注4：评定活动，按照服务水平定义是可以分等级的，例如星级评定。

2. **服务认证审查员**（service certification inspector）

能够依据认证基本规则和服务标准或其他规范性文件的要求，受认证机构的委派，对申请或者已经获得服务认证的组织实施服务特性测评或服务管理审核的人员。

3. **服务认证方案**（service certification scheme）

与适用相同的规定要求、具体规则与程序的特定服务相关的服务认证制度。

注1：在国家一级的层面上不一定区分"服务认证方案"和"服务认证制度"。

注2：改编自 GB/T 27067—2006 条款 3.2。

4. **取样**（sampling）

按照程序提供合格评定对象样品的活动。

5. **确定**（determination）

查明一个或多个特性及特性值的活动。

注：摘自 ISO 9000：2015 条款 3.1.1。

6. **检验**（inspection）

对符合规定要求的测定。

注1：显示合格的检验结果可用于验证的目的。

注2：检验的结果可表明合格、不合格或合格的程度。

注3：摘自 ISO 9000：2015 条款 3.11.7。

7. **试验/检测**（test）

按照要求对规定的预期用途或应用的测定。

注1：显示合格的试验结果可用于确认的目的。

注2：摘自 ISO 9000：2015 条款 3.11.8。

注3：服务认证中常称"检测"。

8. **评价**（evaluation）

合格评定中选取和确定功能的组合的活动。

注1：GB/T 27000—2006 附录 A 给出的合格评定功能法由三项功能有序组成，即"选取（取样）""确定"和"复核与证明（决定）"，其中确定功能包括但不限于测定、检验、检测、审核活动。

注2：摘编自 ISO/TEC 17065：2012 条款 3.3。

9. 服务评价（service evaluation）

服务认证中的选取功能和确定功能的组合活动。

注1：选取阶段，需要确定拟评价的服务特性、要求（服务认证中所依据的规定要求）以及对评价和抽样适用的程序。

注2：按照适用的规定要求所进行的确定活动可以包括但不限于检验、检测、测量和审核活动。在服务认证中，确定活动通常包括对以下方面的评价：

a）评价与服务特性要求的符合性；

b）评价服务组织所实施的内部管理。

为了实施上述评价，可能需要不同的评价方式或评价技术，如：

——服务特性测评；

——服务管理审核。

10. 验证（verification）

通过提供客观证据对规定要求已得到满足的认定。

注1：验证所需的客观证据可以是检验结果或其他形式的测定结果，如变换方法进行计算或评审文件。

注2：为验证所进行的活动有时被称为鉴定过程。

注3："已验证"一词用于表明相应的状态。

11. 确认（validation）

通过提供客观证据对特定的预期用途或应用要求已得到满足的认定。

注1：确认所需的客观证据可以是测试结果或其他形式的测定结果，如变换方法进行计算或评审文件。

注2："已确认"一词用于表明相应的状态。

注3：确认所使用的条件可以是实际的或是模拟的。

12. 复核（review）

针对合格评定对象满足规定要求的情况，对选取和确定活动及其结果的适宜性、充分性和有效性进行的验证。

13. 证明（attestation）

根据复核后作出的决定而出具的说明，以证实规定要求已得到满足。

注："符合性说明"的结论性说明是对规定要求已得到满足的保证。该保证本身并不足以提供合同方面或其他法律方面的担保。

14. 证明范围（scope of attestation）

证明所覆盖的合格评定对象的范围或特性。

15. 批准（approval）

根据明示的目的或条件销售或使用产品或过程的许可。批准可以将满足规定要求或完成规定程序作为依据。

16. 接受（acceptance）

合格评定结果的接受。

对另一人员或机构提供的合格评定结果的使用。

17．信度（reliability）

信度是在一定条件下，进行多次测量时，所得测量结果的一致性及稳定性。

注：摘编自 GB/T 19038—2009。

18．效度（validity）

测量工具或手段能够正确测出被测对象真实情况的有效程度。

注：摘编自 GB/T 19038—2009。

二、服务相关法律法规和其他要求

服务业组织能否保证持续地实现相关的法律法规与其他要求，是持续提供符合规定要求的服务、增强顾客体验需求及其满意的基本要求。为此，组织应理解并应用与其服务及服务提供有关的法律法规和其他要求，这是开展服务认证的重要环节和必须掌握的知识。由于服务业涉及范围十分广泛，相关的法规也比较多。

（一）与服务相关的主要法律法规

1.《中华人民共和国消费者权益保护法》

2.《中华人民共和国产品质量法》

3.《中华人民共和国广告法》

4.《中华人民共和国合同法》

5.《中华人民共和国电子签名法》

6.《中华人民共和国民法通则》

7.《中华人民共和国侵权责任法》

8.《中华人民共和国食品卫生法》

9.《中华人民共和国药品管理法》

10.《中华人民共和国化妆品管理法》

11.《中华人民共和国车辆管理法》

12.《中华人民共和国进出口商品检验法》

13.《中华人民共和国特种设备安全法》

14.《中华人民共和国反不正当竞争法》

15.《中华人民共和国标准化法》

16.《中华人民共和国计量法》

17.《中华人民共和国商标法》

18.《中华人民共和国旅游法》

19.《中华人民共和国保险法》

20.《中华人民共和国证券法》

21.《中华人民共和国邮政法》

22.《中华人民共和国航空法》

23.《中华人民共和国商业银行法》

（二）行政条例及相关要求

1.《互联网信息服务管理办法》

2.《中华人民共和国标准化法实施条例》

3.《中华人民共和国进出口商品检验法实施条例》

4.《中华人民共和国认证认可条例》

（三）部门规章及相关要求

1.《侵害消费者权益行为处罚办法》

2.《网络交易管理办法》

3.《网络发票管理办法》

4.《家庭服务业管理暂行办法》

5.《关于商品和服务市场实行明码标价的规定》

6.《餐饮业经营管理办法(试行)》

7.《快递市场管理办法》

8.《娱乐场所管理办法》

9.《家用汽车产品修理、更换、退货责任规定》

10.《餐饮业经营管理办法(试行)》

三、国家标准

目前专门用于服务认证的合格评定标准体系尚未正式形成,实施服务认证大多借鉴产品和管理体系标准和规范。如前面已提到的一些国家标准,如 GB/T 27065《合格评定产品、过程和服务认证机构要求》、GB/T 27053《合格评定产品认证中利用组织质量管理体系的指南》、GB/T 27067《合格评定产品认证基础》、GB/T 27028《合格评定第三方产品认证制度应用指南》等可以参考借鉴。上面这些标准在本书第二章第二节中已进行了介绍,下面将重点介绍与服务认证相关的标准。

（一）GB/T 24421《服务业组织标准化指南》(2009 年发布)系列标准

包括：GB/T 24421.1《服务业组织标准化工作指南第 1 部分：基本要求》、GB/T 24421.2《服务业组织标准化工作指南第 2 部分：标准体系》、GB/T 24421.3《服务业组织标准化工作指南第 3 部分：标准编写》、GB/T 24421.4《服务业组织标准化工作指南第 4 部分：标准实施及评价》等 4 个标准。

这四部分内容相互关联,共同构成服务组织开展标准化工作的一种全面的、系统的方法。

GB/T 24421.1 规定了服务业组织标准化工作的术语和定义,基本原则、任务和内容及管理要求,是为标准体系建设、标准编写以及标准实施及评价提供总体指导。

GB/T 24421.2 规定了服务业组织标准体系的术语和定义,总体结构与要求,以及服务通用基础标准体系,服务保障标准体系、服务提供标准体系的构成与要求。

GB/T 24421.3 规定了标准编写的基本要求、标准的构成及其服务要求的编写。

GB/T 24421.4 规定了服务业组织标准实施、标准实施评价及标准体系评价的要求。

GB/T 24421.1 为标准体系建设、标准编写以及标准实施及评价提供总体指导;同时通过开展标准体系建设、标准编写、标准实施及评价等工作,又可以对其进行调整和完善;GB/T 24421.2 通过对组织活动的梳理,可识别出需制定标准的领域,进而为标准编写提供范围界定;同时,因 GB/T 24421.4 是对服务标准体系建设、实施,因而 GB/T 24421.2 也为 GB/T 24421.4 提供了基础支持;GB/T 24421.3 为 GB/T 24421.2 和 GB/T 24421.4 提供了技术支撑;通过实施 GB/T 24421.4 可以有效检查标准体系建立的科学合理性,因此可以说为 GB/T

24421.2提供了方法支持,此外通过对标准的实施又可以有效验证GB/T 24421.3的科学适用性,因此GB/T 24421.4为GB/T 24421.3提供了实践检验。

1. GB/T 24421.3标准中的服务质量特性

GB/T 24421.3标准归纳出以下几方面的服务质量特性。

(1)功能性:功能性是组织提供的服务所具备的作用和效能的特性,是服务质量特性中最基本的一个。比如检修、培训等都是在完成一定服务目的的活动。服务业组织应根据自身的服务性质通过分析服务目标顾客的期望和需要,规定其交付给顾客的服务特性的要求和目标。

(2)时间性:服务业组织应规定在与顾客约定的,或承诺的时间内完成服务提供活动的要求和目标,应规定等待时间、服务提供过程的时间、顾客意见反馈处理的时间及工作效率。时间性包含及时、准时和省时三个方面。

(3)经济性:经济性是指组织用较少的输入获得同质量的服务。从顾客角度是指顾客获得服务所需要的费用的合理性,在整个消费当中其费用的开支与所得到的服务是否相等,价值是否相符合;从组织层面是指资源投入和服务提供过程的成本的合理性。这里所说的费用是指在接受服务的全过程中所需的费用,即服务周期费用。经济性是相对于所得到的服务质量而言的,即经济性是与功能性、安全性、及时性、舒适性等密切相关的。

(4)安全性:安全性是指在服务过程中,顾客、用户的生命不受危害,健康和精神不受到伤害,货物不受到损失。安全性包括物质和精神两方面,改善安全性重点在于物质方面。服务业组织应根据识别的现在和潜在的安全风险规定安全性方面的要求。

(5)舒适性:舒适性是指顾客对服务设施、服务环境、服务人员和服务提供活动的一种综合感受,包括外观美观和身体的舒适性。人们越来越关注服务满足消费者期望的舒适性,适用、方便、整洁、美观和有序是最基本的要求。

(6)生态性:生态性属于服务过程中为满足精神需求的质量特性。被服务者期望得到一个自由、亲切、受尊重、友好、自然和谅解的气氛,有一个和谐的人际关系。在这样的条件下来满足被服务者的物质需求,这就是生态性。

2. 标准体系

标准体系是"一定范围内标准按其内在联系形成的科学的有机整体"。服务业组织的标准体系包括服务通用基础标准体系、服务保障标准体系、服务提供标准体系三个方面。服务通用基础标准体系是服务保障标准体系、服务提供标准体系的基础;服务保障标准体系是服务提供标准体系的直接支撑;服务提供标准体系促使服务保障标准体系的完善,该标准体系是服务业组织其他体系,如质量管理体系、环境管理体系等的基础和融合体。服务业组织应根据自身的特点,研究建立一套协调配合、科学合理的标准体系,并有效运行。

GB/T 24421—2009服务业组织标准化体系如图8-2所示。

3. 服务提供标准体系

服务提供标准体系一般包括服务规范、服务提供规范、服务质量控制规范、运行管理规范、服务评价与改进标准等五个子体系。服务业认证组织至少应根据标准要求的这五个子体系的不同特点,分别收集和制定适合本组织需求的服务提供方面的标准。

(1)服务规范

服务规范是服务业组织为满足顾客要求,根据服务项目的环节、类别等属性而规定的特性要求,包括顾客明确和隐含、法规的要求等,就好比产品的质量要求。制定服务规范宜从服务

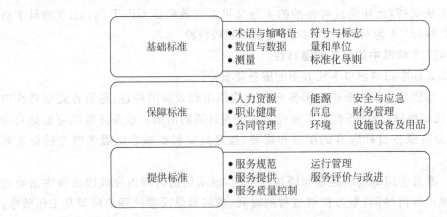

图 8-2　GB/T 24421—2009 服务业组织标准化体系

的功能性、舒适性、时间性、安全性、经济性、生态性六个方面的定量定性要求展开到二级或三级,直到可测量的指标为止。

服务特性应逐级展开到二级、三级,直到建立可测量的指标(如量表)为止。服务特性的展开如图 8-3 所示。

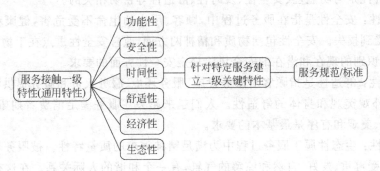

图 8-3　服务特性展开

服务规范如:接待、受理服务要求;服务组织、实施要求;服务验收与结算要求;售后服务要求等。

(2)服务提供规范

服务提供规范是指服务实现过程中,对服务提供的要求、提供的方法、程序所制定的标准。包括但不限于:

——提供服务的方法和手段,如服务提供过程中所要求的各项设施、设备及用品的配备数量和结构;

——服务流程和环节划分的方法和要求,以及各环节的操作规范、工作内容和输入输出要求;

——服务的沟通与确认要求。

(3)服务质量控制规范

服务质量控制规范是指服务提供过程中,识别、分析对服务质量有重要影响的关键过程,并加以控制而收集、制定的标准。包括但不限于:

——服务提供的评价方法、控制措施标准;

——对顾客抱怨等不满意的处置标准;

——不合格服务的纠正与管理，如分析、识别、评审和处置等控制办法；

——预防性措施的要求及评价标准；

——质量争议处置的管理规范。

（4）运行管理规范

运行管理规范是指结合服务业组织运行管理的要求，收集、制定的标准。包括但不限于：

——落实国家法律法规和标准要求应采取的管理措施；

——服务提供过程中的各种因素的平衡要求，如经济效益最大化与社会效益保障、需求与生产能力、技术水平与资金规模等；

——营销的组织与管理要求、客户关系管理要求；

——服务资源调剂与组织的一般要求；

——服务人员的有序组织和配备要求；

——设施、设备与用品的配置标准；

——工作现场各类信息沟通要求和反馈渠道要求；

——工作现场整理、整顿、清理、清扫要求。

（5）服务评价与改进标准

服务评价与改进标准是指对服务的有效性、适宜性和顺客满意进行评价，并对达不到预期效果的服务进行改进而收集、制定的标准。包括但不限于：

——评价的基本条件、原则和依据；

——评价的组织机构和人员；

——评价的程序和方法；

——评价内容和要求；

——检验和验证；

——数据分析、处理和评价；

——改进的原则与方法；

——服务产品的开发与设计。

GB/T 24421.4《服务业组织标准化工作指南第 4 部分》对服务质量特性评价要求从功能性、安全性、时间性、生态性和经济性进行评价。

不同服务组织其服务特性会有所不同，同一组织具有的服务特性，其重要程度也有所不同。例如，纯服务体系的宾馆，其响应性、舒适性、经济性等服务特性人们比较关注；而风景旅游区的生态性和安全性又显得更为重要；对于准制造业的组织，如煤矿机电设备检修服务，其安全性、功能性和可靠性是重点，舒适性、经济性基本可忽略不计；而同样是准制造业的汽车售后维修保养，其不但关注安全性、功能性、可靠性，对生态性、舒适性、经济性、时间性等质量特性也需要关注。

（二）GB/T 15624—2011《服务标准化工作指南》

标准规定了服务标准化的范围，服务标准的类型，服务标准的制定、实施及评价和改进等内容。

（三）GB/T 24620—2009《服务标准制定导则考虑消费者需求》

标准等同采用 ISO/IEC 指南 76：2008《服务标准制定考虑消费者需求的建议》，为服务标准制定时如何考虑消费者的需求提供了指导，在此基础上，可制定任意服务活动的具体标准。

标准第 9 章提供的清单可为消费者代表和其他参与标准制定的人使用。依据此清单,消费者的利益将得到充分的考虑,包括儿童、老年人、残疾人以及来自不同种族和文化背景的人的需求。

标准适用于服务活动的各个环节,不论是否订立正式合同或结算。标准也适用于公共服务和慈善服务,例如教育、医疗,在这些服务里存在消费者、用户或参与者等服务要素,但不一定涉及支付要素。

四、其他有关标准

其他有关行业的一些国家标准和行业标准,组织在进行服务质量管理时,可以结合贯彻实施(仅举部分例子,各组织可在相关行业网站查询),如:

(1) GB/T 26353—2010《旅游娱乐场所基础设施管理及服务规范》;

(2) GB/T 21048—2007《电影院星级的划分与评定》;

(3) GB/T 14308—2010《旅游饭店星级的划分与评定》;

(4) QB/T 4115—2010《皮革专业市场管理技术规范》;

(5) SB/T 10518—2009《电子商务模式规范》;

(6) SB/T 10519—2009《网络交易服务规范》;

(7) GB/T 21048—2007《电影院星级的划分与评定》;

(8) GB/T 14308—2010《旅游饭店星级的划分与评定》;

(9) GB/T 22800—2009《星级旅游饭店用纺织品》;

(10) GB/T 15731—2015《内河旅游船星级的划分与评定》;

(11) GB/T 18266.2—2002《体育场所等级的划分 第 2 部分:健身房星级的划分及评定》等。

五、国家认监委颁布的认证认可行业标准

(一) RB/T 301—2016《合格评定服务认证技术通则》

关于认证认可行业标准(标准编号 RB),在本书第二章第二节中已作过介绍,本处重点介绍与服务认证相关的 RB 行业标准。

RB/T 301—2016《合格评定服务认证技术通则》是专门用于服务认证的行业标准,由国家认证认可监督管理委员会于 2016 年 6 月 28 日发布,2017 年 2 月 1 日实施。

标准规定了服务认证通用技术,包括服务认证技术基础、技术资源和能力,以及服务认证技术等要求。适用于服务认证过程的技术管理。

标准共六章:1.范围;2.规范性引用文件;3.术语和定义;4.服务认证基础;5.服务认证技术能力和资源;6.服务认证技术。

标准第 4 章明确了服务认证宜在 GB/T 27000—2006 给定的合格评定功能法的框架内展开;明确了服务认证应满足合格评定功能法、遵循 GB/T 27065—2015 和 ISO/IEC 17067:2013 标准建立服务认证模式,以顾客体验和互动感知的服务特性为关注焦点建立认证服务技术;明确服务认证业务分类宜基于国际和国家标准给出的分类,即流通性服务、消费性服务、生产性服务和社会性服务等四大类,服务认证类型宜分为服务质量认证、服务安全认证和服务生态认证三类。

标准第 5 章明确了资源和能力要求,其中能力要求方面,明确了认证机构应确定服务认证

人员所需的能力,包括实施规则解释人员、申请评审人员、认证方案制定人员、认证审查员、认证审查组长、认证评价人员和认证决定人员等。

标准第 6 章明确了服务认证技术包括但不限于:认证范围的界定、认证准则的确定、认证模式的选择、认证方案的建立、认证评价安排和体验方案策划等,同时明确了认证文件的使用和标注、认证暂停和撤销等内容。

(二)其他 RB 标准

目前已颁布的 RB 标准如:

(1) RB/T 302—2016《合同能源管理服务认证要求》,2016 年 12 月 1 日发布,2017 年 6 月 1 日实施。

(2) RB/T 303—2016《养老服务认证技术导则》,2016 年 12 月 1 日发布,2017 年 6 月 1 日实施。

(3) RB/T 303—2016《B2B 城市配送服务认证要求》,2017 年 1 月 3 日发布,2017 年 8 月 1 日实施。

(4) RB/T 305—2017《网上证券交易服务认证要求网上证券交易服务认证要求》,2017 年 1 月 3 日发布,2017 年 8 月 1 日实施。

其他即将实施的还有 RB/T 307—313,分别包括了保健服务、展会服务、餐厅餐饮、城市轨道交通、公共航空旅客运输、旅游自然景区、汽车租赁等行业。

另外,RB/T 001—2017《认证认可行业标准编写指南》已于 2017 年 11 月 27 日发布,2018 年 6 月 1 日实施;

RB/T 313314《合格评定服务认证模式选择与应用指南》已于 2017 年 11 月 27 日发布,2018 年 6 月 1 日实施;

(5) RB/T 306—2017《汽车维修服务认证技术要求》,2017 年 5 月 27 日发布,2017 年 12 月 1 日实施。

六、各认证机构依据《国家认监委关于认证规则备案的公告》(2015 年第 18 号)的规定备案的认证规则

如北京世标认证认可中心有限公司备案的《批发业和零售业服务认证规则》(WSF-TC/BI 073)等。

第四节　与服务相关的主要法规相关条文

一、中华人民共和国消费者权益保护法

中华人民共和国消费者权益保护法是维护全体公民消费权益的法律规范的总称,是为了保护消费者的合法权益,维护社会经济秩序稳定,促进社会主义市场经济健康发展而制定的一部法律。

1993 年 10 月 31 日,第八届全国人大常委会第四次会议通过,自 1994 年 1 月 1 日起施行。2009 年 8 月 27 日第十一届全国人民代表大会常务委员会第十次会议《关于修改部分法律的规定》进行第一次修正。2013 年 10 月 25 日,第十二届全国人民代表大会常务委员会第五次会议通过《全国人民代表大会常务委员会关于修改的决定》第二次修正。2014 年 3 月 15 日,

新版《消费者权益保护法》(简称"新消法")正式施行。

第二十三条　经营者应当保证在正常使用商品或者接受服务的情况下其提供的商品或者服务应当具有的质量、性能、用途和有效期限;但消费者在购买该商品或者接受该服务前已经知道其存在瑕疵,且存在该瑕疵不违反法律强制性规定的除外。

经营者以广告、产品说明、实物样品或者其他方式表明商品或者服务的质量状况的,应当保证其提供的商品或者服务的实际质量与表明的质量状况相符。

经营者提供的机动车、计算机、电视机、电冰箱、空调器、洗衣机等耐用商品或者装饰装修等服务,消费者自接受商品或者服务之日起六个月内发现瑕疵,发生争议的,由经营者承担有关瑕疵的举证责任。

第二十五条　经营者采用网络、电视、电话、邮购等方式销售商品,消费者有权自收到商品之日起七日内退货,且无须说明理由,但下列商品除外:

(一)消费者定做的;

(二)鲜活易腐的;

(三)在线下载或者消费者拆封的音像制品、计算机软件等数字化商品;

(四)交付的报纸、期刊。

除前款所列商品外,其他根据商品性质并经消费者在购买时确认不宜退货的商品,不适用无理由退货。

消费者退货的商品应当完好。经营者应当自收到退回商品之日起七日内返还消费者支付的商品价款。退回商品的运费由消费者承担;经营者和消费者另有约定的,按照约定。

第二十九条　经营者收集、使用消费者个人信息,应当遵循合法、正当、必要的原则,明示收集、使用信息的目的、方式和范围,并经消费者同意。经营者收集、使用消费者个人信息,应当公开其收集、使用规则,不得违反法律、法规的规定和双方的约定收集、使用信息。

经营者及其工作人员对收集的消费者个人信息必须严格保密,不得泄露、出售或者非法向他人提供。经营者应当采取技术措施和其他必要措施,确保信息安全,防止消费者个人信息泄露、丢失。在发生或者可能发生信息泄露、丢失的情况时,应当立即采取补救措施。

经营者未经消费者同意或者请求,或者消费者明确表示拒绝的,不得向其发送商业性信息。

第三十七条　消费者协会履行下列公益性职责:

(一)向消费者提供消费信息和咨询服务,提高消费者维护自身合法权益的能力,引导文明、健康、节约资源和保护环境的消费方式;

(二)参与制定有关消费者权益的法律、法规、规章和强制性标准;

(三)参与有关行政部门对商品和服务的监督、检查;

(四)就有关消费者合法权益的问题,向有关部门反映、查询,提出建议;

(五)受理消费者的投诉,并对投诉事项进行调查、调解;

(六)投诉事项涉及商品和服务质量问题的,可以委托具备资格的鉴定人鉴定,鉴定人应当告知鉴定意见;

(七)就损害消费者合法权益的行为,支持受损害的消费者提起诉讼或者依照本法提起诉讼;

(八)对损害消费者合法权益的行为,通过大众传播媒介予以揭露、批评。

各级人民政府对消费者协会履行职责应当予以必要的经费等支持。

消费者协会应当认真履行保护消费者合法权益的职责,听取消费者的意见和建议,接受社会监督。

依法成立的其他消费者组织依照法律、法规及其章程的规定,开展保护消费者合法权益的活动。

第四十四条 消费者通过网络交易平台购买商品或者接受服务,其合法权益受到损害的,可以向销售者或者服务者要求赔偿。网络交易平台提供者不能提供销售者或者服务者的真实名称、地址和有效联系方式的,消费者也可以向网络交易平台提供者要求赔偿;网络交易平台提供者作出更有利于消费者的承诺的,应当履行承诺。网络交易平台提供者赔偿后,有权向销售者或者服务者追偿。

网络交易平台提供者明知或者应知销售者或者服务者利用其平台侵害消费者合法权益,未采取必要措施的,依法与该销售者或者服务者承担连带责任。

第四十五条 消费者因经营者利用虚假广告或者其他虚假宣传方式提供商品或者服务,其合法权益受到损害的,可以向经营者要求赔偿。广告经营者、发布者发布虚假广告的,消费者可以请求行政主管部门予以惩处。广告经营者、发布者不能提供经营者的真实名称、地址和有效联系方式的,应当承担赔偿责任。

广告经营者、发布者设计、制作、发布关系消费者生命健康商品或者服务的虚假广告,造成消费者损害的,应当与提供该商品或者服务的经营者承担连带责任。

社会团体或者其他组织、个人在关系消费者生命健康商品或者服务的虚假广告或者其他虚假宣传中向消费者推荐商品或者服务,造成消费者损害的,应当与提供该商品或者服务的经营者承担连带责任。

第五十五条 经营者提供商品或者服务有欺诈行为的,应当按照消费者的要求增加赔偿其受到的损失,增加赔偿的金额为消费者购买商品的价款或者接受服务的费用的三倍;增加赔偿的金额不足五百元的,为五百元。法律另有规定的,依照其规定。

经营者明知商品或者服务存在缺陷,仍然向消费者提供,造成消费者或者其他受害人死亡或者健康严重损害的,受害人有权要求经营者依照本法第四十九条、第五十一条等法律规定赔偿损失,并有权要求所受损失二倍以下的惩罚性赔偿。

二、中华人民共和国劳动合同法

为了保护合同当事人的合法权益,维护社会经济秩序,促进社会主义现代化建设制定。由中华人民共和国第九届全国人民代表大会第二次会议于1999年3月15日通过,于1999年10月1日起施行。共计二十三章四百二十八条。

第六条 当事人行使权利、履行义务应当遵循诚实信用原则。

第十二条 合同的内容由当事人约定,一般包括以下条款:

(一)当事人的名称或者姓名和住所;

(二)标题;

(三)数量;

(四)质量;

(五)价款或者报酬;

(六)履行期限、地点和方式;

(七)违约责任;

（八）解决争议的方法。

当事人可以参照各类合同的示范文本订立合同。

第十三条 当事人订立合同，采取要约、承诺方式。

第十四条 要约是希望和他人订立合同的意思表示，该意思表示应当符合下列规定：

（一）内容具体确定；

（二）表明经受要约人承诺，要约人即受该意思表示约束。

三、中华人民共和国产品质量法

为了加强对产品质量的监督管理，提高产品质量水平，明确产品质量责任，保护消费者的合法权益，维护社会经济秩序，制定了中华人民共和国产品质量法。1993 年 2 月 22 日第七届全国人民代表大会常务委员会第三十次会议通过，自 1993 年 9 月 1 日起施行。根据 2000 年 7 月 8 日第九届全国人民代表大会常务委员会第十六次会议《关于修改〈中华人民共和国产品质量法〉的决定》第一次修正；根据 2009 年 8 月 27 日第十一届全国人民代表大会常务委员会第十次会议《关于修改部分法律的决定》第二次修正。

第二十六条 生产者应当对其生产的产品质量负责。

产品质量应当符合下列要求：

（一）不存在危及人身、财产安全的不合理的危险，有保障人体健康和人身、财产安全的国家标准、行业标准的，应当符合该标准；

（二）具备产品应当具备的使用性能，但是，对产品存在使用性能的瑕疵作出说明的除外；

（三）符合在产品或者其包装上注明采用的产品标准，符合以产品说明、实物样品等方式表明的质量状况。

第四十条 售出的产品有下列情形之一的，销售者应当负责修理、更换、退货；给购买产品的消费者造成损失的，销售者应当赔偿损失：

（一）不具备产品应当具备的使用性能而事先未作说明的；

（二）不符合在产品或者其包装上注明采用的产品标准的；

（三）不符合以产品说明、实物样品等方式表明的质量状况的。

销售者依照前款规定负责修理、更换、退货、赔偿损失后，属于生产者的责任或者属于向销售者提供产品的其他销售者（以下简称供货者）的责任的，销售者有权向生产者、供货者追偿。

销售者未按照第一款规定给予修理、更换、退货或者赔偿损失的，由产品质量监督部门或者工商行政管理部门责令改正。

生产者之间，销售者之间，生产者与销售者之间订立的买卖合同、承揽合同有不同约定的，合同当事人按照合同约定执行。

四、中华人民共和国广告法

《中华人民共和国广告法》已由中华人民共和国第十二届全国人民代表大会常务委员会第十四次会议于 2015 年 4 月 24 日修订通过，自 2015 年 9 月 1 日起施行。

第四条 广告不得含有虚假或者引人误解的内容，不得欺骗、误导消费者。

广告主应当对广告内容的真实性负责。

第八条 广告中对商品的性能、功能、产地、用途、质量、成分、价格、生产者、有效期限、允诺等或者对服务的内容、提供者、形式、质量、价格、允诺等有表示的，应当准确、清楚、明白。

广告中表明推销的商品或者服务附带赠送的，应当明示所附带赠送商品或者服务的品种、规格、数量、期限和方式。

法律、行政法规规定广告中应当明示的内容，应当显著、清晰表示。

第二十八条　广告以虚假或者引人误解的内容欺骗、误导消费者的，构成虚假广告。

广告有下列情形之一的，为虚假广告：

（一）商品或者服务不存在的；

（二）商品的性能、功能、产地、用途、质量、规格、成分、价格、生产者、有效期限、销售状况、曾获荣誉等信息，或者服务的内容、提供者、形式、质量、价格、销售状况、曾获荣誉等信息，以及与商品或者服务有关的允诺等信息与实际情况不符，对购买行为有实质性影响的；

（三）使用虚构、伪造或者无法验证的科研成果、统计资料、调查结果、文摘、引用语等信息作证明材料的；

（四）虚构使用商品或者接受服务的效果的；

（五）以虚假或者引人误解的内容欺骗、误导消费者的其他情形。

第五十六条　违反本法规定，发布虚假广告，欺骗、误导消费者，使购买商品或者接受服务的消费者的合法权益受到损害的，由广告主依法承担民事责任。广告经营者、广告发布者不能提供广告主的真实名称、地址和有效联系方式的，消费者可以要求广告经营者、广告发布者先行赔偿。

关系消费者生命健康的商品或者服务的虚假广告，造成消费者损害的，其广告经营者、广告发布者、广告代言人应当与广告主承担连带责任。

前款规定以外的商品或者服务的虚假广告，造成消费者损害的，其广告经营者、广告发布者、广告代言人，明知或者应知广告虚假仍设计、制作、代理、发布或者作推荐、证明的，应当与广告主承担连带责任。

五、中华人民共和国民法通则

中华人民共和国民法通则是为了保护民事主体的合法权益，调整民事关系，维护社会和经济秩序，适应中国特色社会主义发展要求，弘扬社会主义核心价值观，根据宪法制定的。是我国对民事活动中一些共同性问题所作的法律规定，是民法体系中的一般法。1986年4月12日第六届全国人民代表大会第四次会议通过《中华人民共和国民法通则》，1987年1月1日起施行。2017年3月15日，经第十二届全国人民代表大会第五次会议表决通过。自2017年10月1日起正式实施。

第一百一十八条　民事主体依法享有债权。

债权是因合同、侵权行为、无因管理、不当得利以及法律的其他规定，权利人请求特定义务人为或者不为一定行为的权利。

第一百一十九条　依法成立的合同，对当事人具有法律约束力。

六、中华人民共和国侵权责任法

中华人民共和国侵权责任法是为保护民事主体的合法权益，明确侵权责任，预防并制裁侵权行为，促进社会和谐稳定，而制定的法律。由十一届全国人大常委会第十二次会议审议，于2009年12月26日通过，自2010年7月1日起实施。

第四十一条　因产品存在缺陷造成他人损害的，生产者应当承担侵权责任。

第四十二条 因销售者的过错使产品存在缺陷,造成他人损害的,销售者应当承担侵权责任。

销售者不能指明缺陷产品的生产者也不能指明缺陷产品的供货者的,销售者应当承担侵权责任。

第四十三条 因产品存在缺陷造成损害的,被侵权人可以向产品的生产者请求赔偿,也可以向产品的销售者请求赔偿。

产品缺陷由生产者造成的,销售者赔偿后,有权向生产者追偿。

因销售者的过错使产品存在缺陷的,生产者赔偿后,有权向销售者追偿。

七、互联网信息服务管理办法

2000 年 9 月 25 日中华人民共和国国务院令第 292 号公布,根据 2011 年 1 月 8 日《国务院关于废止和修改部分行政法规的规定》修订,自公布之日起施行。

第四条 国家对经营性互联网信息服务实行许可制度;对非经营性互联网信息服务实行备案制度。

未取得许可或者未履行备案手续的,不得从事互联网信息服务。

第十三条 互联网信息服务提供者应当向上网用户提供良好的服务,并保证所提供的信息内容合法。

第十四条 从事新闻、出版以及电子公告等服务项目的互联网信息服务提供者,应当记录提供的信息内容及其发布时间、互联网地址或者域名;互联网接入服务提供者应当记录上网用户的上网时间、用户账号、互联网地址或者域名、主叫电话号码等信息。

互联网信息服务提供者和互联网接入服务提供者的记录备份应当保存 60 日,并在国家有关机关依法查询时,予以提供。

八、中华人民共和国进出口商品检验法实施条例

《中华人民共和国进出口商品检验法实施条例》经 2005 年 8 月 10 日国务院第 101 次常务会议通过,自 2005 年 12 月 1 日起施行。根据 2017 年 3 月 1 日《国务院关于修改和废止部分行政法规的决定》修订。

第十一条 进出口商品的收货人或者发货人可以自行办理报检手续,也可以委托代理报检企业办理报检手续;采用快件方式进出口商品的,收货人或者发货人应当委托出入境快件运营企业办理报检手续。

第十二条 进出口商品的收货人或者发货人办理报检手续,应当依法向出入境检验检疫机构备案。

第四十一条 出入境检验检疫机构依照有关法律、行政法规的规定,签发出口货物普惠制原产地证明、区域性优惠原产地证明、专用原产地证明。

出口货物一般原产地证明的签发,依照有关法律、行政法规的规定执行。

九、网络交易管理办法

《网络交易管理办法》已经中华人民共和国国家工商行政管理总局局务会审议通过,自2014 年 3 月 15 日起施行。

第一条 为规范网络商品交易及有关服务,保护消费者和经营者的合法权益,促进网络经

济持续健康发展,依据《消费者权益保护法》《产品质量法》《反不正当竞争法》《合同法》《商标法》《广告法》《侵权责任法》和《电子签名法》等法律、法规,制定本办法。

第三条 本办法所称网络商品交易,是指通过互联网(含移动互联网)销售商品或者提供服务的经营活动。

本办法所称有关服务,是指为网络商品交易提供第三方交易平台、宣传推广、信用评价、支付结算、物流、快递、网络接入、服务器托管、虚拟空间租用、网站网页设计制作等营利性服务。

第十一条 网络商品经营者向消费者销售商品或者提供服务,应当向消费者提供经营地址、联系方式、商品或者服务的数量和质量、价款或者费用、履行期限和方式、支付形式、退换货方式、安全注意事项和风险警示、售后服务、民事责任等信息,采取安全保障措施确保交易安全可靠,并按照承诺提供商品或者服务。

第十二条 网络商品经营者销售商品或者提供服务,应当保证商品或者服务的完整性,不得将商品或者服务不合理拆分出售,不得确定最低消费标准或者另行收取不合理的费用。

第十三条 网络商品经营者销售商品或者提供服务,应当按照国家有关规定或者商业惯例向消费者出具发票等购货凭证或者服务单据;征得消费者同意的,可以以电子化形式出具。电子化的购货凭证或者服务单据,可以作为处理消费投诉的依据。

消费者索要发票等购货凭证或者服务单据的,网络商品经营者必须出具。

第十四条 网络商品经营者、有关服务经营者提供的商品或者服务信息应当真实准确,不得作虚假宣传和虚假表示。

第十六条 网络商品经营者销售商品,消费者有权自收到商品之日起七日内退货,且无须说明理由,但下列商品除外:

(一)消费者定做的;

(二)鲜活易腐的;

(三)在线下载或者消费者拆封的音像制品、计算机软件等数字化商品;

(四)交付的报纸、期刊。

除前款所列商品外,消费者退货的商品应当完好。网络商品经营者应当自收到退回商品之日起七日内返还消费者支付的商品价款。退回商品的运费由消费者承担;网络商品经营者和消费者另有约定的,按照约定。

第十八条 网络商品经营者、有关服务经营者在经营活动中收集、使用消费者或者经营者信息,应当遵循合法、正当、必要的原则,明示收集、使用信息的目的、方式和范围,并经被收集者同意。

网络商品经营者、有关服务经营者收集、使用消费者或者经营者信息,应当公开其收集、使用规则,不得违反法律、法规的规定和双方的约定收集、使用信息。

网络商品经营者、有关服务经营者及其工作人员对收集的消费者个人信息或者经营者商业秘密的数据信息必须严格保密,不得泄露、出售或者非法向他人提供。网络商品经营者、有关服务经营者应当采取技术措施和其他必要措施,确保信息安全,防止信息泄露、丢失。在发生或者可能发生信息泄露、丢失的情况时,应当立即采取补救措施。网络商品经营者、有关服务经营者未经消费者同意或者请求,或者消费者明确表示拒绝的,不得向其发送商业性电子信息。

第二十二条 第三方交易平台经营者应当是经工商行政管理部门登记注册并领取营业执照的企业法人。

前款所称第三方交易平台,是指在网络商品交易活动中为交易双方或者多方提供网页空间、虚拟经营场所、交易规则、交易撮合、信息发布等服务,供交易双方或者多方独立开展交易活动的信息网络系统。

第二十三条 第三方交易平台经营者应当对申请进入平台销售商品或者提供服务的法人、其他经济组织或者个体工商户的经营主体身份进行审查和登记,建立登记档案并定期核实更新,在其从事经营活动的主页面醒目位置公开营业执照登载的信息或者其营业执照的电子链接标识。

第三方交易平台经营者应当对尚不具备工商登记注册条件、申请进入平台销售商品或者提供服务的自然人的真实身份信息进行审查和登记,建立登记档案并定期核实更新,核发证明个人身份信息真实合法的标记,加载在其从事经营活动的主页面醒目位置。

第三方交易平台经营者在审查和登记时,应当使对方知悉并同意登记协议,提请对方注意义务和责任条款。

第二十四条 第三方交易平台经营者应当与申请进入平台销售商品或者提供服务的经营者订立协议,明确双方在平台进入和退出、商品和服务质量安全保障、消费者权益保护等方面的权利、义务和责任。

第三方交易平台经营者修改其与平台内经营者的协议、交易规则,应当遵循公开、连续、合理的原则,修改内容应当至少提前七日予以公示并通知相关经营者。平台内经营者不接受协议或者规则修改内容、申请退出平台的,第三方交易平台经营者应当允许其退出,并根据原协议或者交易规则承担相关责任。

第二十五条 第三方交易平台经营者应当建立平台内交易规则、交易安全保障、消费者权益保护、不良信息处理等管理制度。各项管理制度应当在其网站显示,并从技术上保证用户能够便利、完整地阅览和保存。

第三方交易平台经营者应当采取必要的技术手段和管理措施保证平台的正常运行,提供必要、可靠的交易环境和交易服务,维护网络交易秩序。

第二十六条 第三方交易平台经营者应当对通过平台销售商品或者提供服务的经营者及其发布的商品和服务信息建立检查监控制度,发现有违反工商行政管理法律、法规、规章的行为的,应当向平台经营者所在地工商行政管理部门报告,并及时采取措施制止,必要时可以停止对其提供第三方交易平台服务。

工商行政管理部门发现平台内有违反工商行政管理法律、法规、规章的行为,依法要求第三方交易平台经营者采取措施制止的,第三方交易平台经营者应当予以配合。

第二十七条 第三方交易平台经营者应当采取必要手段保护注册商标专用权、企业名称权等权利,对权利人有证据证明平台内的经营者实施侵犯其注册商标专用权、企业名称权等权利的行为或者实施损害其合法权益的其他不正当竞争行为的,应当依照《侵权责任法》采取必要措施。

第五节 服务认证的实施

服务认证的对象是服务的特性,认证方式是服务管理审核、明察暗访和顾客调查等,服务认证与 ISO 9001 质量管理体系是有明显区别的。

一、服务组织的质量管理

服务组织申请服务认证,应达到前节所讲认证依据的相关法规、标准要求,特别是所在行业的 RB 标准的要求,正确识别服务特性,按照 GB/T 24421 标准的要求,建立服务规范、服务提供规范、服务质量控制规范、运行管理制度和服务评价与改进制度等,达到服务认证要求。组织也可以通过标准获取知识,提升管理。

组织在服务管理过程中,可以结合实际和具体服务产品的服务特性,选用我们在前面介绍过的服务领域的典型理论和技术、相关方法、工具和技能,明确关键服务接触特性,进行服务质量管理,如:

通过服务接触理论,理解服务接触的基本方式,揭示互动规律;

利用随机服务系统理论,理解排队论及其结构模型、排队规则和应用;

利用削峰填谷理论,提高服务效能;

运用服务蓝图技术,评价特定服务的顾客行为、前台员工行为、后台员工行为和支持行为的交互作用与影响;

运用"真实瞬间"体验技术,评价特定服务的设计、特性,以及规范的适宜性,评价顾客体验感知的真实程度;

运用服务补救技术与策略,评价特定服务的失误分析、补救期望和响应,以及补救效果;

运用 GB/T 19038—2009 给出的顾客满意测评模型和方法,评价特定服务的特性、顾客感知结果和互动效果等。

二、服务认证与 ISO 9001 认证的区别

服务认证依据的是服务标准,管理体系认证依据的是管理标准。ISO 9001 质量管理体系标准是对特定的服务产品的服务标准的补充,是为了帮助组织更好地达到特定的服务特性的服务规范、标准和承诺的要求,但是不能代替服务规范、标准和承诺的要求。

拓展阅读

服务认证与 ISO 9001 质量管理体系认证的比较,见拓展阅读。

三、认证流程

服务认证是依据本书前面的相关认证依据,如 GB/T 27065—2015《合格评定产品、过程和服务认证机构要求》、GB/T 27067—2006《合格评定产品认证基础》等标准建立的相关行业的认证方案实施。服务认证采用合格评定的功能法,服务认证的一般流程如图 8-4 所示。

一般服务认证分服务管理审核和服务特性检验/检测两个重要阶段。

服务管理审核包括服务的设计开发、管理文件及实施审核等。服务管理审核旨在确定特定服务持续符合相关服务规范或认证技术规范要求的能力和绩效。

服务组织的管理要求一般分两部分,一部分是通用的要求,这一部分要求可以用 ISO 9001 体系支撑;另一部分是针对组织特定特性的要求,这一部分应重点审核。

一般对于未获得 ISO 9001 认证的组织,服务管理审核人日数在 ISO 9001 认证审核人日数的基础上适当增加审核人日数(如＋1 审核人日等);对于已获得 ISO 9001 认证的组织,在经过风险评估后确定是否可以免除 ISO 9001 标准要求的内容的审核。

服务特性检验旨在"顾客体验和互动"的真实瞬间。

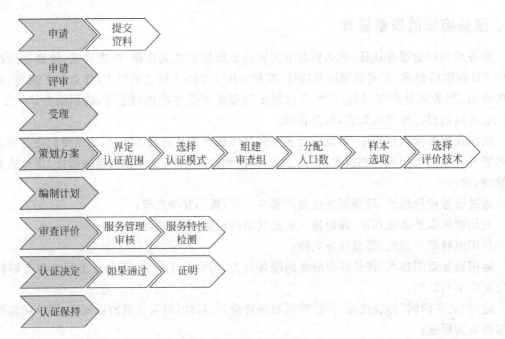

图 8-4 服务认证流程图

服务特性检验/检测一般在服务管理审核后 3~6 个月以内进行,也可以与审核同时进行。初次认证或再认证的整个评价周期不能大于 6 个月,保持认证的整个评价周期不能大于 3 个月。

四、认证模式

根据 GB/T 27067《合格评定产品认证基础和产品认证方案指南》给出的七种认证方案类型,其中第六种适合于服务和过程认证。按第六种认证方案类型,服务认证方案一般包括选取、确定、复核、认证决定、颁发认证证书或其他符合性声明、授予使用证明或其他符合性声明的权利、监督(需要时)等。

服务认证模式选择应分析拟认证的特定服务所处业态、接触方式和特性结构及其风险状况。选择适宜的认证模式,策划、设计并确定认证制度。通常宜:
"人-人"接触时,采用神秘顾客,进行暗访检验或检测的认证模式;"人-机"或"机-人"接触时,采用公开检验、检测与神秘顾客暗访相结合的认证模式;"机-机"接触时,采用公开检验、检测的认证模式。

五、认证等级

一般服务认证的认证等级采取由低到高的顺序分为三级:三星级、四星级和五星级。

认证等级是根据认证组织的申请等级,经认证机构评定合格的,颁发相应等级的认证证书。

六、认证的程序和要求

(一)认证申请

认证申请组织申请认证时应提交正式书面申请,明确申请认证等级,如实填写《服务认证申请书》,并按认证机构的要求提交相关资料。

(二)认证受理

认证机构依据机构的规定对组织申请材料的完整性、有效性、时效性实施评审,若申请组织不满足认证申请要求,认证机构不予受理并记录拒绝申请的原因并以书面形式通知认证申请组织,使其清楚拒绝的原因。若认证申请评审结论为同意受理,则应与认证申请组织签订具有法律效力的书面认证合同,明确法律责任与义务,进入下一程序。

(三)审查方案策划

认证机构按要求进行审核方案策划。审查方案包括文件审查、初始现场审查、随机调查和暗访、第一年与第二年的监督审查和第三年在认证到期前进行的再认证审查。

(四)现场审查的准备

1.确定审查时间

认证机构依据合同评审确定的审查人日来确定具体的审查时间安排。

2.组建审查组

认证机构计划调度人员按认证规则的规定要求组建审查组。认证审查人员必须取得服务认证人员注册资格。

3.编制审查计划

审查组长接到审查委托后按认证规则要求编制审查计划,审查计划经授权人员批准后实施现场审查。

(五)认证实施

1.文件审查

在实施现场审查前,审查组会对认证申请组织的服务管理文件进行审查,确认认证申请组织的服务管理文件符合认证要求及有关法规要求。

2.暗访(适用时)

暗访作为审查的一部分,暗访一般在实施了服务管理审核 2~3 个月内进行,也可以与现场审查同时进行,但应增加单独的审核时间,采用不预先通知组织的方式,由认证机构派出暗访员对组织的服务质量、服务环境、相关设备设施等暗中进行审查。

3.随机调查

随机调查作为顾客满意度的一种调查方式,体现顾客感知服务质量,可在暗访或现场审查时进行,时间安排与暗访相同。

暗访和随机调查宜根据组织的服务特点决定是否进行。

4.初始现场审查

文件审查通过后,认证机构与认证申请组织确定现场审查相关事宜。

5.初始审查结论

审查组根据现场审核情况,得出审核结论。审查结论为建议推荐认证注册、推迟给予认证注册资格或不推荐给予认证注册资格等三种之一。当审查结论为建议推迟给予认证注册资格时,申请方应制订整改计划并实施整改,在规定期限内完成整改。

6.审查报告

(1)认证机构审查组根据服务认证要求将审查的结果形成审查结论,编制审查报告并在规定的时间内完成并提交审查材料。

（2）认证机构在作出认证决定后按规定时限审查报告提交申请组织。

7. 认证决定

认证机构在进行综合评价的基础上，作出认证决定。认证机构对审查组提交的审查材料进行综合评定，审查材料符合要求后，在规定时限内作出认证决定。对经评定合格的认证申请组织，认证机构确定认证服务等级，颁发认证证书。对经评定不合格的认证申请组织，认证机构作出不予以认证注册的决定，并将不能注册的原因书面通知认证申请组织，若认证申请组织虽然不满足申请的服务等级，但满足下一级的认证要求，由申请认证组织提出申请，经评定后可以颁发下一级的认证证书。

8. 获证后监督

（1）监督审查原则。为确保获证组织提供的服务持续满足认证要求，在证书有效期内，初次认证后的第一次监督审查应在获证后 12 个月内进行。此后，监督审查应至少每个日历年（应进行再认证的年份除外）进行一次。正常情况下第二次监督审查应从第一次监督审查的评定决定日期起 12 个月内进行，特殊情况可以适当延长，但最晚两次监督审查的时间间隔不能超过 15 个月。以后各次的监督审查同第二次监督审查的要求。

（2）增加监督频次。当发生包括获证组织出现严重的事故、媒体曝光或顾客投诉并造成较大影响等特殊情况，按认证机构的规定，可以增加监督频次。在对获证组织的日常监督中，发现获证组织出现严重影响服务体系运作的重大变更，或对获证组织的投诉分析和其他信息表明获证组织不再满足认证要求时，认证机构将安排特殊审查或与获证组织商定提前安排再认证审查。

（3）超过期限而未能实施监督审查的，按暂停或撤销处理。

（4）监督方式：监督审查认证范围、方式同初始审查。

9. 再认证

在认证证书有效期满前 3 个月，对于提出需要继续使用认证证书的证书持有人，由认证机构对其实施并完成再认证活动。再认证程序与初次认证相同。

（六）认证证书

1. 证书有效期

服务认证证书的有效期为 3 年。有效期内，认证证书需要按认证机构的要求至少进行获证后的定期监督方可保持有效。

2. 认证证书内容

认证证书应标明认证申请组织/经营场所名称、地址、认证范围、认证级别、认证依据的实施规则/标准、证书编号、发证机构名称、签名、发证日期、证书有效期、服务认证标志及认证机构规定的内容。

3. 认证证书的变更

获证后，当涉及的认证证书内容或认证依据发生变化时，认证申请组织应向认证机构提出变更委托，变更经认证机构批准后方可实施。

4. 证书的暂停、注销和撤销

当获证组织发生违反认证机构认证规则以及其他有关要求时，按规定暂停、注销和撤销认证证书。

（1）暂停认证资格

获证组织有下列情况之一的，将暂停其认证资格 3～6 个月，并以适当的方式进行公布：

——获证组织不按期接受认证监督的；

——监督审查发现获证组织服务达不到认证要求的；

——认证证书和认证标志使用不当的；

——顾客对获证组织的相关服务有严重投诉，经查实的；

——未按时缴纳认证费用的。

对暂停认证资格、暂停认证标志使用的证书持有人，要求其在规定的时间内完成纠正措施并经认证机构验证。经验证合格的，恢复其认证资格，准许使用认证标志。经验证不合格的，将撤销其认证证书、停止使用认证标志，并对外公告。

（2）撤销认证资格

获证组织有下列情况之一的，将撤销其认证资格，并由认证机构以其规定的方式进行公布：

——整改期满未能达到整改目标的；

——获证组织服务质量严重下降出现重大质量事故，给顾客造成损害的；

——采取不正当手段骗取认证证书的；

——转让认证证书、认证标志的；

——拒不缴纳认证费用的。

（3）注销认证资格

获证组织有下列情况之一的，将注销其认证资格，并以适当的方式进行公布：

——由于认证依据和技术条件的变更，获证组织达不到新要求的；

——认证有效期届满，获证组织不再提出再次认证申请的；

——获证组织由于经营等原因自动提出放弃认证资格的。

（七）认证标志

认证申请组织通过认证并获得认证证书后，可以在认证范围内按各认证机构的规定正确使用认证标志，不得违规使用。

七、服务认证的发展近况

目前服务认证还处于初始孕育阶段。我国在服务认证研究、方法和初步成果等领域在国际上具有一定的领先性，"十三五"期间还将重点进行服务认证制度、标准等方面研究和制度建立。综合国家认监委网站等方面的报道，2016 年 9 月 18 日，"国家质量基础的共性技术研究与应用"国家重点研发计划重点专项（NQI 专项）"服务认证关键技术研究与应用"项目启动会在京召开。会议对项目总体情况进行了介绍，6 个课题承担单位做课题汇报。来自科技部、国家质检总局、国家认监委、项目及课题承担单位负责人、秘书及项目专家顾问组、项目参加单位代表近 60 人出席会议。国家认监委副主任董乐群与会并提出三点要求：一是要高度重视服务认证国家"十三五"科研专项，推动认证认可技术变革，搭建较为完备的服务认证技术体系。二是项目的开展要以解决实际问题为导向。针对服务认证的特殊性，提供切实可行的解决方案，建设服务认证技术平台。三是项目的开展要以形成工作合力为保障。充分发挥认证认可协会的牵头作用,聚焦认证认可关键技术,各课题要加强互动。

2017年4月26日,"国家质量基础的共性技术研究与应用"国家重点研发计划重点专项(NQI专项)"服务认证关键技术研究与应用"项目研讨会在京召开。项目负责人通报了中国服务认证研究走向国际,即项目的前期成果作为案例成功导入《合格评定服务认证方案指南和示例》(ISO/IEC TR17028)国际标准的情况。项目组秘书及各课题负责人分别就项目和各课题启动以来的工作进展、实施难点和重点以及下一步工作计划向与会专家进行了逐一汇报。与会专家指出,项目研究过程中所提出的专利申请、在美国服务业开展问卷调查、推进供给侧结构改革以及相关研究紧跟时代新业态的发展等三方面内容是项目的研究亮点。同时专家还建议研究过程中概念要清晰、认识统一、明确服务特性和服务认证分类原则,并对今后研究的技术路线、研究方法和工作进度提出了很好的建议。

国际标准化组织合格评定委员会(ISO/CASCO)2015年组建成立了负责制定《服务认证方案示例》国际标准的第45工作组(ISO/CASCO/WG 45)。中国认证认可协会人员担任ISO/CASCO/WG 45工作组的召集人,负责牵头制定国际标准ISO/IEC TR 17028《服务认证方案示例》。这是首次由我国专家担任ISO/CASCO服务认证国际标准制修订工作组召集人,该国际标准也是ISO组织制定的首项服务认证国际标准。

即测即练

【复习与练习】

一、填空题

1. GB/T 27000—2006提出并建立了各种认证活动普遍适用的(   ),确定了合格评定活动的关键技术。

2. 服务认证输出中最应包含的要素是(   )。

3. 对于特定服务,有三大要素,(   )是影响服务接触特性满足程度的主要要素,即影响顾客对服务感知的结果。

4. 服务认证标准应考虑的因素包括服务流程、(   )和服务的资源。

5. 服务接触是客户与服务系统之间产生的互动行为,是客户体验的"真实瞬间",具有同步性、(   )、瞬时性、辐射性四个基本特征。

6. 建立服务接触管理的分析模型首先以(   )为基础。

7. GB/T 27065(idtISO/IEC 17065)标准的名称是(   )。

8. "符合性说明"的结论性说明是对(   )要求已得到满足的保证。该保证本身并不足以提供合同方面或其他法律方面的担保。

9. 通常,服务包含与顾客在接触面的活动,以确定顾客要求。除了提供服务外,可能还包括建立(   )的关系,例如银行、会计师事务所。

10. 服务蓝图是一种准确地描述服务体系的工具,它借助于(   ),通过持续地描述服务提供过程、服务遭遇、员工和顾客的角色以及服务的有形证据来直观地展示服务。

二、判断题

1. 服务认证的认证模式包括文件审核+现场审核。　　　　　　　　　　　　　　(　　)

2. CNAS规定获得认可的服务认证机构不得针对服务认证使用IAL/CNAS联合标识。

(　　)

3. 服务认证方案宜包括认证范围、认证准则、认证制度、选取、确定、复核、认证文件、认证后监督。　　　　　　　　　　　　　　　　　　　　　　　　　　　　　（　　）

4. ISO/IEC 17067：2013 标准给出的认证方案类型中主要适用于服务和过程认证的是方案类型 2 和方案类型 3。　　　　　　　　　　　　　　　　　　　　　　　（　　）

5. 服务提供与交付往往同时发生,表明服务成功与否关键是顾客体验感知,尤其是神秘顾客的感知。　　　　　　　　　　　　　　　　　　　　　　　　　　　　（　　）

三、问答题

1. GB/T 24421 系列标准中四个部分的关系是什么?

2. 服务蓝图构成要素包括哪些?

参 考 文 献

[1] 中国认证认可协会.服务认证通用知识与技术[M].北京：中国质检出版社,2016：4-70.

[2] 刘宗德.认证认可制度研究[M].北京：中国计量出版社,2009：18-32.

[3] 中国认证认可协会.质量管理体系审核员 2015 版标准转换培训教材[M].北京：中国质检出版社,2015：1-159.

[4] 支树平.强化认证认可工作推动质量强国建设[J].中国认证认可年鉴,2016：14-16.

[5] 孙大伟.深化改革创新发展为建设认证认可强国而奋斗[J].中国认证认可年鉴,2016：17-23.

[6] CNCA.统计资料[J].中国认证认可年鉴.2016：423-426.

[7] CNCA.人员注册[J].中国认证认可年鉴.2016：133-133.

[8] CNCA.2015 年度中国认证机构发展报告[R/OL].国家认监委.2017.1.11. http：//www.cnca.gov.cn/bsdt/ywzl/gltxyfwrz/.

[9] 唐先德.质量管理学实战教程[M].北京：清华大学出版社,2017：62-63.

[10] 韩耀斌.卓越绩效评价准则运作指导[M].北京：中国质检出版社,2013：1-4.

教师服务

感谢您选用清华大学出版社的教材！为了更好地服务教学，我们为授课教师提供本书的教学辅助资源，以及本学科重点教材信息。请您扫码获取。

≫ 教辅获取

本书教辅资源，授课教师扫码获取

≫ 样书赠送

管理科学与工程类重点教材，教师扫码获取样书

 清华大学出版社

E-mail: tupfuwu@163.com
电话：010-83470332 / 83470142
地址：北京市海淀区双清路学研大厦 B 座 509

网址：https://www.tup.com.cn/
传真：8610-83470107
邮编：100084